현통기

현통기

초판 1쇄 발행 2014년 12월 13일

지은이 현일 박재봉

펴낸곳 도서출판 가마오
펴낸이 조호직
주소 서울시 은평구 통일로 717
전화 02-1644-1035 **팩스** 02-3157-1074
홈페이지 www.gamao.co.kr
출판등록 2011년 4월 18일 **등록번호** 제311-2011-22호

ISBN 978-89-967127-8-7

현통기

현일 박재봉

가마오

글머리

이런 글을 누가 읽을지 모르지만 별다른 이해 없이 이러한 글을 읽을 리는 없다. 아마 소수의 사람들만이 이 글에서 뭔가 이득을 얻지 않을까 한다. 섣부르게 뭔가 알거 같다는 생각은 안 했으면 한다. 대단한 의미가 있다고 하긴 그렇지만 그래도 나름 의도한 것이 있어서 쓴 글이고 이렇게 책으로까지 나오게 되었다.

욕심이야 적은 것은 아니라서 하고 싶은 말이나 일은 많을 거지만 그게 전부 내가 해야 하는 것은 아니다. 이렇게 또 무언가를 벌이면서 사람들의 선택을 기다리는 상황이 되었다. 조심스럽게 대하며 스스로의 한계와 외부의 다가옴을 보면서 원하는 욕망을 조절할 수 있는 사람이 되는 것이 나을 거 같다.

또 요즘은 세상 돌아가는 것을 보면서 착잡함을 떨치기가 어렵다. 그렇게 될 거라는 것을 몰랐던 것은 아니지만 항상 현실에 드러나는 것을 볼 때마다 당혹스럽다. 그러지 않을까 하던 것을 정말 그렇게 되는 구나 확인할 때마다 설마? 라는 생각으로 외면한 것도 사실이다. 그렇게 마음한 구석으로 미루고 미루면서 지내온 것이 이제는 담담하게, 아니면 무심하기까지 한 마음으로 보게 되는데 이거 역시 당혹스럽긴 마찬가지이다.

무뎌진 것인가? 아니면 당연하다는 것인가? 그러면서 우리나라가 너무도 달라지고 변해가는 모습에 내심 내가 뭔가 라도 한 것일까? 하는 생각도 해본다. 언제나 사소한 일상의 생활에서 고민하다가 다른 좀 더 큰 흐름을 접하고 그 결과가 다가올 때마다 스스로 진지하지 못한 부끄러움에 자세를 가다듬지만 그래도 난 역시나 개인의 안락을 더 추구하는 듯하다.

언제나 난 나를 위해서라고 자조하면서 외부나 국가, 지구에서 벌어지는 것에 쓸데없이 관심을 두지는 않았다. 난 그렇게 거대한 것과 관련될 것도 없고 나와 주변의 행복을 바라는 정도일 뿐 그 이상은 모른다고 생각하면서 바깥을 잊으려고 했다.

이 글을 너무 황홀하고 괴이함으로 여길지도 모르는데 지나친 감정을 가질건 없다. 난 그저 홀로의 즐거움을 바라는 그 정도만 만족하는 사람이다. 그뿐이다.

그리고 책의 글은 구어체로 했고 느낌을 쓴 것이라 문법이나 어휘선택이 적절치 않을 수 있다. 그것도 생각해 둔 것이 있어서 그런 것이니 지나치게 맘 상할 거 없다. 그리고 항상 직간접으로 도움을 주는 분들이 있어 무능한 나에게 복이 있어왔다. 이 책 역시 그 분들께 드리는 마음으로 낸 것이다. 고마웁네.......

이제 바람도 쌀쌀해지는 정축일 밤에.

현 일

1. 신묘년辛卯年2011년 마구

2. 임진년壬辰年2012년 마구

3. 계사년癸巳年2013년 마구

4. 갑오년甲午年2014년 마구

신묘년 辛卯年
2011 마구

한라산

2011년 4월 5일 화요일

이제마가 자꾸 재촉을 한다.

그래서 어제 월요일에 늦게 제주도행 비행기를 탔다.

좌석을 날개 옆에 앉았는데 날개 위에 누군가 온다.

그리곤 책 크기만 한 전자기기를 주는데 이걸 뭐하라고 주냐고 하니,

"앞으로 계속 비행기를 탈거니 가져요."

비행기 탈일이 별로 없는데, 암튼 음~ 이런 체계도 있던가? 하고 몸에 넣으니 신수운행과 진퇴운행 같은 것을 한다.

그는 비행기 위로 가서 앉는다. 비행기가 하늘에 날아 오르니 그 전의 공간족들이 아는 척을 하고 보고 갔다. 양이가 와서,

"백록담에 갈거지?"

'글쎄, 되도록이면 가야지.'

"알았어."

수연도 와서는 손바닥만 한 전자기기를 주는데,

'왜 이래?' 하니, 관계망이란다. 팔에 넣고 보니 몸과 하나 되며 역시나 아까의 신수운행과 중지와 진퇴 등을 한다.

제주 시외버스터미널 근처에서 숙소를 정했는데 여긴 저번 곳 보다는 기운이 별로인거 같다. 오늘 7시에 일어나서 준비하고 버스타고 성판악에 도착해서 오르는데 9시부터 등반해서 12시에 정상을 올랐다.

밥 먹고 쉬고 하면서 내려오니 4시 10분이다.

올라가는 것보다 내려오는 게 더 힘들다. 아고고........ 어떤 곳에서 발을 접질릴 뻔 했는데 주위를 보니 거대한 도마뱀이 따라온다.

이제마가 옆에서 “힘들죠? 얼마 안 남았어요.” 한다.

저 정상쯤에선 서왕모가 있는데 별일이네, 왜들 마중이지?..

한라산이 그렇게 오르기 힘들지는 않는다. 다만 9.6km라 긴 게 힘들다.

마지막 진달래 대피소에서 부터가 좀 힘든데, 운기해 가며 오르고 어떤 신장이 엉덩이를 들어주는데 내가 하지 말라고 했다. 더 힘들다. ㅠㅠ

운기를 하니 이것이 금속으로 변해 길에 따라 몸에 힘을 더해주는 금속 기구장치들이 만들어진다. 그런다고 덜 힘든건 아니지만 그래도 수월하게 오른 거 같다.

백록담을 바라보며 김밥을 혼자 먹는데 참 처량하다. ㅎㅎ

가만히 보니 사슴 같은 뿔이 많이 난 용이 있는데, 잠깐 밥 먹느라 정신 팔려 어디 갔는지 모르겠고, 궁전도 있고 선녀도 있고 재미있구나.......

내려 오는데 인정상관님도 와서 좋은 말 해주고, 이제마도 좋은 말을 덕담처럼 하길래, 난 '그러면 좋겠습니다.' 했다.

뭐냐고 물으니 "커뮤니케이션이죠." 한다.

그런가? 듣고 나는 게 서로 유기적으로 잘 될 건가?

한라산은 관문이다. [관문] '그래, 그래야 한다.'

장치들을 벗어 던지고 가방도 벗어 던지고 몸에서 좌우로 분신이 나가고 앞뒤로도 분신이 나간다. 그리고 굴착기처럼 땅을 갈아낸다.

진달래 밭 대피소에서 앉아서 쉬는데 서왕모가 와서는 종이컵 같은 곳에 물처럼 보이는 걸 주는데,

'뭐야? 커피야?'

"아니, 내가 그동안 모은 거야."

나는 받아서 마시고 '힘들지?'

"아니, 괜찮아요. 전에도 한 적이 있는데 뭐."

'니가 고생이다. 에휴~'

그렇게 한참을 날씨도 좋고 햇살도 땃땃해서 앉아 있는데 가슴이 주저앉듯이 내려가고 호흡도 내쉬기만 하려고 하면서 이상하더니 단전이 생기는 듯 하다. 그러더니 독맥을 흐르고 임맥을 흐르고 대맥을 흐르고 항문에서 다리 안쪽으로 흐르고 바깥쪽을 흐르고 옆으로 해서 팔을 돌아 머리로 오고 임맥으로 내려간다. 그리고 숨이 정상으로 돌아와서 하산했다.

속밭 대피소에서도 비슷하게 운행되었다. 산이 이런 건가?

내일 서울 가려고 했는데, 그냥 비행기 타고 집으로 돌아왔다.

휴~~~

분명 제주도 하늘, 즉 한라산의 하늘은 우리에게 관문이고 세계로 나가는 경계이다. 이후에도 여기서 이 다음의 하늘 일을 하게 되고 그로 인해 우린 세상으로의 빗장을 열게 된다.

관악산

2011년 4월 9일 토요일

어제 밤에 독서하고 있는데 정몽주가 와서 내일 관악산에 오라고 한다.

'낼?'

"예, 그리고 누구랑 같이 와요."

'누구? 같이 갈 사람이 없는데..'

"....... 그럼 할 수 없군요."

하며 둥근 뭔가를 주기에 받고 다시 생각해봐도 딱히 같이 갈만한 사람이 없다. 동생을 꼬드겨도 시큰둥하니 이거 참.

할 수 없이 오늘 혼자 가기로 하고, 11시 반쯤 집을 나가는데 신정네거리 횡단보도에서 기다리며 멀리 빌딩들을 보니 날씨도 흐리고 안개인지 뿌연 게 착잡하다. 날씨가 흐리니 오늘 마구가 별로 기쁜 일이 될 거 같지는 않고 안개도 힘들겠다. 전철에 앉아서 애라로 미리 관악산 제4야영장에 가서 짐작을 해보는데 포은이 옆에 오는 거 같다. 말을 걸려다가 말고 내가 올라갈 방향을 정하고 돌아왔다.

관악산 입구에 도착하니 날씨가 개기 시작하는데 그나마 다행이다.

그저 나쁜 것은 아닌가보다. 점점 날씨는 화창해진다. 그래야지.......

12시 40분부터 등산을 시작했다. 제4야영장에서 쉬면서 썬크림 바르는데 이게 난 머리에서 땀이 나서 얼굴로 흐르니 별효과가 없다. 커피 한 모금 마시고 전열을 가다듬고 이제 연주대로 등산을 시작할 거다. 근데 포은이 온다. 다른 산신령들이 다들 온 거 같은데 머리가 지끈거린다.

'혼자 왔어.'

"예, 괜찮습니다."

연주대로 걸어가며 계속 따라오는 거 같은데,

"서울에 더 있어야 할 겁니다." (지방에서의 일이 진행되면 내려가서 지낼 수 도 있는데 그 일의 진행이 어려워진다는 것이다.)

'왜?'

"두고 보면 압니다."

'다음 주도 바쁠 거 같은데..'

"일은 잘 되어 갑니까?"

'글게, 어쩐다냐.......'

"잘 되어야죠."

'오늘 안개를 보니까 별론데, 것 참.'

오르다가 깔딱 고개를 앞두고 잠시 쉬려고 앉아서 커피를 또 한 모금 마시고, 땀도 식히고 체력을 비축해서 마지막 깔딱 고개를 오르려고 하는데, 어떤 할머니가 오더니 서류를 보여준다.

'뭐?' 하면서 이렇게 보니 사람이름이 적혀있다.

'이 계곡 주인인가?'

"응"

'근데 니가 왜 이런 걸 주관해.'

별일이다. 정치인들이나 지도층의 이름인데,

흠....... 그 중에 세 명의 이름에 내가 표시를 하고 다시 돌려주었다.

"지금 잘 안 되는 것이 이들 때문이죠?"

'그래'

"할 수 없군요. 처리를 해야 할 거 같네요."

'글게'

"힘내요. 좋은 일이 있을 거예요."

'불안하네.......' 하고 다시 오르기 시작했다.

(항상 이들이 나에게 말하는 좋은 일이란 사소한 개인적인 즐거움이다. 누군가 만나서 같이 술 마시거나 기분 좋게 만나거나 내가 즐기는 만화나 영화를 보게 되는 그런 소소한 즐거움이 생기거나 맘에 드는 책을 보거나 웃고 떠들만한 일이 생기는 그런 일상의 것이다. 공적이거나 일과 연관한 좋은 일은 결코 없다. 그런 건 말하지 않는다.)

깔딱 고개를 오르려고 하니, 오늘은 토요일이고 원래 사람이 예전부터 많았다. 옷도 형형색색 이쁘게도 차려입고 등산복이 요즘은 비싸고 좋기도 하다. 그래도 너무 비싼 거 같은데, 남녀가 다정히 오르고 가족이 오르고 단체로 와서 오르고 참으로 많다. 경사가 높아서 한 줄로 올라야 해서 내려오는 사람들을 한참을 기다리며 서서 있는데, 포은이

"무엇이 안 됩니까?"

'쉽지 않아, 뭐든지.'

"변할 겁니다, 분명히. 그러면 주인공이 있겠죠."

'아냐, 주인공이 아니라 「무엇을」 이야. 뭘 할 것인데? 엉?'

"시대가 변하면 뜻을 가지고 뭔가를 하려고 하는 게 순리죠."

'니가 할 말은 아닐 건데, 그리고 우리 역사에서 그런 적이 있던가? 뜻을 가지고 뭔가 해보려는 적이 있던가? 흠~~~ 그러니 앞날이 암울하지.'

"그래도 될 거라고 생각해요."

계곡을 보고 또 줄지어 내려오는 등산객을 한참을 보면서 짐작해 보니,

'그래, 길은 있다. 있어.'

"그렇죠. 있습니다."

올라서 잠깐 쉬고 내려온다. 다 내려갈 때 쯤,

"곧 보이게 될 겁니다. 힘내세요. 그럼 잘 가시구요."

'그럴까?'

버스 타고 오는데 현부의 국조신이 느껴지는데 앞자리에 앉더니,

"요즘 걱정이 많아?"
'언젠 없었나?'
"너무 불쌍하게는 안할게."
'헉, 불쌍하게 하겠다는 것처럼 들리는데.'
"바보, 깔깔깔" 하며 간다.

조금 있다가 어떤 분의 주가 느껴지고 그 분이 떠오르는데,
동명과 함께 가서, '어쩌려고?'
동명 "가르치려고."
'흠, 흔하지 않는 건데.'
"그러니까."
머리 위에 우산 같은 것을 5겹 정도로 손으로 그리며 하고 온다.

전철 타고 오면서 멀리 관악산을 보니 어딘지 슬프다. 요즘은 슬프고 눈물 나면 꼭 부정적인 것은 아니던데. 관악산은 권력이다. 권력은 해야 하는 일이니 직업이 되고 목적을 실천하는 것이다.

그 전에 동생과 등산하다가 비를 쫄딱 맞고 오면서 세례라는 의미를 한 적이 있는데, 이게 내게 직업이 생길 거라고는 별로 믿지는 않았다. 내가 세상에 나가게 될지 바람은 있지만 그 방법을 혼돈 속에서 헤매일 때여서, 그런가보다 할 뿐이었다. 내 일의 실천은 그렇게 시작되었다.

그 해가 2006년이다. 우리나라가 월드컵에서 첫 경기를 하는 날, 난 독천으로 돈벌이 하러 갔다.

포은에게 니가 할 말은 아닌데, 라고 한건 조금은 농담이었다. 과거 생전에 변화를 거부하던 분이 아닌가? 해서이다. 다시 변화하려 하는데 지금도 더 많은 세력이 거부하는 것이 꼭 그들이 잘못은 아니다. 자기 관점으로 행동하는 것이니까. 쉬운 길을 모색했지만 그것이 그렇게 되지는 않았다.

그래서 서울에 더 있는다는 것이었고 너무 불쌍하게 하지 않는다는 게 위로 해주는 거였다. 그 이후에 힘들어도 결국은 가야하는 것이라서 아무리 힘들어도 견디는 것이다. 그래도 길은 있다는 것이, 좀 힘들고 어려워도 갈 수 있는 것이어서 좋다.

모악산 종주

2011년 4월 14일

(여기 날짜는 블로그에 올린 날짜를 적은 것이다. 이후엔 그냥 블로그라고만 쓰겠음. 그리고 「블로그」 안 쓴 것은 실제 날짜이다.)

꽤 이전부터 모악산에를 가야 할 거 같았다.

막연하기만 하던 것이 점차 가까워지더니 주말에 가려다가 기차표도 없고 그렇게 망설이다가 화요일에 내려가서 수요일에 오르기로 했다.

정읍에 귀농하신 분을 만나러 갔다. 요즘 민속에 대한 관심을 조금씩 가지고 있다. 그 중에 땅에 대한 생각을 하는데, 내가 사는 서울의 도시를 보고 느껴보다가 얼마 전에 관악산을 갈 때 보았던 빌딩을 보면서 대도시의 삭막한 건물들도 신령스러움을 나타내는 것 같다.

흥미로웠다. 물론 나와 연관한 신령스러움이지, 빌딩자체가 신령스러움을 띠는 것은 아니다. 우리식의 산천에 대한 자세를 연구하는데 이게 쉽지는 않다. 땅을 보고 싶다는 생각을 하던 중에 그분의 집에 갔는데 중간에 기다리면서 땅을 한참을 보고 또 느끼던 중에,

'그래, 땅이 살아있구나. 그래 신령이 있는 거였어.'

모든 땅과 흙 나무 바위 돌 물 들이 신령스럽게 보이기 시작했다. 예전엔 나도 그런 땅과 들을 보면서 내가 보고 싶은 것만 본거 같기도 하다.

요즘은 내가 조금 변한 게 있는지 가라앉는 듯 한 심리가 있다. 조급증도 조금은 사라진 듯하고 아쉬움도 예전과는 다른 듯한데 이런 내 심리가 반영된 건지는 더 두고 볼일이다.

가만히 그 분집에 앉아 있는데 저녁이 되니 서서히 감정이 가라앉아 평온해진다. 시골의 기운이 밤이 되어가면서 변해가나보다. 서울에서나 모텔에서 잘 때는 인위적으로 난방을 해서 느끼기가 어려운데 이번엔 좀 달랐나보다. 과거에 이런 경험을 한 게 언제던가 할 정도로 오랜만의 땅과의 감응이었다.

다음날 모악산으로 가는데 날씨가 좋다.

요즘은 어딜 가나 날씨가 좋은데 희망을 걸어본다. 인정상관님의 묘에 가서 가만히 앉아서 본주님과 말이나 해볼까 하는데, 은행에서 전화가 오더니 뭘 안내 한다고 한다. 그래서 대충 내 기운과 땅과 합쳐서 꽃처럼 무덤을 감싸고 이거 저거 한 다음에, '나 갈래' 하고 내려오는데 역시나 서글프다. 그리고 주위나무나 앞에 있는 것들이나 뒷산이나 이렇게 보던 중에 나무 한그루 마다 사람들의 서림이 있는 듯하다. 사람의 몸이란 게 이렇게 사방에 걸쳐놓는 거구나.

반대편 전주 쪽에서 약속이 있어서 서둘러 모악산을 오르기 시작했다.

모악정을 지나 계속 오르는데 왠지 모르게 윗배가 불편하다. 경험상으로 이건 주위의 누군가의 한이나 억울함이나 안 좋은 마음이 있을 경우이다. 자꾸 헛구역질이 나고 본격적인 오르막이 시작되어서 힘든데 이렇게 배까지 말썽이니 영 거시기하다.

계백을 보면서 '왜 그래?' 하니 씨~익 웃는다. 뭘 웃기만 하는지.

내가 계속 못마땅하다는 듯이 하니 갈고리를 던져 내 몸에서 형체를 꺼내간다. '그러면 좀 낫나?' 근데 이후엔 조금씩 괜찮아진다.

진즉에 해줄 것이지. 내가 힘들어서 앉아 쉬는데, 계백이

"어제 왔어야죠."

'어제? 왜?'

"어제 왔어야 하죠. 오늘은 안 되는데."

'뭐, 오늘도 상관없는데.'

"이거 때문이잖아요." 하면서 황금빛 좀 큰 엽전 같은걸 보여준다.

'그거 내 것이 아닌데.......'

"이게 문제 아닙니까?"

'그렇긴 하지만, 그렇다고 내꺼 아닌 걸 받을 순 없지.'

그때 본주님이 오시더니 그 엽전을 받아가며

"이게 아니라 이거다." 하면서 복주머니 같은 걸 주길래 난 받았다.

그리고 "이제 일을 해야지."

계백 "그것을 할 겁니까?"

본주 "응" 하며 둘이서 어디론가 간다.

나도 일어나서 등반을 시작한다. 중간에 계백이,

"그렇게 힘들진 않아요." 한다.

'난 힘들거든.'

"두고 보면 압니다."

'우씨, 난 두고 보자고 할 때 마다 짜증난다. 뭘 그렇게 두고 보나?'

그러면서 오늘은 다리 통증이 좀 적을라나 하는 기대를 또 해본다.

지나고 나서 생각해보니 그런대로 덜 힘들게 등산하고 그렇게까지 힘들진 않은 거 같다.

한참을 오르다가 땅속을 보니 별난 것이 있는데 땅속을 헤집어서 이렇게 보니 여자성기이다. 그래서 그걸 주위에 달라붙어 있던 탁기를 제거하고 기운을 소통시키고 이거저거 한 다음에 실로 꿰매서 덮어 소멸시켰다. 이게 아래로 내려가고 여기 저기 막힌 맥들을 이어가고 소통되면서 저 멀리 도시까지 가는 걸 확인하고 다시 산으로 오른다.

전주 쪽을 내려오는데 김제 쪽과는 느낌이 다르다. 등산길은 짧아 더 가파른 거 같다. 그렇게 내려와서 볼일보고 만나고 헤어진 다음에 기차에 타서 올라오는데 계백이 앞 의자에 앉더니 다시 황금엽전을 준다.

거기엔 [상 보] 라고 쓰여 있다.

'그거 그거야? 내꺼 아니라니까.'

"아뇨, 다른 겁니다.

그걸 해결해 줘서 고마워서 다른 걸 준비 한 겁니다."

'그 상보가 그 상보인가? 그랬으면 좋으련만.'

"예, 그럼" 하고 간다.

정읍에서 본 분은 그 이후로 변화가 시작되었다. 이 당시 나는 세상을 이거 저거 건들면서 파괴하는 것을 하고 다녔다. 그래서 이때쯤 유행한 가요처럼 트러블메이커가 되어 내가 가면 뭐든 안 되고 망하고 변화가 일어나게 되었다. 그런 다음에 다시 하나하나 처음부터 시작하는, 파괴와 창조의 그 마구를 하고 다닌 거였다. 그러면서 일꾼들을 다시 재정비하고 준비시키고 그걸 위한 과거 분들이 미리 안배한 것을 넘겨받고 사용하고 다녔다.

그리고 이 마구는 책 출판과도 연관된 것이 있었다.

욕 ㅎㅎ

2011년 4월 16일 토요일 블로그

저번 주에 엄마가 인천 쪽으로 일을 나갔다. 오늘 하는 말이,

"거긴 터가 센가봐."

'왜?'

"응, 일하는데 앉았다가 일어나면 머리가 쏟아지듯이 아파, 첫날은 니 말을 기억해서 좋아라, 땅아 좋아져라 하면서 좋게 하니까 괜찮았는데, 다음날엔 조금 옆으로 가서 일하는데 엄청 머리가 아팠거든. 하도 아파서 이번에 내가 욕을 막 해댔더니 괜찮아지데. 아이구, 너무 아파서 고생했다. 내가 여기 벌어먹으려고 온 건데 뭘 잘못했냐고 내가 뭘 잘못했는데 이렇게 아프게 해!! 막 욕했더니 괜찮아 졌어."

'그게 욕이야?'

엄마도 순진하다. 난 무슨 쌍욕 같은 걸 했다는 건지 알았다. 그리고 땅이 드센 거 보다 다른 이유가 있는 거 같은데 말하기 곤란했다. 그런 건 알수록 복잡하고 더 귀찮게 하는 것이라 스스로 마음을 제어하기 어려우니 그냥 그렇게 내버려 두었다. 우리 엄마야 워낙 이런 것의 지식이 없으니 그렇다지만, 글 읽고 학교공부 다하고 멀쩡한 사람이 자기 심리를

제대로 제어하지 못해서 환상을 보고 피해망상에 걸리고 엄한 소리 해대는 사람들이 많은데 참, 나이나 어리면 철들라고 하겠지만 한심한 자들이 참 많다. 좀 쿨한 모습이 있어야 한다. 이게 거짓은 아니지만 그렇다고 지나친 집착은 오히려 해가 된다. 정상적이고 온전한 사람 되기란 요즘 들어 정말 힘들다고 생각한다. 막말로 수도하는 사람이 없다. 그저 취미일 뿐, 수도는 취미로 하기엔 절박함이 있다.

어젠 사진을 찍어야 한다고 여의도를 갔는데, 계백이 와서
"해야 될 거예요."
'그렇지?' 하고, 난 땅에 동그라미와 선을 긋고 계백도 그 옆에 같은 걸 그리는데, 그리고 또 뭐라고 말을 하려는데 약속한 사람이 와서 머리가 혼란해져 끊겼다.
헐~~~
저녁에 집에 오는데 골목이 어둡다. 아무래도 두렵고 걱정될 일이 있으려나 보다 하는데, 오늘 보니 그렇다.

북한산

2011년 4월 25일 블로그

북한산은 10여 년 전에 몇 번 가고 안 갔던 곳이다. 구조대 근처에서 사람의 한과 관련해서 두통을 일으켜서 산신에게 좀 어떻게 해보라고 했었다. 그 후에 잘 되었으니 오라고 한 걸 안 간다고 한 후에 오늘 처음이다. 오늘 와보니 괜찮았다. 오늘은 구파발쪽에서 시작해서 우이동쪽으로 내려왔다. 바위가 많은 산이라 발목이 많이 아프고 위험하기도 하다.
그전엔 구파발 쪽이 아무것도 없었는데 오늘 보니 상가건물이 많이 들

어셨고 지금도 들어오고 있었다. 그리고 식당들이 계곡 사이에 많았었는데 다 없어졌다. 백운대에서 기운을 올려 우산처럼 넓게 퍼트려서 땅에 고정시켰다. 그리고 이 북한산 백운대는 화성과 연결되어 있는 기운이 있다. 이걸 다시 연결하고 거기에 작업도 좀하고, 목성은 한라산과 연결되고 토성은 설악산인데.

많은 사람들이 북한산을 좋다고 생각하는 거 같다. 사람마다 어떤 기준이 있을 것이니 내가 토 달 필요는 없다. 바위로 된 산이라 바위에서 느껴지는 위엄이 알게 모르게 영향을 준거 같기도 하다. 바위에서 생각보다 강한 기운이 나오기 때문이다. 내가 본 중엔 마이산이 젤 강하고 다음이 선운산인데 이들은 폐쇄적이고 그 배치가 주는 협소함이 더 강하게 한 것이지 그 바위 자체가 더 강하다고는 생각 안하는데 지금 내 생각이 이렇다는 것이다.

산신의 수준도 그렇게 높지는 않아서 별로 감응이 없다. 내가 기감이 둔해서 인지 별 느낌은 없고 시원함은 있는데, 정신이 있는 것은 아니고 산 자체의 기운으로 보인다. 내려오다가 발이 겹질려서 하마터면 위험할 뻔했는데 거긴 뱀의 소굴로 보인다. 근처에 거북이나 도마뱀 같은 땅에 관련된 것이 있으면 방안에서도 겹질리는 것이라 이게 참 이렇게 위험한 곳에서 이러면 좀 식겁한다. 그 외는 내가 헉헉대며 올라가는데 뒤에서 팔짱끼고 지켜보는 분 외는 별로 얼씬을 안 해서 혼자 수월하게 올라서 내려왔다. 역시나 백운대 바람은 거셌다.

원怨기

2011년 5월 18일 블로그

그 전에 구처기 때문에 알게 된 그 차이나신관의 뒤끝이 이제야 나타났다. 그 때도 분명 뭔가 앙심을 품은 것을 볼 수 있었는데, 결국은 상황을 만들어 가나보다. 역시나 비겁하게 나에게 직접 오지 않고 다른 분께 게다가 그 분의 주위에 일이 터진다. 그 분이 사는 곳으로 가서 보니 그 자의 권속들이 있다. 나에게도 그자 같은 원기가 풀풀 나기 시작한다.

삼각형의 검을 두 개 이은 넙적한 검을 써서 그 권속을 해치우는데 검에서 원기가 아주 짙게 나온다.

이걸 거대하게 크게 해서 땅에 꽂고 난 그 손잡이에 앉아서 한참을 마음을 집중해서 주위의 흔적들을 거두어 들인다. 한참을 하고서 검을 작게 해서 잡으니 예리하고 날카로운 도신이 날렵한 도로 바뀐다.

이걸로 별을 그리며 마지막 일을 하고 거둔다.

ㅇㅇㅇㅇㅇ....

그럴지도

2011년 5월 18일 블로그

책 읽고 있는데 누군가 온다.

'어어.. 어떻게 왔지?'

나에게 오려는 분은 많아도 나에게 온 분은 별로 없다. 와서는 가만히 앉는데 몸에 뱀 같은 것이 붙어 있다. 단순히 외부에서 온 거라고 보기엔 좀 다르다. 이걸 잡아서 보니 몸으로 들어와 물어뜯고 난리다.

그러든가 말든가 난 그분을 보는데 얼굴에 붉은 선이 나타난다.

그리고 몸속에서 어떤 여자 분이 겹쳐 보이더니 여자 분은 나를 뜯어먹는다. 내가 구슬을 주어서 먹게 하니 스스로 허물어진다. 그리곤 남자분이 나타나 몸에서 탁한 것들과 원한 같은 응어리를 털어낸다.

이렇게 바닥에 떨어진 것들을 내 옆의 영수가 먹으려고 하는데,

하나는 며칠 전에 역시나 책을 읽고 있는데 공간을 자르며 그 안에서 나타난 금속으로 만들어진 고양이과 동물이다. 그리고 다른 하나는 파란색 호랑이 같은데 저건 언제 따라 온건지 모르겠다. 그전부터 같이 다니던 내 호랑이가 허락해 주는 듯 고개를 끄덕인다.

맹수 중엔 이 호랑이가 우두머리이다. 둘이서 싸우며 으르렁 거리기에 내가 잘라서 나누어 주었다. 그리고 그분은 몸에서 전령이 나와 도는데 처음은 뱀처럼 보이더니 점점 사람으로 변하고 어린 여자아이로 변한다. 그러면서 몸 안으로 들어가 성장한다. 이런 비슷한 건 전에도 누군가에게서 본적 있는데 이건 새로운 부련을 만드는 현상이다.

성장한 그 부련이 미소를 머금는데,

'뭐? 어쩌자고?'

"안녕 너무 힘들어 하지마, 지금 힘든 건 더 잘되기 위해서지."

'뭐래 어쩌자고 나오나, 훔~'

"새로워지려고 하는 거지, 행복하려고 하고."

'그런가? 힘들기만 하던데.'

"그런 거야 당연한 거지. 그 정도는 괜찮아, 내 의지가 있으니까."

'그런가.......'

그리곤 가려고 한다.

"은혜는 갚을 거야. 금생에서도 다음 생에서도 언제까지나."

'그런 건 필요 없어........'

"아니지, 이건 그 무엇보다 큰 거지. 항상 고마워해야 할 것이지."

'휴~~ 궁가'

얘 개인적으로 힘든 것이 나타나는 것이 저렇다. 마음의 스트레스가 눈으로 보이는 현상으로 나타나는 것이 참 상상초월이다. 말을 잘 보면 자기가 힘들어 하는 건데 나에게 힘들어 하지 말라고 한다. 본인이 힘드니 다른 사람의 힘든 게 안타까운 거지. 은혜라는 말을 하는 것도 나와의 관계가 조금은 다른 변화를 해야 해서 미안해서이겠지.

문수봉

2011년 5월29일 블로그

저번 주 일요일쯤인가 역시나 독서하고 있던 거 같은데,
태백산 산신이 오는 거 같다.
"산에 한 번 오세요."
'싫어.' 하고 대답하니 돌아간다. 그러더니 다시 와서
"한 번 와야 해요."
요즘은 별로 의욕도 없고 내키지 않아 거의 칩거 하고 있는데 또 뭘 하려하나 해서, 별로 응하고 싶지 않은데 그렇다고 거부하지도 못하고,
'태백산? 그래 알았어.'

금요일 저녁에 기차타고 태백을 가서 자고 다음날 산에 오르기로 한다. 이번에 네 번째인데 매번 날씨는 별로여서 정상에서 시야가 안 좋아 제대로 보지 못했다. 처음엔 날씨가 흐려 잠깐 구름 구멍 사이로 보이다가 말았고, 두 번째는 비가 와서 안 되었고 세 번째는 눈이 와서 안 되었다.
이번엔 좀 나으려나 하는데 날씨가 흐리다고 예보가 나와서 조마조마하다. 내가 하는 마구가 날씨 영향이 많은데, 매표소에서 오를 땐 날씨가 흐려 오늘도 아닌가 하면서 올라갔다.

정상 밑의 약수를 마시는데 역시나 시원하고 좋다.
내가 산을 여러 군데 갔지만 여기 말고 맘 놓고 물 마시는 곳은 없다.

계룡산 동학사의 물은 배가 아프다. 균이 있는 거 같은데 위생이 영 아니다. 천제단에 가니 사람도 많고 날씨도 좋아 시야가 트여 구경하기 좋다.

네 번째야 보는 광경이다. 그런데 아직은 철쭉이 피지 않았다. 기온이 해발이 높아 밑에서와는 달라서 핀 곳도 있지만 대개는 아직 안 피고 있다. 별로 응하는 기분이 아니어서 그냥 내려오는데 오르는 곳과는 다른 문수봉 쪽으로 방향을 잡았다. 경치구경도 좋고 몸도 그렇게 힘들지 않아 정상까지 두 시간이 안 걸려서 그런지 힘이 좀 남아 걍 그리로 갔다.

가는 중에 풀냄새도 좋고 날씨도 화창해 기분이 좋은데, 저기 뒤편에 그 두 노인네가 나타난다.

'아~ 그러셔요.' 하고 대충 대꾸하고 마는데, 그들이 구름으로 뭉쳐지듯이 사라지고 국조신 중에 강 신관이 나타난다.

역시나 난 냉소적인 대꾸만 하고 말았다.

오히려 경치구경이 더 좋다.

문뜩 그동안 산행을 정상에만 오르고 내려가는 것만 신경 쓴 거 아닌가 하면서 이제 좀 느긋하게 구경하며 산행을 즐겨볼까 하는 생각이 든다. 참 기특한 생각 같지만 그건 아니다. 물론 이게 맘에 든다. 그러나 내 생각은 아니다. 그럼 누구의 생각이냐면 태백산 천제단 산신과 문수봉의 산신 영향이다. 이건 나중에 알게 된 것이다.

어제 오후 내내 이런 생각으로 산행하며 여운에 있었고 저녁이 되어서야 이게 그들의 영향으로 생긴 감정이란 걸 알았다. 참, 남 때문에 생각이나 감정으로 시간이나 삶을 보낸다는 게 뭐라 말하기 그렇다.

왜냐하면 이게 생각보다 심각한 결과를 낳을 수도 있다.

어느 날 난 누군가에게 이러 저런 말을 했는데 그게 내 생각이 아니라 그때 다른 신관이나 다른 사람들의 영향에 있어서 그런 말을 한 것이라면, 그리고 나중에 그때 내말을 들은 사람이 이후에 그것으로 다른 질문이나 비판을 한다면 나는 뭐라고 말해야 하나. 그날은 내가 다른 신관 또는 다른 사람의 영향에 있어서 그렇게 말한 것이지 내 생각은 아니라고 하면 될까? 이게 '난 정신병자요' 라고 하는 것과 얼마나 다른 건가?

사실 이런 일이 종종 있다. 그래서 날 아는 분들 중에 내가 변명과 말 바꾸는 것을 잘하는 걸 알기도 한다. 아! 그리고 생각해보니 내가 마구가는 걸 어떤 식으로든 감지하는 분들이 많은 거 같다.

한 분이 그런 말 할 때는 그런가? 했는데 다른 분들도 그런 말을 하니 이젠 원래 이런 건가 하게 된다. 어차피 물질적, 정신적 또 다양한 어떤 방법으로든 내가 하는 행동에 영향을 주고 있는 것이 되니. 역시 신관들이 날 가지고 이용하듯이 사람들도 날 이용하고 있는 것이야, 당연히 감수해야지. 이럴 줄 알았는데, 이론적으론 이럴 거라 생각은 했는데, 근데 진짜 이러면 이건 좀 참, 재미난단 말여.

아무튼 산을 즐기며 내려오는데 뒤에 그 산신이 오며 절한다.

'어, 여자는 왜 안와?' 했다.

"같이 왔습니다." 보니 뒤에 한복을 입은 여자가 서 있다.

'누구야?'

"문수봉 주인이에요."

'그래? 어쩌라고?'

"도와 드릴려구요."

'그래요~~? 댓거등요.'

"태백산에 왜 오는지 알아요?"

'뭐라 하나? 상고라고 하나? 하늘에 보고하는 거잖아'

"예, 그래요. 그런데 심고에요. 천제단에서 제사지내고 하는 이유가 자기의 마음에 고하는 것이고 심고라고 하는 거예요. 하늘은 마음이거든요"

'하늘? 마음? 뭔 소리야. 그게 뭔데.'

"그건 자기 마음이죠."

'뭐여, 그게 뭔 소리냐니까?'

"자기 뜻요."

'그래? 알고 있는 거야? 날 떠보는 거야? 「도」지, 뜻! 그러니까 천제단에서 고를 하려면 「도」, 그러니까 자기가 지키는 뜻과 꿈이 있어야 하지. 그냥 무조건 제사지내거나 하는 것이 아니라는 거잖아?'

"예, 맞아요. 그래서 저번에 올 때 하늘이 열리지 않은 거예요."

'지랄을 해라. 약 올리냐? 그럴듯 하게 설명하면 내가 얼씨구나 하고 넘어갈 줄 알아? 그리고 설명은 내가 했거든.'

"ㅎㅎㅎ 알면서 왜 그래요. 처음엔 사전 탐색에 가깝고 두 번째엔 미래를 생각해 본거고 세 번째엔 토대 다진거구요. 이번에야 그 뜻이 갖추어져 제대로 한 거예요. 안 그래요? 심고요. 심고. ㅎㅎ"

자작나무 숲이 어쩐지 이국적이거나 딴 세상에 온 듯 좋다. 난 딴 생각을 하며 일부러 애써 외면한다. 천고, 상고, 심고, 말은 그럴 듯하다. 천과 상과 심이 내 뜻으로 이루어진 것이라는데 뜻도 없는 게 고할게 있을리가 없지만.

'넌 여자인데 공부가 좀 되었네.' (영단이다)

"네, 전 오래전 사람이에요."

'오래? 조선시대가 뭐 오래야, 복식을 보니까 조선 중기나 이후로 보이는구만.'

"그것도 멀죠. 지금 시대는 우리와는 확연히 달라서 이미 단절이 되고 있는걸요."

'그래, 그게 좀 그런 면이 있지. 너네 전통은 내려오나?'

"아뇨, 없어요."

'왜? 그 단체가 우리나라엔 꽤 알려진 곳인데.'

“우리와 달라요. 이젠 연결이 없어요.”

‘그래? 어차피 시작도 우리 전통은 아니면서 뭘 따져.’

“아니에요. 그래도 그땐 괜찮았어요. 다만 설명하고 알려지기 시작하면서 다른 것에 의지했던 게 좀 달라진 계기가 된 거죠. 거기다 지금은 지나치게 변해서 그때 것이 거의 없어진거니 이젠 아니죠.”

‘그런가? 난 찾을 수가 없던데, 우리 과거 것을.’

“이제 새로 만들고 다시 시작 해야겠죠.”

‘그래? 그걸 누가 해?’

“직접 하세요. ㅎㅎ”

‘댓거등, 내가 그걸 왜 해?’

“그럼 누가해요?”

‘아니, 나 아니면 안 된다는 건 그게 더 이상해. 자만이고 미친거거등. 그리고 그 골치 아픈 걸 왜 해? 얼마나 머리 아픈 건데, 그리고 난 모르겠어. 머리가 불순물이 많은가봐 영 안돌아가네.’

“그래도 해야 해요. 그것 때문에 치악산에도 가야하구요.
치악산이 무슨 뜻인지 알아요?”

‘농담식으론 치가 떨리고 악이 받쳐서 라던데.’

“치는 크다는 거예요.”

‘뭐야, 치가 왜 큰 거야, 사람 부르는 호칭이지.’

“이룬다고도 하는데 성취했으니 큰 거지요.”

‘헐, 그렇게 갖다 붙이나, 이루어서 크고 그래서 큰 사람이면 인품이라는 거네. 그럼 악은?’

“악은........” 이런 내가 기억이 안 난다. 뭐라고 했는데.

‘그런 거 딴 사람시켜. 우리나라 사람들이 완장 차는 걸 얼마나 좋아하는데, 얼씨구나 고마워하며 하겠다고 하는 사람 엄청 많을 걸.’

“안돼요, 내실이 없어요.”

'내실? 언제 그런 거 따졌다고, 세상 돌아가는 걸 보면 전혀 내실을 고려한 거 같지 않더구만.'

"성격이 삐뚤어진 거예요? 자꾸 부정적이야."

'내가 원래 그래.'

이러면서 문수봉까지 한 시간이상 걸리는 곳을 왔다. 대화하면서 오니 전혀 시간 가는지 모르고 왔다. 경치는 너무 좋고 바위나 돌탑이나 둥글게 철쭉이 핀 거나 새싹이 돋은 나무들이나 아름답다. 그리고 내려오는데 소문수봉까지 갔다. 가다보니 문수봉와 천제단 산신들이 뭔가를 한다. 무지개를 피우고 둥근 광채를 내뿜고 열심히 한다.

소문수봉에를 가니 무슨 선장을 짚고 금 귀걸이에 화려한 보살들이 입은 옷을 입고 서있는 게 아무리 봐도 사람은 아니다.

'너 나찰이냐? 이런 게 산신으로 있을 수 있나?'

웃는다. '웃지 말고 말로 해. 말!'

"예, 여기 주인 입니다. 전 나찰이 아니에요."

사람하고 같이 태어나서 수행하고 여기 주인이 된 사천왕으로 보인다. 처음 알았다. 사람과 같이 수행한 다음에 독립할 수 있다는 것을........

그런데 소문수봉엔 한 도인도 보인다.

'넌 또 뭐야, 여기를 빼앗으러 온 건가?' 광단 정도로 보인다.

"아니에요. 도와 달래서 같이 있어요."

'그래'

난 아무래도 저 사천왕이 신기하다. 그래서 자꾸 보니 둥글게 스크린을 만들어서 보여주는데 그 안을 보니 부석사 사천왕이었던 거 같다.

그런가 하고 내려오는데 그 사천왕이 "좋은 일 있을 거예요." 한다.

'뭐셔, 넌 또 뭔 소리여.'

"제가 할 수 있는 한에서 하는 말입니다."

아무래도 내가 마음이 너무 처져서 잘되길 바라는 마음이 깊은가 보다. 너도 나도, 보는 신관들이 이런 말을 한다. 내 감정을 느끼고 안쓰러워서 해주는 말이다. 그러면 난 틱틱거리며 대든다. 우헤헤

'넌 100년 후쯤 기회가 있을 거야.'

"감사합니다."

그 도인한테도 도와주라고 하고 그리고 그 둘에게 사람들에게 잘하고 많이 도와주라고 하고 내려왔다. 내려오는데 나무숲이 풀숲인데 그냥 내려오면서 보면 잘 안 보이는데 서서 보면 엘레지 꽃이 서서히 눈에 띄며 들어온다. 자연적으로 만들어진 엘레지 꽃 숲인지 지천에 널렸다. 보면 볼수록 많아 신기하다. 거울 같은 매끄러운 바위도 있는데 전설의 마음을 비추는 바위인가 하고 보니 아니다. 영기가 없다. 노란 고양이가 있는데 난 산에서 동물을 본적이 다람쥐나 새 외는 없어 엄청 놀랬다. 고양이도 잔뜩 웅크리고 경계하는 게 놀란듯하다.

문수봉으로 오는 중에 한 마리의 고양이과 동물인데 엄청 크고 좀 다르면서 멋있는 영수가 다가오는데 대뜸, 내 곁의 메탈로 이루어진 고양이과 동물이 대든다. 이 메탈이 요즘 가죽 털로 변하고 있는 중이다.

그런데 그 영수에 힘을 못 쓴다. 이 메탈이 꽤 쌔고 거친 동물인데 전혀 힘을 못 쓰고 당한다. 가죽이 벗겨지고 다시 메탈로 돌아왔는데도 여전히 진다. 그러니 청색 고양이과 동물이 덤비는데 한발은 메탈을 또 한발론 청색을 간단히 제압한다. 그걸 보던 오래 같이 있던 호랑이가 덤빈다. 이 호랑이가 나와 함께 하던 원래의 영수이다.

그 새로 나타난 영수가 몇 번 덤비는데 내 호랑이는 별로 힘들지 않게 제압하고 놔둔다. 내가 보건데 아무리 봐도 이건 해태로 보인다. 해태가 진짜 존재하는지 신기해서 한참을 내가 잘못 본 게 아닌가 하고 보았다. 그리고 그 메탈은 호랑이는 아니고 표범종류에 가까워 보인다.

청색은 삶이 아닐까 한다. 이번 산행은 태백산 자체의 운과 관계된 거 때문인지 거기 가기 전부터 머리가 아프고 그 토왕들이 꿈틀거리고 있었다. 탁기도 심해 산행이 좀 힘들기도 했다.

그런데 그전에 못 느끼던 태백산 자체의 맑은 기운이 있었다. 흙 한줌 한줌이 다른 산과는 다른 기운이 있어 보였다. 흙도 산마다 다른 것이구나 하면서 새로운 경험이었다.

태백산이 여러 의미가 있지만 우선 이제부터 태백산과 나와의, 또 이후의 마구와의 의미를 위해 안배하는 성격이 크다. 분명 우리 일은 하나 하나 기초부터 토대부터 착실히 해가야 한다. 태백산과 함께 일을 해야 해서 산도 키우고 준비시켜야 하는 과정을 겪는 것이다. 그저 있는 산이라고 아무렇게나 쓰는 것이 아니다. 키우고 성장시키고 준비시키는 과정이 있다. 이 땅과 이 나라와 이 사람과 함께 이어져가는 그 이어짐이 있다.

용마

2011년 5월 31일 블로그

오늘은 도서관에 가서 반납하고 다시 책을 빌려왔다.

책 읽는 것이 내키지 않아 쉬다가 어제 쓴 글을 수정하고 논다. 어제 밤에 자려고 누워서 천연의 봉을 천공에서 천년기둥으로 옮겨 이리저리 해본다. 용마가 오는데,

"괜찮은데."

'형편없다고 할 땐 언제고.'

"이 정도면 잘한 거지."

'그들을 데려올 건가?' 그의 권속들이 따로 있나 보다.

"응, 그래야지. 어디 있나?"

'지인이 도와줄 걸. 어디 있는지.' 지인 중 한명이 온다.

이번에 다시 모인 분 중 한 분인 거 같다.

용마가 "야~~" 하며 말하려 하니, 대뜸 "뭐야!" 한다.

용마가 함부로 못한다.

내가 '그들을 풀어줘.'

"그러죠."

용마는 사라진다. 지인이 내 얼굴을 툭툭 치며,

"너무 힘들어 하지 말고 선선히 해요."

'엉, 그 일은 진행하고 있나?'

"그런 건 걱정하지 말고 편히 살어."

하고 갔다.

광룡정

2011년 6월 17일 블로그

자려고 누웠는데 이리 저리 뒤척인다.

그러다 광룡정의 정자가 보인다. 이걸 본지가 꽤 되어서, 왠 일인가?

하고 유심히 본다. 그러고 있는데 그분들이 온다. 그 중에,

후가 "그대로 누워있어." 한다.

난 '일어날 생각 없거등.'

강 "그 일은 어떻게 할까요?"

'어떻게 할 건데? 이미 다 정해놓고 있으면서 물어보기는........'

"그럼 그렇게 하도록 하지요."

'아, 눼'

동군 "많이 마음 상했나 봅니다."
'쩝, 별로. 그냥 허무하고 의욕도 안 나고 뭐 이정도,
그것보다 너무 괴리감을 준단 말이지.' 그렇게 잠들어 갔다.

뭐가 온거래?

2011년 6월 20일 블로그

머리도 혼미하고 몸도 지친 거 같고 해서 아무것도 안하고 쉬고 있는데, 갑자기 왼쪽 눈에 약간 번쩍하는 것 같다. 뭐가 오나하고 살피니 지네가 오더니 사람으로 변한다. 긴 몸이 줄어들며 사람형상을 띠려고 하는데 내 눈엔 버퍼링이 안 된 듯이 같은 동작만 반복하는 듯이 보인다.

얘가 쫄았나? 그리고 다른 동물들이 사람으로 변한 자들이 줄지어 나타난다. 근데 이들 말고 하늘위에 서서 지켜보는 자가 있다. 이자를 끌어내리니 나를 정면으로 안보고 뒤돌아서서 있는다. 그리고는 뒤로 채찍을 던지는데 잡아서 전기를 보내니 시커멓게 탄다.

'뭐야 니들은?'
그 탄 놈이 "우리도 뭔가 일 좀 줘요."
'헛참 이~ 어따 쓸데 있다고.' 고민하다가
'저기 서해 태안 앞바다 쪽으로 가봐, 거기 좀 지켜라.
예전부터 좀 시끄럽다.' 하고 보낸다.
엊그제 광룡정이 보이더니 정자가 노출되었나? 어케 오는 거야?

[추가 얘기]
그냥 여백 채우려고 씁니다.

요즘은 내가 마음을 닫아 버렸습니다. 그래서 서울을 나가는 마구는 거의 안하고 있고 저번에 태백산 가는 것도 억지로 갔다가 오고 치악산 가라는 거 아직 버티고 있습니다. 이것보다는 의욕이 꺾인 상태라 영 아니군요. 이런 상태로 또다시 의욕을 불어넣으며 희망을 꿈꾸도록 부추길지도 모르지만 그런 것 자체가 싫증이 나고 있습니다. 깊은 허무에 허우적거리는 건데, 내가 너무 화를 내고 있는가 봅니다.

그저 애라로 어딘가에서 일을 보고 따져보며 궁리만 했을 뿐인데 그 지역에서 버스사고가 나서 사상자가 나오고 다른 곳에서도 그러고, 흠~~ 허무에 후회까지 밀려들게 만드는데 어쩔 것인지 걱정입니다.

이러는 중에도 또 뭔가 일을 꾸미고 있습니다. 어디로 갈 건지 다른 분들을 끌어들이고 이리저리 모색하는 게 보이는데 심히 두렵습니다.

이제 기본적인 저항세력은 처리가 된 거겠죠.

그렇다고 없다는 건 아닌데 세상이 변한다고 절감할 수 있는 위협은 준 것이 되겠죠. 위협이라고 하는 건 말로 설득하기엔 그들의 지나온 안주와 욕심이 어리석음으로 있기 때문이구요.

아마 이제는 사람을 설득해야 할 겁니다. 저 높은 곳에서부터 참 오래 걸리고 힘들게 내려왔는데 사람을 상대하기 위한 뒷 배경의 설득이 너무 힘든 과정이었던 거죠. 거의 사생결단이 되었지만요.

사람은 더 힘들지 모르죠. 직접 그들의 권익이 걸린 것이니까요. 엄밀히 말하면 처리라는 것엔 그들과 함께 앞으로 어떻게 진행할 것인지 기본적인 절차나 방법모색이 된 것이라고 봅니다. 저항하는 것을 어떻게 안고 갈지, 어떻게 설득할지, 어떻게 극복해갈지, 그러한 자세한 전략을 고민한 거죠. 그리고 이제 사람들과 직접적인 관계를 해가면서 하는 것이라서 더욱 치밀하고 광범위하며 더 큰 갈등이 있는 것이 되겠죠.

졸린데..

2011년 6월 27일 블로그

하는 일 없이 뒹굴다가 졸린 거 같아 슬쩍 잠이나 자려고 눈감으니 의식이 어디론가 간다. (자고 싶은데 꼭 이럴 때 그래, 멀뚱히 맨 정신으로 있을 땐 없더니.) 저 하늘의 어딘가에 둥글고 작은 은색 밥상에 여럿이 둘러 있다.

구봉하고 지심하고 중 이다. (이름이 그냥 중 이다.)

뭐하려고 그러나. 졸려서 난 해롱거리면서 정신이 오르락내리락하며 온전치 않다. 내가 보기에 건너편에 중도 여기에 집중을 다하지 못하고 있는데, 그도 졸리나? 손을 밥상위에 서로 겹쳐 올리고 화이팅을 외우듯 힘차게 위로 들어올린다. 이 먼 짓이래? 내가 자고 있나, 이들이 웃기네. 그 은빛 상이 커지더니 왼쪽 오른쪽으로 회전을 하고 상하로도 회전하더니 지구를 감싼다. 그리고 다들 내려가 버린다. 나 혼자 이제 뭐하나.......

난 그 막을 툭툭 치면서 '어찌라고'

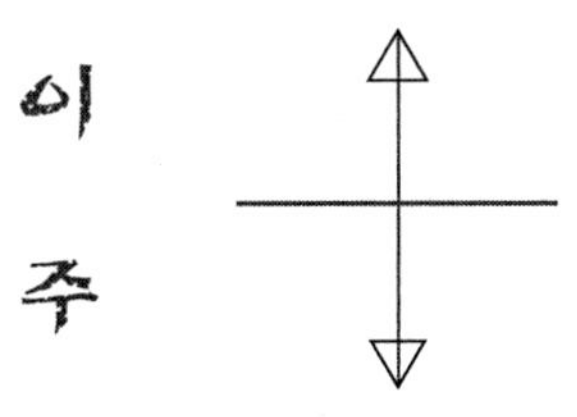

조금 후에 난 채석강으로 가서 깃발의 그림과 글을 바꾼다.

두 눈에 후레쉬를 켠 듯 빛을 발하며 이리저리 둘러보면서 뭔가를 찾는다.

저 멀리 지구경계에 투명한 유리처럼 감싸여져 있는 막에 둥글고 작은 구멍을 여는 뚜껑이 있어서 그걸 열고 거기에 갈고리를 양쪽에 두 갈래로 걸고 주~욱 이어서 깃발에 고정한다.

그 줄을 타고 내가 올라가서 한참을 뭔가를 기다리니 누군가 바깥에서 쇠로된 막대기에 천이 말려져 있는 것을 주길래 받아서 가져와 깃발에 융합시키고 다시 깃발에 문구를 추가 했다. (내용은 말 못함)

[또 추가]

그냥 역시 심심하니 생각이 많아요.

오늘 한진 중공업의 일이 마무리 되었다고 하는데 내가 그 자세한 내막은 잘 모르지만 항상 약자의 의견이 반영되지는 않는거지.

기업이나 기관이나 정부는 자기들의 원칙이나 방침을 바꾸거나 철회하지는 않지. 항상 달면 삼키고 쓰면 뱉어내는 자세로 일관할 뿐이지. 그런데 누가 달고 누가 쓴 걸까? 그 누가는 누구지?

왜 항상 결정은 위에서 하는 거지. 위에 있는 자들이 기업을 대하는 자세와 노동자들이 기업을 대하는 자세는 다르지. 직장에서의 목적도 다르고 의미는 당연히 다를 수밖에 오직 돈이라며 같은 것으로 말 할진 몰라도 다르지. 노동자는 살기위한 생계이고 위는 생계는 아니지.

그럼 뭐지? 기업발전과 우리나라 경제발전이나 하는 말은 안 되지. 그들이 그것의 의미를 모르는 것은 이미 다 아는 것이지. 경제의 목적이 결국 그들의 안락이지. 노동자의 안락은 아니니까. 또 말이지만 지금의 우리나라는 있는 자가 되기 위해선 탐욕과 부패 온갖 부정적인 것을 하지 않으면 부자가 되지 않는 나라인데 그래서 잘사는 게 죄인 나라지.

그러면서도 누구나 선망하는 세상이기도 하지. 부도덕하다고 손가락질 받아도 난 잘살고 싶으니까. 그러면서도 남들이 조금이라도 부도덕하면 참지 못하는 모순도 있지.

우린 있는 자, 힘센 자 편을 들려고 하고 강한 자와 동일시하는 착각을 하고 싶어 하지. 약자나 나약하거나 없는 자와 동일시하고 싶어 하지는 않는다. 이쁘고 잘생기고 화려하며 부티나고 멋있고 잘 먹고 잘 사는 것을 따라하고 그것이 목적이며 가치라고 하는 세상에 살면서 그것보다 궁극의 삶의 의미를 찾고 똑바로 세상을 보며 의를 알려고 하는 자는 없다. 이러면 도태되거나 바보라고 가르치는 세상이다.

학교에서도 어떻게든 부자 되고 성공하는 방법을 가르치는 것이지, 옳은 의견이나 사람이 되는 방법을 가르치는 것은 아니니까. 대학가는 경쟁부터 옳은 것에 의미를 부여하는 것이 아니라 사회가 원하는 사람이 되기 위한 자기포기가 선행되어야 한다는 것을 가르친다.

대학하니 생각나는데 촛불이 생계로 넘어 왔다. 돈이 문제라는 것이다. 그것도 부자 되는 돈이 아니라 먹고 살려는 절실함이 있는 돈이다. 돈도 생계의 돈과 품위유지의 돈과 사치의 돈들이 있고 단순 소유를 위한 돈, 자기 욕구를 충족하는 돈, 돈 자체를 위한 돈, 돈도 의미가 다 다르다.

어떤 돈을 원하는가? 공부하고 싶어도 돈이 없어서 못한다는 것은 과거부터 오던 것이지만 이젠 그것도 한계를 넘어 이들을 시위하게까지 만들고 있다. 이러는 동안 정부는 뭘 하고 있었을까? 하긴 정부에게 뭘 바라는 게 사치일지도 모르겠다. 하지만 정부가 미리 적절한 조치를 못하는 것은 정부의 의미가 없는 것은 아닐까?

소 잃고 외양간 고친다고 욕하지만 지금은 소 잃고 외양간이라도 잘 고치면 좋겠다. 올해 초부터 난 데모하고 싶은 충동을 느끼었다. 이 욕구를 느끼면서 아무래도 데모가 일어 날거 같아 걱정했는데 평화적으로 일이 진행 되서 다행이다. 얼마나 요구가 반영될지 모르지만.

근데 삼성 직원의 백혈병이 산업재해라고 하는데 이건 범죄 아닐까? 직원들의 수명을 빨아먹고 돈 버는 건 악마인데, 사람을 서서히 독극물로 죽이는 건 추리소설에서 나오는 거고 이건 범죄인데.. 살인자.

그런데 이렇게 직원들을 서서히 죽이고 고혈을 빠는 자는 범죄자자 아닌가? 범죄라는 것은 사회의 법이니 그들에 의해 맘대로 판단하지만 근원이라는 하늘이 있고 그 하늘은 분명 범죄로 분별할 거라고 본다. 그러면 그에 의한 대가는 있을 것이다.

그리고 내가 그렇게 천리를 만들거니까.

건이..

2011년 7월 22일 블로그

자려고 눕는데 남원으로 가야 할 거 같다. 그러더니 애라가 남원에서 일하던 그 숙소 근처로 가는데, 거기엔 건괘의 땅이 있는 곳이다.

둘러보면서 생각하니 아무래도 건괘의 일이 끝난 거 같다.

건괘를 돔처럼 둘러싸고 있던 기운이 금이 가고 그 사이로 빛이 새어 나간다. 그리고 뿔 같은 게 나오고 울퉁불퉁해지는데, 시간이 지나니 사그라지면서 큰 막이 축소되어 건괘가 힘을 잃어간다. 정말 다 했나보다.

이젠 뭘 해야 하나?

근데 근처 다른 괘들의 땅도 살펴보니 다른 곳도 축소되어 힘을 잃은 거 같다. 그냥 건괘만 끝난 게 아니라 이 지역의 모든 구궁의 땅이 다 그렇게 되었나보다. 이 땅들의 힘을 이용해서 난 도대체 뭘 한 걸까? 이게 나라의 운을 바꾸는 방법이라는 것은 그때부터 알았으나, 글쎄..

덕유산 꼭대기에 갑자기 나타나 깃발을 세우며 서 있는 내 마애가 하나 있다. 평상시에 평균적으로 5분 정도의 마애가 나가 있는 거 같고 상황에 따라 더 늘고 줄고 한다. 그 중에 하나이다. 깃발 끝에 둥근 게 있는데 여기에서 빛줄기가 나가 여덟 분을 거쳐 돌아오기를 반복한다.

깃발은 삼각형이고 「민족을, 인류를」 이라고 쓴다.

(여덟 분은 그 당시 고단자들이다.)

대항

2011년 8월 2일 블로그

내 멱살을 잡는다.

이때 전화가 와서 통화하고 다시 올라가,

'미안, 통화 좀 하느라고.'

"좋아, 이젠 방법을 바꾸지."

'바꾸긴? 하는 짓이 그렇지.'

"우리가 항상 그러는 건 아니다. 방법을 강구하는 거지."

'아! 그래? 언제? 그 동안 계속 그래 왔으면서, 이젠 그게 안 될 거라는 걸 언제 알건데, 모르겠지, 너희들도 뾰족한 수가 있는 건 아니니까.'

"넌 어떻게 살 것인가?"

'난 내가 한다고 한 것은 한다. 그대로 정해진 대로 할 거야.'

"그럼 우린 바꾸지 못 한다는 거 아닌가?"

'그거야 너희들 사정이지. 그러니 매번 그런 식이지. 차선은 없다. 안되는지 되는지 가늠도 못하나? 미련하면 희생이 있는데 어쩔 건가?'

"우리도 우리가 할 것은 할 것이다. 그렇게 원하는 대로만 되지는 않을 거다."

'그래, 그러나 바꾸지 못하지. 그러면서 바꾼다고 거짓말은.'

내가 그 자를 죽이려고 칼을 뽑으니 거인 같은 키에 갑옷을 입은 자가 오며, "그만하시죠." 한다. 나와 대화하던 자는 뒤로 물러난다.

"이제 다른 상황으로 넘어가니 또 할 겁니다."

'넘어가긴, 그 짓이 어디가나.'

"어찌하겠다는 것이오?"

'내 맘이야.'

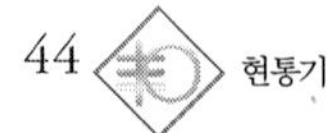

도로 공중에서 땅을 긋듯이 하니 갈라진 틈으로 빛이 나고 이상한 연기 같은 기운이 모락모락 피어난다. 여기저기로 확산되고 난 돌아온다.

잠시 후에 내 옆에 장수가 나타나는 게 황군이라고 느껴지는데 내가 식탁을 치우고 휘저으니, 거기에 차이나 산맥이 그려진 지도가 모형으로 만든 것처럼 나타난다.

'가서 이곳과 이곳을 점유해라.'

"점유라 함은 그걸 말합니까?"

'그래'

"예"

이 글은 저번 달에 있었던 일인데 올리지는 않았다.

이렇게 신경 쓰는 바람에 막상 해야 할 것은 까맣게 잊고 있었다.

암튼 글의 시작에서 어떻게 된 것인지는 나도 정확히 모른다.

대충 써놓은 것이 이렇고 자세한 건 지금은 기억이 안 난다.

다만 그때의 점유한 것의 여파가 얼마 전에 나타난 것을 보고,

이 글을 찾아보니 이렇게 되어 있었다.

그리고 오늘 다섯 명의 차이나에 내가 내정해 놓은 분들을 모아 놓고,

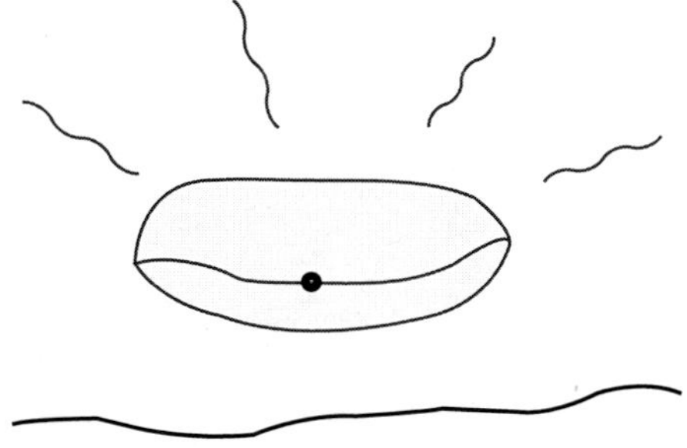

[명호오연수] 일을 했다.

그 중에 음장생이 와서 "이제 국내외 안팎으로 일이 있을 것인데 준비는 했소." 하니 구봉이 와서 나하고 얘기하자고 하면서 둘이 갔다.

2011년 9월 3일 토요일

오후에 복희가 오고 그 옆에 의자에 앉은 노인이 나타난다.

이분이 누구인가 보는데 우주공간 어딘가와 연결되어 있는 듯하다.

복희가 그 노인이 나를 돌볼 거라고 하고 가는데 뭘까? 이러저런 얘기를 하는데 그 공간이 안드로메다와 은하 사이의 어딘가 이다. 사람을 기르고 우주가 성장하는데 부족한 인격적인 사람의 수를 채워야 하고.......

그걸 지금부터 해야 하나? 지금 내가 하는 것과 연관될까?

그 먼 얘기가 내가 낸 책이 중요하다는 건가?

9월 14일

어제 밤에 동명과 복희가 왔다. 두루마리를 내 이마를 통해 넣는다.

며칠 전에도 선원 같은 것을 만들 미래계획을 쓴 두루마리를 넣었었다.

작은 두루마리를 보여주는데 대단이상자와 앞으로 올 대단이상자들이 적혀 있다. 동명 왈 앞으로 올 자는 기술하나씩 있을 것이라고 한다.

출판회-모임

2011년 10월 11일 블로그

책이 나오고 출판회도 한다고 한다.

처음엔 거절했다. 출판회나 그런 것의 의미도 모르겠고 별로 의례적인 것엔 관심이 없다보니 그랬다. 다만 전체모임은 그래도 일 년에 한 번은 하는 것이 얼굴보고 대화하면 인터넷으로만 하는 카페 성격상 효과가 많다. 그래서 자주는 못해도 올해가 가기 전에 모이긴 해야 할 거 같아 거기에 맞게 대충하면 될 거라고 생각했다. 하지만 내 생각과는 달리 점점 구색을 갖추더니 이렇게 정식적인 출판회가 되었다.

책....... 이게 나에게 의미가 있던가?

어릴 때 봉우가 쓴 책에 책 한권도 쓰지 못한다는 식으로 어떤 것에 대해서 비판하는 듯 한 글이 있는데, 난 이걸 뭔가 수도하면서 나름의 공부를 인류의 발전에 도움이 되는 것으로 하지 못하면 안 된다는 것으로 받아들인 적이 있었다. 어릴 때 혼자 생각한 것이었다.

그러면서 심중에 나도 책을 쓰고 그로 인해 세상에 뭔가 명예나 내 생각을 가질 수 있기를 바래왔다. 일기도 쓰고 생각을 글로도 옮기면서 나름 연습한다고 했는데 전혀 맘에 들지 않았고 내가 쓰고 내가 읽어도 당최 이해가 안 되며 글의 문맥이 불분명하고 논점도 흐려서 한마디로 뭔 소린지 모르는, 문장력이 거의 없다는 것을 알게 할 뿐이었다. (지금은 그래도 내가 읽어도 뭘 말하려고 하는지는 알 수 있어서 이게 나도 이해가 안 가는 것인데, 전엔 이렇게 못 썼는데 왜 이렇게 변했는지 신기하다.)

그러면서 난 책을 내는 것은 거의 포기했고 자신감은 극도로 위축될 수밖에 없었다. 또 현실적으로 내가 책을 쓰고 발행한다는 것 자체가 너무 벽이 높다는 생각도 하면서 외면하고 있었고 할 필요가 없는 것이라고, 굳이 그런 것을 해야 할 필요가 있나하는 식으로 더 이상의 욕심을 버렸다.

현부의 신관들이 나에게 책이 있다고 말할 때도 난 내 생각이 책으로 전환되는 방법으로 이들이 현부에 책으로 만들었나 하는 이상한 상상을 한 적도 있다. 그러면서도 한편으론 책을 대신할 것을 찾다가 이 블로그를 하게 되었고 결국은 책을 내고 싶다는 심층의 의식이 있었던 건데, 숨기거나 억압한 것 같다. 아무튼 그간의 힘든 과정과 많은 분들의 수고로 인해 책이라는 것이 나온걸 보면서 정말 생각할게 너무도 많다.

얼마 전에 안도로메다와의 교류를 준비하는 과정에서 그 존재와의 대화에서 책이 좋다고 하는데 내가 물었다.

'뭐가 좋아?'

"내 생각이 그래."

음~~ 아무리 생각해도 모르겠다. 분명 몇 가지 수정할거나 진행되지 못한 사고의 과정이 있고 비약이나 혼란한 문맥이나 미흡한 게 많은데, 뭘 말하는 건지 모르겠다.

게다가 정말 내가 고민하고 불안한 게, 자천법이라는 게 이게 다인가? 정말 이정도가 전부인가 하는 생각을 해본다. 나도 지나치게 완벽주의라서 꼼꼼하지는 않아도 잘못되거나 틀린거나 부족함은 견디지 못한다. 그렇다고 모든 자천법을 다 말하자는 것은 아니다. 그 대략이면 되고 그 대략에서 일관성을 찾으면 되지만 그래도 뭔가 아쉽고 부족한 것 같은데 그게 뭔지 정확히는 모르겠다. 에고 앞날이 캄캄하다.

출판회날, 식이 시작하는데 가만히 자리에 앉아 있으니 뭔가 느껴진다.

와서 인사하는 자가 있는데 왜 그런가 하고 보니 몸도 불안정하며 내부에 요동치는 뭔가가 있다. 하늘이나 근처 공중에서도 뭔가 작용을 하고 있고 이러저런 것이 요란하다.

동명이 성상수의 열매를 꽃피운다.

이게 8월 하순쯤 매달아 놓은 것인데 달랑 하나를 매달아 놓았는데 그게 열린 것이다. 그러더니 그 열매에서 금빛 가루가 떨어진다. 그리고 다시 하나를 더 걸어둔다. 저건 언제 열리려나?

입은 말을 하려고 하고 손은 뭔가를 쓰려고 하는데 종이가 없어서 내 이름표 뒷장에 썼다. 흠~ 이런저런 일이 있고 울컥하기도 하는데 다시 머리부터 냉기가 막 씌워지듯이 한다. 가슴이 차가워야 이 많은 사람 앞에서 이따가 말 한마디라도 할 건데 그나마 다행이다.

초를 끌 때는 폐가 쪼그라들었는지 입으로 바람이 안 나와서 촛불이 하나밖에 안 꺼진다. 하나하나씩 끄니 내가 긴장을 너무했나 싶다. 하긴 이런 건 상상으로라도 두려운 일이다. 난 소심한데.

부산은 왜 간 걸까? 알게 된 것도 있고 보게 된 것도 있다. 그런 건 말할 게 아니고, 월요일 저녁에 김해에서 부산 들어오니 부런 하나가 나간다. 나도 따라가서 하늘에 가니 성혼과 그 부산책임자가 나타난다.

이번 마구의 성격은 [청공] 이다.

청공이 뭘 까나? 저기서 용을 타고 남해용왕도 오는데 오랜만이다. 대충 정하고 돌아오는데 이게 심장을 짓누르고 호흡을 못하고 몸이 뒤틀린다. 것 참! 정신은 몽롱하고 움직이질 않는데 거시기하다.

저녁을 먹어야 하는데 다른 분들은 웃고 대화하며 맛나게 먹는데, 난 그걸 멍하니 쳐다만 보면서 넋이 나간 표정으로 있었다. 또 나가서 그들과 대화하는데 용왕이 좀 의견을 다르게 말하니 부산신이 뭔가 적힌 걸 가져와 상의하니 용왕은 할 수 없다고 하는 듯하다.

이게 뭔지는 말하기 그렇다. 내가 이제 와서 방해할거냐고 하니 용왕은 나에게 귓속말로 그러지 말라고 한다. 결코 방해하지 않을 거니 걱정 말란다. 방해만 해봐, 내가 가만두나, 난 지금 갈 때까지 갔구만.

그런데 이 일이 좀 걱정되는 게 많기는 하다. 그런데 너무 오래한다.

10시가 넘어갈 때까지 했던가? 너무 오래하니 지쳐서 진이 다 빠진다. 피곤이 말이 아니다. 정상으로 몸이 돌아오는데도 힘겹다.

어제 오늘, 이거 저거로 몸이 참 편할 날이 없다.

여러분들에게서 슬픔이 느껴진다.

뭘까? 왜 슬픔일까, 기대나 기쁨도 아니고 후련함이나 흥분도 아니고 아련함과 뭔지모를 외롭고 슬픈 것이 가슴을 후벼 판다.

다른 분들에게 내 슬픔과 고독을 넘긴 거 같아서 영 그렇다.

왜 도라는 게 이리 외로운 걸까?

역주 부산이나 경상도 일대의 일은 이게 시작이었다. 전라도의 일은 나와 천관님이, 특히 천관님이 고생고생하면서 했는데 경상도는 다른 단체나 고단자들이 하거나 이미 했기를 바랐다. 이것도 우리가 한다면 그 시간과 고단함을 어떻게 한단 말인가. 그런데 이제 와서 보니 이것도 우리가 해야 하는 것이었다. 너무한다. 다른 단체는 뭐하고 있는가 야속하기도 하다.

10월 23일 일요일

어제 수원에 갔다.
받아야 한다고 했는데 기차역에 도착하니,
머리로 들어오는 기운이 있다. 한 참을 들어오는데 배가 빵빵해진다.
「권」과 관련된 거 같다. 다음 대선을 위한 것이다.
동명이 열매를 하나주어서 매달고 내 부련하나가 나가서 뭔가 한다.
내일은 평택을 가야 한다.
그러다 차이나의 왕망이 그 수하들과 오더니,
"시작을 했지요?"
'그래, 너도 했나?'
"예, 했지요."
그러더니 서로 손을 모아 화이팅을 외치며 세상에 빛을 뿌린다.
사람을 모으는데 지금 고단자들을 4명 불러서 우리도 화이팅을 외쳤다.
수원에서 큰 검이 들어온 거 같다.
수원의 자미원이 움직이니 새로운 권력자는 긴장해야 할 것이다.
검은 나를, 아님 남을 해치는 것이 되기도 하니까.
오늘은 평택을 갔는데, 어제보단 약하지만 머리로 들어온다.
머리에 새가 있는 듯 하고, 머리 양쪽으로 날개가 생겨나 자꾸 날개 짓을 하면서 뭔가 들어온다. 하늘에서 커다란 빛의 새가 있다가 알을 낳듯이 또 다른 금빛 열매가 생기기에 이것도 나무에 매달았다. 이때 2개가 있고 하나가 더 있었다.

유화녀가 와서 "그동안 일 많이 했네요."
'오랜만이다. 알면서 뭔 소리야.'
"아니, 잘했다고 그러는 거지요."
'겨우 토대 닦았다.'
"예, 그러니 이제는 바닥 구획을 해야죠."
'엥? 바닥 구획? 그걸 어케 하는데?'
"힘내요." 하며 간다.
기차타고 오는데 동명이,
좀 더 긴밀하고 명시적으로 해야 하며 세부적이어야 한다고 했다.
'난 못해, 모르겠다고.'
"할 수 있어, 하게 된다."
'맨날 할 수 있대.'

교육과 통일과 강원도 쪽을 해야 할 거 같다.
평택에는 궁원(산)이라는 원통니가 있다. 이건 자미원과 반대되는 것으로 각각의 지역의 자미원은 다른 의미를 가지는데 자미원엔 궁원(산)이라는 짝이 있다. 이건은 그 자미원의 상대개념이 된다.
수원의 자미원은 권력과 연관된 것이니 여기선 민중이 될 거 같다.
수원을 지나올 때 [혼마이다마]가 생각나 외우니,
가족이 보이고 그 중간에 구체가 있고 이마에 연결된다.

10월 31일
서대산 안에 내 부련하나 들어가 정좌
눈의 빛줄기가 등대처럼 비친다.
경기도 사패산 안의 달걀이 새가 되고,
서대산과 기운이 통하며 서로 돌고 돈다.

11월 8일

인천공항 갔다 왔다 : 발문

나중에 인천을 통해 해외 나갈 것을 준비한 것이다.

11월 5일

삼청동 등산을 하고 오는데 날개가 펴진다.

이마에 금빛 눈이 그려지고 다시 실제 눈처럼 변한다.

그 눈을 보다가 그 눈으로 세상을 본다.

인천을 본다.

[2012년 1월 3일 추가]

다른 시야 곧 다른 운의 시작.

해외와 우리나라 사이의 외교적 안목 설정을 위함.

11월 15일

대구 가는 열차에서 수연이 일차 끝나고 이차가 시작한다고 하고 힘들거란다. 심장에 운기를 함. 구례지하로 가서 금빛 원에 새싹이 돋고 현일 새기며 이걸 상천으로 가져가서 복제해서 올려놨다.

오늘을 기준으로 이전은 이천, 이후는 고천이라고 한다.

11월 26일

강이 테이블위에 작은 나무를 보이게 하고 위쪽 가지에 열매 매달아 놈.

두통과 머리 진동으로 잠을 못 자게 되었다.

여자와 관련된 것 같다.

영단모임에

2011년 12월 8일

기록하기를 안올리고 있습니다. 애초에는 자천법으로 올리기 시작했고 또 세상의 흐름이해나 세계구조에 대한 이해에 조금의 보탬을 위해서 쓰기도 했고 또 나 잘났다는 자랑이나 여러 가지 이유로 썼는데 이제는 굳이 더 해야 할 필요는 없어보여서 안올리고 있습니다. 이런 모임이나 특별할 경우엔 올리는 것도 좋을까 해서 합니다.

인정상관님의 묘소에 올 때마다 기분이 좋은 건 아니었다.

올 초 봄에 왔을 때 서글픔과 아쉬움이 있었다. 아직 내가 원하는 것이 이루어지지 않는다는 의미로 이후엔 별로 여기 오고 싶지 않았다. 한마디로 삐진 거다.

오늘 흐리고 비가 온다는 날씨는 맑고 해가 떠 또다시 희망을 품게 하는 듯 하면서, 해주변의 먹구름은 역시나 본심의 토로는 허락하지 않는 날이 될 듯했다. 절하는 분도 있고 안하는 분도 있다.

역시 난 안한다. 형식은 몸에 안 맞는다.

내가 바라는 게 있으면 대화하고, 대화하지 못 할 거면 그저 내 스스로 노력할 뿐이다. 내가 할일이 있다면 그걸 할 뿐이고 할일이 아니면 지켜보며 기약을 홀로 따져 볼뿐이다.

하지만 오늘 오신분의 간소한 의식은 제지하지 않았다. 그 역시 마구이고 많은, 현재 우리민족 서민의 사연에 해당하는 마음을 가져온 것을 아니 심고함을 허락할 뿐이다.

묘가 갈라지며 금빛 선장이 나오는데 아직 오신 분들의 의식이 진행 중이니 좀 기다리라고 누르고, 생각을 좀 해본다.

근데 어찌 알았을까? 모 종교 수장의 영이 무덤위에 앉아 있는데, 건방지니 비키라고 제거하고 선장을 꺼내고 금빛 사람형상이 나오니 하늘로 띄운다. 인정상관님에게 이제 여기 있지 말고 떠나라고 했다. 쫓아 낸 거다. 세대충군도 뭔가 보러 온 거 같다. 제물을 얼마간 놓아두며 뜸들이면서 마저 운을 띄우고 끝낸다.

전주 한옥에 앉아 있으니 묘에 신관들이 여럿이 와서 금속의 기이한 기둥을 여러 개 설치하며 뭔가를 하는데 물으니 공사한다고 한다. 오늘 보니 무덤을 철판으로 밀봉해서 폐쇄했다. 보다가 그냥 왔다.

사명당이 와서 금빛 엽전을 준다. 10여 년 전에 여기 전주의 누군가 내게 줄게 있다고 한 게 있는데 그게 생각난다. 저번달 15일, 대구 가는 열차에서 오늘을 기준으로 이천-고천으로 나뉘어 진다고 하면서 지팡이를 받았는데 지팡이를 들고 인정상관님 묘소에 가서 얘기를 하면서,

'어쩌라고, 이런 걸 준다고 무엇이 있는데.'

"받을 건 받는 거지."

'아직 난 준비가 안 되었어.'

"아냐, 다 되었어."

'내가 안 되었다는데 뭐가 돼?'

"너무 걱정하지 말고 할 수 있어."

'쳇, 걱정을 하라는 거면서, 하지 말라는 건 뭐야, 암담 하구만.'

지팡이는 확인과 실현을 의미하는데, 글쎄 난 뭘 해야 하지?

세워지지 않았는데, 내가 뭘 알고 있는 건가? 오늘은 선장까지 나와서 뭘 어쩌라는 건지. 개인적인 감상은 20대쯤 언젠가, 본주라는 책을 읽으면서 그런 시골에 사람이 모이고 뭔가 세상을 판결하는 듯이 말하기도 한듯한데. (기억이 맞나? 다시 책을 봐야하나, 귀찮은데)

어떡하다가 내가 사람들을 끌고 이 구석진 곳에 오게 되었는지 참 모르겠다. 자! 이제 뭘 어쩔 거냐? 그곳의 운은 다 소모했는데.

이제 폐쇄하고 다른 걸 해야겠지. 인정상관님은

"땅이 하늘을 열고, 하늘이 되면 땅이 이루어질 거라고 하는데."

난 비아냥거리며 '아! 그러서요?~~'

흠~~~ 하나 끝나서 이제 하늘을 만들려나 본데, 어디 두고 보지 뭐,

난 아직 땅이 안 된 거 같은데, 뭐야! ㅠㅠ

[덧붙이는 글]

바쁘신 가운데 이렇게 큰일을 치르는 일을 해주셔서 모든 분께 감사하다는 말을 남깁니다. 묵은 하늘을 걷어내려니 참 힘겹고 지치는데, 새 하늘을 만드는 것 역시 그보다 더 힘들겠죠.

이미 거칠건 거치고 올 건 오며 준비할 건 준비가 되었나 봅니다.

여기 저기 나름의 일과 거쳐 온 과정이 있을 것이며 여러 성취와 준비가 있을 것인데, 일이관지 라고 꿰어야 쓸모가 있을 겁니다.

자, 이제 어떻게 꿰어야 할까요?

12월 17일 토요일

사마중달이 온다.

"중국에 언제 올 것이요."

'글쎄'

"자, 이걸 받으시오." 동전 100개 쌓인 것을 내민다.

"엽전 하나에 수백만이오. 이걸 받으시오."

'뭐야, 이걸 주겠다는 거야?'

"그렇소."

'하나에 2백만이고 100개니 2억인가? 사람이네,

나보고 이거 먹고 떨어지라고?'

"그렇게 나누면 될 것이요."

'아! 니 크기가 이 만큼이구나, 알았다.'

"무슨 말이오?"

'니가 그 정도라고. 넌 날 상대할 것이 아니고,

나도 널 상대할 것이 아니다. 서로 상관없으니 가라.'

"무슨 말이오?"

'크흐흐'

"차이나에 올 때 각오하시오."

그리고 간다.

12월 21일 수요일

동명이 코스모스를 준다.

질서? 규율? 숙살?

12월 28일, 29일, 30일

오송을 거쳐 청주에서 일박.

다음날 거제도 학동 몽돌해수욕장에서 점심.

칼을 거제주위 통영 등에 박았다.

거가대교 거쳐 부산 옴. 차 안에서 지팡이 주길래 「현일」 쓰고 돌려 줌.

부산에서 일박하고 울산 감.

항문이 근질거리며 기운이 들어옴.

부련이 나가 허공을 짚고 일어나는데,

점점 커져 거인이 되면서 계속 짚고 일어남.

경주 토함산을 거쳐 포항에 갔다가,

대구를 거쳐 케이티엑스 타고 서울 옴.

임진년 壬辰年 2012 마구

임진년

2012년 1월 2일

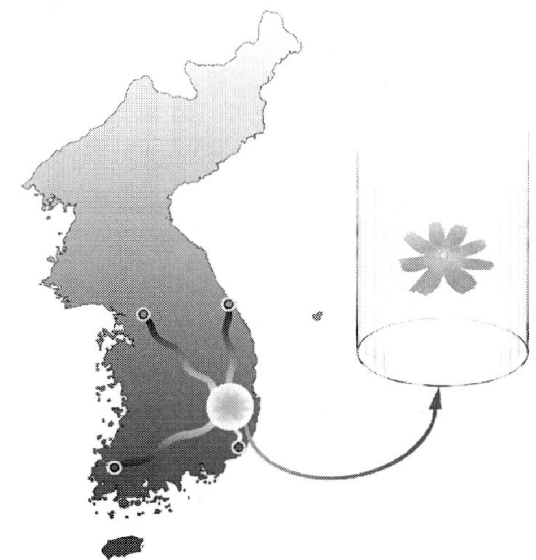

서울, 강릉, 목포이고
부산 주위이다.
저 기둥 안에는
코스모스가 있다.
슬픔이 있다. ㅠㅠ

아 시간의 더딤도
있지만 그 기간 동
안 여러 사람들의
고통과 현실적인 아픔이 있을 것이기 때문이다.

1월 4일

무등산과 팔공산을 기어처럼 생긴 기운을 이었다.
지하로 창공으로 기운이 서로 붙어, 붙은 곳이 기어가 맞물리듯이
하면서 서로 강하게 밀착되고 다시 밀착되면서 서로 맞물려 갔다.

1월 5일

자려고 누우니,
동화제군, 순, 복희, 동명이 와서 구체적인 일이 이루어 질 거라고 한다.
근데 자고 6일 되니, 광룡정에 고단까지 갈등이 있다.

1월 7일

북한산 갔다 왔다.

"주도권"

피곤하고 아프고 어째 이러냐.

안동이 보이는데,

안동은 쓸개인가.

대구는 신장인거 같고,

대전은 위인가.

안동이 움직이면 ?

1월 15일

세계재편을 위한 지구 운기를 했다.

포용과 선을 위한 것으로.

1월 20일

빙 둘러 사람들이 절한다.

한 남자가 일어나, "우리에게도 기회를 주시오."

한 여자도 일어나 뭐라 한다. 난 그 여자에게 구슬 하나 준다.

'너희가 해야 하지, 난 꿈꾸는 세상을 원해. 뜻을 펼치는 세상, 날 위한 게 아닌 너희를 위한 거고, 너희들의 것이니 날 위한 게 아닌 너희를 위한 거야. 난 이미 보였으니 이제 너희가 반응을 해야지. 해오는 만큼 되겠지.'

죽은 자와 산 자들의 경제 수장들이 온다.

'너희들은 우리를 숙주로 빨아먹는 기생충이다. 이제 변할 것이니까,

알아서 처신해. 따라오면 살 것이다.'

세계경제 흐름을 제어하는 자가 오는데, 손을 뒤로 해 뭔가 하길래

죽이면서 '넌 가짜다.' 뒤에 더 덩치가 큰 자가 온다.

'이런 건 좀 치우고 하지.' 대꾸가 없다.

땅에 7개 금빛 작은 원을 그리고 “어찌 하겠소?” 한다.

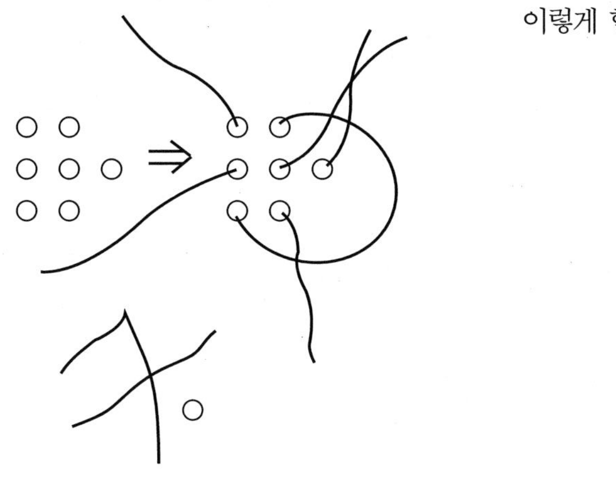

이렇게 함.

1월 25일

청주 가서 모임
난 10년 계획 세움.
통일, 경제, 10 정, 대우, 영보, 도통

다음날 연풍, 조령산, 문경세재 들름.
태백산 오르는데 박문수가 꽃을 주는데 머리 꽂고 올라 천제단에 꽂음.
30년
안동으로 이동. 흰 뱀을 차위에 있는 지신에게 먹임.
안동지하에 지인들이 새로운 세계를 지하공간에 만듬.
미래 인재와 운명 정함.
요부가 3년에 한다함.
새로 부임한 자들과 함께 거기 유지와 지신과 계약 서명과 지장을 찍음.
해운대가서 며칠 전에 해운 모아 전국 퍼트림.
모란꽃에 모은 운을 전국에 퍼지게 함.

2월 22일

철괴리가 여동빈을 데려와 같이 한다고 하며 절한다.

태산에 본부를 만든다 함.

6월 11일

어제 순이 우리들 일이라면서 인천공항에 갔다 와야 한단다.

그래서 왔다. 지구 관정을 두 번째 다지고 왔다.

또 안내방송에 대한 설문조사를 누군가 부탁해서 해 주었는데,

13일 쯤 인천공항서비스 부문 8년 연속 1위라고 했다.

8은 나눔이 있는데 세계에 나누어야 할게, 훔~~ 일이 쌓이네.

오는 도중에 지리산으로 간다.

지리산 시리가 노고단 오라고 하는데 언제 갈지 모른다고 했다.

지리산이 뭐냐고 물으니 민중이란다. 그랬나.......

저녁엔 후지산 여신이 와서 단도를 주고 간다.

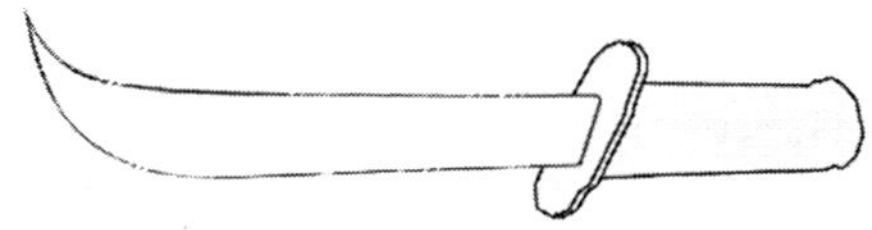

단도가 예리하다. 알았다고 하고 뒷목에 넣어두었다.

순이 낼은 인덕원에 가라고 한다.

12일

인덕원에 갔다.

커피숍에서 이런 저런 생각을 하다가 「반」을 보면서 예전부터 봐 오던 것인데 이날은 이걸 블로그에 올릴 생각을 했다.

예전에 남원에서 발파하는 일하면서 이것을 처음 보았다. 새롭게 재구성하는 것을 보았는데 이 반이 거대하게 확대되고 거기에 내가 살아갈 것과 만나야 할 사람과 그 당시의 계제자들이 적히는 것을 보았다.

은빛으로 가로로 된 반도 있는데 이는 권력과 관련된 것이라고만 생각하고 말았고, 이런 반이 다른 사람에게도 나타나는 것을 몇 번 본 적이 있으며 금속재질이 신기했고 어떤 경우는 금제당할 때 비슷한 금속재질의 것이 감싸고 있는 묘도 본적 있는데 재밌다고만 생각하고 말았다.

인덕원에 가는 방법이, 신도림역으로 가서 2호선을 타고 사당으로 가서 4호선 타고 가는 것과 신도림역에서 1호선으로 갈아타고 금정역으로 가서 4호선 타고 가는 방법이 있다. 처음엔 생각 없이 사당으로 가서 4호선 타고 갔는데 가다보니 이쪽이 더 멀다. 그래서 올 때는 반대로 1호선으로 타고 왔다. 어떤 면으론 한 바퀴 돈 듯한 느낌이 든다. 이날 아침 바로앉기에선 채석강으로 가서 깃발에 세계일가 라고 쓰고 왔다.

[2013년 2월12일 추가]

이천고천으로 나눈다는 것은 그날 대구가기 전에 서대문의 어떤 공부하는 할머니를 만났는데 내가 보기엔 고리타분했습니다. 공부의 진전은 전혀 없는데 자기가 대단한 사람인양 생각합니다. 마음을 연다면서 저한테 배운다고 말해달라고 하지만 전혀 마음을 여는 것이 아니라 고담준론하는 것을 즐겼습니다.

내가 하고자 하는 미래의 도에 대한 개념 재구성과 사고의 변화를 바라는 것을 말할 수 없는, 나이든 사람들의 고리타분함과 답답함 또 과대망상이 있었습니다. 자기가 하느님의 계시를 한다면서 말하는데 그저 내면의 부련이 말하는 것을 어떻게 말할 수 있는 것인데, 그것을 하느님이 말하는 것으로 아는데 원리를 설명하고 왜 그럴 수 있는지 말해주고 싶지만 그런 설명을 받아 줄만큼 마음을 열거나 내 공부를 가르칠, 혹은 말이라도 건넬 상황이 아니었습니다. 전혀 도에 대한 이해와 접근법이나 방법론이 달랐습니다. 이런 게 내가 보기엔 과거의 도공부와 내가 하고 싶은 새로운 도공부의 차이이니 과거와 앞으로의 미래를 단절해야 한다는 의미로 보였습니다. 그러니 이날 인정상관님 묘에서 지팡이를 짚은 것은 그걸 확증하기 위한 것이며 이일로 이듬해인 작년엔 과거의 종교지도자들이 많이 죽었습니다. 저 날 묘위에 왔다는 그 지도자 역시 작년에 죽었습니다.

과거와의 거리두기가 시작된 것이겠죠. 그 의미로 인정상관님의 무덤을 철판으로 막은 것입니다. 역시 과거와의 단절이겠죠. 얼마 전에 다시 모악산에 가서 한 바퀴 종주를 하는데 매봉에서 금척을 받아왔습니다.

박씨꺼라고 하는데 난 그보단 법판소 운을 만들어 놓았습니다.

사명당이 준 엽전이 무엇을 의미하는지는 작년의 전주에서 들은 일본에 갈수 있다는 어느 분의 전화로부터 시작됩니다. 이건 다른 이야기이겠죠. 지금으로 본다면 급변하고 있는 정세에 많은 시사점이 있는데. ㅎㅎ

옛 묵은 하늘을 걷어치우는 것엔 새로운 하늘을 만들 만한 사람이 나왔거나 준비되었다는 것이 됩니다. 이 하늘을 준비하는데 그렇게 힘겨웠던 것이기도 하죠. 그래서 인정상관님에게 그만하라고 한 건 우리가 해야 해서입니다. 우리가 그 뜻을 이어받아 해야 할 때가 되었고 그 허락이 지팡이입니다. 일종의 의발전수 같은 거죠. 난 그 이후 힘겨울 것이 걱정되어 준비 안 되었다고 응석이었지만 내심 마음의 준비를 하기도 했습니다.

그리고 이 새로운 하늘이 해야 하는 것은 누구나 하늘이 되어야 하는 그 의무를 자각하게 해야 하는 것입니다. 그리고 이 일은 한없는 기간 동안 해야 하는 아득하면서 고된 일일 겁니다. 법판소는 이후에 세계를 나가고 인류의 삶의 의미를 분별해야 하는 원대한 꿈의 시작을 위해서입니다.

차이나 천종, 북경에서

2012년 2월 20일 블로그

차이나를 가야하는 건 분명 오랜 기다림이다.

악비가 오라고도 했고 그게 아니라도 분명 가야하는 길이다.

그 후에 시기를 기다렸는데 작년부터 서서히 준비를 갖추고 있었다.

여름엔 북경을 가시는 분을 통해 기약을 했으며 그들도 준비와 기대와 모의를 한 거 같다. 저번 달의 협박도 있고 해서 우려를 했는데, 우리 일행은 별다른 사고는 없었다. 다른 분에게 일이 있었는데 참 묘하다 하겠다.

17일 김포를 떠나 북경 신공항에 도착하니 서서히 권속들을 포함해 신장과 신관들이 오기 시작한다. 처음엔 미리 와서 기다릴 것이지 왜 나보다 늦나 생각했는데, 나를 매개로 그들의 활동 영역을 넓혀가는 의미가 있나보다. 그래서 한참을 지켜보니 일차로 백만 정도가 온 거 같고 최대 이백삼십만정도가 온 거 같다.

마구를 시작하는데 복잡하고 이것도 며칠 전이라 이미 잊어먹어서 자세한건 모르겠다. 그렇게 패키지 북경관광투어가 시작되어 천안문 앞의 박물관과 천안문을 갔는데 내 주위에 빛과 장엄 같은 힘의 세력이 꽤 세었나 보다. 종단의 누군가가 날라 오더니 땅에 처박히면서 서있지 못하고 밀려나 날려가 버린다. 아무래도 천단은 되어야 버틸 거 같다. 여긴 봉황 한마리가 있었는데 잡아서 내 영수에게 줘버리고 역시 마구를 했다. 날씨는 화창한데 춥고 바람이 너무 불어 좀 힘들게 자금성도 구경했다.

이날은 여기까지 하고 다음날 만리장성을 갔는데 그곳 봉화대에 사각형 깃발을 꼽고 만리장성을 따라 마구를 하고 내려왔다.

동중서와 황벽과 앙산과 조주와 상의하며 하늘의 천신체계를 준비했는데 2만 명 정도 모아서 대강의 천신의 틀을 만들고 추가로 3만 정도를 더 모아 어느 정도 구색을 맞추어 실행하기로 했다. 이거 저거 세부적인 것과 방법은 영상으로 보면서 원리와 힘을 조금씩 나누어 주었다. 여러 신관들이 기웃거리는 것도 같은데 난 별다른 상대는 하지 않았다.

근데 내가 기억이 가물거려서 헷갈렸는데 북경에 예전에 소부를 내정한 거 같은데 비행기에서나 북경에 있는 내내 계속 왔다 갔다 하며 또 마구도 함께 한 거 같은데 별다른 대화도 기억이 안 나네. ㅠ 뭔가 얘기를 했는데 그날그날 일을 적었어야 하는데 그럴 시간이 없이 잠자기 바빠서리... ㅠㅠ

다음날 19일에 아침에 꿈도 그렇고 다른 분의 꿈도 그렇고 해서 맘에 걸려 어제 밤에 자는 동안 찾아온 자를 보니 딱히 없는 듯 한데 다시 잘 보니 저쪽 하늘 높은 곳에 누가 있어서 잡아서 보니 어제 구경 갔던 이화원의 호수 바닥 속에서 자기가 주인이라고 하면서 있는 자인데 천단은 되어 보이며 뭔가 의도가 있어 보이는데 난 그냥 제거했다.

구경하는 도중에 이거 저거 마구를 했는데 자세한건 나도 잊었다. 저녁 4~5시쯤에 하늘에서 서기가 서리는데 구름이 이쁘고 그럴듯한 것이 너무 아름답다고 느껴지는데 천신계획에 대한 기미가 드러난 거 같다. 천단공원에서인데 택시를 잡기가 힘들었는데 다른 분들이 택시 잡으려고 이리 뛰고 저리 뛰는 동안 난 멍하니 마구하느라고 정신이 없었다. ㅠㅠ

동행한분의 동생의 소개로 간 식당은 음식이 괜찮았다. 그곳 식당에서 기다리는데 천만정도의 영혼들이 모여드는데 아무래도 지신 체계도 만들어야 할 거 같다. 그러려면 이들을 제어하고 관리할 신관이 있어야 하겠는데 철괴리라는 자가 하겠다고 해서 그에게 권한을 위임했다. 역시나 이런저런 마구를 하고 다음날 20일에 북경을 떠나려고 비행기를 타니 천신들과 지신이 될 그들이 전부 와서 배웅 해주었다.

음, 비행기타고 오는데 우리의 영공에 들어오니 경계가 느껴지는데 좀 다르다. 편하면서도 감정을 건드리는 뭔가가 있으며 영활한 감각이 있다.

영종도 하늘쯤에 북경하늘과 양쪽에 영화 스타게이트와 같은, 통로를 이어주는 관문을 동그랗게 만들고 그 영화처럼 기하학의 무늬와 모양의 금속 재질로 만들어서 차이나와 북경을 연결하는 장치를 했다.

서서히 나와 같이 갔던 신관들이 돌아오는데 한참이 걸린다. 내 영수들도 하늘을 날아서 오는데 네발달린 애들은 열심히 뛰느라고 고생이다.

북경 공항에서 입국절차를 하는데 뭔가 잘못 됐는지 한참을 윗사람 불러 수근 거리면서 들여보내는데 그래도 막지는 않았다.

혹 입국 못하면 어쩔 뻔 했을까? ㅎㅎ

이 나라 음식이 십년은 묵은 재료를 쓰는지 묵은내가 나고 쉰내가 나서 참. ㅜㅜ 패키지 관광이 원래 이런가 보다. 이과두주도 주는데 그건 한국에서 마시는 거 보다 나았다. 그리고 이때부터 두통이 시작되어 낼 점심때까지 계속 되었다.

자금성이 건물이 크다. 관광은 항상 오른쪽에 있는 문으로 쭉 지나가서 신무문으로 나오는 게 루트인거 같은데, 크다는 거 외엔 별로 볼게 없다. 좀 어이없다고나 할까? 예술적이거나 창의적이거나 기발하다거나 생각거리도 별로 없는, 그저 크다.

뻘건 벽만 보고 온 듯한 감정적 피로감과 기를 질리게 하는 크기로 인한 주눅이 든다.

옛날부터 이런 괴벽이 있는 자들이 있는데, 괴이하고 그럴듯한 걸 모아서 만족을 느끼는 변태욕망과 남에게 과시하려는 생각에 모으는 속물들이 있는데 개인적으론 별로 상종하고 싶지 않다.

이게 어디서 본 거더라??

춥고 오르기 힘들고.. ㅠㅠ

이날은 이화원에 대해서 별다른 생각이 없었다.

엄청 긴 회랑에 건륭황제가 어머니를 위해서 그림을 잔뜩 그렸다는데 그게 어쨌다는 건지 잘 모르겠다. 그림이 대단히 좋아 보이는 것처럼 보이지도 않았고 난 그런 예술적 감각은 없다. 건륭황제가 효자라고 하는데 황제가 돈 있고 권력 있으니까 해괴한 뻘 짓도 미화 되는구나 할 뿐이다. 나중에 서태후가 이곳을 써서 서태후와 관련된 게 더 유명한가 본데 자금성인지 어딘지 서태후로 보이는 자가 나타나길래 그냥 잡아 죽였는데, 음~~ 그자가 진짜 맞을라나, 그리고 이화원의 서태후가 머물며 정치하던 곳의 근처에 혈이 있다. 중간 정도의 크기인데. ㅋㅋ

올림픽 경기장에도 가서 뭔가 마구를 했는데, 잊어먹었다. 거기에 어딘가 내가 본 용 중에 젤로 거대한 용을 보았는데 잡아서 우리 애들 나누어 주었다. 구름이 하나하나 살아있는 듯이 영활함이 있는데, 북경에 있는 내내 구름 한 점 없는 청명한 날씨였다가 천제단 가는 날 때쯤 되어서 구름이 서기를 띄며 나타났다가 사라졌다.

천제단인데 5시가 넘어 들어가지는 못했다.

굳이 차이나를 평가 절하하려는 시기심이 보이는데 그럴 거 까진 없었다. 그리고 좀 거칠게 했던 것도 같다. 첫 해외로의 마구이고 좀 어설픈 감상이 있었던 거 같기도 하다.

3월31일

2012년 3월 31일 블로그

어제 남명, 복희, 동명, 제균, 순 이 와서 대화 했다.
또 다른 일을 시작하려나 보다.
남명이 수원에 가라고 해서 오늘 갔다 왔다.
"법"
훔, 어떻게 진행 되려나..
오른쪽 어깨에 뿔 달리고 날개달린 말이 축소되더니 앉는다. 머리 주위로 둥근 원이 만들어진다. 기운을 토해 새를 만들었고 날아간다.

휘이~

2012년 4월 14일 블로그

선거를 안 하고 싶다고 말은 했지만, 사실은 이번에 할 생각이었다. 언제부턴가 내가 찍어야 할 국회의원이나 구의원들이 기분을 무력하게 만드는 회의가 들어서, 안하기도 했는데 이번이라고 달라진 건 없지만, 너무 내가 기대를 많이 하는 건 아닌가 해서 현실을 인정할 요량으로 투표를 하려고 했다. 개인적으론 이번 총선으로 인한 여러 가지 일들이 드럽고 치사하며 화도 많이 나서 오기로라도 해야겠다는 생각을 한거다.

그런데 이건 또 뭔일이던가. 일요일 밤에 부랴부랴 산청으로 내려가게 되었다. 원래는 순천으로 삼촌 차를 가지러 가면서 따라가 바로 서울로 올라올 생각이었다. 그러면 투표도 할 수 있었는데 어쩐 일인지 순천으로 가지 못하는 상황만 벌어지더니 이틀의 노력이 허사가 되었다.

어떡하던지 가려면 못 갈리는 없지만 그렇게 까지는 하고 싶지 않다. 어차피 어디가 잘될지는 빤한 선거에서 난 반대표를 던지려고 한 건데 이것마저도 하지 말아야 하는 저의는 뭘까?

남명이 며칠 전부터 오고가더니 산청에 가니 그 사람의 묘가 있었다. 며칠 간 그 사람의 의도에 놀아난 것 같기도 하고 거시기한 나날을 보내면서 뭔가 좌절을 당하게 하는 느낌이다. 이때는 이런 감상이었지만 이 장소가 가지는 의미는 컸다. 남명의 오랜 준비와 안배가 있던 것이고 이후에 많은 영향을 주는 일이었다.

금산의 보리암을 갔는데, 가기 전날부터 머리가 아프기 시작했다. 영단 정도의 누군가 있을 거 같긴 한데 찾을 엄두가 안날 정도로 이곳의 탁기는 심하다. 그만큼 삶이 힘든 사람들이 많은 걸지도 모르겠다.

근처를 다니니 꽃도 많이 피고 봄날의 날씨도 좋았다. 그렇게 하루가 또 지날 듯 하다가 엉겁결에 청주까지 가는 상황이어서 거기를 들르고 서울로 올라왔다가 모임에도 가고 늦은 만남도 하다가 집에 들어와 자다가 일어나니 정신이 없다. 내용이 많이 생략되어 있는데, 자세히 쓰기는 귀찮고 나와야 하는 분들의 사생활도 그렇고, 자세히 쓴다고 뭐 나아질 게 있나하는 회의가 들 정도로 기분도 별로라서 그냥 이렇게만 쓴다.

이것도 기분이 조금 일어나서 쓴 거다.

원주

2012년 4월 20일 블로그

화요일 밤

남명이 와선 청양에 가라고 한다.

난 거긴 교통도 힘들고, 그리고 갈 때가 아니라고 하면서 거절 했다. 그랬더니 잠시 후에 원주에서 하루 묵고 제천에서 하루 묵고 오라고 한다. 난 잠시 생각한 후에 알았다고 했다. 원주에서 하루 자는 건 괜찮을 거 같은데 문젠 그 다음날 제천을 바로가기엔 시간이 너무 널널하다. 중간에 시간 보낼 곳이 필요해서 치악산을 들를까 생각하니 그렇다고 등산하기엔 치악산이 그리 만만치는 않아 보인다. 그래서 구룡사를 들르는 것으로 계획을 세웠다.

생각해보면 원주가 元州이니 새로운 근원도 된다. 원래 한문이 무엇인지는 잘 모르겠는데 남쪽의 근원은 남원이고 위쪽의 근원은 원주인가?

무엇의 근원이냐고 하면 남원은 비천하고 낮은 곳으로 임하는 것이며 원주는 자기의 의지를 갖는 곳이 될 것이다. 방황이 끝나지 않는다.

뭘 해야 하는지 내가 해야 할 것이 어디까지인지.

최민자의 [삶의 지문] 이라는 책을 보니 뭔가 해보려는 시도가 힘겨워 보이는데 그래도 해보겠다는 의지로 성취해온 것이 대견스럽다. 내가 사람을 만나보니 이러한 대의를 꿈꾸며 살아온 분들은 거의 없었다. 개인적인 도에 대한 향수와 득도의 욕심이 다이다. 그만큼 우리의 일은 더디게 될 것이다.

수운도 그랬고 증산도 그랬고 얼마 전엔 봉우도 때가 되었다고 그렇게 목 놓아 부르짖었건만 뭔가를 이루기 위한 준비를 해온 분들은 턱없이 부족하고 자기의 아상에서 벗어나지 못하는 허영과 비뚤어진 권력욕과 명예욕과 협소한 소견만을 보이는 자들이 전부다. 개인의 인생만 생각하다가 겨우 잘못을 알아챘으나 그동안 해온 삶의 방식을 털어내는데 남은 인생을 버거워 하느라고 역시나 되돌리기는 요원한 상황이 되고 있다. 이것도 내가 감당해야 하는 일이라고 인내하고 있으나 내 개인의 문제로 끝나는 게 아니라 아쉬움은 너무 크다.

작년에 문수봉의 여산신은 길을 만들어야 한다고 했다. 난 힘겹기만 하다. 능력의 왜소함은 그렇다고 해도 혼자 뭘 한다고 될 일도 아니기 때문이다. 해야 할 당위와 자리만 준다면 못할 건 없다. 하지만 그 여건의 미치지 못함은 내가 할 수 있는 것이 아니다.

역시나 사람과의 의견조율과 소통은 갈 길이 너무도 멀게만 느껴진다. 하나를 일러주면 둘, 셋을 이해하기보다 하나로 인한 오해만 늘어난다면 이건 시도해 보기도 전에 포기할 판이다. 내가 사람을 안 믿는 게 아니라 사람들끼리 서로가 서로를 의심한다. 그 모습이 참 실소가 나온다. 속고 당하며 잘 못되는 게 그렇게 두려운가. 뜻이 있고 하다보면 실패도 하고 사기나 어려움은 당연한데 하기도 전에, 뭔가 하려고 하자마자 미리부터 걱정하며 쓸데없는 의심과 후회부터 한다. 사람을 신으로 승화시키기 위해 블로그를 시작했지만 아직도 신은 나오지 않는다.

반신반인의 기괴한 괴물을 만들고 있는지 모르겠다. 고민을 거듭하며 기차 안에서나 모텔 안에서 홀로의 고민은 끝없지만 해결점은 요원하다. 항상 이게 고민이기도 하지만 아직도 희망의 빛은 보이지 않는다.

수요일 저녁에 기차를 타고 원주를 가서 잠잘 곳을 찾으니 모텔이 마땅히 없다. 역 근처의 것은 양주와 술을 판다는 곳이 많은데 그냥 보기에 꺼려져서 멀리 더 걸어가서 호텔이라고 써있는 곳으로 갔는데 말이 호텔이지 여관 같다. 게다가 침대 있는 곳을 주는데 방에 가보니 누군가 쓴 흔적이 그대로 있다. 청소를 안 한 건 아닌듯 한데 침대가 흐트러져 있고 수건 두개가 널려 있는데 다른 건 전혀 손을 안 댄 거 같다. 아무래도 호텔 종업원 몰래 누군가 들어와서 일보고 간 거 같다. 암튼 다른 곳이 없어 온돌방에서 그냥 잤는데 정말 여관 온 거 같다. 원주는 지나간 적은 많은데 머문 적은 처음이다. 머리가 아픈 듯하다가 사라지는데 그래서 다행이었다.

이러고 있는데 남두 북두노인이 방에 온다.

그동안 고생했다며 내 것을 돌려준다고 하면서 뭔가를 준다. 거기에 자기들이 주는 거라면서 다른 것도 준다. 내 복으로 마구를 하며 본의에 해당하는 삶을 살아오지만 항상 성에 차지 않는다.

내 삶은 시작부터 내 의지의 박탈이 있어 와서, 홀로의 만능을 위함이 아닌 함께하는 사회적인 인간관계에서 상호교류와 역할을 찾고, 해야 할 것을 해야 하는, 전체와 각자의 분담을 이끌기 위함이라서 인생이 너무도 더디고 아쉽고 상처만 남는 하루하루가 된다.

이게 나에게 오기위한 것도 지연시키고 미루며 남에게 가게하고 돌고 돌아 다른 것으로 오게 하면서 남이 먼저 이루어지고 내가 이룬 것을 내어주면서 한다고 하지만 그 과정에서의 억눌린 상심은 알면 알수록 벽에 부딪히는 듯 좌절을 갖게 한다.

다음날 아침에 41번 버스를 타고 구룡사를 가는데, 구룡사는 의상이 지었다고 하며 그 자리에 아홉 마리의 용이 살았는데 도술시합으로 쫓아내고 절을 지었다고 한다. 별로 신빙성은 없어 보이고 용이 살 정도로 신이해 보이지도 않으며 용과 싸워서 쫓을 이유도 없다.

한문으로 龜룡사인데 절이 쇠해서 절 앞에 있는 거북이가 문제라고 하면서 맥을 끊어야 한다고 누가 알려주어서 그걸 했더니 더 사정이 안 좋아졌다고 하는데, 또 누군가가 그것이 문제니 맥을 이어야 한다고 九에서 龜로 바꾸었다고 한다.

절이 쇠한다는 게 경제적인 사정이 안 좋아지는 건지 득도하는 사람이 잘 안 나온다는 건지 공부가 잘 안 된다는 건지 그건 잘 모르겠는데 지금은 산 입구에서 입장료를 받으니 그것만으로도 경제적인 사정은 훨 좋아졌을 것이다. 이런 게 이름가지고 장난하고 맥이 어떻고 거북이 탓을 하고 하는 지랄을 하는 것과 뭔 상관인가? 나라 전체의 정책인데.

암튼 [한국의 자생풍수 2: 최창조]에 보면,

“구룡사는 치악산에 있는 절. 청학포란형. 구룡사는 입수룡이 경룡이니 음룡이 들어온다. 透地는 戊申이니 토가 되며 丑破口로 生에는 庚, 酉가 들어오니 구룡사 좌향은 유좌묘향이다.” 라고 나온다.

대웅전의 뒤에서 내려오는 것이 庚龍이라 하니 동향으로 지은 것인데 별거 없다. 차라리 양옆의 관음전이나 신도들이 생활하는 곳이 더 낫다.

원래 그런 걸 꺼다. 대웅전이 명당이어서 뭐하나, 누굴 위한 혈이겠나.

그리고 이 대웅전의 부처상엔 호랑이가 들어앉은 거 같다.

그런대로 나쁘진 않아 그대로 두고 나왔다.

대웅전을 위한 절은 있을 수 없다. 공부하고 득도해서 안목이 열리고 능력이 생기면 해야 할 것은, 자기의 생을 나누어 주는 것이리라. 그래서 수행자는 항상 근심이 있어야 한다. 주는 방법을 찾고 줄 사람을 찾고 주다가 오해 사고 주다가 얻어 맞고 주다가 넘어져야 한다. 준다고 받아 가지 않는 게 현실이고 준다고 칭찬하지 않는 게 현실이고 준다고 고마워하지 않는 게 현실이며 이런 건 이러지 않으면 그게 더 이상한 것이다. 칭찬과 고마워하면 뭔가 불안하다. 뭘 잘못 준건가?

준 후에 한참이 지나야 자기가 받은 것에 대한 고마움이 일어난다. 자기도 이제 남에게 줄 수 있을 능력과 지혜가 생겼을 때 그때서야 안다. 이게 얼마나 가치 있고 의미 있는 것인지. 그전에 하는 것은 허례이고 허식이다. 뭘 알고 고마워하는가? 알았다면 받을 필요도 없을 것인데.

버스를 원주에서 한참을 기다리는데 원주 천신이 내려와서,

"고맙습니다." 한다.

내가 '잘되는가?' 하니 그렇다고 하면서 앞으로도 잘 부탁한다고 하는데 예전에 기차로 지나갈 때 도와달라고 하면서 찾아온 적이 있는데 잘되는지는 모르겠다. 버스가 와서 갈 때가 되니 와서 인사차 말을 건 거일거다. 그가 하늘로 날라 가니 버스가 온다. 다른 곳에서도 경험하는 것인데 이런 건 잘 맞춘다. 오고가는 것이 정밀하다.

버스가 치악산에 들어서니 하늘에 해무리의 무지개가 크게 두개가 생긴다. 무지개가 해를 둘러싼 것이 이렇게 크게 되면 아마 조짐도 큰 것일거다. 그리고 무지개는 별로 좋은 일을 보여주는 경우는 드물다.

이 경우는 「평」으로 생각되는데 나쁘지 않다. 하지만 그 성과는 아주 더디게 올 것이다. 그리고 구룡사에서 나와 세렴폭포까지 등산하려고 오르는데, 한 번 더 해무리가 생겼다. 이 해무리는 「행」으로 생각된다.

내가 너무 마음에 힘을 주고 있나 날씨에 내 마음이 다 드러나면 이 어찌 부끄러운 것이 아닌가? 가고 오는 것에 흔적을 남기지 않아야 할 거 같은데, 난 흔적을 남기고 그 흔적이 수년, 수십 년, 수백 년 지구 끝나는 날까지 이어지길 바라니 참 욕심도 많다. 뭔가 의도함에 천지의 항구함과 같이 내가 바른 맘이라면 이어질 것이다.

구룡사에서 내려오는데 양쪽에 다문천왕과 나라연의 거인이 둘러선다.

사천왕문 앞에서 앉아서 쉬는데 대웅전 뒷산에서 금룡이 나와 입에서

사람을 토해내고 다시 들어가고 사라진다. 이런 건 형상이 있는 게 아니라 징조가 상으로 보여 진 거다. 역시 난 허영이 있음이 분명하다. 금빛과 거인들의 나타남은 내가 바라는 것이 지나치게 큰 것일지 모른다.

크다면 그 과정 역시 어려움이 많을 것인데,

사천왕 같은 인내가 있어야 하는 걸까?

구룡사만 보고 가기 뭐해서 세렴폭포까지 올라갔다.

계속 오르는데 그전에 태백산 문장대에서 만난 여산신이 와서,

"이제 길을 알겠지?" 하기에,

'아니 모르겠다.' 하니,

"그러면 이번에 뭔가 알기를 바라요." 한다.

'알려줘 봐, 여기까지 오는데 일 년이 걸리네, 이젠 뭘 해야 하는데.'

그녀는 두루마리를 꺼내며 내 경제적인 것에 대한 말을 이어간다.

저기 남두, 북두 노인이 있어서 그들이 보여준 거 같다.

이 산신은 그런 것을 하는 분은 아니다.

'알았다. 태백산은 연말쯤에나 갈 거 같고 돌아가라.' 했다.

좌방은 현실을 걱정한다. 우리의 배고픔과 춥고 힘겨운 삶을 걱정한다. 어쩌다가 술법이나 쓰면서 사람을 현혹하고 자기 위안만 일삼으며 살게 되었겠는가? 술법으로 물건을 몰래 옮기면서 이것을 저기에 저것을 여기에 도깨비장난 같은 이동이 지금은 유통업이 한다.

이건 사람들에게 골고루 먹고 살기위한 물질의 이동을 하게 하면서 평등한 사회를 만들기 위한 것이다. 무엇을 위해 그따위 술법을 사용 하겠나. 물건이나 옮기면서 자기 배나 채우고 구경거리로 이득을 취하고 명예를 산다면 차라리 숨거나 죽는 것이 낫지 않겠나. 지금도 유통업과 중간 상인들이 자기의 실리만 챙기고 있는데, 역시나 그 좁은 소견이 아쉬울 뿐이다. 생각하는 것이 그 정도이니 그 정도에서 끝나리라.

변신이라고 다른 동물과 사물로 변하는 것을 자랑하지만, 자기의 아집은 변하게 하지 못하고 지적능력을 바꾸지도 못하며 억눌린 감정과 부정한 심리도 어쩌지 못하는 나약함을 숨기기 위한 도망은 지지리도 못난 자의 몸부림이다. 죽는 게 무서워서 자기의 잘못이 부끄러워서 그렇게 변하며 도망간다면 이미 인간으로서의 주체성이 없는 것이다. 자기의 얼굴에 책임지라는 서양인의 말 한마디에도 미치지 못하는 그따위 술법은 이미 사라져야 한다. 너무도 좌방의 방법에 비웃음과 미신을 덧씌우면서 자기의 비굴함과 나약함을 표출할거 없다. 열등감은 모든 인간의 자기 정체성을 이루는 근간이다. 이제 우리나라에서 그 좌방의 뜻을 펼치기 위한 모색이 드러날 때가 되었을 것이다. 이들은 그것을 원하는 거겠지.

나도 원하는데 어디부터 해야 할 거나, 좀 알려주면 좋겠다.......

폭포 근처에서 쉬면서 있는데,

도골 선풍의 산신이 온다.

"안녕하세요?"

'와, 그럴 듯하네. 뭘 공부한거래, 여긴 좌방 아닌가?'

"저도 좌방으로 공부 했습니다."

'그래? 생긴 건 아닌데. ㅎㅎ'

"한때 힘 좀 썼죠."

'부럽네. ㅎㅎ 근데 영단이네, 산이 좀 작은데, 언제부터 있었던 거야?'

"300년 됩니다. 어쩌실 겁니까?"

'몰라, 어찌해야 하는지.'

"이걸 보시죠." 하면서 책을 주는데 제목은「비선무」이다.

'이게 뭔가.'

"스승에게 받은 것 중에 하나인데 써 봐요."

'이거 또 전통이 어쩌고 하면서 장황하게 말할 거지?'

아예 두루마리까지 펼치며 근거를 대면서 말하길,
묘청과 최영에서부터 오던 거란다. 헐~~~
최영에서 갈라진 좌방이 많다. 다 거짓은 아니지만,
지금으로선 상관없단다. 시대가 달라졌으니 이을 방법도 마땅치 않다.
'난 눈이 어두운데.'
"괜찮아요. 이것도 있어야 할 거에요." 하면서 구슬을 준다.
"스승에게 받은 건데, 언젠가 필요하게 될 거라면서 준겁니다.
아마 지금인가 봅니다."
'스승이 누구야?' 하면서 구슬을 받아서 보니
'어, 금강선인이네.'
"아세요?"
'응, 만난 적이 있는데 아직 살아 있나?'
"몰라요. 여기 온 후로 만난 적이 없어서."
내가 찾아보니 '금강산 만물상에 있네.'
그러고 있는데 누군가 하늘을 건너오는데 묵직한 힘이 느껴진다.
땅에 둔탁하게 내리꽂히는데 땅이 울리기까지 한다.
"안녕하셨소."
'그렇지 뭐, 근데 언제 되?' (통일)
"될 겁니다" (되긴 하겠지. 언젠간)
'기운이 틀어져 있는데 음~~~'
"……."
"조금씩 해보죠." 하고 간다.

도약하는 게 자연스러운 게 계제가 높다. 신단쯤 되려나.
내가 쳐다보면 다들 몸놀림을 힘들어 하던데, 제자가 절하는데도 아는 척도 안하고 그 제자는 그저 부복중이다.

'간다' 하고 내려왔다. 구슬을 몸에 적응시키고 보니,

아마 사람들과 함께 하기 위한 것으로 보인다. 기다려 볼뿐이다.

그들의 정성이 어떻게 드러날지, 사람들이 얼마나 정성을 들이며 좋은 세상 만들기에 참여할지, 아무리 나나 저들이 애쓴다고 해도 사람이 반응을 안 해주면 누굴 위한 것이겠나.

너무 안 되는걸 하려고 애쓸 필요 없다. 항상 함께 해야 하는 것이니, 그들이 사람이 움직여야 한다. 사람이 원하지 않으면 아무것도 할 수가 없다. 아무것도 할 수가 없다. 아무것도.......

제천으로 가서 일박을 하면서 오늘 돌아오는데, 기차 밖으로 금강선인이 날아 오면서 이마에 구슬을 박아주고 목에 뱀같이 기다란 것을 꽂아 넣는다.

'너 여자가 있을 건데? 왜 혼자야.'

"....... ㅎㅎ" 대답 없이 그냥 간다.

동명이 옆자리에 와서 앉는데 정장차림이다.

"요즘 이런 걸 입나?"

'헐, 뭐여. 그건 왜 입어?'

"시대가 바뀌었으니까." 하면서 갤럭시 노트를 내게 준다.

그걸 내거에 합치니 빛이 나와 머리로 들어간다. 왜 이런 걸 들고 다니지, 남명도 두 번이나 이걸 가지고 뭘 하던데, 어플리케이션까지 만들어서 주던데, 애쓴다, 시대에 적응하고 사람의 감정을 이해하기 위한 저들의 노력은 눈물겹다. 신들의 노력에 사람들은 자기의 복을 크게 해달라고 하고 없는 것도 있게 하고 자기의 본래의 모습을 더 나은 것으로 해주길 바라는 욕심은 끝없다.

그래도 정말 원하지 않는 것을 정말로 원할 때까지 오랜 기다림을 건너와 이제 뭔가 해보려 하지만 애씀이 무르익기 전에 실망하고 포기하지

않을까 걱정된다. 이 와중에 난 책을 두 권 가지고 다니면서 다 읽었다.

되도록 어디 간다고 말하지 않고 다녔다. 궁금한 것은 많은 줄 아나, 말은 시기와 운을 따른다. 또 오는 중에 경상도와 부산의 천신들이 모여 회의를 하는 것에 참가하고 운을 텄다.

마지막에 부산이나 경상도도 그렇고 이런 좌방이나 이런 것이 이 다음에 마구할 준비이다. 여러 사람이 다양한 뜻을 가지고 모여 함께 하기 위한 준비이다. 몸으로, 직접 다리로 걸어 다니고 부딪히면서 하는 것이라 좌방이다. 말로 글로 뭔가 명예나 사상적으로 사람들을 이끌고 설득하는 방법 이전에 땅 자체와 세상 자체의 변혁을 위한 구체성이 있는 거라서 그렇다. 아직 토대의 구성이 안 되었기 때문이다.

평택

4월 24일 화요일 블로그

어제 자려고 누워서 고민한 게 서민을 위하는 거랑 내 주체적인 마구를 하는 것인데, 그리고 수원의 법에 이어 대개는 수원가면 평택도 갔는데 왜 안 갔을까 하다가, 내가 주체적으로 마구를 해야 한다는 생각에 우선 평택부터 가기로 했다. 마구를 한다고 하지만 날 위한 것도 그리고 서민을 위한 것이 아닌듯한 게 많았다.

더 시간이 지나면 서민을 위해 한 것이 되지만, 그리고 이제는 좀 더 서민에 가까운 마구를 해야 할 때도 된 거 같아서 한다. 서울의 금빛 원으로 도는 줄기가 경상도 쪽을 가리키고 있는데 그걸 흡수했다.

10, 20, 30, 40년이 지나면 어느 정도 원하는 세상이 되려나.

좀 더 나에게 가깝고 주도적이길 바라며.

여시 개인적으로 더디고 지난한 진행이 힘들어서 하는 것이다.
그다지 의미는 없다.

관악산 종주

2012년 4월 26일 블로그

12시 반쯤 집을 나가서 안양 인덕원까지 가서 산을 오르기 시작했다.

국기봉의 태극기이다.
서민을 위한 관이었으면 하는데, 항상 권력자들을 위한 관이니.
이제부터 능선을 타야 하는데 다리가 벌써 풀려서 후들거린다. ㅠㅠ

내려오는 길에 전에 만난 할머니의 수첩 같은 곳에 싸인을 해주고 왔다. 최창조의 [한국의 자생풍수 2] 에서 관악산은 과천의 진산이라고 한다. 즉 관악산은 과천의 산이라는 것이다. 과천 쪽이 배에 해당해서 그렇단다. 과천을 안고 있다는 거겠지? 과천을 설명하면서 글이 긴데 올리기 힘들어서 그냥 생략.

포크레인으로 개울 바닥정리 하는데 안 해도 되는데 이미 많이 했자나. 앞으로도 때만 되면 이 짓을 할 건가, 그렇게 반듯하게 개울이 정리 안 되어도 되거등!

아무튼 우리나라 관공서나 뭐나 죄다 유리로 둘러치는데 환장하것다. 이건 산을 내려오는데 석양을 반사해서 내려오는 길을 비춰주려고 이렇게 했을까? 근데 눈부시단 말야. 에잇!

미적 감각이 없는 것은 죄라고 누가 그랬던가?

우리나라 최고 대학이란 게 하는 게 별로 맘에 안 드네.

산 옆이면 산과 어울리게 하면 안 되나, 뭐가 꼬인거야.

국기봉으로 해서 능선을 타고 연주암까지 가서 연주대는 안가고 그냥 내려와서 관악구, 신림역으로 해서 집에 왔다. 2시에 오르기 시작해서 5시쯤에 내려오니 3시간 정도 걸렸다. 집에 오니 7시가 다 되어간다.

남원

2012년 5월 1일 블로그

남원에 갔다.

2009년에 직장을 그만둔 후로 근처를 차로 지나간 적은 있어도 이렇게 혼자 숙박하기는 처음이다. 날씨가 좋은 날을 택하려고 하는데 이번 주가 비가 올 거 같아 부랴부랴 짐 챙기고 내려갔다.

내려갈 땐 해가 쨍쨍하고 덥더니만 남원에 가니 흐리다. ktx를 타고 가서 좀 구경도 하려고 했는데 좌석이 없어서 무궁화타고 가니 저녁이고 어두워져서 저녁 먹고 모텔로 갔다. 결국 별다른 구경은 하지 못했다.

[한국의 자생풍수-2] (최창조)엔 "남원은 행주형, 이 배가 재물을 가득 싣고 요천을 따라 바다로 떠나지 못하도록 읍내 아래쪽에 조산 조성, 그래서 지금도 조산동이란 지명이 남아 있음, 또 물줄기에 제방을 만들어 배가 쉽게 빠져나가지 못하도록 했는데 이곳을 加防뜰이라고 부름, 강 양쪽의 산봉우리에는 배를 걸어 놓는 고리를 달아 고리봉이라 함, 거기에 금지면 고리봉은 요천수의 물 기운이 섬진강과 합해져 바다로 빠져나가지 못하도록 한 최종 장치."

홍수가 많이 난다는 얘기일까? 그 당시엔 요천에 물이 그리 많았나?

지금은 별로던데, 근처를 돌아다니면 저수지가 의외로 많다.

고리봉이 보이는 요천 근처엔 남원 4대 음택혈이 있다고 장황하게 설명도 하는데 그 근처의 땅이 좋긴 하다. 어떤 의미의 좋은 거냐는 다르지만 음택 따윈 말하고 싶지 않다. 거기서 2008년과 9년 사이에 숙식하며 일을 했던 곳이다. 고리봉의 기슭이 여러 사람의 영혼이 모여들어 기도하면서 나에게 돌아가라면서 직장을 그만두라고 한 그곳이다.

도통동, 도통동에서 으뜸가는 마을, 옛날 이곳에 동도와 신통리가 있었는데, 도와 통을 따라 도통리로 만들면 인재가 많이 날 것이라 하였다 함. 모텔이 도통동에 있었다.

저 멀리 있는 산이 교룡산이다. 남원의 주산은 아니고 객산이라고도 하던데, 이 산이 내가 일하는 동안 몇 번의 영험함을 보인 적이 있다.

남원시청에 올 생각은 없었다. 그저 점심(아침 겸 점심)을 먹으러 돌아다니다가 여기까지 온 거다.

남원역은 새로 지어서 근처에 아무것도 없는 역이다. 점심 먹고 택시 타니 비가 온다. 남원역까지 3천600원의 요금이 나왔는데 역에 오니 비가 그친다. 3천600원짜리 비인가 보다.

약 올리나, 떠나서 슬퍼서 오는 거야? 내 일이 암울한 거야? 흠~~

이런 날씨에 예민한 건 남원에 의도한 게 있어서 간 건데 염려스러움이 있어서이다. 이 남원역에서 옆으로 가면 마을이 있는데 내가 사는 신정동하고 이름이 같은 동네이다. 어쩐지 원점회귀 같은 느낌도 들고 구궁에 다시 힘을 채우기도 해야 하고.

천거동 川渠洞(냇거말)

광한루 : 황희가 세움, 호석이 있음. 광한루 건너편인 수지면 고평리에는 790미터의 견두산이 있다. 호석 안치 이전에는 산 이름이 호두산이었음, 이곳에 옛날부터 들개 떼가 살았다. 이 들개들이 짖어대면 남원에 사고가 나거나 화재가 발생, 그래서 산 이름을 견두산으로 고치고 그를 진압하기 위해 호석을 세움. [한국의 자생풍수-2 최창조]

별나네. 내가 전에 이상한 개를 잡은 적이 있는데...(하늘공부-2 참고 ㅎㅎㅎ)

제주도

2012년 6월 7일 블로그

제주도

유월 이일 토요일

제주도를 가자고 한다. 미리 좀 말을 해주셔야지. 비행기를 타고 가는데 예전에 봤던 공간족이 나타난다. 그때 거인으로 변하는 것을 가르쳤더니 그 동안 연습을 했던 모양이다. 그래서 같이 어울리며 두들겨 팼는데 애가 잘 버틴다. 때려도 때려도 내 몸에서 떨어지지 않으며 계속 달라붙어 덤빈다. 그래서 우리 사이에 둥그런 원을 그리며 빛나는 환을 만들어 놓으니 그 거인이 움직여도 다시 이 환의 앞으로 되돌아 가게 된다.

상대가 아무리 그걸 피해 돌아서 내게 오든 다른 곳으로 움직이든 그 환 앞으로 되돌아간다. 그리고 그 환속으로 집어 넣으니 다른 공간을 찢어서 나오게 할 수도 있었다. 이건 너무 쉬운 거 같아 환을 제거 하고 또다시 육박전을 했다. 그러다가 너무 가볍고, 둔중한 힘은 부족한 거 같아 땅으로 데려가서 땅기운을 흡수시키니 금속재질로 변해간다.

그 상태로 다시 두들겨 패니 느껴지는 게 딱딱하고 제법 타격감이 있었다. 그래서 맘 놓고 패주었다. 우리 하늘을 지키게 할 수 있겠다.

그러다가 커다란 불꽃을 만들어 땅에 내리고 금시조를 타고 가면서 금시조가 입에서 레이저 같은 광선을 내뿜게 하면서 날아 갔는데, 이러고 있을 때 저쪽 차이나 하늘에서 빛이 번쩍 번쩍 거리며 뭔가 소리까지 들리는 듯했다. 그래서 가보니 거기에 천신들이 싸우고 있는 듯하다.

철괴리가 오길래 도와줄까 하면서 살피니 아무래도 내가 참견할 건 아닌듯해서 지켜보기만 했다. 이길 수 있겠나 하니 아마 될 거라고 한다.

음~ 저쪽에서 전력을 다하는 건 아니라는 것인데 무슨 꿍꿍이 일까?

조금 있으니 저쪽이 밀려가며 끝나 가는데 아무래도 이 시간을 맞추려고 비행기가 지연되었나 하는 생각이 들었다.

저 차이나의 하늘 천신들의 대대적인 이 첫 시합에서 새로운 하늘체계가 형성되는 승리를 하니 이것이 하나의 기점이 될 거 같은데 우리 쪽에서 이걸 지켜보려는 자들이 하나둘씩 모여든다. 고단자에서부터 오는데 한참을 보니 그 수가 2만 정도는 될 듯하다. 우리나라의 공단이상의 자천할 수 있는 가능성이 있는 사람까지 끌어온 듯한데 그 상황은 천차만별이리라. 이러고 있으니 제주도에 다 왔다.

숙소에서 본 풍경이다. 포크레인 옆에 돌이 산더미처럼 쌓였는데 밭에서 골라낸 돌이란다. 흙보다 돌이 많은 건가.

근데 머리가 아프다. 다리도 신경통 증세가 나타나고 이건 갑작스러운 열이 오를 때 나타나는 현상인데, 제주도가 이런 강한 열 기운이 있었던가? 예전엔 겨울이어서 몰랐는가 보다.

시간나면 마군을 해보았어야 하는데 어떤 멋진 무술동작을 할지 궁금한데, 구례와 같은 현상이 나타나면 멋진데. ㅋㅋ

말로만 듣던 바로 그 협재 해수욕장인데 뭐가 그리 대단한걸까? 하는 의문도 들긴 하지만 자연적이기도 하고 모래가 조개껍질인지 신기하기도 하고 이국적이기도 하고 재밌네. 여기서 시간을 더 보내고 싶고 물에도 들어가 보고 싶은데 구두 신고 온 터라 놀기는 불편하다. 한라산에 안 갈려고 나름 꼼수로 등산화나 편한 신발을 안 신고 왔다. 무릎이 내리막을 걷기가 힘들만큼 아팠는데 이상하게 제주도 오니 좀 낫다. 핑계가 뻘쭘하다. 천지연폭포도 보고 큰엉도 보고 요트타고 독수리 섬도 보았다. 다음날은 한라산을 등반한다고 하는데, 제주도 회원분들과 함께 가는데 난 3분의 1정도만 가고 말았다.

이제마가 펼친 두루마리를 서왕모와 함께 들여다보다가 음~~ 뭘 했지? 기억이 안 나네. 한라산은 관문이다, 여길 작년에 갔다 오고 책도 내고 차이나도 갔다 왔다. 또 일본가고 책 내야 할 게 남았는데.

올 때도 비행기가 지연되었는데 글쎄 이번엔 뭘 했지?

서경덕이 비행기에 뭔가 하는걸 보다가 졸다가 이상한 형태의 괴물 같은 게 비행기를 덮치기에 치우다가 말다가 왔는데, 서울의 야경구경을 하려고 그랬나? ㅋㅋ

일본 관람기-1

2012년 7월 27일 블로그

일본에 11박 12일 가량 있다가 왔다. 여러분들의 도움과 후원 때문에 가능한 것이라서 그분들에게 감사하다는 말을 먼저하고 글을 쓴다.

일일이 성명을 대어야 할지 모르지만 그것도 아닐지 몰라 그냥 이렇게만 얼버무린다. 일본을 왜가야 하는지 목적이나 성과나 자세한 의미를 말해주었으면 할지 모르지만 그러기엔 너무 장황하다. 게다가 일국에 대해서 나 같은 개인이 할 말을 넘는 것이라 어쩌면 교만 같을 수도 있어 그냥 생각나는 대로 간략하게 본 것들과 감상만을 적어보려 한다.

겨우 열이틀 일 뿐인데 귀국하니 한국에서 그동안 살던 일상과 익숙한 많은 것이 잊히고 사라지며 기억나지 않는다. 감정도 의미도 목적도 상황도 다시 붙이고 이어서 떠올리며 과거의 상태로 되돌리려고 안간힘이다.

어쩐지 다시 태어나는 듯한 단절과 이어짐의 불연속을 느낀다.

내가 한국에서 무엇을 하다가 갔더라? 가족은 어떻더라? 누구와 친했더라. 누굴 사랑했더라. 뭘 하고 싶었더라. 뭘 해야 하더라? 뭘, 뭘, 하나하나 일일이 챙기며 다시 구성하는데 어려움이 좀 생긴다. 한 달을 있다가 왔다면 아무도 아무것도 모른다고 할지도 모르겠다.

공항에 도착해 시간이 흐르니 사람들의 감정과 여러 것이 들어오며 다시 일체화 되어가며 삶을 시작하는 듯하다. 아....... 아련하고 슬프며 고통이기도 하고 번뇌이기도 하며 갈등과 불안함과 상처들이 다시 일어나며 뒤섞인 본모습으로 돌아가고 있다. 참 서글프다. 또 다시 여기이구나.

분명 일본에선 많은 일이 있었다.

많다는 것의 감상이 큰일이었다는 것일 수도 또 가짓수의 많음 일 수도 있는데, 둘 다 일 수도 있어서 귀국한지 며칠이 지난 이제는 그저 머리 복잡한 번뇌의 증가만을 늘어간 거 같은 후회도 일어난다. 난 항상 후회를 하며 사는데 후회는 내 뒤얽히는 얽매임이다. 생각해 보면 내가 도를 안다고 떠벌리던 시절에서 지금껏 변한 게 있다면 점점 부자유스럽고 지상으로 떨어지는 누추함이다.

한때는 무한 자유를 만끽하며 별다른 번뇌도, 아무런 갈등도 없이 지내던 시절이 있었는데 시일이 지나고 돌아다니고 일을 하면서 가지게 되는 건 의무와 책임과 해야 하는 필연 속으로의 잠김이다. 하늘을 추구하며 자유롭고 이상을 꿈꾸던 그런 것에서 땅으로 내리 꽂히며 우울하고 점점 땅이 되어가며 무거워지는 삶의 질곡을 배워가는 거 같다.

결국 해야 할 것은 땅인 거겠지.

12일 아침부터 서두르며 일어나 김포공항으로 간다. 공항은 가까워 금방이지만 6시에 일어나는 것은 오랜만이라 컨디션은 별로다. 출국수속을 밟고 비행기를 타고서 관서關西(칸사이)에 도착해 다른 일행과 합류했다.

날씨가 우리나라보다 덥고 습할 거라고 들었는데 역시 덥고 습하다. 우리나라보다 더한지는 잘 모르겠다. 서울도 습하고 더운 도시라 12일을 단순비교하면 대판(오사카)가 더 더운데 이런 날씨가 얼마나 지속되는지 몰라 무조건 오사카가 더 덥다든지 일본이 우리보다 더 덥고 습하다고 말하기는 정보가 부족하다.

칸사이라 누가 말하는데 이런 방향과 사주의 일주와 연관성이 보인다고 하던데, 내 일주가 경금인데 흠, 근데 여기로 오는 사람이 다 금 일간은 아닌거 아닌가? 암튼 그것도 바다의 섬 같은 곳에 있는 공항으로 온다. 원래는 배를 타고 와야 하는데 꼼수인가 시대적인 변화인가?

김포공항에 있는데 사실 아무생각 없었다. 별다른 걱정이나 긴장이나 설렘이나 이런 게 없다. 난 긴장을 안 하면 안 좋은 결과가 나오는데 오히려 이번 여행은 힘겨울 거라는 것을 암시 한 것일지도 결과적으론 힘들었지만 지금 심정은 이미 잊혀져 가서 추억으로 남아간다.

칸사이 공항에 도착해서 젤 먼저 할 일은??? 당연히 화장실에서 영역표시부터, 그것도 대따 큰 걸로. ㅎㅎ

바람도 바닷가여서인지 무섭게 분다. 칸사이 공항이 인공 섬인지 그냥 섬인지 공항이 바다로 둘러싸여 오사카로 가기위해 다리를 건너야 하는데 경치는 좋다. 바다도 넓게 펼쳐진 것이 시원하다. 바람은 역시 더 심하다. 여기 근처에 해변이 있는데 하얀 돌이 쭉 깔려있는 해변이 이색적이다.

음~~흰 돌이다. 굳이 흰.

점심을 먹고 근래사를 갔는데 기억력이 별로라 거길 전부 근래사(네고로사 이게 맞나?) 라고 하는지는 잘 모르겠고 유래를 듣고 여러 가지 우리와 다른 절 배치나 구조물, 불교의 종파가 밀교라 기이했지만 사람들의 삶의 질곡을 견디려는 바람이 깃들고 의지처라는 것은 우리와 같아 보였다.

절을 만든 홍교대사라는 자의 무덤에를 가니 기운이 다른 게 영단정도의 정신이 있었다. 하지만 대의를 품은 것은 아니어서 별로 쓸모가 없어서 바지끄덩이를 붙잡는 걸 단호히 뿌리치며 상대를 안했다.

내량奈良(나라)에서 박물관 구경할 때도 와서 뭔가 바라는 눈짓을 하는데 대충 살펴보니 과거의 공부를 한 거지, 이 일본의 공부법이 있던 건 아닌 듯하다. 그리고 역시나 자기만을 위하는 정도에서 벗어나지 않아 더 이상 상대를 안했다. 더 이상 귀찮게 하면 죽이겠다는 마음을 지니니 사라져서 이후엔 보이지 않았다.

계제와 상관없이 뜻이 부족한 자는 상대하고 싶지 않다.

왜냐하면 그들은 자기를 위하는 것이지 그 이상 아무것도 없기 때문이다. 전혀 쓸모가 없다. 그보다 계제는 없지만 철갑옷을 입은 사무라이 같은 자들이 좀 있었는데 이들이 가진 마음이 더 훌륭해서 작은 선물을 주고 의지를 삼을 수 있게 했다.

이런 자들보다도 못한 홍교의 의지가 심히 역겹다.

홍교대사인지 하는 중의 묘에 갔는데 절 근처의 나무가 이끼에 찌들어 보기도 그럴 정도로 습기가 많아 눅눅해 보이는데, 게다가 나무나 산이 양쪽에 있어 침침하고 음습해서 별로인 듯 하게 시작하는데 중간 쯤 부터는 청량한 기운이 느껴진다. 그래서 반은 음습하고 탁하고 반은 청량한 게 맑게 느껴진다. 반이라고 했지만 이걸 느낄 때 영화관에서 어둠에 눈이 익숙해지는 시간이 필요하듯이 기운도 이 기운에서 저 기운으로 전환할 때 이러한 적응 시간이 필요해 들어가면서는 좀 더 들어가야 청량함을 확연히 느낄 수 있고 나오면서는 더 나와야 탁함을 느낄 수 있어서 정확히 반이란 게 경계가 좀 넓다. 대사의 공부가 그 정도는 되는 거지만, 그래서 좀 놀란 건 사실이지만 거기까지이기도 하다. 그리고 다른 것도 있지만 생략.

그리고 칸사이 공항에 도착하니 그전의 뻬이징 공항에 도착했을 만큼은 아니지만 역시 많은 작업을 하고 여러 가지 하는 일이 한참을 한다. 그래도 처음은 아니라서 관심은 덜 간다. 그 중에 해태가 자기가 홀로 돌아다니고 싶다는 의사를 표현해 그러라고 했다. 먹을거리가 많아 보이나? 하루를 이렇게 보내면서 느낀 건 뭔가 허전하다. 생명 없는 맨땅에 와 있는 듯 영활성도 성스러움도 신령스러움도 없다. 원시의 땅에 와 있는 듯이 허전하기만 하다. 여기서 얼마나 지내야 하나 벌써 아득하기만 하다. 사실 차이나나 인도를 제외하면, 인도도 별로 기대는 안하는데 대개가 이런 황량한 허무함이 있을 것 같다. 그래서 난 별로 다른 나라를 가고 싶지 않다. 그런 누추하고 별 볼일 없는 곳엘 왜가야 하나? ㅠㅠ

자주 티비로 다른 나라의 산이나 들이나 도시를 보는데 역시 거긴 아무런 신령함이나 정신이 없다. 별로 좋아 보이지 않는 경치이다. 사람이 얼굴은 아름다운데 머리는 텅 빈 그런 어이없는 공갈빵 같은 그런 걸 뭐가 좋다고 하겠나. ㅎㅎ

오늘 하루도 이렇게 보냈다. 좋은 꿈꿔. 라고 하지만 음~ 다음날 몸은 영 거시기하다. 온몸이 두들겨 맞은 것처럼 뻑적지근하다.

일본방문-2

둘째 날 아침엔 해가 뜨기도 해서 오늘 날씨가 맑으려나 기대하며,
나라현 박물관으로 갔다.

박물관에서 다양한 불교의 유물을 구경하고 보니 날이 흐려지는데,
이게 흥복사 유적인가.

이름은 차후에 알아봐서 수정하겠습니다. 절이 이런 식으로 본전과 탑으로 구성된 게 우리와는 다른 건축 배치이다. 어딜 가도 절이 이런 식으로 만들어진다. 물론 예외도 있지만. 탑이 거의 일직선으로 올라가는 것이 우리와는 다른 습도와 기후 탓으로 그런 거 같은데 유래는 당연히 우리 고대인일 것이다. 백제의 탑의 비례를 따르는 것이라고도 한다. 이런 배치의 이유는 뭔가 생각해 보면, 당연히 모른다.

이런 구경을 하고 점심을 먹고 동대사를 가야 한다고 하는데 비가 온다. 점심은 카레를 먹었는데 맛나네.
그렇지, 동대사 가는데 비 와야지 아무렴, 항상 그런 식이니까.
자자, 배경효과는 됐고 동대사의 그 위엄을 보러 가자.

이게 동대사의 정문이다.
일본은 우리와 다른 게 일주문도 없고 사천왕문도 없고,
이런 거대한 문이 그 두 가지를 한꺼번에 합해서 만드는 것 같다.

이게 그 문 양쪽에 배치된 천왕이다.

색칠이 없는데 원래 그런지 지워진 건지는 나도 모른다. 또 일본은 항상 정문으로 들어가게 하지 않고 왼쪽으로 들어가게 해놓고 있다.

역시 예외도 있다. 거기서 입장권을 사야 한다.

나라현에는 사슴이 유명한데 왜 이런 사슴을 1400여 마리나 풀어놓고 있어야 하는지는 잘 모르겠다. 사슴이 신의 사자라든가 과거 이 나라현의 어떤 유력가문의 흔적이라든가 말은 많은데 역시나 난 모르겠다.

이런 자세한걸 알려면 일본을 연구해야 하는데 아쉽기도 하지만 또 그러려니 해야지 어떡하겠나, 난 우리나라의 역사나 유물의 원류도 모르는데 남의 나라를 어디까지 알 수 있겠나.......

자, 이것이 그 문제의 동대사이다.

원래의 모습은 아니고 복원하면서 변형된 거 같은데 본래의 모습은 더 웅장했을 거 같다. 그리고 저 앞에 이상하게 사람머리를 양쪽으로 빗어 낸 듯한 괴상한 것도 없었을 거 같은데, 아님 말고. 저건 왜 있는 걸까?

바닥을 보면 검은색이 중앙이고 그 옆으로 있는 돌들은 순서가 어떻게 되는지는 잊었는데 인도, 차이나, 우리나라에서 가져온 것을 한 줄씩 쓴

것이다. 불법이 인도에서 차이나 그리고 우리나라를 거쳐서 온 것이라는 의미이다.

아쉽게 본전 사진만 있고 양쪽 모서리나 회랑의 사진은 없는데,

이 동대사는 네모형의 회랑을 만들고 중앙에 저러한 건물을 배치하며 저 건물 뒤에 강당 같은 건물을 하나 더 만들고 전체적으로 큰 네모의 담에 강당과 신전을 만들어 놓는다.

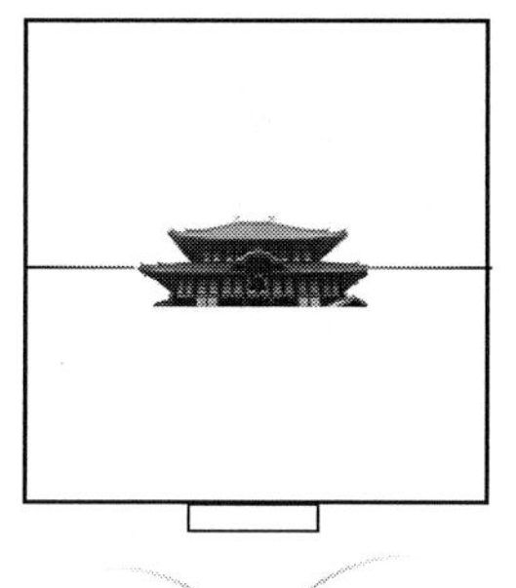

일본 정통 종교라는 신도에서 신궁을 배치할 땐 때론 이 동대사와는 반대로 강당을 앞에 두고 뒤에 신을 모시는 건물을 배치하기도 한다. 야스쿠니 신사가 그렇다.

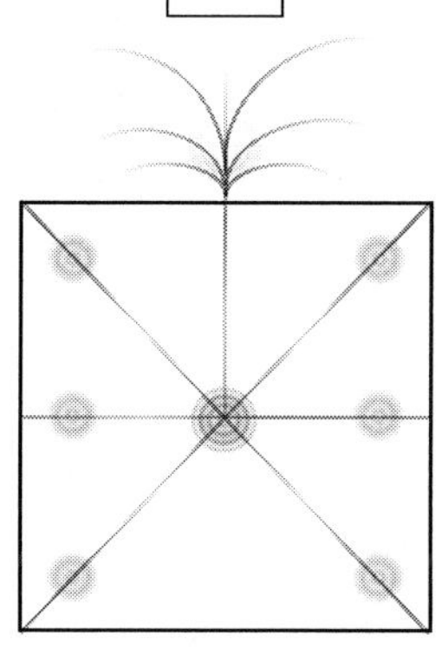

동대사의 기본 기운의 흐름이 이렇다.

물론 간단하게만 그려서 이렇지 원래는 훨씬 복잡하고 웅장하며 아름답고 금빛이며 좋다. ×표의 대각선의 흐름은 두 가지의 마음이 있다.

방향에 따라 능동적인 것과 수동적인 의무감을 느끼는 것으로, 수동적인 의무감이란 시켜서 하는 심부름이나 명령에 복종이거나 위에서 또는 위 사람이든 무엇이든 다른 사람의 의사에 따라 하는 행위이거나 부탁이거나 하는 것이고 능동적인 의무는 사명이나 책임감이나 스스로 의지 세움이나 이렇게 자기가 하고 싶어서 스스로 하는 경우 이러한 것이 된다.

절에서 자기가 수도한다는 생각으로 건물을 만들면 서북쪽에서 동남쪽으로 선이 그어지고 일본의 신사에서처럼 소원을 빌거나 바라는 이유로

건물을 만든다면 북동쪽에서 남서쪽으로 선이 이어지는 기운이 생긴다. 하지만 절이라고 다 저런 선이 있는 것도 아니고 그 건물에서 어떤 마음 가짐을 하냐에 따라 다른 것이다.

우리 몸으로 말하면 반대인데 오른쪽 어깨에서 왼쪽 신장 쪽으로 선이 생겨 앞뒤로 돌면 수동이고 왼쪽 어깨에서 오른쪽 신장 쪽으로 돌면 능동이다. 이걸 보고 누가 시켜서 말이나 행동을 하는지 자기가 하고 싶어서인지 알 수 있다. 그런데 이 동대사는 그 두 가지 선이 다 있으니 또 다른 원리를 원하고 있는 것이다. 가운에 선은 일종의 결계이다. 사람의 경우 가슴에 이런 선이 있다면 내면을 숨기려는 의미도 있다.

여기선 결단을 의미할지도.

이 동대사가 어떤 방법으로 이러한 진을 설치하며 건물에 바람을 담아 결계를 하고 하나의 생명처럼 스스로 의지를 갖게 했는지는 잘 모른다. 이거 외에 거대한 거북과 빛의 흐름과 하늘로 향하는 의지와 결국은 천개라는 하늘을 열고 싶어 하는 바람을 이러한 건물배치와 기운의 흐름을 유도하며 창조하는 방법을 알게 된 자는 누구이고 정말 원한 게 먼지 그것 역시 의문이다. 이들이 열고자 했던 하늘은 저 그리운 어딘가 일 거 같은데 어쩐지 서글픔이 있다. 단순히 진법만이 아닌 하나의 생명처럼 살아 있는 것인데 대체 누가 만든 걸까? 그리고 이게 가능한 건가?

새삼 일본이 대단해 보이네.......

복원이 미숙해서 기운이 불안정하고 자꾸 흔들리는 것이 안타깝지만 심히 아름답고 깨끗함을 유지한 것이 경외스럽다.

이 건물을 만든 자에게 찬사를 보낸다. 그리고 동대사를 만들며 원한 그 하늘이 언제쯤 열려질 건지 그것을 보고 싶기도 하다.

나도 그걸 돕기 위해 이렇게 여기 있었다.

이 거대한 불상을 주조하며 품은 한과 바람은 뭘까?

숙연해지는 건 어쩐지 알거 같은 뭔가가 있어서이다. 그들이 원한 하늘을 생각하며 옆에 있는 삼월당과 이월당으로 갔다. 이월당의 주인이 누군지 모르지만 아까 말한 좌우선을 볼 때 자기의지가 있다.

이월당에서 본 동대사이다.

삼월당은 법화전인가 뭔가 하는 다른 말인 거 같은데 이것도 장담은 못하고, 법화경에서 다들 수기를 바라듯이 자신들도 내면의 성스러움을 바라는 아련한 기억을 떠올리고 싶어서일까? 비는 오락가락하다가 대놓고 오기도 하면서 오랜 기다림의 한을 풀고 있었다.

일본방문-3

첫날은 근래사에서 근본이 온다는 환영을 받았고, 둘째 날은 동대사에서 동으로 왔으면 하는 이들의 바람을 확인했으며, 세 째 날은 석상신궁의 칠지도를 보러갔다고 하고 싶지만 칠지도는 볼 수 없었다.

석상신궁 정면이다.

칠지도에서 칠은 시간적인 의미가 있다. 사건과 상황이며 목적도 된다. 즉 의미를 가진다는 것이다.

어떤 의미를 가져야 하는가?
이번 일본방문에서.

규모가 거대하지도 그렇다고 작지도 않은 건물이다.

이 뒤편에 칠지도가 있다고 한다.

저기 안에 있는 건물이다. 앞의 신을 모시는 건물과 뒤의 건물이 이어져 만들어지는 게 고대부터의 건물 만드는 방법 같다.

근데 칠지도가 이름이 있어야 하지 않을까? 가지가 일곱 개라고 칠지라고 한다면 좀 이름 붙이는 방법치곤 유치한데. ㅎㅎ

신궁의 신을 모신 곳을 꼭지점으로 삼각형이 그려지는 진으로 건물을 만들었다.

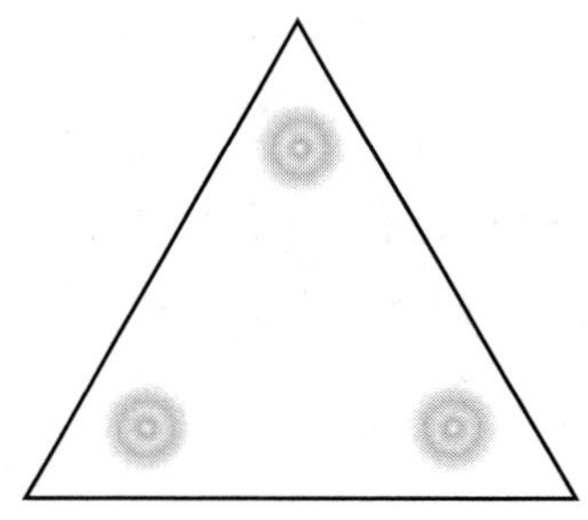

아직 어떻게 이런 흐름을 만들 수 있는지 확인은 못했는데 다른 신궁도 역시 그렇다. 다만 야스쿠니나 메이지 신궁 같은 것은 근래에 만들어져서인지 이런 진법이 없다. 또는 많은 것이 없는 거 같기도 하다.

일종의 문수가 그려지는 것인데 이걸 아는 자가 지금의 일본엔 없나보다. 과거의 지식의 단절이 있는 거겠지. 궁금하다. 어디까지 알고 뭘 알아서 이걸 만들었는지.

삼각형의 의미는 뭘까? 내가 하늘공부 중 자광신도법의 부문술에서 바탕(나)라고 했는데 이 문수는 사용하는 방법에 따라 의미가 달라지기도 한다. 공중에 그려지느냐 땅에 그리느냐에 따라 다르기도 하다. 땅에 그려지면 바탕의 의미가 더 있을 것이다.

팔괘로는 곤에 해당하는 힘이다. 곤은 지구를 만드는 중력 같은, 안으로 모이는 구심력이기도 하기 때문이다. 그렇게 안으로 모여 내가 되는 주체를 세우는 것이겠지. 이걸 소원이나 비는 것으로 이용하면 안 되는 것일 텐데, 과거의 의미와 후세의 의미가 서로 단절이 있을 거 같다.

암튼 신궁을 만드는 것엔 일종의 비법이 있을 거 같긴 한데 건축 축조술과 건물의 용도와 기타 다른 원인들이 모여서 하나의 진을 형성하고 있는지 그런걸 알고 싶긴 한데, 어떻게 알 수 있는 거지? 그리고 후에 간 곳이 전방후원묘라는 것으로 숭신천황인가? 이 릉을 갔다.

이런 조거 鳥居(토리이) 인데 절이건 신궁이건 신사이건 이런 무덤에까지 또는 어디든 세우는 거 같은데, 조거라고 새가 산다는 것이니 우리나라의 솟대라고 하는 듯도 하다. 그건 우리 입장이고 정말 그런지는 잘 모르겠다. 저기다가 까마귀 앉히면 딱 맞을지도, 까마귀는 태양의 수호신이니 태양을 바라는 것인지도 모르고. ㅎㅎ

봉황이든 뭐든 새는 역으론 남쪽이고 불이며 역시 태양이 되기도 한다. 남쪽을 하늘이라고 하는 것엔, 남쪽은 불처럼 확 불살라져서 아무것도 없는 곳이기 때문이며 그렇게 없는 곳에서 다시 뭔가가 나오기 때문이다. 불사조처럼 죽어서 다시 태어나는 그것이 하늘이다. 그런 면에서 이런 무덤에 이런 토리이를 설치한건 맞을지도 모르겠다. 하늘로 올라가라는 것이나 다시 내려오길 바라는 것이나 부활을 하는 것이나, 의미는 갖다 붙이면 다 그럴 듯 하다.

이걸 전방후원묘라고 한다.

전방후원, 앞은 네모 뒤는 원이라는 것으로

이름 짓는 거 정말 센스 없다니까.

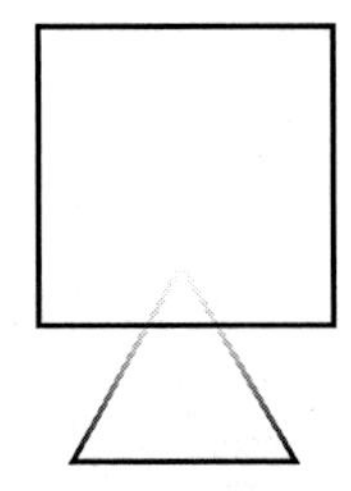

이런 식으로 전방후방묘도 있다. 그런데 내가 보기엔 전방은 전방이 아니라 전각이 아닐까 한다. 사다리꼴을 네모라고 할 순 없지 않나. 대충 맞는다고 하면 또 할 말 없지만. ㅎㅎ

근데 왜 이런 기이한 모양으로 묘를 만드는 걸까?

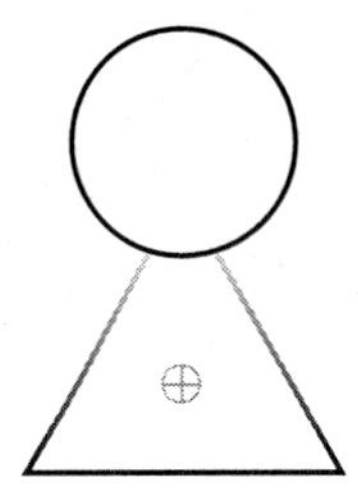

이게 뒤의 원은 가운행을 하고,
앞의 네모는 마운행을 하게 한다.

그리고 대충 여기쯤에 그 운행이 일어난다.
내가 저기를 가서 운행을 느껴보니 인위적인 혈 만들기일 거 같다. 근데 이걸 확인한다고 혼자 갔다 오는 중에 미끄러져 엉덩이에 이끼가 묻어 챙피했다. 반바지가 하나뿐인데 어떡하나. ㅠㅠ

혈을 찾아가는 게 아니라 만들어서 하는 것인데 참 별일이다.

어케 알았을까? 역시 지식의 전승이 단절된 것일 것이다. 거기다 이 숭신천황의 묘는 좀 별다르게 토리이의 나무가 뻗어가며 돈다. 그러고 보니 일본에 우리나라에서 사라진 많은 원형들이 남아 있는 듯도 하다. 또 어디에 무엇이 있는지 궁금하기까지 하다.

단순히 돌과 흙을 쌓았을 뿐인데 기운운행이 있다는 것이 가능한 건지 그리고 이걸 어떻게 알고 하게 되었는지 참 모를 일이다. 지금은 기운의 흐름 느끼는 것도 제각각 지 맘대로 보는 상황이고 보편성이 없는데 이들은 어떻게 이런 묘 마다 그러한 흐름을 만든 것일까.

전방후원묘와 전방후방묘의 운행은 다르다. 그것도 일부러 한 것일까, 어떤 차이가 있는 것이지?

건물하나 뭐하나 만들어도 어떤 의도를 가진다는 것이고 그 의도에 따라 다른 문수가 그려지거나 기운행의 흐름을 제어하며 유도하면서 현실에 영향을 준다는 것일 텐데, 그들은 어디까지 아는겨?

물론 내가 하는 마구가 과거의 제사와 비슷한 것이라는 건 안다. 산이나 들에 지내는 제사가 신에게 공양하기 위한 것이 아니라 그걸 통해 운을 만들고 현실의 변화를 꾀하는 방법이라는 것이다.

이런 건 의도 차이가 있고 흔적이 남지 않을 수도 있는데, 건물이나 기타 다른 물질로 뭔가 유도하며 의도를 가지고 만들어 놓아서 운을 만들고 마구를 한다면, 그건 음.......

우리가 머문 숙소는 천리교의 숙소이다. 이 나라현엔 천리교의 본산이 있다. 그래서 천리시라고 지명도 있다. 이곳엔 이러한 전국에서 본전참배를 하기 위해 몰려오는 신도들이 머무는 숙소가 많은데 거기서 우리도 머물렀다. 여기는 이러한 건물들이 여러 개가 있는데 학교나 대학교나 공장이나 뭐나 엄청 많은, 하나의 종교마을 같이 되어 있었다. 여기에 박물관이 있어서 그것도 구경했다. 본전도 봤는데 거대한 본전을 보니 감회가 희한하다. 돈도 많아 보이고 천리교 신도도 역시 많아 보이고 이걸 뭐라 해야 하나, 사진은 안 찍어서 없다.

생각해보면 우리 일행은 일곱 명이다. 계제는 0단에서 5단까지 이며

0단 한명, 1단 두명, 2단 한명, 삼단 0명, 4단 한명, 5단 한명이다.

원래는 삼단이 한명 있어야 하지만 1단이 두 명으로 이중 한명은 2단에 가까운데 아직 약간 미흡해 1단이다. 그리고 한 분이 스님으로 이분이 공을 대표하는 삼단도 겸하고 있기도 하다. 그리고 굳이 0단이 한 명 있다. 0도 공인가?

0, 1, 2, 3, 4, 5 : 5는 준비하는 것이다. 우린 뭘 준비하고 있는 걸까?

하지만 굳이 공단이 없고 다른 방법으로 대신한 건, 이 나라가 주체가

없고 어디로 가야 할지 뭘 해야 할지가 세워지지 않는 것을 의미하지는 않을까? 그래서 해야 할 것이 바른 의지를 세우고 무엇을 할지 어떻게 사는 게 바른 것인지 스스로 살아가는 주인이 되는 방법을 알려주는 것일 것이다. 그래서 6의, 공간이며 법이며 체계이며 토대이면서 관문이고 통로인 그 방법을 정하는 것이 관건이리라.

천리는 외부의 이치이며 숙명이지만 내량(나라)는 스스로 현명하라는 것이 되어 내외가 조화를 이루어지길 바라는 것인가?

이 마을에서 의미를 가지며 의식을 치르고 의도를 가져본다.

가만히 밤에 이곳저곳을 살피며 시왕이 있는 곳을 찾았는데 없다. 저쪽 어딘가에 죽은 자들이 모이는 곳은 있는 거 같은데 체계가 있는 시왕이 있는 곳은 아니다.

이걸 어쩌라는 것인가? 이 나라는 어디부터 해야 되는지 암담하다.

사후가 안정 되어야 이 사람들의 근본 불안을 달래고 마음속 의지처가 저변에 흐를 것인데 죽어서도 살아서도 목적 없는 부평초가 아닌가?

우리가 다닌 절이나 신궁이나 종교시설이나 모두가, 마음의 안정을 원하는 이 나라 사람들의 질긴 바람일건데 어째서 아무도 그걸 들어주질 않는지.

일본방문-4

자! 어제 말 한대로 5를 넘어 6을 향해가야 한다.

그 시작이 법륭사 法隆寺(호류지)이다. 여긴 담징의 그림이 있는 곳으로 유명하다. 법을 융성히 해야 하는데 법이 체계이기 때문에 우리가 기대고 의지하는 말이며 글이고 섭리이며 운명이다. 이 땅을 말하고 집을 말하고 이정표이고 길이며 목적을 향해가는 통로이다.

그래서 6을 중시한 고대인들이 많다. 굳이 육갑이고 육정이며 육방이고 육십갑자이고 천부경도 가운데가 6이다. 9와의 차이는 6은 내적인 면에 치중하고 9는 6의 외적인 현실이나 구체적인 형상을 뜻한다.

이날이 15일로 1+5는 6이다.

어제는 14일로 1+4는 5이니 신궁의 신의 세계와 묘의 사후 세계와 종교의 미래와 맥주집의 현재까지 준비를 마치게 된다. 12일부터 다 말할 순 있는데 생략한다. 자세하게 말하면 너무 술수 같다. ㅎㅎ

아, 하나 더 짚고 넘어가야 할게 이달이 7월이라는 것이다.

이건 이 일본방문의 관건이 된다. 그리고 내가 6을 의미한다. 오늘까지의 일행이 5이고 난 6이며 오늘 다시 합류할 분들이 7이다. 이렇게 이날은 중요한 터닝 포인트가 된다. 오메가 포인트인가?

법륭사

탑이나 전각이 아래 일층이 지붕이 두 겹으로 되어 있다.

일본만의 독특한 방식이라고 하는 듯하다. 그걸 제외하면 백제식이다.

역시 절이 이런 탑과 전각으로 구성되었다. 그 중에서도 여기의 것은 신수들을 더 많이 넣어서 이쁘게 만든 거 같은데 자세한 설명은 못하겠다.

그리고 하늘이 문제이다. 서기라고 난 말하는데, 하나의 일이 끝난 것 같은 기쁨이 있다. 구름이 여러 형상을 띠기도 하지만 그보다 구름에서 느껴지는 질이 다르다. 알아보는 사람만 알겠지만 괜한 오해는 금물이고 느끼면 아는 것이다. 이 서기들이 내가 한국에 돌아오고 며칠 동안 더 지속되며 오랜 여운을 남겼다. 이렇게 이날은 하나의 의미를 가지고 다음의 의미로 넘어가는 날이 되었다.

근데 갑자기 아울렛이라며 돌아다니는데 이건 뭔가??

날도 나흘 중에 유일하게 햇빛 쨍쨍하고 덥기도 무지 더워서 난 이날 더위를 먹었다. 이런 열기 없으면 5에서 6으로 넘어가지 못하나?

침묵은 5이고 6은 말인데 침묵에서 말을 하고 행동을 하기까지는 엄청난 욕구가 있고 열정이 있어야 하겠지, 용기도 있어야 하고. 흠~~~

여기까지가 우리일의 함축적인 한 번의 의식을 치름이고, 또 다시 오늘 만나는 새로운 일행과 좀 더 세부적인 일을 해가야 하며 확실한 새김을 해야 한다.

이렇게 두 번을 하는 것인데, 세 번째는 더 정밀함이 있어야 한다.

일행을 칸사이 공항에서 보내고 다시 오사카 역 근처 시내로 가서 다른 일행을 만났다. 오사카. 우리말로 大阪대판인데 판을 크게 짜야 한다.

(한문이 맞나 모르겠네? 그리고 뜻은 내 맘대로이다. ㅎ)

대의를 품고 살아가야 하지 않나? 우하하하

근데 체력이 딸리네. ㅠㅠ

음, 처음에 칸사이 공항으로 왔는데, 오사카로 바로 오지 못하고 섬에서 오는 것이 의미가 있으려나, 과거에 초대천왕이 큐슈에서 여기 오사카 나라현으로 오는 것이 야마토 왜의 일본 최초 통일국가의 시작인데, 이즈모로 온 시사노모의 정복으로 통일된 것이지만 국토이양을 하는 것이라고 한다. 우리 일행도 두 갈래로 와서 만나는데 이것도 과거의 반복일까? 그동안 힘들었다고 위로해 주는지, 호텔인데 그것도 비싼데 이다. 내가 이런 호사를 누릴 만한 일을 했던가?

하지만 이것도 당근일 뿐, 낼 부터의 또 다른 힘든 여정을 위한 보살핌이라는 걸 모르는 건 아니리라. 그리고 이날 처음 일본 전철을 타봤는데 오사카역의 복잡함을 시작으로 일본전철의 그 알 수 없는 미로 속 경험이 시작될 줄 꿈에도 몰랐다. 난 지금도 일본 전철을 이해할 수가 없다.

머리 나쁜 사람은 돌아다니지 말라는 거야, 뭐야!!

그리고 눈치챈 분도 있겠지만 이런 걸 의미의 사후성이라고 할 거 같다. 나중에 의미를 갖다가 붙이는 것으로 이현령비현령이다. 그러니 너무 내 설명에 현혹되지 말고 읽기를 바란다. 해석이야 항상 보는 사람의 안목이니까. ㅎ 잘못하면 이런 짓에 헤어 나오지 못하는 수도 있다.

뭐든 다 의미 있을 거라는 망상을 하는 거 말이다.

일본방문-5

그럼 오사카의 판은 무엇을 짰을까?

오늘은 어제로 끝난 한 번의 의식 치름의 목적을 확인하고, 다음 두 번째 일의 방향을 재확인하면서 시작을 해야 하는 날이다.

16일 이날은 첫 방문지가 오사카성이다. 풍신수길의 성인데 이거부터 해결해야 하는 것이다. 일본이 성장하고 우린 쇠퇴하는 그 어림의 시간대의 사람일거 같다. 나나 동행한 누구나 이자와의 원은 풀어야 하니까? 근데 그분은 왜오지 않았을까? 히죽히죽

우리가 해야 하는 것은 당연히 원대하다. 그렇다고 그게 우리의 원함이 아닌, 이 나라 자체의 원함이어야 한다. 그래서 이 나라의 욕구를 확인해야 한다. 오사카죠에서 그 욕구를 보려한다. 역시나 날은 쨍쨍하고 덥기는 무지 덥다. 가방 메고 여기를 가려니 역에서 한참을 걸어가는데, 와와 미치것다. 이리 힘들게 해야 하는 게 뭔가? 좀 쉽게 하면 좋겠는데 항상 바람은 쉬운 방법은 없을까 이다. ㅋㅋ

그래, 단순하게 일본에서 보고 싶은 게 딱 세가지이고 내가 일본에 대한 이미지도 이건데, 그건 이 오사카성하고 절에 있는 탑하고 전방후원묘이다. 이제 이 오사카성을 본 것으로 다 봤다.

집 주변에 해자까지 만들고 집도 거대하고, 와와~ 성이니까 그런 건가?

적의 침입을 막으려고 별짓을 다한 거 같은데 이렇게 겁이 많아서야 웅지를 품을 수 있겠나. 손을 내밀어라, 해치지 않는다.

이건 8층인데 5층까지는 엘리베이터로 가고 거기서 8층까지는 계단으로 간다. 팔층에 가면 동서남북을 쭉 돌아가며 볼 수 있다. 그리고 내려갈 땐 계단으로 내려가는데 각종 전시물이 있어서 그 당시의 유물들이 전시 되고 있는 듯하다. 그리고 츠루바시 역에 있는 한국 이민자들이 하는 시장을 둘러보고 거기서 점심을 먹으려 했지만 내가 더워서 미칠 거 같아 실내의 다른 곳으로 가서 먹었다.

그리고 성덕태자가 만들었다는 일본최초의 절이라는 사천왕사(스텐오우지)로 갔다. 어째 절인데 신사 같은 괴이한 분위기가 풍긴다. 색깔도 요상하고 그냥 이날이 덥다는 거 외는 별로 할 말이 없다. 엉엉

절이 공부하는 곳이라는 느낌이 들지 않는 건 왜일까? 내가 일본문화를 평가절하 하는 것일지 몰라도 이런 절에서 불도를 닦을 수 있으려나? 최초라는데 왜 사천왕일까? 뭘 위해서 사천왕이 필요한 거지?

사천왕은 신체이던가? 뼈대가 있어야 하지, 주춧돌을 놓기 위한 것일까? 판을 짜는데 거대한 성처럼 웅장하고 초월적인 이상을 추구해야 한다.

그러한 높고 거대해지기 위해선 사천왕 같은 든든한 조력이나 토대가 있어야 하겠지. 한민족 같은 다른 이방인들도 포용할 수 있는 아량을 가지는 그러한 대아의 길을 가기 위해선 말이야, 안 그래? 이방인이 이방인이 아닌 다 같은 민족이고 인류이며 지구는 한 가족이기도 하니까, 그런 큰 뜻을 품어야지. 오사카죠, 이름이 천수각이자나, 천년을 살기보다 천년을 가는 뜻을 품어라.

도우톤보리라는 환락가를 가겠다는데 지금 그럴 땐 아닌 거 같고 그냥 고베로 출발했다. 신호 神戶 (고베), 그래 신이 오는 문이지, 오사카에서 대강을 정했으니 이제 하늘에서 강림하는 의식을 치러야 하지 않나.

원하는 것을 알았으니 구현을 해가야줘. 히히히히히히히히

일본방문-6

자, 일본방문 6일째이다.

아직 6에서 벗어나지 못한 것이다. 이 고베의 산이 육갑산 이다.

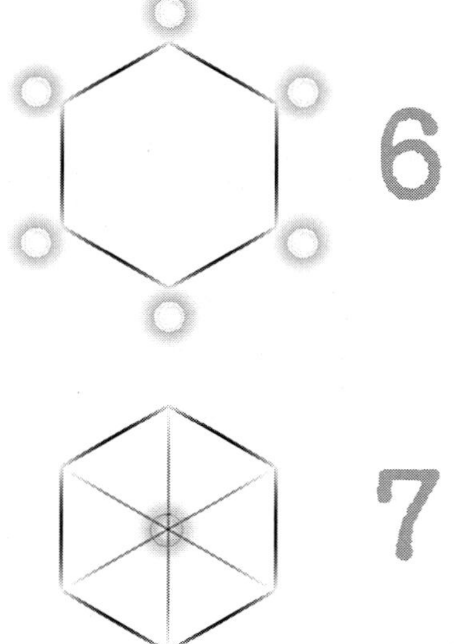

6은 가운데가 비었으니 주인이 없는 것으로, 무언가가 오기를 기다리기도 하며 부르는 것이기도 하다. 호소이고 바람을 표현하는 곳이며 신호神戶라고 했으니 신이 오길 바라는 것일 거 같다.

짝수와 홀수의 의미구분을 이렇게도 한다는 것이다.

홀수는 좀 더 양강해서 적극적이며 능동적이고, 짝수는 수동적이며 받아 들이는 경향이 있다고 본다. 호텔이 Meriken Park 오리엔탈이다.

산타마리호라는 콜럼버스의 배의 모형이 있고 고베 대지진의 상처를 기록한 메모리얼 파크도 있는 곳이다. 지진은 징조로도 사용되고 콜럼부스나 이곳에 1869년 개항을 한 기념관도 있는걸 보면 이곳이 외부에서 들어오는 것을 바라는 게 맞을지도 모르겠다. 아마 서구에 의한 개항도 여기서 한 거 같은데 외국과의 교류가 있는 항구일 것이다. 그래서 이인관이라고 개항을 기념한 곳도 있는거 같다.

하지만 우린 모두 비행기를 타고 왔다. 과거와는 다른 방식인데 이게 간극을 만드니 이걸 용납하기 힘들 거 같다. 그러니 우린 어제 밤에 크루즈를 타고 선상에서 저녁을 먹는다. 우린 하늘이 아니라 바다에서 오는 것이다. 일본에 들어오는 것부터 다시 시작하는 것이다. 배로 들어와야 한다. 과거 아득한 그때의 상황처럼. 海 카이, 어머니가 있는 물이다.

아버지가 아니라 어머니가 필요하다. 아버지는 내가 커서 주체를 가지는 것이고 그러기엔 날 성장시킬 어머니가 필요하다.

우린 물에서 나서 물로 돌아가는 것이며 물의 존재이다.

난 물의 하늘과 물의 땅에서 태어났다.

음, 갖다 붙이는 재주가 느는군. 임자년 태생이라는 것이다. 키키키키 성장시켜줄 의무를 가지고 바다에서 온다는 것일지도.

그리고 16일 오늘은 차이나타운부터 들렀다. 사진은 생략.

이게 뭐더라? 이인관이라고 개항한 것을 기념한 곳이던가??

이렇게 우린 고베에서 신의 문을 보면서 다음의 여정을 위해 신간센을 타고 경도京都(교토), 과거의 수도로 향했다. 난 신간센을 이때 처음 탔다. 좋은 건 넓다는 것이다. 안 좋은 건 비싸다. 종류가 역에 정차하는 방식에 따라서 세 가지라고 하는데 뭐라 하는지는 잊었다.

신간센 기종에 따라서는, 에~~ 모른다.

좌석이 내가 앉은 건 6이고 다른 분이 앉은 건 7이다. 그리고 이 신간센 열차번호가 666이다. (이 신간센이 맞나, 다른 것인가, 기억이 안 나네.)

교토역에 내려 처음 간 곳이,

이 복견도하신사 伏見稲荷神社(후시미이나리진자) 이다.

여우를 모신 것으로, 오곡풍요와 장사 잘되고 돈 벌고 가정 평안하고 예능능력 좋아지는, 지금 우리가 가장 필요한 것만 이루어 진다는 신사이다. 그래서 이러한 소원이 이루어지면 저런 조거 즉, 토리이를 하나씩 세운 게 저렇게나 많아져서 일만 개 정도 된다고 한다. 산에 오르는 길이 저걸로 덮여져 있다. 그래서 이름이 천본조거 千本鳥居이다.

같은 신을 모시는, 전국에 삼만 개가 넘는 신사의 본산이라고 하는데 이런 여우를 모신 게 그렇게나 많나? 저 토리이들의 풍경이 워낙 장관이라 유명하다고 한다. 내가 일본 종교인 신도에 대해서 잘 모르지만 기복적인 거 외에 어떤 가르침이나 법이 있는지 궁금해진다. 그들 마음에 이러한 것이 어떤 작용을 하는지 궁금하기도 하다.

그리고 간곳이 동복사이다. 동대사하고 흥복사를 합쳐서 지은 이름인데, 이런 식으로 이름 짓는 무식은 뭔지. ㅜㅜ

대충보고 넘어간다. 임제종이라고 하는데 그래서인지 절이 깨끗하고 복빌겠다고 하는 이상한 것도 좀 덜해 보인다. 임제종으로 하는 절과 밀교적인 절과의 차이는 좀 있는 거 같다. 임제종이 더 공부에 치중하는 것 같고 밀교는 복 빌기나 일반신도와의 관계가 더 돈독해 보인다.

이렇게 오늘 일정을 마치었는데, 고베라는 신의 도래의 바람을 안고 여기 수도까지 와서 자리를 정해본다. 일차적인 안주처이다. 무엇을 위한 안주냐하면 역시 공부(동복사)와 일상의 행복(후시미이나리진자)이다. 이 두 마리의 토끼를 잡아야 한다. 공부한다고 가정을 버리거나 현실생활 한다고 공부를 등한시해선 안 된다. 과거의 이러한 잘못을 넘어 함께하는 세상을 만들어야 하지 않겠나? 여기 일본도 그리 되어야 한다.

우리도 그렇게 되어 타 나라나 민족들에게 모범이 되어야 할 건데..

이런 하루의 긴 여정을 끝내고 호텔에 간다. 낮은 밝고 의미를 찾지만 밤은 욕구를 따르고 진심을 말하게 된다. 저녁 먹으러 간 곳이 있는데 카모가와라는 곳이다. 만엽집에 나오는 곳이다.

음식값은 당연히 비쌉니다. ㅠㅠ

7월 한달 내내 기온마츠리 祈園祭(기원제)라는 행사를 하는데, 전염병이 6천여 명의 종친의 원혼 때문이라고 그 혼을 진혼하기 위해 시작했다는데 먼 소린지 모르겠고 그 가마를 보지는 못했다.

7월이다. 7월에 하는 게 참 많다. 이 나라는.......

이건 그 일부이다.

저게 팔판신사 八坂神社(야사카진자)로 기온마츠리가 이 신사의 제이다.

이 신사에 들어가니 각종 먹거리가 많았는데 난 차마 먹지를 못했다. 뭔가 불편한 느낌이 있었다. 그리고 이 신사전에 간 곳이 기원(기온)거리인데 사람이 무지 많다. 그리고 이곳에 게이샤가 있던 골목이 있는데 지금은 고급술집이 된 거 같다. 이렇게 화려하기도 하고 기이하기도 한 교토의 하루를 보냈다. 그리고 밤에 호텔에서 진지하게 동행한 분의 마음씀에 대한 대화를 했다.

교토를 고비로 우리 동행하는 분이나 일본에서의 일이나 하나의 관문을 또 다시 넘어 아래로 내려가며 다지면서 안정을 꾀하고 있었다.

해야 하는 일이 무엇인지, 현실적인 고민을 해야 하니까.

일종의 세상주유이다. 사람들의 삶과 애환과 무엇을 어디부터 어떻게 할지를 생각하는 것이다.

일본방문-7

이제 7월 18일, 일본에 머문지 7일째이다.

교토가 과거 유적이 많아 갈 곳이 여러 곳인데 힘들어서 줄이자고 해서 한 곳 정도 더 가고 이동하자고 했는데 금각사나 용안사나 헤이안진구(평안신궁 平安)이나 세견미술관 등등은 생략하고 정한 곳이 청수사이다. 淸水寺 기요미즈테라

778년 개산 이후 9번의 화재, 1633년 재건, 애도시대 연극무대가 된 곳이라는 안내와 함께 자살을 많이 한 곳이라는 설명도 들었다.

엔친이라는 승려가 만들었다나.. 오노타키라는 폭포가 있는데, 머리 좋아지고 사랑도 하고 장수도 한다는 세 가지 물줄기가 있다.

절에 신사까지 있는게 별나다.

게다가 여긴 사랑이 이루어진다고 광고까지 한다.

이 절이 유명한건 이 전경 때문이다.

안내서나 여기저기에 이 사진이 있다. 저기서 뛰어내려 자살한 분들이 있다는데, 높이가 죽기보다 아파죽을 정도라 글쎄..

청수사, 물이 맑다는 것인데 우리가 물에서 온 걸 아는 건가? 맑다고 해주니 고맙네. 난 별로 맑아 보이진 않은데, 맑기보다 맛이 있지. 아! 맛이 있는 거지, 맛있는 건 아니야, 그 맛이 사람따라 쓰거나 고통스럽거든.

절이 절이면서 신사이기도 한 건지, 공부도 하고 행복도 누리고 그렇지, 좋구나. ^^ 역시 같은 화두를 가지는 구나. 공부와 행복. 음........ 나도 이게 관심이다.

재밌는 건 이 절 앞에 여러 특산품이나 다양한 일본전통 혹은 일본에서 만든 제품을 파는 곳이 있는데 거기가 더 맘에 든다. 사진을 찍어서 보여줬으면 좋았을 거 같은데 없는 게 없을 정도로 있다. 내 용 그림의 티와 부채도 여기서 샀다. 어떤 개그맨이 예전에 말 가면하고 부처 가면 등으로 웃긴 적이 있었는데 그런 가면도 있다. 참 별난 곳인데, 동행자분은 이런 곳이 많다고 한다.

자!! 이제 우린 동경으로 가야 한다. 하지만 바로 가지는 못한다.

왜냐하면 물이 맑고 차가워진 것이 이래가지곤 마지막 자기를 불살라 죽을 수가 없다. 뜨겁다 못해 불타서 사라져야 하는데 그러한 열정을 가져야 동경입성이 될 것이다. 왜냐하면 결단을 해야 하는데 결단은 자기를 버리고 초극해야 하는 것으로 나를 버리려면 내가 죽어야 하는데 죽음이 음침한 죽음이 아닌 능동적인 죽음으로 스스로 열을 내서 불타올라야 하기 때문이다. 그래서 우린 신간센을 타고 동경 바로 전에 있는 열해로 간다. 거기서 온천을 하며 뜨거운 가슴을 가지리라. 우헤헤헤 포장이 좋다.

근데 이 伊豆熱海이즈아타미에 가기 전역이 후지산역이다. 그래서 후지산을 볼 수 있다는 바람을 가지고 탔다. 하지만 역시나 후지산 바로 전역부터 그 맑고 신경질 날 정도로 햇볕이 쨍쨍하던 것이 흐려지기 시작한다. 그래서 결국은 후지산을 볼 수가 없었다.

이 무슨 젠장 할 일인지, 참내. 그리고 이 후지산은 신주꾸에 있는 동경도청의 45층 전망대에서도 볼 수 있다고 하는데 거기도 갔지만 역시나 보이지 않았다. 흐려서.. ㅠㅠ 그렇단 말이지.

또 치바에서 요코하마로 가는 다리와 해저터널 중간의 휴게소가 있는데 아쿠아 라인이라는 이곳에서도 후지산을 볼 수 있다고 하는데 거기도 갔다. 하지만 역시나 흐려서 보지 못했다. 그것 참 너무 집요하고 절묘하단 말이지, 안 되는 건 안 되나....... 암튼 아타미 역에 도착해서 보니 저쪽 후지산 쪽의 하늘만 흐리고 여긴 또 맑다. 그래서 하늘이 반만 쭈욱 그어지면서 한쪽은 흐리고 한쪽은 맑다. 에혀~~

일본전통 온천이라는데 이방에서 여자분의 시중을 받으며 두 시간을 저녁을 먹는데 먹다가 지쳐서 쓰러질 뻔 했다.

이곳에서 하루 밤을 자고 뜨거운 가슴을 안고 또는 더위를 잔뜩 먹고 드뎌 동경을 향한다.

동경 그 7의 세계로 향해서 간다.
마무리를 해야지.

그리고 본격적인 지상강림을 향한 작업을 해야겠지........

일본방문-8

아타미에서 동경으로 신간센을 타고 동경 역으로 갔다.

애초엔 심바시新橋로 갈 작정이었나 본데 결국동경 역 까지 갔다.

도쿄에 도착하니 이제야 서경덕이 마중을 나온다, "잘 왔다"고 하면서.

일본에 있으면서 정말 짜증나는 것 중에 하나가 여러 기운이나 운이나 기타 다양한 흐름들을 느끼면서 문득 문득 사람 즉, 우리로 치면 천신이 있어야 할 그것에 천신이 없다. 그때마다 무언가 느껴져야 정상인데 그게 없으니 확 짜증이 일어났다. 뭔가 가슴으로 와 닿아야 할 그것이 있어야 하는데 그것이 있을 듯하다가 텅 비고 아무것도 없으니 정말 기분 별로였다. 그 비어 있는 자리에 언제 임자가 채워질려나 아득하다.

그 열차는 뭔지 모르겠네. 모노레일인가, 심바시에서 오다이바까지 가는 그 열차가 타이어바퀴로 되어 있던데, 그것을 타고 다이바 台場역에 내리는데 이때 서경덕이 말하길, 도쿄 운은 태라고 한다.

환태, 태가 돌아온다라....... 생각나서 하는 말인데 이쯤에 태풍이 우리나라로 북상해서 들어 왔는데 그것도 7호이다. 이름은 카눈인데 태국의 열대과일 이름이다. 태국의 태이고 크게 되는 나라, 열대의 열정을 가지고 과일이니 누구에게나 음식이 되어주는 보편적인 사랑이 있어야쥐.

대의를 품어야 하는데, 그런 운이라고 하면 대의를 품는 건 사람이고 그러한 운을 만드는 이것은 태라고 해야 하나?

왜 일본에 대의를 강조하는가 하면, 성인을 만들고 도를 가르치기 위해선 대아적인 뜻을 가져야 한다. 멀리 높이 깊이 보려는 거대한 안목이 아니고선 결코 신이 될 수 없기 때문이다.

「台」이 글자는 대도 되고 태도 된다. 다이바台場, 여기로 돌아온 것이다. 태가 머무를 것이다. 처음이 아니라 우린 돌아온 것이며 다시 하는 것이고 다시 한다는 건 수도한다는 것이지 않던가?

그리고 은빛 사무라이가 온다. 그래 난 이자를 만나러 온 것이다.

'너 같은 사람을 얼마나 모을 수 있어?'

"100만은 모을 수 있습니다."

'그럼 모아 와.'

"예"

호텔에서 그냥 쉴지 아니면 구경하러 갈지 논의 하다가 백척간두갱진일보라고 오늘 꽉 채워야 할 거 같아 나가자고 했다.

그래서 간 곳이 정국靖國(야스쿠니 신사)이다.

많이 보던 풍경이다.

7월이라 행사를 한 흔적이다. 이곳에 물론 기운은 탁하다. 신사에 기둥이 박혀 있길래 눌러주고 거기에 언월도 하나 박아두고 몇 가지 더 일을 보고 근처에서 커피를 마시며 쉬었다.

이곳에 뭔 힘이 있거나 별다른 뭔가가 있는 건 아니다. 그저 이런 것으로 국민들의 의식을 통제하고 이데올로기로 사용하려는 그 의도가 안 좋아 보이는 것이다. 우리 입장에서 특수한 상황도 있지만 그것이 전부는 아니다. 이곳의 일을 다 말할 수는 없겠지.

쉬고서 가려고 하니 내 오른쪽 뒤로 붉은 색의 사무라이가 서고, 왼쪽은 파란색, 오른쪽 앞으론 흰색, 왼쪽은 검은색 사무라이가 서는데 이제야 이들이 날 호위하나, 근데 수호신 같은데 장수가 아니라.

'음.. 그 은빛 사무라이는 50만 정도 모은 거 같군.'

그리고 신쥬쿠新宿로 가서 코리아타운과 한류를 구경하고 거기서 인도음식을 먹고 근처 번화가 이름이 가무제일가 던가, 거기도 보고 돌아왔다. 너무 무리했는지 힘들다. ㅠㅠ

일본방문-9

아침에 천천히 일어나 아침 먹고 쉬면서 있다가,

그 은빛 사무라이가 오길래 '얼마나 모은 거야?'

"120만요."

'음~~ 알았다.'

그리고 도쿄의 거대 환명(사람이 많이 사는 곳에 그 사람들의 총합인 거대 환명이 있다. 도시나 나라 등)에 다른 운도 섞어서 다시 만들고 거기에 그들을 연결 시켰다.

오늘은 그냥 쉰다. 힘들기도 하고 방에서 나가기도 싫어서 그냥 뒹굴며 놀았다. 다른 분들은 근처 유원지에 갔다. 근데 날씨가 이상하다. 어제만 해도 기록갱신이라며 35도를 왕래하며 무더위가 맹렬하다고 뉴스가 날리더니 갑자기 흐리고 기온도 12도나 떨어져서 춥다. 헐~~~~

원래 이곳 날씨가 이런가? 덥다가 춥다가 멋대로인가, 참 별나네. ㅠㅠ 오후 늦게 나도 놀러 가니 호텔근처에 후지 티비도 있고 다이버시티도 있고 행사장도 있어 사람이 많다. 게다가 토요일이라 젊은 사람들이 북적된다. 하지만 내가 나가니 비 온다. 행사장 천막에서 음식을 사서 먹으려니 비가 와서 고역이다. 이건 먼 경우래....... 그래서 실내로 갔다.

다이버시티인가? 중저가 브랜드가 들어선 빌딩이다.

겉으론 하루를 그냥 쉰 것이어서 별일이 없는 듯하지만, 의미론 도쿄에 입성해서 우선 처리할 부분을 하고 머물면서 숨고르기를 한다.

무풍지대나 태양의 눈처럼 또는 양이 음으로 변하는 그 중간의 무처럼 간극이 생기고 틈이 벌어지는 요점이다. 7은 충이고 극이니 숙살이 된다. 그래야 결실이 이루어진다. 낼도 모레도 이러한 혼돈속의 재창조를 위한 생명탄생을 준비하는 일을 할 것이다. 그 전조이다. 날씨도 싸늘하고 흐리며 비오는 것을 보면 천지가 힘겨워하고 긴장하는 게 많아 보인다.

점점 죽음이 가까워지는 거겠지. 첫날부터 죽은 자들을 보러 갔고,

낼도 그럴 것이고 ....

일본방문-10

아침에 서경덕하고 일본열도의 구상을 하고 청사진을 만들고 구역도 정하면서 여러 가지 일을 했다.

난 마군으로 손짓을 하면서 하는데 일본을 앞에 스크린으로 보듯이 하면서 여러 가지 했지만 이런 식으로 남들 보는데 마군으로 마구한 건 첨이다. 부끄럽게 이 먼 짓인가? 마군 할 때 주위에 누가 있으면 그분의 영향을 받아 왜곡 되는데 그래서 안하는데 참 그렇다. 아무튼 한참을 남들 보기에 웃기는 손동작을 하면서 있는데 옆에서 눈치 없이 물어온다. ㅠㅠ

7은 하늘이라고도 했는데 이 나라에 하늘을 만들어주기 위한 것이라는 것이 너무 노골적인가, 하지만 하늘 만드는 게 어디 말처럼 쉬운가? 앞으로 갈 길이 너무 험난하다. 이미 시작된 그 험난한 길이 우려됨이 많다. 오늘은 원숙 原宿(하라주쿠)부터 가기로 하고 그 옆의 신궁 明治(메이지 진구)을 가기로 했다. 그냥 돌아만 다녔다.

바로 옆에 메이지진구가 있는데,

쭉 들어가다보니 정면에서 거대한 뭔가가 있어 그것이 덤빈다. 그래서 잡아 족치고 그냥 들어갔다. 내가 싫은가 보다. 나도 별론데.......

이 사진은 옆에서 사진 찍지 말라고 하는데 찍고 나서 찍지 말라고 하기 때문에 우선 찍고 본 것이다. 뭐 대단한 거 있다고 금지인지.......

이 날은 아침밥 먹을 때부터 신부신랑 혼인하는 사람들이 자꾸 눈에 보인다. 이 메이지진구에 가니 여기도 혼인하는 사람이 있다.

음~~ 이제 머물러 살 곳을 정하고 태어날 곳, 부모를 정하나 보다.

죽기 전에 태어날 곳을 미리 가늠해 놔야지, 삶의 목적도 정해야 하고 물론 메이지진구 같은 타자나 외부의 것을 숭배하고 복종하는 게 목적은 아니다. 오직 내 안의 진정한 나를 찾고 그 나에게 내가 스스로 당당해지는 그 길을 가는 것이다. 그러기 위한 죽음과 탄생의 길을 가야 한다. 불교도 그렇고 이집트나 티벳의 사자의 서도 그렇고 우린 사나 죽으나 오직 도를 깨우치고 홀로 뜻을 짊어지는 길을 가는 것이며 그렇게 새로운 탄생을 하기 위해선 죽어야 한다. 외부와의 단절, 영혼수련, 마음모으기, 단전형성이라는 이 시작이 가장 중요한 발판임을 안다.

1912년 7월30일이 메이지천왕이 죽은지 100년 되는 해이다. 이런 사람을 신으로 또는 천왕인지 천황인지 애매한데 사람위에 사람을 정하는 것이 근거없이 한다면 인정하기 힘들다. 오직 자기 자신의 결단만으로 스스로 초인이 되어야지, 다 같은 인간인데 조상이 잘나서 아니면 권력이 있어서 아니면 힘과 억압과 별다른 근거 없이 특별한 인간처럼 대하는 것은 받아들일 수 없다. 왜냐하면 그래야 보편적인 인간이 스스로의 노력으로 신이 되든, 초인이 되든 하는 이론적인 근거가 될 것이기 때문이다.

우리 수도는, 자천은 자기 자신이 신이 되는 길을 가는 것이다. 근데 이런 어처구니없이 신처럼 추앙되는 것은 내가 보기에 유치하고 놀고 있는 짓이다. 내가 신을 그렇게 찾고 뒤져봐도 없단 말이다. 이 나라 하늘엔 그런데 이렇게 말도 안 되는 식으로 신으로 대우 받는 건 웃긴다. 인류가 스스로 훌륭한 길을 가야지, 이런 이데올로기적인 최면은 안 된다고 본다.

이 날도 비가 온다. 그것도 이 메이지 신궁을 갈 때 만이다. 나름의 이유가 있을 것이다. 다음이 록퐁기나 긴자나 이런 곳에 다녔는데 이땐 비가 안 왔다. 록퐁기에서 이집트 전시도 볼려는 계획이 있었는데 힘들고 지쳐서 그만두었다. 새로운 탄생 그것을 위해 먼저 죽어야 한다는 또는 비우고 버려야 한다는 것이며 이것이 오히려 안으로 수렴되어 새로운 탄생을 위함이라는 것을 안다면 된다. 과거의 잘못된 관례부터 버리는 것이 선행되어야 하지만, 글쎄 이게 젤 힘든 것이다.

일본방문-11

요코하마로 가기 위해 렌트하러 갔다.

근데 난 이때부터 또 기운을 돌리며 마구를 한다.

아이고 이걸 얼마나 해야 하나? 천엽 千葉(치바)에 가니 동행한 분이 죽음에 대한 말을 두 번하고 그 다음에 황금색 장의차가 지나간다.

어라~~ 마지막 의식이 시작되나 보네. 요코하마 횡빈 橫浜 (물가 빈)? (배 매어두는 곳 병)? 빈이야 병이야? 나에겐 횡사로 들린다, 비명횡사.

동경만의 다리를 건너가서 터널을 지나 그렇게 레테의 강을 건너듯이 갔다. 즉 오늘은 죽는 날이면서 새로 탄생하는 날이라는 것이 이미 어제 암시된 것인데 그 방법이 이랬다는 것이다. 난 차타고 가면서 운행을 뼈 만들고 살 만들고 내장 만들고 하는 신체 재구성을 하면서 갔다.

죽는 건 간단하다. 황천강을 건너면 된다. 아래의 도쿄만을.......

호텔에서 짐 내리고 옆에 있는 유원지에서 대 관람차를 타고 놀았다.
그렇게 둥근 원을 그리며 새로 태어남을 기원했다.
아~~ 올리기도 힘들고 생각도 귀찮고 대충 이렇게 하고 말자. ㅠㅠ
주차를 땅속 지하에 대어 놓고 그것도 어디다 주차해야 하는지 헤매이면서 한참을 보내다가 말이지, 그래서 올라간 호텔 층이 7층이다.
유원지에선 정말 유령의 집까지 보인다. 마침 일행의 생일파티 겸 새로운 탄생의 기념을 위한 마지막 의식 즉, 제를 지내기 위한 준비를 하고 호텔에 들어가 마무리하며 피곤함에 잠이 든다.

일본방문-12

드뎌 일본에서 마지막 날을 맞이하고 있다.
나리타 成田공항에서 출발해 간다. 공항 이름이 성전이니, 전이 뭘까? 아무튼 이루었다고 하니 한편 다행이다. 동행한 분이 고속도로에서 나리타로 빠지는 걸 지나쳐 대영 大榮으로 안내하려고 했지만 그건 아직 아닌 거 같다. 일본에 영화로움은 글쎄, 가능은 할지. ㅠㅠ 이제 신룡(단전, 새탄생)하나 얻었는데 벌써 성장한 후의 일을 할 순 없지 않나?

그렇게 비행기를 타고 인천에를 오니 다른 분은 먼저 오는 비행기로 오면서 후지산을 봤다고 한다. 난? 당연히 좌석의 어려움으로 창밖을 보지 못했다. 된장 나만 이러나. ㅠㅠ
마중 나온 분이 대부도로 안내해 바지락칼국수인가, 암튼 조개가 들어간 국수인데 조개라, 또 하늘을 열라는 건가 잘했다는 건가? 국수는 나라를 지키나, 나라의 국경이 달라지고 있으니 생각할게 많구나.......
남원 근처의 원통니들이 다시 회복하는 거 같다.

주의 경보 !!

2012년 8월 9일 블로그

이미 늦은 감이 있습니다.

6월 부터 라고 해야 할지 모르겠는데, 혼보마구가 시작 되었습니다.

이미 엮이고 혼란함과 고통 속에 있는 경우도 있는데, 짐작은 벌써 했을 거라고 생각합니다. 바보가 아니라면. 그 외에 이제라도 경고를 합니다. 분명 말했습니다. 주의하시길 바랍니다. 후에 다른 말하면 안 됩니다. 확실히 지금 말했습니다. 주의하세요.

2014 추가

대선이 이미 있고 그를 위한 자천자의 휩쓸림이 예정되는 것이라 마음 단단히 먹고 있으라는 것이다. 뻔한 마구에 뻔하게 당하는 것이 있어서 혼보라고 했다.

비로봉

2012년 8월 16일 블로그

토요일 아침에 큰일을 치르는데 남명이 와서 종이 한 장을 주면서 서명하라고 한다. 난 살펴보려고 하지만 그것도 좀 그렇다.

그래서 말로 남명한테 몇 가지 다짐을 받았다. 별로 미덥진 않다. 서명하기 위해 건성으로 대답하는 듯 하기도 하고 내가 서명하니 획하고 종이를 낚아 채 가는데 더 자세히 봐야 했을까? 하는 후회를 하게 하며 가슴이 서늘한 게 뭔가 앞날이 불안해진다.

오후에 집에서 앉아 있는데 소백산을 가야 할 거 같다.

그런데 영 내키지를 않는다. 지금 육체적으로도 관리를 소홀히 한 게 몇 달이 되어 상태가 안 좋고 그보다 마음이 지금 정상이 아니다. 아직 마음을 추스르지 못하고 있고 시간이 더 필요한데 이 또 뭘 하라는 건가? 등산을 하기엔 육체도 마음도 지금 너덜너덜하다. 아.......

일단락 된 걸 마치고 또 다른 진행이 있을 것이라는 건 알 수 있었다. 하지만 너무 빠르다. 무더운 날이 이제 겨우 꺾이는데, 이 더위에 난 지옥의 유황불을 거치듯이 육체의 힘겨움에 심리적인 찢김을 당하면서 제정신 차릴 겨를도 없이 서명하라고 들이대는 그가 원망스럽다. 그런데도 가지 않을 수 없는 안절부절못함이 시작되니 죽을 맛이다.

간다. 가긴 간다. 그런데 참 싫타. 실어도 너~~~무 실타.

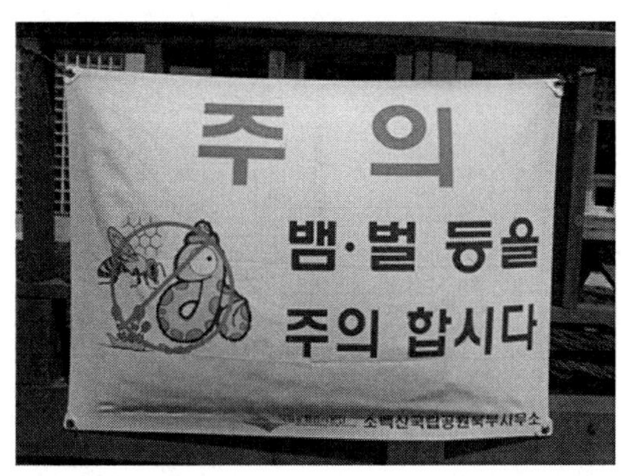

오후에 비가 온다고 해서 아침 일찍 서둘러서 갔다. 비오고 흐리는 건 정말이지 사양이다. 빨리 서둘러야 한다. 비로봉이 높아 날씨가 어찌 될지 모른다. 등산 초입에 이런 글귀가 있었다. 이걸 보면서 벌은 그렇고 뱀이 나오면 안 되는데 하는 생각이 든다. 안 그래도 어젯밤 꿈에 뱀이 나와서 영 거시기 했기 때문이다. 좀 올라가니 연화봉의 주인이 온다.

인사를 하는데 난 퉁명스럽게 '뭐야, 이 산이 한두 번도 아닌데, 갑자기 왠 인사야?' 웃으며 몇 마디 말하고 간다. 의례하는 그런 말.......

또 한참을 오르는데 기분도 별로이고 체력도 별로라 오르기가 너무 힘들다. 다리는 천근만근이고 심장은 제대로 뛰질 않아 혈액순환에 문제가 있어 신체가 풀리질 않고 부대낌이 너무 심하다. 날씨는 화창한데 심장은 저기압이라 활력이 없다. 등산도 오랜만이라 쉽지 않고 기분도 아직 정상이 아닌 감정이라 이래저래 죽을 맛이다. 그렇게 한발 한발 오르는데 그 넓은 등산길에 뱀이 한 마리 지나간다.

그것도 바로 한발 앞에서 한참을 쳐다보았다. 거무튀튀한 색이 구렁이 같은데, 솔직히 꽃뱀은 발파하는 일하면서 본적이 여러 번인데 독사는 거의 본적이 없었는데 이게 뭔일이람. 게다가 꿈에서도 이미 나온 것이 여기서도 보이면 어쩌란 거지, 이건 내가 보기에「몽」이다.

「몽」, 어둡다는 건가, 꿈이라는 건가. 아마 무지몽매의 그 몽일거 같다.

꿈에선 구렁이인데 이건 구렁이인가 아닌가? 내가 그런 걸 구분할 정도로 뱀을 알진 못하는데 암튼 꿈이 더 여러 가지 사실을 알려주니 꿈에선 구렁이로 보인 이유가 있겠지, 대개는 한이 있던데. 아마 감정이 좋지 않은 것일 거 같다는 생각을 이리저리 하면서 오르는데 천동 쉼터 바로 아래쯤에서 연화봉 주인이 또 온다. 근데 혼자가 아니라 어떤 남자를 대동한 거 같다. 그자가 나오더니 하는 말이,

"여기에 오르는 이유는 대충 압니다. 하지만 도울 수는 없을 거 같습니다."

어라, 이 지금 뭐라는 거지? 갑자기 안 그래도 저기압인 기분이 확 깨면서 서러워지네. 난 등 뒤에서 작두같이 생긴, 그러면서 사람 키만한 칼을 꺼내 그놈 목에 대고 '그래? 그걸 가져갈까 봐서 그러지. 이 미친 새끼.' 하고 난 무시하고 칼도 그대로 둔 채로 지나쳐서 등산을 계속했다. 저 놈이다. 뱀을 보내서 겁주고 몽매한 짓을 하는 것이 저 놈이 한 짓일 꺼다. 괘씸하다. 뱀을 보낼 거면 콱 물게 해서 끝장을 보던가, 낭떠러지 같은데서 누가 밀어 떨어지게 하던가, 뭔가 확실해야 할 거 아냐? 한심하긴..

음, 관리사무소 오르던 차한테서도 내가 쓸데없이 놀라는 걸 보면 뭔가 불안함을 느끼게 하고 있다. 해발이 7~800이상이 되는지 모르겠는데, 어느 곳에서부터 날씨가 시원하고 덥지가 않다. 싱그러운 풀이나 고산의 식물들이 상쾌함을 그래도 준다.

소백산을 4번째인데

갈 때마다 보는 나무이다.

저 위가 비로봉이다.

이때만 해도 주위경관이 펼쳐져서 볼만 했다. 이 주위만 그름이 덮여져서 해가 없다. 해가 나오다가 내가 들어서니 사라졌다. 방금전 만해도 나무사이로 해가 나오는 걸 확인하고 올랐는데, 거기다 비로봉에 거의 도착하니 비로봉을 구름이 감싸서 시야를 막는다.

저 밑에는 해가 떠 있다.

이럴까봐 일찍 서두른 건데, 오후 되면 흐려지고 밤 되면 비 온다지 않던가. 근데 단양은 이날 비가 오지 않았고, 다음날 내가 단양역을 출발할 12시 41분까지도 비 한방울 내리지 않았다. 서울이나 다른 곳에선 호우라고 하던데 우산하고 우비까지 챙겨 왔는데, 그래서 가방이 무거워 어깨가 아플 지경이구만, 뭐가 이렇게 안 맞는거야.

비로봉

내려오는데 그 남자가 온다. 그렇군. 여기 주인이었군. 생각보다 작은 집에서 나오는데 목에 내 칼을 매달고 있다. 그때 어떤 다른 사람이 와서 협조 할테니 자기에게 달라고 한다. 그래서 허락했다.

뭔가? 뭘 그렇게 소중히 하는가?

음~~ 천마, 그래 그것 때문인 거군.

그렇게 내려오는데 얼마 못가서 영 기분이 안 좋다. 슬프고 눈물이 난다. 밧줄을 부여잡고 울다 내려왔다. 손에 가시가 박힌 거 같다. 밧줄에 웬 가시들이 그렇게 있는지, 이상하게 요즘은 어딜 가도 가시에 찔려 손에 박히네. 바늘을 가지고 다녀야 할까 보다. 걷기도 싫고 의욕도 없다. 언제 내려가나. 세, 네 시간을.......

오늘 청량리행 기차를 타고 오던 중 팔당에서 운길산역 사이의 터널 있는 곳에 산사태가 나서 철로가 흙에 묻혀 지연되는 일이 있었다.

팔당은 봄 가뭄 때부터 신경 쓰이는 곳인데, 왜 그러나...

여시 2014

이건 태 맞이하러 간 거 같다.

12년은 일단락이 되는 해인데, 다음을 위해 미리 운을 두려는 것인데, 이로 인해 여러 막는 것이 있는 것은 아직 새 세상을 원하지 않는 세력이 많아서이다. 그리고 그 앞으로 할 일이 역시 더디고 지난 할 것이니 그러한 암시도 된다. 힘들게 하나하나 이루어야 할 힘겨움이다.

시간을 건너

2012년 8월 31일 블로그

시간이 과거와 현재와 미래가 공존하는데,

지금 이 시기에 과거 1000년, 1500년, 그러한 즈음의 과거가 다시금 돌아오고 있는 거 같다. 그 오랜 바람의 소망이 잠들어 있다가 이제 깨어나려 하는데 그 후유증이라고 해야 하나, 뒷감당이라고 해야 하나, 그 징조라고 해야 하나, 여파라고 해야 하나, 그러한 일이 벌어지고 있다.

물론 지금 갑자기 시작된 건 아니다. 이미 수 년전부터 기미는 있었고 이제 그 흐름이 되돌릴 수 없는 가속을 얻은 거 같다. 이것이 무조건 긍정적이라고 할지는 모르겠다. 또 원하지 않는 세력 역시 만만치 않는 것이어서 그 이후의 상황이 염려되는 것도 많다.

이미 그 힘의 충돌은 벌어지고 있으며, 새로운 국면으로 돌아갔지만 어찌할 것인가, 우려됨이 많으니........ 이런 식으로 글 쓰면 내가 세상을 걱정하는 대단한 사람처럼 보이는데 전혀 나와는 다른 모습이다. 난 그저 이런 상황에 휩쓸려서 상처받고 힘들지 않았으면 한다. 고래다툼에 새우만 힘겨울 뿐이다. 어서 서둘러 발을 빼야 한다. 우갸갸~~~~

과거의 돌아오는 시간만큼 미래가 돌아갈려는지 그것도 숙고해야 한다.

아직 한쪽만 부활하고 있는데 다른 쪽은 잠자고 있으니 그것도 서서히 일어나는 때가 올려나, 기미는 있는데 드러남이 아직은 부족하다.

이 해는 이정도로 지나갔으면.......

시간융합!!! 그것이 일어났다.

여시간이 흐르니 이 글이 무슨 말인지 알기 어려운데 과거의 역사가 이때 일어나는 하나 하나의 사건에, 또 하루 하루 나아감에 배경이 되고 의미가 연결되는 무거움이 있다는 것이다. 평범한 하루 하루가 역사의 하루 하루이다.

철목부

2012년 9월 15일 블로그

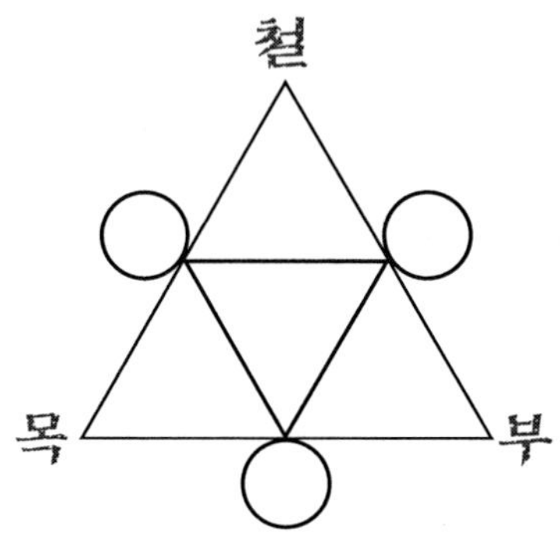

ㅎㅎ

철은 철원이구

목은 목포이구

부는 부산이죠.

부산이나 목포는 가본 적이 있는데, 철원은 없네.......

이걸 질문하는 사람들이 있어 그냥 덧붙입니다.

일차 성취의 마무리겠죠. 그 외 별다른 의미는 없습니다.

광룡정 모임

2012년 10월 4일

저녁에 책을 읽고 있는데, 어떤 분이 온다.

난 속으로 '어 어, 어찌 오는 거지?' 하는데, 다른 분들도 오고 점점 광룡정이 드러나면서 다들 오는 것 같다. 그 외 조한들(내 전생분들)도 와서

앉는다. 이들이 왜 왔을까?

얘라도 아니고 희미하게 오는 거 같은데 뭔 일이당가?

이런 기운을 생성해서 나누어 주고 돌려 보냈다.

5일

남명이 오는데 서류들을 보여준다.

난 서둘러 사인을 한다. '기어코.......' 하는 구나.

20일 토

영토, 차이나에서 2/3, 러시아 1/2, 일본.

동
양 강
후

국조신들이 정말 오랜만에 온다.

미국 예수에게 미국해체 지시하니 준비되었다고 한다. 세장의 종이를 보고 마지막 장에 싸인 한다. 일본, 차이나, 영국의 미국해체에 관여 되는 걸 보고, 우리의 역할 준비시킨다. 신대방 기둥에 거미줄처럼 이어져 있는 것을 연결. 아랍 셀루스에게도 시작한다고 함. 후령에게 똑똑한 놈을 부산에 삼일 개방 시켜 놓으라고 함. (이러고 부산에 이후에 사건이 몇 개 일어났다.)

대선 이후 새판 짠다고 함. 한 싸이클이 지났다.

22일

남해용왕 상태가 이상해서 도와줌.

남해의 하늘은 이제마가

동해의 하늘은 이색이

서해의 하늘은 행암이 관할.

23일

신대방 그물 연결된 기둥 좌우로 돈다.

인천공항과 몸에 연결됨.

여의도 금융가에 할아버지 같은 분이 있어서 간다.

"약속한 거 줄게."

'그래?'

"하고 싶은 거 해야지."

'그렇지.'

이 할아버지 어깨에 서부영화에서 금괴 넣는 가죽 주머니 같은 것이 보였다. "미국돈이지."

'쉽겠나?'

"그래서 저들을 공부시키고 준비하는 거지."

여러 명인 거 같은데 그 중 하나가 내 뒤에 선다.

화랑과 화엄

시월 이십구일

여러 일들이 있었는데, 현회를 비롯해 다른 것들은 그냥 넘어간다.

제목이 화랑과 화엄인데 화엄은 꽃이 잡다하게 피어 있는 것을 말하는데, 화랑은 뭘까?

경주를 가는데 대구역에서 기차를 갈아탈 때 유홍준 교수(나의 문화유산답사기)를 본거 같다. 저번에 교보를 갔을 때도 본거 같은데, 왜 또 보는 거지? 경주 가는 기차에서 이리 저리 생각하다 이번엔 다른 유적들도 구경하고 갈까 하는 생각을 하게 된다.

그래서 찍은 게 김유신 묘하고 황룡사지를 가야겠다는 결심을 했다.

대구에서 하늘에다가 뭔가를 하는데 훔~~

다음날 김유신 묘를 가는데,

이게 김유신 묘라고 한다.

양쪽 비문에 칭호가 써 있는데 내 관심사항은 아니다. 뭐 혈은 별난데 두개가 보여서 내가 잘못본 건지 잘 모르겠다. 또 일부러인지 시간이 흘러서인지 위치가 다른데 내 알바는 아니지, 근처 지하로 기차가 지나가는데 여러 이유가 있겠지, 지형이나 많은 것이 달라졌을 테니까. 또 그 정도 거리는 별 상관없기도 하다.

하늘에 용이 보이는데 바라보니 도망 가길래 그냥 두었다.

무덤 뒤에 어떤 집이 있다. 저들이 뭐하는지 굳이 들여다보지는 않았다. 그 중에 한 놈이 고무신비를 지날 때 쯤 찾아오는데 척추를 꺼내서 내 검에 융합시켰다.

대충 보고 나오는데 한 늙은 지신이 나타나 두루마리를 펼친다. 내가 살펴보니 그동안의 내력이나 역사 같은 것이 적혀있는 듯해서 그거보다 아직 써야할 나머지 여백을 가리키며 이걸 하러온 거라고 했다.

새로운 역사가 시작 될 거라는 의미이다. 그리고 너희들의 행보를 지켜볼 거라는 의미도 된다. 그리고 보면 신라와의 인연이 나한테 없던 것은 아니다. 그동안 왜 생각하지 못했는지 모르겠다.

대충 보면 그 흔적이 미미한데 아직 때가 아닌 것일까?

그러니 그 지신은 알겠다는 눈치다. 그리고 뒤에 검을 든 장수가 나타나는데 무술을 할 수 있느냐고 하니 그렇다는데 어디까지 하느냐고 하니 천선검을 한다고 해서 '진짜?' 하고 놀랐다. 신라가 그 정도까지 할 수 있던가 하는 생각이 든다. 그리고 지금도 김유신맥이 아직 있나 하고 의아해하며, 그럼 다시 해보라고 했다. 좌방의 일이 시작되어야 하는데 여기의 것도 필요할 거 같다. 이 맥을 이용해 앞으로의 운을 좀 써야 할 거 같다.

입구에 화랑에 대한 것이나 세속오계나 김유신에 대한 만화가 그려져 있었다. 아까 김유신맥이나 이 화랑의 운을 위해서 여기 온 거 같다.

그리고 이것을 거기에 접촉시켜야 할거 같다. 그래서 일을 벌여 두었다.

황룡사를 가는데 중간에 천마총이나 첨성대를 볼 수 있지만 그러면 너무 오래 걸리고 힘들 거 같아서 바로 황룡사지 터로 왔다. 스마트폰을 이용해 길을 찾았는데 유용하긴 하다. 위 사진은 심초석인데 탑의 중앙에 있는 것이다. 8×8의 64개 에다가 이 심초석까지 합쳐서 65개가 된다. 이 바위 위에 올라가서 보니 여기가 중심이 된다.

정사각형의 건물 초석때문인지 다른 방법을 쓰는지 모르겠는데, 꼭 혈에 서 있는거처럼 여기를 중심으로 사방이 나누어진다. 즉 여기선 방위가 없다. 여기를 중심으로 방위가 설정된다. 그 외에 몇 가지 기운의 흐름이 있는데 굳이 말할 필요는 없을 거 같다.

이건 금당의 삼존불을 모셔둔 것인데,

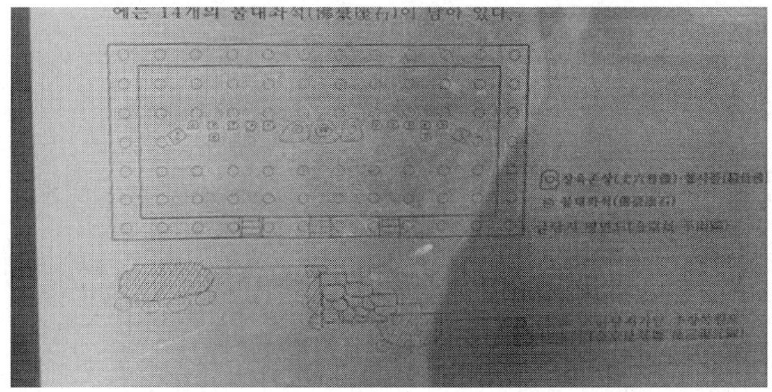

이런 바닥을 했다.

그래서인지 모르지만 가운데 것은 주위의 기운을 회오리처럼 감싸며 끌어 모여진다. 오른쪽 것은 바닥으로 가라앉고 왼쪽 것은 하늘로 오르는 기운의 흐름이 있다. 여기서 좌선하며 공부하면 어떨까 생각해 본다. 건축을 이용해 인위적으로 기운을 조절할 수 있는 것을 보면 참 오묘하다.

황룡사가 자장의 권유와 백제인인 아비지가 만든 거라고 하는데, 내가 가져가서 읽던 책이 화엄경에 대한 것인데 거기에 자장이 율사로 더 유명하지만 화엄과 관련되기도 했었다고 써져 있었다.

화엄종이 개방적이며 한계 돌파하는 것보단 아우르고 포용하며 서로 상즉상입하면서 일체가 일이라고 하고 십(10)에 대한 집착이나 십현연기나 법계에 대한 집착이나 다 같다는 식으로 서로를 용납하고 서로 받아들이고 펼치면서 전제적으로 균형과 조화를 하면서 통합하고 융합하는 거 같은데, 우리에게 이게 필요한 건 오래되었는데 언제 쯤 우리마음에 그러한 넓은 세계를 품게 하려나.......

다만 너무 문제없고 다투지 않으며 좋은 게 좋은 거라는 식으로 보이고 그래서 뭘 어떻게 해야 하는지 하는 돌파구나 방법적인 해결은 좀 부족해 보이기도 해서 우유부단해지는 것 같기도 하다.

터만 있고 건물이 없어 그저 건물의 환영 같은 상의 모습만이 얼핏 보이기만 해서 허무하고 속빈 강정 같은 무상함을 느끼는데 오래 있기도 심심해서 돌아가는데, 그 옆에 분황사가 있어서 보니 입장료가 천원인가 하는데 볼 것이 딱히 없어 보이는데 담장 밖에서 사진 하나 찍었다.

모전석탑이 실제론 더 가까웠던 거 같은데 사진상으론 너무 멀다. 탑에 묘한 흐름들이 있어서 찍었다. 이런 것도 만드는데 나름의 비법이 있나보다. 다가가서 느껴봤어야 하는 아쉬움이 있었다. 내 다리가 아프다고 해서 핑계로 그냥 돌아왔다.

대강 본 바로는 저기 안에 앉아 있으면 주위와 동화하며 일종의 영적일치나 사방이 보이면서 하나 되는 듯한 느낌을 가질 거 같다. 일종의 법계현시인데 저 심초석이나 혈 같은 곳에서 느끼는 것도 법계현시처럼 법계를 느끼는 것과 비슷하다. 삼매라고 하는 것이다. 어제 밤에도 뭔가를 하고 오늘은 안동에를 갔는데 거기선 요부의 보고를 받았다.

그리고 돌아 왔다.

○○에게 북한산 가라고 함.

11월 1일 갔다고 함.

남산도 다른 분 보냄.

○○은 신대방 근처에서 [고중기호몬] 을 외우라고 함.

○○은 애라로 [무고주지하] 를 외우라고 함.

○○은 천관산 가라고 함. [미혼도], 팔지 받음.

30일 경주에서 안동.

31일 안동에서 서울.

이날 밤 금잔화 봄.

차이나에서 기운이 하늘로 바다로 들어와 연결된 것을 잘랐다.

11월 2일

차이나 황벽이 꽃 봉우리 같은 것을 주면서 자신의 영역 사람들의 마음이란다. 아마 그들의 원이 담긴 것 같다.

[구두모호사]

행복, 희망, 원하는 것 이루고, 뜻 이루고, 사랑 이루고,

좋아하는 것 하고, 꿈을 가지고.

11월 3일

어제 밤 치악산 갔다 와서 광주 대전 익산 순천을 갔다와야 한다고 함.

치악산은 좌방적이고 의식주에 대한 것이고 서민을 위한 것이다.

5일

치악산 정상 가서 [도로무대용인]

여러 움풀이를 함.

30일

양이가 만 원 짜리 한 묶음.

돈이 십만 원 짜리 한 묶음 줌.

복희는 신중히 행동하라고 함.

머리의 회로를 수정해 줌.

12월 8일

일본 갈 때 검은색 위주로 입고 비행기 안에서 안경 벗고

일본 공항에선 호위신 부르고 행동하고 외출시 장갑 꼭 끼라고 함.

15일

아침에 양이에게 말해서 등에 번개를 꽂고 인천공항으로 갔다.

비행기에서 안경을 벗고 출발하려는데 벌거벗은 도깨비 떼가 잔뜩 와서 커다란 원형 굴뚝같은 것으로 빨아들여 제거 했다. 비행하면서 비행기 위에 올라가서 보니 차이나 인들 두 명이 따라온다. 난 앞에 애라 하나, 뒤에 하나 배치하고 그 차이나 중 하나를 잡아 제주도로 쳐 박았다.

서경덕, 정인홍이 와서 있었고 한국과 일본열도를 손으로 문질러 붙이듯이 했다. 나리타에 내려선 그전의 120만 사무라이를 불러 호위시키고 동경으로 갔으며 외출시엔 장갑을 끼었다.

16일

아사쿠사에 갔다. 금룡문 - 뇌문

17일

동경타워와 프린스 호텔에 두루마리를 걸고 뭔가 적는다. 서경덕과 정인홍은 책상에 앉아 감시. 번개와 신장, 검....... 등 내려놓는다.

동경도청에 가서 흡수하고 운기 시키고 우산 받아온다.

곽종인, 원극공, 악비가 책갈피 같은 것을 다들 보여주고 난 보기만 하고 돌려주었다. 악비는 저번의 차이나 방문을 유감스러워 했다.

18일

나리타공항에서 국조신 불러 동경타워의 하늘에 건물하나 지어 놓고 일본열도에 기 회로를 만듦. 상하로 기를 가로 지르게 하고 여러 개로 나뉘어 선을 긋고 타원으로 운행하게 했다.

후지산신은 갈 때 만나 후지산에서 돈 받음.

강릉 경포대에 해수욕장 기둥.

[혼인지마]

광룡정 대전으로.

혼 : 일치　인 : 확인　마 : 마음　지 : 지켜본다.

광화문 : 권　남산 : 정점　신대방 : 재물　인천공항 : 힘
그리고 나.
밤에 흰빛이 있어 보니 흰머리 옷 입은 노인이 "부르셨소."
'누구지?'
동명이 예비한 것이라고 함.
검을 줌. 몸에 움풀이 함.
배달 중 두 분을 북과 남에 배치.
19일 남산 가서 동경타워와 8자 모양의 운을 돌림.
만 2년이 30년 좌우.
20일 평택 감.
21일 6시 까지 돌아다니다가 들어옴.
22일 서울역 갔다 옴.

12월 26일
태백시 가서, 난 소주를 사방에 뿌렸다.

27일
태백산을 당골에서 천제단, 부쇠봉을 지나 문수봉을 지나 당골로 옴.
천제단에서 사과와 감을 하나씩 놓고 마구.
사과만 쓰였다. 감은 가져간 김에 올려놓음.
산속깊이 손으로 여러 차례 누르며 기운을 심음.
그 기운이 주위 산들과 우리나라 산들에게 퍼져감.
백두에서 한라, 지리산까지.
국조신도 와서 여러 일을 하고 사과를 나눠어 가져감.
문수봉에서 "온도유미지" 외움. 청룡도로서 기운을 운기 함.
내려와서 발을 두 번 구름.
그러니까 마음이 놓이며, 마음이 한숨 놓인다.

계사년 癸巳年 2013 마구

정리

2013년 6월 4일 블로그

블로그 올리기가 6월 4일이다. 내용은 상반기 2013년 올해 한 것을 대강 정리 해보려는 것이다.

올해 역시 두통과 고열로 시작하고 이번에 구토까지 있었다.
12월 31일에 의정부에 가라고 했는데 아파서 1월 1일에 간다.
눈이 오는 걸 보니 인수위원회 일이 순조롭지 않을 듯하다.
의정부이니 정부관련 일이겠지. ㅎㅎ 너무 단순한가? 낼은 익산가라고 한다. 익산에서 옷 벗고 있으라고 하는데 이 추운 날 그래야 하겄니?

2일
역시나 익산이 춥다. 모텔이 정확히 어디 있는지 몰라 한참 돌아서 갔는데 춥다. 모텔이 많지만 지금은 그다지 손님들이 많아 보이지는 않는데 그래서인지 내부 시설은 별로다. 나름 고른다고 해서 들어갔는데, 옷 벗고 있으니 가슴으로 찬바람이 들어온다. 감기 걸린 게 아직 안 나아서 쓰라림이 있다. 그러고 자려니 너무한다.
소통 때문인데 이래가지고선 소통이 안 될 게 빤하지 않는가?
(과거에 익산에서 나온 돌을 청와대 만들 때 쓴 거 같다.)

4일
영풍문고에 가서 커피 마시고 온다.
이후에 북한산과 양산 통도사와 영등포, 용산, 대전에도 갔는데 기록해 두지 않아서 기억나는 게 별로 없다.

9일

해운대. 물개 큰 것이 있는데 나에게 말을 걸어온다.

“여기 있기 싫어.”

‘있어야 해.’

“언제까지?”

‘10년’

“응”

16일

어제 현회에서 청주가라고 했었는데 아침에 일어나 티비를 보니 청주에 불산 유출 사고가 있었다고 한다. 땅인사람 수정할 것을 usb로 옮겨 청주를 간다. 모텔에서 계속 수정하고 12시 넘어 영화 보면서 쉬려는데 청주신관이 여기에 왜 왔는지 아느냐고 한다. 모른다고 하니 시작한다고 한다. 뭘? 하니 가마오를 겹겹이 커지게 그리면서 세계질서재편을 하는 시작을 여기서 한단다.

월요일에 광주 무등산 가는 결정을 용산에서 할 때 용산역 티비에서 기도원 폭발로 4명이 죽는 뉴스가 나왔던 일이 있었다. 생각과 현실이 일치가 있다는 양이의 말이 바로 그전에 있었다. 너무 빠르거나 민감하게 일치가 일어나는데 행동이 조심스럽지만 딱히 방법이 없다.

이런 건 내가 광주 가려고 해서 사건이 나는 것이 아니다. 사건이 나는 것에 맞추어서 내가 가는 것을 정하는 것이다. 아님 사건이 나는 것을 조장을 하고 이러기도 한다.

17일

낼은 금요일에 수원가라고 한다.

‘희생도 많을 것인데.......’

"지금껏 줄인 건데."

'응'

"할 건 해야......"

18일

수원에 갔다. 안동도 가야 할 거 같다.

수원에서 기차를 기다리는데 말 탄 장수가 오고 다른 장수도 오고 둘이 싸운다. 난 기차타고 오는데, 싸우던 그 장수들이 한 장수가 도망가 쫓아가며 사라졌다가 돌아와 내 양옆에 있길래 그들의 언월도와 그냥 도를 서로 바꾸어 주었다. (바꿔주면 서로 입장을 이해할 수 있을까?)

수원은 서울 경기 지방의 자미원의 본이 있는 곳이다. 평택에 산이 있다. 내가 사는 신정네거리에 건궁이 있다.

(정치적인 곳이다.)

19일 / 20일

무등산. 무등산이 국립공원으로 승격되었는데 광주의 마구는 오래 진행한 것이다. 서산을 천신으로 배정하고 2005년 쯤 무등산 기슭에 보주를 심어 운을 일으키고 제봉로에서 태극을 심으면서 몇 번을 다니면서 그 후에 영월 독천에서 일하며 무등산 산신과의 관계가 안 좋아지고 결국 산신을 교체한 후에 일이 진행되어 가지만 아직 갈 길이 멀다.

21일 : 현회에서 3분지 일이 진행되었다고 한다. 그리고 다시 시작하는 것을 위해 뜻을 가지려 원주 가서 안동으로 가기로 함.

22일 : 청량리에서 원주 가는데 기차가 3분 늦게 출발함.

23일 : 원주에서 안동 가는데 역시 3분 지연.

24일

아침 꿈에 이 숙소 주변에 지신밟기 같은 행사가 있고 숙소 앞에 택시가 있다가 없어지니 남자들이 택시 잡는다고 서 있는다. 일본에 계신 ○○님과 난 4만원 숙소비를 낸 거 같은데 꿈이라 애매하다.

멀리 까치집이, 큰 나무에 각각에 2~3개 보임.

아침에 아침 먹으러 주변 돌아 다시 호텔 앞으로 오고 안동역 가다가 어제 우산을 두고 온 호텔 밑의 식당 가느라 다시 옴. 어젠 파마하러 미용실 찾으러 한 바퀴 돎, 총 3바퀴를 돎.

청량리-회기에서 자살 있었다는데 난 회기까지 지하철을 잘못 타서 갔다가 옴. 저녁에 목포 가라고 함.

현회에서 12시에 가라는데 난 4시 40분차 예약했음. 내가 바꾸어야 함. 꿈에도 지신 밟는다며 사람들이 골목을 돌아다니고 나도 돌아다니고 하면서 땅을 구르는데, 실제로 얼마 후에 지진이 난다.

성주풀이 본원이 안동이고 안동 시조새가 까치라고도 하는데.......

25일

어제 생각엔 내가 가는 곳에서 가기 전에 사고 나면 내가 가는 그날 어떤 변화가 있고, 내가 간 그날 사고가 있으면 나름 느껴지거나 정리되는 것이 있으며, 내가 갔다 온 이후 사고 나면 점차 진행될 마구일 것 같았다.

5~6월 쯤 다시 와야 할 거 같긴 한데.......

기초는 다졌으니 심주 하나의 기둥 세우기를 했으면.......

28일 : 월요일

토요일에 영동에서 지진이 있었다고 한다.

어제 현회에서 고향에 가라는데 난 거절했다. 아직 아니라고 했다.

그 대신 부석사를 가라고 한다. 왜 가냐고 물으니 가면 안다고 하면서 말을 안 한다. 현회를 매일 모여서 하는 것은 여기까지 하고 이제 필요할 때 평소에 대화하기로 함. 후령에게 큰 구를 주고, 우리나라 외에 다른 나라들도 죽고 태어나는 거 관리해야 한다고 하는데, 신관 있는 나라는 협조 요청하고 없는 나라는 어려움이 있다. 그래서 지금부터라도 시작해야 한다고 해서 구상해서 보고 하겠다고 함. 낼 교보 들르라 함.

블룸버그에서 말하길 우리의 희생으로 일본이 회생한다고 글을 쓴 것을 인터넷으로 보았다. 일본 갔다 오면서 예상했던 반응이다.

30일 목요일

낼 모악산 등정을 위해 오늘 김제 용화마을을 갔다.

자기 전부터 금산 주차장에 마음을 모은다. 숙소는 정말 최악이다.

춥고 허름하고 씻지도 못하고 그냥 날이 새기만을 기다려 일찍 산행을 시작하려고 하니 식당에 문 여는 가게가 없다.

카스테라 빵 두개 사서 먹으니 속이 탈이 나서 산을 오르는데 힘겹다.

아무도 없는 외로운 산행이 그래도 다행이다.

31일

배재-장근재-정상-매봉-인정상관 묘-용화동 삼거리.

내가 산행으로 그리는 원을 중심으로 하늘 상공에, 거대한 별과 그 주위에 금빛 선들이 쭉쭉 뻗어 나옴. 내 등에도 별이 그려짐. 국조신과 여럿 천신이 와서 일함. 나도 심장이 같이 움직여 힘을 쓸 수가 없어 산행이 거의 불가능하다.

매봉 아래 쯤 가니 전주에서 기운이 오는데 ○○○쪽 할머니가 공중에서 보다가 도망가는데 한 남자가 잡는다. 뭔가 욕심내고 훔쳐본 것이리라. 그 후에 나에게 금괴를 주면서 금척이란다.

'금척 모양이 아닌데?' "지금 모습이 이렇습니다."
'왜 나한테 주는데.' "이미 왕입니다."
'왕 아냐.' "박씨 잖아요."
'왜?' "그게 그겁니다."

헐, 스스로 받아가지 못하는데 날 준다면 그것도 문제일 건데,

우짤라는 건지.

난 그걸 머리에 가운행 시킴.

그리고 나 낼부터 시작한다고 말함.

그리고 매봉 오르고 내려가면서 '고생 끝 행복 시작' 을 외운다. 하지만 잠시 후에 난 서태지의 죽음의 늪을 외우게 되는데 좋다 말았다. 헐~~~ '늦어버린거냐, 벗어날 수 없어, 야이야이야아아아아' 이런 된장 ㅜㅜ

그 박씨는 시작하며 원하는 일을 하는 행복일 것이며,

그에 반해 난 또 다른 일로 할 일이 태산이라는 것이다.

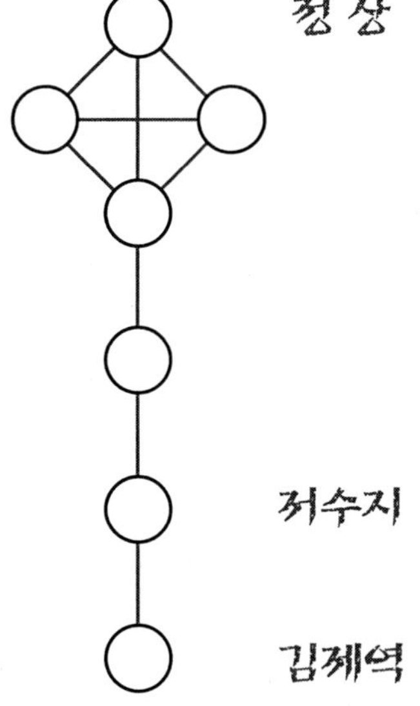

인정상관 묘에 가니 누가 꽃을 두었기에 그걸로....

묘엔 여전히 아무도 없고 금속으로 막아서 들고 날 수 없다.

법판소를 만들기 위해 이렇게 고생하며 완주하고 힘겨운 산행을 했다. 아침도 못 먹고 점심도 못 먹고 커피 하나로 버티면서 7시간 반을 산행했다. 다시 서울로 올라가야 낼 모임에 참석한다.

법판소 : 삶에 의미를 가지라는 것이지. 올바른.......
재밌는건 2014년 8, 9월에 유럽을 갔었는데 거기 화장실 소변기에 저런 문양 비슷하게 그려져 있다. 어디서 많이 보던건데 했다.

정리-2

2013년 2월 3일 일요일

부석사 감

무슨 일로 가는지는 가면 안다고 했는데 내가 생각하기론 내가 다시 태어나는 작업을 하는 것 같다.

원주 거쳐 안동에 가서 시작하는 설정을 하고, 원주는 구궁이 있고 천지산(치악산)근처에 있다. 강원도는 원초적인 힘을 뜻한다. 안동은 우리나라의 문화나 종교가 시작하는 곳이기도 하며, 목포로 가서 목표를(나무의 의지로 성장하고 뻗어가는 생명력을 말한다.) 정하는 의지 세움을 하고, 그전에 모악산에서 어머니의 태를, 또 그 의지의 성격을 정하고, 이제 부석사에 가서 삶의 운명(삶의 정당성인데 이 세상의 바람을 얻는 것이다.)을 정하러 간다. 그래서 부석사의 여러 신장, 그림이나 석상 중에 나에게 응할 것을 찾아야 할 거 같았다.

풍기역에 내려서 역 앞에 버스 정류장에 기다리는데 시간표를 보니 시간이 있어서 식당에 들어가 밥을 먹고 다시 와서 기다리는데 아까 기다리던 사람들이 없다. 버스가 와서 타고 갔나 하고 식당 들른 게 후회되기 시작하고 조바심이 난다. 아무리 봐도 버스나 차가 와서 여기서 유턴해서 돌아가는 것으로 보인다.

그래서 여기 있으면 될 거 같은데 한참을 기다려도 버스는 오지 않고 잘못되었나하고 다른데 찾다가 다시 되돌아보니 버스가 가는데 번호를 못 봤다. 혹시 저거인가, 괜히 또 놓친 건가? 마음만 급해진다.

그래서 다른 곳으로 가서 기다릴까 하고 걸어서 내려가는데 아무리 가도 분위기가 영 아니다 싶어서 다시 돌아와서 기다리다가 택시를 탈까 해서 기사 분에게 물으니 멀어서 비싸다고 한다. 버스를 타라면서 시간표를 보여주는데 내가 버스 정류장에서 보던 것과 시간이 다르다. 버스 정류장엔 부석사 출발도 같이 써 있어서 그걸 본 것이다. 다시 잘 보니 곧 버스 올 시간이다. 근데 버스가 유턴하는 게 아니라 시장골목 같은 전혀 버스가 갈 거 같지 않은 골목으로 들어 가길래 너무 황당했다.

그걸 타고 가서 부석사를 천왕문을 들어가니 지붕에서 얼음이 떨어진다. 흠칫 놀라며 도둑이 제 발 저린다고, 내가 운을 가지러 온다는 걸 눈치 챘나? 하는 심정이 든다. 근데 대웅전이 문 닫고 목탁 두드리고 염불 외며 뭔가 한다. 그래서 관광객들이 안을 들어가지도 구경하지도 못하고 주변만 맴돈다. 나도 이거 저거 둘러보지만 딱히 없다.

어딜 가서 찾나 하고 뒤로 해서 의상 대사 지팡이가 있는 곳에 갔는데 거기도 없고, 그 부석사 무량수전은 너무도 유명해 벽채로 떼어서 그림을 따로 보관한다고 하는데 박물관이 오늘 일요일이라 열지도 모르겠고 어디 있는지도 모르는데 거길 찾아가야 하나 하는 불안감이 든다.

이리저리 헤매다가 자응당에 가니 여기도 문을 걸어 잠갔는데 다행히 열쇠가 아니라 모기향처럼 돌려서 만든 철사로 걸어두어서 그걸 몰래 풀어 안을 들여다보니 거기에 석가모니불은 중앙에 있고 양쪽에 비로자나불이 동서로 있었다. 근처 동방사라는, 폐사해서 주워온 것을 모신 거라고 하는데 서쪽에 있는 것이 바로 내가 온 이유 같았다.

그래서 우선 블로그에 올릴 사진 찍고 다음에 그 영기를 끌어와서 받아들이고 문 닫고 돌아서는데 커다란 뱀이 와서는 다시 그 비로자나불을 입으로 물고 나에게 집어 넣어준다. 그리곤 자기 할일이 끝났다고 승천한다고 한다. 여자인데 '그래' 라고 했다.

버스타고 다시 풍기역으로 오는데 그 자응당이 있는 산이 일어나 거인으로 변하고 그 어깨에 스님이 있다. 막 버스를 좇아 달려오면서 "그걸 왜 가져 가능교" 한다. 어라 사투리네, 하고 생각하면서 '알거 없다' 했다. 안 돌려주니 저주한다면서 소리 지르길래 패주었다.

국조신이 가져 왔냐고 묻길래, '응' 하니 부석사로 간다. 난 기차타고 갈일이 걱정돼 시간표를 보니 아까 볼 땐 좌석이 있었는데 바로 매진되어 없어졌다. 또 마음이 급해지고 있는데 버스는 자꾸 일이 생겨 더디 간다. 버스비가 없다고 가다가 가게에 들러서 거슬러서 준다고 해서 가다가 버스가 거슬러 오는 것을 기다리고, 다시 그 시장골목 같은 좁은 길로 가는데 누군가 차를 삐딱하게 세워놔서 버스가 못가고 운전사가 화내서 경적을 울린다. 나는 급해서 내린다고 하고 역으로 냅다 뛰었지만 결국 원주까지 좌석, 원주에서 청량리까지 입석이다. 1시간 반 좌석 1시간 반 입석이다.

비로자나불이 내 운명이 된다. 이걸 위해 이런 과정을 거치는가?

그리고 앞으론 어찌 되려는가, 아직 끝나지 않았다. 그리고 서쪽의 비로자나불이다. 그런데 바로 비로자나가 되지는 않는다. (내가 비로자나불이 된다는 의미는 아니고 이건 상징적인 것이다. 괜히 니가 뭔데 비로자나불이냐고 하는 식으로 생각하지 말아 주어야 한다. 이건 은유를 이해 못하는 소견머리이니까.)

유홍준의 [나의 문화유산 답사기] 에선 이 광경을 그렇게 칭찬하는 듯한데, 날이 흐려서 이렇게 밖에 안 된다.

음, 내 목적을 눈치 챈 건지 날씨도 흐리다.

이 석등 역시 문화재인데 자세한 건 다른 자료를 참고 하구, 요즘은 석등을 여러 개로 마구 세워놓는 것이 아닌가 한다.

항상 석등은 한 개여야 한다.

부처에게 바친 등불 중 오직 하나만 진실한 마음으로 만들어 바친 것이어서 바람에 안 꺼지고 나머지는 다 꺼진 것을 의미해서 하나라고 했는데, 뭐 시대가 달라져서 그런 것도 달라진 것이라면 할 수 없지, 아님 다른 근거로 하는 것이거나.

그 유명한 무량수전, 무서워서 차마 문 열고 들여다보지 못하겠더군. 쩝, 너무 기가 죽나. 솔직히 난 어딜 가나 쭈뼛거리고 들어가거나 기웃거리거나 말을 걸거나 하지 못한다. 나약하게 태어난 비루한 성격이다.

참 거시기 하다. ㅠㅠ

암튼 미술이나 문화적 가치는 다른 곳에서 보시길, 항상 그렇지만 자세한 설명은 나도 잘 못한다. 자료를 찾아서 할 수도 있는데 그러면 분수를 모르는 것이기도 하다. 그러한 것은 전문가가 해야 하지 내가 한다고 될 건 아니라고 보고, 난 내가 할 수 있는 것에 충실하면 된다고 생각한다.

이게 부석.

이게 내가 받아온 비로자나불이다.

이렇게 양쪽에 비로자나불이고 가운데가 석가모니불이다.

아 의상대사가 나오니 하는 말인데, 내가 아는 한에서 이분은 얼마 전에 사람으로 왔다가 그전과 비슷한 일을 힘들게 하고 다시 돌아갔다. 언제나 한 것을 또 하러 나오고 한 번 세운 서원은 아무리 시간이 지나도 변치 않는 의지가 된다.

정리-3

2월 5일 화요일

청양에 갔다.

7시에 일어나 대전까지 ktx 타고 가서 서부 터미널에서 청양을 갔다. 시외버스가 중간에 많이 정차하다 보니 2시간이 걸린다. 화장실을 자주 가는 내 입장에선 바로 서울에서 버스 타고 가지 못하는 게 불편하고 이런 식으로 어디 가려니 맘 졸이고 걱정함이 너무 많다.

소변이 아니라도 어디 가려면 걱정이 태산이다. 그것도 교통이 불편한 곳이면 심리적 압박이 심하다. 항상 그런데 이러한 내 마음의 갈등과 졸이고 긴장하는 것을 일부러 조장하기도 해서 어쩔 수 없기도 하다.

청양에서 점심을 롯데리아 햄버거로 먹는데 칠갑산에서 산신이 절하고 이제 오냐면서 호박 같은 것을 주어서 뒷목에 두었는데 그리곤 가버린다. 어...어 힘들게 왔는데 이게 다인가? 이제 머해? 집에 가야 한다. 딱히 할 것도 없고 할일 없이는 어디도 어디서도 있거나 가지를 못하는 내 성격상 그냥 가는 것이다.

다시 온 것을 되돌아서 간다. 대전에 와서 기차를 기다리니 좀 안정이 된다. 오늘일도 이제 다 해가는구나 하고, 서울에 오니 눈이 온다. 의미는 새로운 설정일거 같다. 그렇지, 내가 그래서 이리 돌아다니잖니.

2월 3일이 부석사 가고 조

4일이 구

5일이 마

6일이 사

.

.

.

6일 수요일

원래는 관악산을 가려고 했다.

그런데 아침에 일어나 이 닦으려고 하는데 자꾸 가기가 싫고 할 맘도 안 나고 너무 힘들기만 하다. 그래서 안 간다고 취소하고 그냥 잤다.

당일 취소는 첨인데........

낼은 태백에 가야 할 거 같다.

9일 토요일

태백은 정치이니 갔다 왔다. 날씨가 춥지만 맑다. 오는 중에 오늘 관악산 가기로 함. 국기봉을 올랐다. 멀리 연주대 팔부능선이 보인다.

강 "이제 하늘의 수인 9를 끝내니, 땅의 수인 10이 될 것입니다."

'그런가.'

"예, 기대하세요."

멀리 연주대가 보이고 저것이 팔부능선이다.

도전을 읽는데 증산이 하는 일이나 내가 하는 일이나 별 차이가 없다. 말이 옛날 말이고 곡해해서 그렇지, 내가 하고자 하는 것과 같다.

요즘 도전을 읽고 있다.

증산이 오길래, 내가 '고생 했어.' 하니

"아니다." 한다. 또 "때가 되어가니 해야 하겠지."

'그래도 되겠나?'

"그래"

인정상관 ○, 증산 ●, 나

이런 조그만 둥근 것을 내놓길래, 내가 주워 관자놀이에 넣었다.

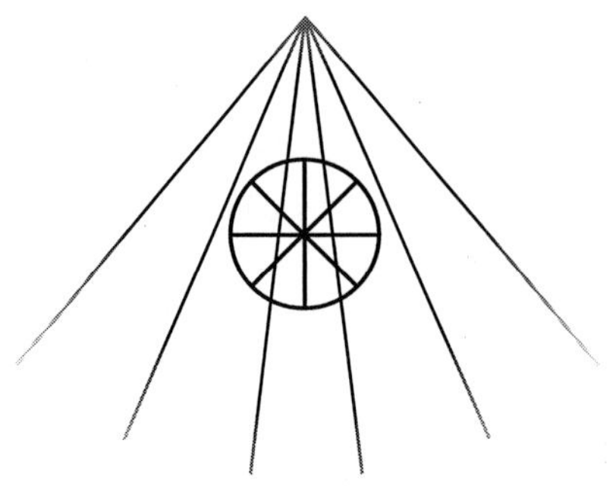

"차차 하나씩 이루어져야지."

'그랬으면 좋겠다.'

"이제부턴 혼자다."

'응'

혼자. 그래, 혼자다.

혼자지..........

12일 화요일

오늘 북한은 핵실험을 했다고 뉴스에 나온다.

난 안양역에 가서 중앙시장 근처 카페에서 커피 마셨다.

안양은 슬픔이 있는 곳인데, 개인적으로.......

밤에 도전을 읽는데 295 일본 얘기가 있는 곳을 읽고 있었다.

서경덕이 꾸부정하게 동물처럼 와서 앉는다. 말들과 여러 기운이 뒤이어서 온다. 동경타워를 보니 중맥 운행이 있다. 머리가 지끈거린다. 말을 타고(일각수) 다시 간다. 또 밤에 대전 천신이(5) 와서 대전에 오라 한다.

인터넷 지도 보며 어딜 가야 하나 보다가 증산도 교육문화회관에 갈까 하고 보다가 쉬는데 다시 와서 언제 오냐고 해서 기다리라고 했다.

아직 운이 안 정해져서 그랬다. 그리고 내가 대전 하늘에 가서,

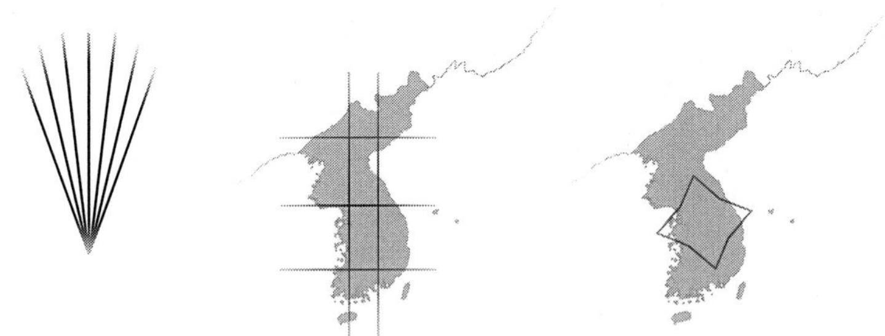

뾰족한 것으로 쿡쿡 쑤시며 구슬 하나를 꺼내서 먹었다.

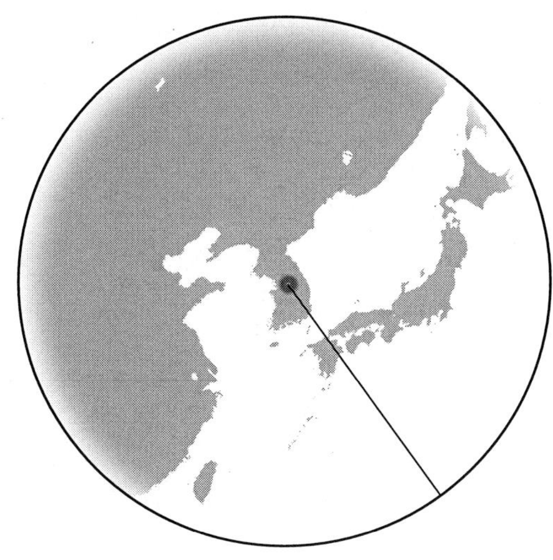

대전 중심으로 원을 그렸다. 또 잠시 후에 내 부련들이 들어온다.

오랜만에 다들 들어왔다가 커다란 부련으로 다시 나와 꽃을 머리에 이고, 남, 동, 서, 북으로 비치고 들어온다.

작년에 내가 전주에 간일이 있었는데, 그때 사명당이 하루 더 있고 모레 가라고 했었다. 그래서 하루 자고 한옥 마을을 구경하며 하루를 보내려고 택시 타고 가는데 전화가 와서 일본에 가겠냐고 묻는다.

그래서 간다고 하니 그럼 그렇게 계획한다고 한다. 공교롭다고 생각되었다. 전주에 있는데 일본가는 것을 추진한다는 연락이 오는 것이 말이다.

그리고선 한옥을 구경하는데 안내하는 분이, 내가 내려온 날 세계음식 창의도시에 선정되었다고 한다. 그리고 밤에 모텔에서 심심해서 야동 채널을 보는데 생각되기를 아마 이런 걸 보는 것이 사회문제가 되고 안 좋은 일이 날거 같았다. 그래서 안보고 다음날 집에 왔다.

그 후 8월 쯤에 일본에서 오신 분하고 진주에서 있다가 전주 동고사에 들러야 한다는 ○○의 말에 따라 갔다가 전주 비빔밥을 먹고 변산반도로 향했다. 요즘 증산의 도전을 보니 남고사 만경대에서 러일전쟁 때 동남풍을 불게 해주어 전쟁을 승리하게 해주었다는데, 난 작년 12월에 다시 일본 가서 아베가 승리하는 걸 목격했고 그 후에 경제성장을 단행해서 일본이 다시 일어나게 된다.

전주와 일본과의 관계나 전주의 사고사찰(동고사 남고사 북고사 서고사)의 관계, 야동이나 성폭행이 사회문제가 심각하게 되었는데 일본이 우리에게 애로물을 주고 경제를 뺏어간 것은 아닐까? 하지만 내가 야동 본 것과의 관련은 어떻게 되나? 비빔밥이 서로 두 나라가 잘 섞이어 서로서로 잘 살자는 것인데 너무 비싸져서 서민의 음식이 아니라 고급음식으로만 되어 가면? 부작용은 어떻게 감당하지.

전주는 이성계와 관련된다. 이성계가 일본 해적소탕을 하면서 힘을 기르고 그 힘으로 조선을 세우니 그 빚이 있다고 하는 듯하다. 그래서 증산이나 나나 그렇게 마구를 하는데, 훔 이미 지금은 조선도 아니고 이제 그럴 필요 없지 않나, 이번 일로 그 업은 끝났으면 한다.

변산에서 세 분이 바다에 들어갔는데 변산의 해운은 부산의 해운과는 어떻게 다를 것인가? 〈영단모임에〉 라는 것도 참고해 보아요. 묵은 하늘 걷어내는 게 하루아침에 되지는 않겠지. 이념이나 구태의연함에 빠져 있는 자는 어디나 있으니까.

정리-4

2월 13일 수요일

대전 천신이 또 오는데

"오늘 오시나요?"

'아니'

"왜요?"

'운이 아직이야.'

"언제?..."

'내일'

'내가 가면 천신을 모아 와, 그리고 호수를 외워야 하는데.'

그러니 그 천신이 두루마리를 보여주는데,

'그걸 외워야 하나?'

"예"

[기리진대함] 이라고 써 있다. 대전에 기운이 모여든다.

증산도 도전을 읽으니 자꾸 작년에 죽은 ○○○이 오는데 증산상제를 찾지만 내가 일일이 설명하기도 귀찮고 저런 일반인이 따를 수 있는 것도 아닌데 말하기도 쉽지 않다. 이젠 나를 따르겠다고 하는데 살아서 한 일이나 성격이나 수준을 봐선 나에게 있으나 마나이다. 어디서 해오던 걸 나한테 들이대나, 난 거절이다.

증산이 와서 준비한 거라고 운을 하나 준다.

"어찌할 건가."

'글쎄, 난 아직 모르겠어.'

'저자가 자꾸 오는데 어째?'

"알아서 하게."

자꾸 기운이 들어오고 증산이 뭔가 하는 듯하다. 머리 흔들리고 느낌이 있다. 그래서 보니 대전에서 기운이 들어온다.

증산이 끌어주는 거 같다.

'왜?'

"이걸 가져가, 내가 지금껏 한 정수다."

'그러면 그만큼 되나?'

"니걸 합쳐 더 되어야지."

'글쿤.'

14일 목요일

대전에 왔다. 대전역에서 저녁을 먹는데, 대전 천신과 여러 신관들이 몰려오더니 널뛰기를 한다. 여기저기 분주히 돌아다니는데 난 밥 먹었다. 숙소에서 도전을 다 읽으니 맘이 편해진다.

대림관광호텔, 8만원 침대에 머리카락이 좀 있고 위생이 그렇게 깨끗하지는 않았다. 그리고 조명이 흐려서 독서하기엔 불편했다.

증산은 나에게 증산도의 모든 기운을 주었으니 알아서 하라고 한다.

영　주 (좌방)

무등산 (증산계열)

마니산 (단군계열) 이 들어온다.

도기는 일맥이라, 오직 일맥으로 이어져야 한다.

계룡산 (우방)

북한산 (정치)

법주사 (불교)

여의도 (기독교 계열)

원황도기 내합아신　오직 일맥이어야 한다. 도기일맥

후령이 와서 그동안 한 세계사후체계를 대강 정해서 가져오는데,

'사람 많이 죽드라.'

"적게 한거에요." 하며 주는데, 탭으로 준다.

이리저리 보다가, '그렇게 해.' 허락한다.

후령이, "여기 일 다 했네." 한다.

'응'

"또 해야 돼." 한다.

"신을 신어야지." 하며 숙소 슬리퍼를 신고 간다.

대전 천신이 왔는데 해바라기를 보여주고 해를 바라보는 것이니, 모두가 바라보게 된다 한다. 그 해를 내가 가진다.

각 나라의 기운들도 들어온다. 거의 모든 나라에서........

하지만 앞으로 이러한 것을 구현해 가는 과정은 너무도 힘겨움의 연속일 것이다. 무엇하나 쉽게 되는 일은 결코 없고, 없어야 한다.

15일 금요일

대전에서 기차타고 오는데 배가 아프면서 대변이 마렵다.

점점 심해지는데 껌을 씹고 있었는데 혀를 깨문다. 음 뭔가 있나 하고 보니 맥처럼 보이는 동물이 있다. 두 번이나 깨물었는데 아무래도 힘든 일이 준비되나 보다. 집에서 볼일 보기 위해 억지로 참고 마지막엔 뛰어서 집에 가서 앉으니 설사다.

맥은 털이 없고 돼지 같은 몸집에 코끼리 코가 있다. 안을 갈라 원영을 꺼내보니 대전에서 온 것이고 인정상관님이 준비한 것 같다.

내가 들어오는 세계기운을 좀 모아 먹이며 잘 부탁한다고 쓰다듬었다.

설사는 다가올 것에 대한 긴장으로 나오는 현상이다.

16일 토요일

○○을 금산사, 인정상관 묘, 증산 묘, 김제로 가게 했다.

수기가 필요한 거 같아 여자 분에게 부탁했다. 그리고 방등계단에서 석가모니 일어나라고 세 번 고하라고 했다. 그전에 물 세병 뿌리면서 금산사 가라고 했고 그 후에 연락하라고 했다.

번개가 주차장에 내리고 양쪽으로 갈라져 금산사 쪽과 금평 저수지 쪽으로 간다. 기운이 돌고 부처상이 하늘에 뜬다.

땅에 창을(양쪽으로 예리한 날이 있는 것) 꽂는다. 세계에 기운을 돌린다. 석가모니가 일어나 합체되고 법주사 들러 들어온다.

이제야 겨우 우리나라의 길이 세워지는 것이리라.

정리-5

18일 월요일

밤에 자려는데 현문삼제(태상, 현천, 뇌조)와 제라울 제자 중에 고단자들이 와서 기운을 움직인다.

난 잠들어 가서 그냥 있었다. 오래 있었던 듯하다. 어제 제천 가서 시천주, 태을주, 진법주 그리고 [대이미무한무도운지수] 를 두 번 외라고 해서 오늘 왔다. 오는 기차 안에서 우리나라 상공에 네잎 크로버 같은 것 위에 부련하나 앉히고, 전 세계에 기운 돌리고 30년 있으라고 했다. 이를 「공이」라고 한다. 제천 모텔에서 하라는 대로 호수를 외웠다.

12시 또 할 거 같다.

강이 와서, 득도한 1999년부터 지금까지 15년을 신명계가 긴장하며 비상상태로 지냈다고 한다. 이제 안정되어 정상으로 갔다고 한다.

'그런가?'

19일 화요일

대전에 도착하니 머리가 좀 아프다. 중앙시장 갔다가 역으로 와서 쉬고, 천안으로 향했다. 저번에 대전으로 오라고 한 천신이 와서 사람이 많이 모일 거라고 하고 번영하라고 했다.

천안에 오면서 보니 증산이 지나가는 듯하고 내 주위에 명이 깃든다. 나를 중심으로 앞엔 청동시루, 뒤론 석등, 좌우론 이런 게 있는데, 아마 또 여러 명이 모여서 돌아다닐 일이 생길 거 같다.

천안 대흥동에서 묵었다. 제천에선 난 주신이 된 거 같다. 낼 정읍에 가라고 한다. 배가 아파서 화장실 두 번 갔다. 여기가 천안시 대흥동이다.

5시 전에, 정읍신이 확인하고 간다.

20일 수요일

정읍에 갔다. 네 시쯤 도착해 중앙로 걷고 샘마을 시장 구경하는데 정읍 천신이 카페에서 있으라고 한다. 나 땜에 일을 못하겠단다.

훔! 예, 하고 난 카페에서 꼬꾸라져 있었다. 정읍 지신으로 보이는 할머니가 모래시계 주어서 머리에 넣었다. 나보고 누구냐고 묻는다. 미칫나!! 또 설사를 했다. 국조신 말이 오늘까지 천년 운을 만들었고 다 짰다고 한다.

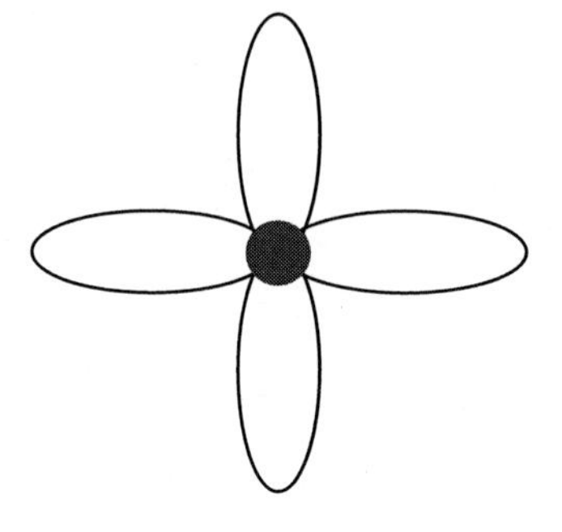
판 : 토대

정읍에서 안동을 가라고 한다.

흠, 갑갑함이 몰려온다. 안동을 여기서 갈 수 있나? 기차로 노선을 이리저리 따져보고 시간도 봐야하고 한참을 이리저리 해봐도 쉽지 않은 길이다.

한 번에 갈 수 있는 방법도 없고 갈아타고 해도 한참이 걸리고 아무튼 길을 정하고 낼 일어날 시간하고 가는 노선을 기억하고 마음을 정하고 있으니, 거기 안가도 된다고 한다. 대신 남산을 낼 가야 한다고 한다. 그래도 안동보다는 나아서 한숨 돌리고 잤다.

9시에 일어나 서둘러 올라갔다. 근데 기차타고 하는데 안가도 된다고 한다. 그래서 집에 왔는데 2월 21일에 가라고 했다가 밤에 또 취소한다. 참 희한하다. 왜 그러나? 기차 안에서 정읍 지신이 주는 연꽃 받침의 구슬을 받고 지기를 이어 받았다. 이거저거 일을 하고 왔다.

26일 화요일

며칠 집에 있는데 몸이 이곳저곳이 아프다.

날 안 좋게 생각하는 분이 있어서 3일을 신경통이 있어서 약으로 버티고 불편한 마음도 전이돼 힘들게 보냈다. 턱 아래엔 종기가 세 개가 나서 아프고, 어금니가 뜨거운 것, 찬 것에 지나치게 민감해 불편하고, 일요일부턴 등이 아프기 시작하고 뒷목도 아프다. 허리는 이달 내내 아프다.

근데 어제 자려는데 어깨가 갑자기 아프더니 불편해진다.

오늘은 저번 달 목포에서 계획한 대로 부산에 갈 거다. 어제 밤에 성운이 오더니 범어사 뒤로 해서 금정산에 오르라고 한다. 그래서 일찍 출발해 갔는데 두시 넘어 지하철 범어사역에서 부터 걸어가는데 범어사까지 버스타고 가야 하는 걸 몰랐다. 아니 알긴 했는데 그렇게 멀지는 몰랐다. 범어사가는 길이나 범어사에서 정상가는 길이나 그게 그거다. 이런 ㅠㅠ

등산하려니 비가 올 듯이 흐리더니 중간 쯤 결국 비가 온다. 우산 쓰고 서둘러 오르고 숙소에서 글 수정하려고 아이패드에다가 책이랑 이거 저거 넣어서 오니 무겁다. 겁나게 무겁다. 점점 무겁다.

등산 준비도 미흡하고 수건도 없어서 땀은 흐르는데 눈은 따갑고 서두르다가 오버페이스로 심장이 터지는지 알았다.

정상에 가니 그 부산신이 국태민안이라고 한다. 나라를 위한다는데 내 처지에 무슨 나라냐고 하니 여기가 지금은 그런 곳이 되었단다. 마지막 지기가 모인 곳이란다. 그렇게 볼 수 있기도 하다. 옆 봉우리는 커다란 금개구리가 보인다. 내려오는데 북문에 오니 날이 훤해진다. 이건 갑자기 뭔가 해서 보니 신명들이 잔뜩 모였다. 사람 구경하나, 왜 모여 있는 거야?

내려오며 성운과 이말 저말 하는데, 마음을 터놓고 대화했다. 뭔가 뜨거운 감동이 일어나는데 서글픔이 몰려오는 듯 하다.

"5년 내에 인정받을 거다."

"가까운 것이 먼 것이다." 가 기억난다.

남포동에 와서 지신을 만나 여기 상권을 세 배 늘리라고 하니 어렵다고 해서 아까본 금개구리에게 부탁하니 혀에서 구슬을 준다. 이걸 용두산에 심었다. 해마다 금개구리에게 얻어서 심으라고 했다. ktx로 오는 중에 비몽사몽 중에 김시습이 계룡산에 오라고 한 듯하다.

산신이 여자라서
고당봉이던가?
이 앞에 산신각 같은
것이 있기도 한데,
머리 아플 뿐이다.

정상에 오르니 비가
안 오기 시작한다.

정리-6

3월 6일 수요일

이틀 전 이스라엘과 미국에서 기운을 당겨, 우리나라 하늘에 있으라고 한 공이에게 합쳤다. 오늘은 계룡산에 갈 생각이었다.

갑사를 통해서 올라갈 생각이었는데, 이쪽 교통이 불편하다.

그래서 일주일간 마음에 부담감이 컸는데, 오늘 아침 일어나려고 하니 영 일어나지지도 않고 가기도 싫고, 아니라는 느낌이 들어서 그냥 취소하고 잤다. 두 번째 취소이다.

다시 생각하면서 왜 그랬을까 하지만, 지나간 건 생각할 필요 없다.

등 아픈 게 더 심해지다가 오늘 좀 덜하다.

3월 9일 토요일

어제 자려고 누우니 현문삼제가 와서 현문의 일을 해야 한단다. 뭐가 다르냐고 하니 실재적이어야 한다는데 그랬나.......

뇌조는 일본일로 바쁘다.

잎이 다섯 개 달린 걸 주면서 다섯 가지 이루어진다고 한다.

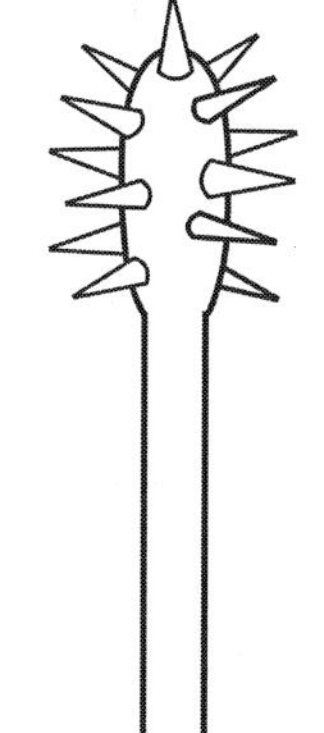

난 공이에게 가서 지구를 운기 시키고,

이런 걸 각각 박으면서 북한 변화, 일본 길들이기, 중국 인정받기, 미국 협력시키기를 했다.

(등 아픈 건 누군가의 밥벌이를 하기 위한 힘씀이 있는 것이어서이다.)

10일 일요일

어제 자려는데 뇌조가 늦었다며 온다.

돌아간 후 천제가 끝나고 지제가 시작한다고 함.

다시 구천, 현천, 뇌조, 태상이 와서 척추부터 차례로 짚으면서,

사람 마음을 다룬다 - 구천,

불안하고, 어둡고, 뒷일, 안 보이는 곳의 일 - 현천,

도, 공부, 학문 - 노군,

상, 벌 - 뇌조, 하고 간다.

오늘 낮에 뇌조가 번개를 돌려준다.
일본에 가져다 놓은걸 가지고 다니더니 돌려준 거다.

11일 가 월요일
어제 밤 맥의 코에서 기운 덩어리 세 개 빼서 내 심장에 넣고
맥은 축소되어 둠.

15일 조
언제이지 기억은 안 나는데,
노군 구천 현천 뇌조 대장군이 와서 기운을 하나씩 잇고서 갔다.

16일 순천을 뇌조가 가라고 해서 갔다가,
17일 올라옴. 이날 정부조직법 타결.

21일 소
일요일 밤에 월요일에 대구 가라면서 현천이 미국, 중국, 일본, 북한의 사람을 정하고, 그외 정치, 경제, 금융, 학문, 내실에 대한 것도 정한다고 한다.

26일. 27일
의정부에 갔다.
동부 광장으로 나와야 하는데, 서부로 가서 헤매다가 왔다.
현천과 뇌조가 옴, 욕구가 나오는 것이라 화산, 화는 욕구이다.
욕구가 시작된 것이며 이미 그런 세상이다.
이 다음이 절제인데 절제가 있어야 이룸이 된다. 그리고 미국관련 운으로 모텔에서 미국 CIA요원과 관련된 영화 두 편을 보고 왔다.

현 그래서 이 해에 미국 정보요원과 연관된 일이 있을 거 같았다.

31일 조

○○님께 지팡이를 준다.

공이에게 가니 공이가,

"그리 힘든가?" 한다.

'죽겠다.'

"왜, 못 믿어?"

'훔'

"차이나 갈 때 나에게 말해."

'응, 아침에 할 게.' 하고 왔다.

4월 1일 구

부산 지신이 서류를 보여주어 사인했다. 성운과 만나,

"이제 시작한 건데 뭘 그리 힘들어 하나."

'좀 힘들었네.'

"우린 애초 계획대로 진행되고 있네."

'알았네.'

3일 사

아침에 공이에게 가서 기운을 하나 받아서 인천공항으로 가서,

상해로 갔다. 비행기 안에 있으니 창제라는 용이 오면서, "어디 가요?"

'상해'

"돈 가지러 가네."

'그래? 난 모르겠는데.'

"잘하구 와." 한다.

비행기 위에 가니 거인이며 덩치가 크고 근육이 울퉁불퉁한 사람이 있는데 "내려가요. 오지 마세요." 한다.

뭔가 조심스러워하며 경계하는 듯하다.

제주 상공을 지날 때 서왕모 권속이 와서 중국 요리할 때 쓰는 냄비 같은 것을 주면서 여기에 담아오라고 한다.

그걸 "○○"에 뒤에 두었다.

그리고 말없이 사마달이 살피고 가며 그 후에 비행기 안에 그 권속이 와서 감시? 한다. 이자는 잘 때도 옆에서 앉아서 감시 하더군.

부련을 내어 서해로 가서 바닥을 뚫어 바닷물을 빼고 도끼로 요동 쪽을 길을 내어 다시 물을 들어오게 해서 채운다.

비행기 위의 그 거인을 보니 앞에서 뭔가 계속 날아 와서 몸으로 맞으며 막고 있는 듯하다. 내가 도와줄까 하려다가 그도 자존심이 있는 듯해서 그냥 내려왔다. 상해 공항에 무사히? 도착해서 검문을 역시나 그렇게 통과하고 버스를 기다리는데, 창이 와서 빈틈없이 꽂히더니 이어서 원반형 비행선이 온다. 그리고 모선인 더 거대한 비행선이 온다. 다들 그 안에서 타고 오는 듯하다.

그 창에 장수들이 나타나 손에 든다. 동방탑에서 마구하고, 숙소로 돌아가는데 내 영수가 차이나 영수들과 일렬로 주~욱 진을 치고 싸움을 시작한다. 음, 그 모습이 흡사 일본 만화 같다.

청룡의 한 번 울부짖음과 입에서 나가는 빛으로 상대의 영수들이 자욱이 번쩍거리며 쓰러진다. 하늘에서 영수 시체들이 많이도 떨어진다.

왜들 싸우는 거야, 걍 조용히 왔다 가려는데. 차이나 신관과 현문도 역시나 싸우는데, 현문신관 중에 한명이 무잔검을 쓰는데 잠시 구경하니, 오호라, 멋진데. 완전히 예리하고 은근하고 교묘한데. ㅎㅎ

상대 신관중에 한 사람이 입에서 혀로 쭉 늘려서 검처럼 쓰는데 음, 이거 전설에 나오는 그 검선인가? 그걸 잡아서 입에 구슬을 넣어버리니 몸이 터진다. 좀 엉성한 수법이다. 전설에선 그 혀로 일본 군함을 박살냈다는데 이건 머 이러냐, 사마달이 휴전 요청한다.

동방명주타워입니다.
내가 구슬 좋아하는 건
어케 알고. ㅎㅎ

높다는 걸 엄청 자랑하고 이것보다 더 높은 것을 옆에 또 지었다고 하는데. 뭔가 이루어낸, 보이는 성취로 선전하면서 자존심을 세우려는 듯도 한데, 우리는 그러지 말았으면 한다. 어린애 같은 미성숙한 자랑 아니것나. 우리 이거 있다, 우리 집에 뭐 있다식 자랑.

황포강이다. 동방명주타워에서 본 거다.

이 누런 강이 서해로 들어가서 비행기로 보면 누런색으로 바다가 변해 있는 게 보인다. 이 동방명주타워에서 내가 금융관련 마구를 해놨는데.......

여긴 안갈 수 없지. 상해 임시정부입니다.

나라가 망해도 애써 거부하며 또 다른 정부를 만들어 존재하려는 안타까움이 있는데, 역시나 아무도 인정하지 않는 임시적인 기관이었을 뿐이다. 대한민국이 이 임시정부를 이었다고는 하지만(맞나?), 뭘 이은건지는 잘 모르겠네. 독립성? 도덕성? 차라리 건물을 허물고 사라지는 게 좋을 듯하다. 과거를 기억하며 학습하기 위한 본보기이거나 기념물로 하려는 맘은 알겠지만, 그런 이중적인 가식은 그만두는 게 좋을 듯하다.

누구나 지금은 돈 벌기 위한 삶이고 자기 쾌락을 위한 삶이다. 도덕이나 뜻을 위한 삶은 이미 아니며 어설픈 이념이나 도덕을 말하며 사람을 헷갈리게 할 필요도 없다.

그보다 우리 자신을 믿어라. 일본이나 차이나나 미국이나 그 어떤 나라가 다시 우리를 억압할 때, 분연히 일어나는 사람은 있을 것이고, 그 사람들을 늘리고 싶다면 나라의 자긍심을 심어야 하지만 이념적인 것이 아니라 실제로 훌륭한 나라임을 보여야 하는 것이 아닌가?

눈 가리고 아웅도 그만큼 국민이 어리석다는 전제에서 나오는거 아닌가?

여기가 서호이다. 크기도 하고 사람도 많고, 이 큰 서호에 사람이 없는 곳이 없이 줄서서 걸어 다니니 정말 많긴 하구나 생각된다. 훔, 포일원 사람이나 서호 수신하고 대화하고 있는데 말 걸고 사진 찍느라고 하던 대화가... ㅠㅠ 나에게 감상을 묻는 분이 있을까?

하지만 난 아무런 감상이 없었다. 임시정부기운을 끌어들이고 회수해서 없애 주려고 했다. 지금 우리가 어떠한 뜻으로 어떠한 나라를 만들고 있는지 그것이 더 중요하다. 항상 현재의 떳떳함이 기준이다.

저 카페는 어디에도 있고, 임시정부 맞는 편은 신세계라던가? 신천지라던가? 하면서 자본주의에 물들어가고 있다. 핵무기보다 더 강렬한 자본주의의 힘은 어디나 통하는 거지. 인간 욕망의 간지러운 곳을 건드리며 유혹하니까.

항주에 극장이 있는데, 송나라의 얘기를 꾸며서 쇼를 보여주는데 송성가무쇼라고 한다. 이때 본 것의 줄거리는 악비 장군얘기와 송나라의 위업을 위해 우리나라를 비롯해 각국의 사절단이 오고, 다꾸냥 그러니까 차 아가씨라는 좀 낭만적인 얘기와 백사와 인간의 사랑얘기나 머 그런 얘기를 대충 섞어서 보여준다. 난 이때 마구하느라 정신 없어서 제대로 보지는 못했지만 걍 그저 그렇다.

내용 역시 전제정치의 어설픈 욕구와 그를 위한 장군의 희생이나 좀 웃기는 짓이고, 차 아가씨나 백사얘기처럼 국민은 사랑이나 하고 공상이나 하면서 나라 일은 관심 끄라는 듯도 하는데 너무 비판적인가?

정리-7

4일 목요일

항주 서호에 가서 서호 인어에게 주인 오라고 해서 구슬하나 줌.

포일원 소속의 누군가 와서 인사하며 아는 척함.

두루마리 주며 원하면 같이 하자고 함.

그리고 서호 주신도 하고 싶다고 해서 그러라 함.

포일원이 이 근처 어디에서 모여 있는 선인들인 거 같은데.

과거에 알던 자들 같다.

송성가무쇼 볼 때.

사마달이 서호 바닥 깊은 곳의 다른 세계에서 기와 같은 것에 글씨 쓰인 것을 모퉁이를 쪼개서 자기가 가지고 나머지 주길래, 그걸 비행선에 넣으니 노군이 다시 가져와 연풍 지하에 두려고 하길래 거긴 안 된다고 말하고 대청호 깊은 곳에 봉인 함.

현천이 와서는, 아무래도 사건이 하나 일어나야 저들이 마무리 할 거 같다며 걱정한다. 이러니 사마달이 나머지 조각도 돌려준다. 그걸 가져가서 붙임. 구처기가 엎드려 절하며 고맙다고 운다. 흠, 하지만 사건은 이미 벌어질 것이고 한 번의 판단 실수는 현상계에선 엄청난 재앙이 된다.

아 이후 차이나에 지진을 비롯한 여러 사건이 터진다.

5일

남경로에 기운 심고 황포 유람선을 타니, 난 마구하느라 운을 만드느라 집중하며 정신이 없는데 가이드가 거기 직원과 말싸움하고 다른 식당에서 저녁 먹고 다른 유람선을 타자고 하면서 나간다.

운을 만드는 중인데 이렇게 현실이 응하면서 같이 하는 건 별난 경험이다. 이일을 위해 우리 일행들이 암암리에 다들 일조 한 거 같다.

철괴리에게 낼 오라고 함.

6일

공항에 가는데 5천만 정도의 지신 또는 혼백들이 와서 있고,

하늘엔 20만 정도의 천신들이 옴. 공항에서 절하고 헤어짐.

비행기에서 철괴리 왔다가고 여동빈이 책을 줌. (명부)

자기들 이름 적은 것. (이걸 주면 자기들의 목숨을 맡기는 것이 아닌가? 결의가 대단한데.) 집에 오니 현천, 노군, 뇌조가 와서 절하고 책 줌. (미래 계획)

7일

낮에 사마달이 와서 링 같은 것을 주길래,

내가 기운을 보태서 그의 허리에 묶음.

구처기도 함.

12일

인천공항에 왔다.

사마달이 와서 보고서를 보여 주어서 보았다.

그리고 서해로 차이나에서 흘러 모이게 했다.

금빛을 띠고 차이나에서 많은 물들이 서해로 모인다.

4월 18일

청주에 갔다.

반환점이 돈다고 한다. 정말일까?

남산에 가서 사방에 합장하고, 돈다 돈다 8번 하라고 한다.

16일

그렇게 했는데 바람이 실제로 거세진다.

18일

서대전 가서 잤다. 호남에 길을 틔우나?

대전역에 가서 대구를 가려는데 대청호 여신이 와서 힘들다고 하는데 아마 차이나에서 가져온 기와 때문일 것이다. 난 괜찮으니까 그냥 버티라고 했다. 요즘 날씨가 이상해서 몸살을 앓는 것이 느껴진다. 이날 미국 텍사스 비료공장 사고 나는 것을 보면서 미국 운이 끝나가나? 그 분을 부르나? 했다.

20일

대구에서 뉴스를 보니 영동에서 사고 나고 사람 죽고 전국에 비 오고 대청호, 중부에 눈 오고 영덕에 지진 나고 칠곡에도 눈으로 사고 나고 차이나엔 지진이 났다.

4월 24일

수원 갔다 오고서 집 근처 미용실에서 파마하며,

의자에서 정신만 태백산 천제단 가니 남두북두노인이 있다.

"뭘 원하시나요?"

'알면서.'

"기다려야죠."

'기다리면 되고?'

"루트가 정해지면."

'음'

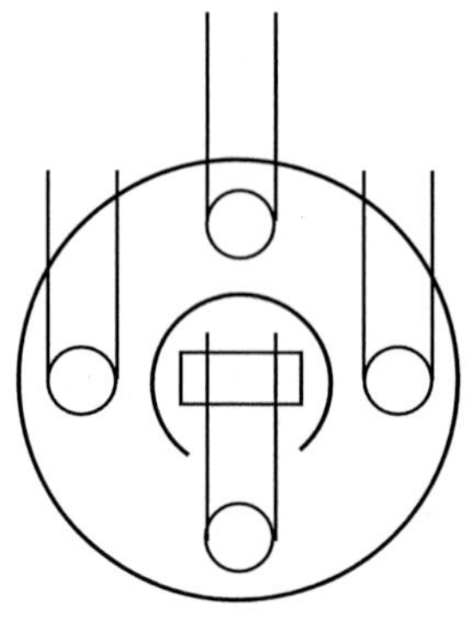

정상 천제단에 이런 마구를 하고,
토대가 갖추어진 것이다.
다지기 다지기 다지기

호남선 철로 20cm 내려앉음.
길 틔우는 게 쉽지 않다.
안철수 국회의원 당선 됐는데.

4월 26일. 27일
희방사, 비로봉, 다리안 감.

두둥실 두리둥실
배 떠나간다.
물 맑은 봄 바다에
배 떠나간다.
이 배는 달 맞으러
강릉 가는 배.
어기야 디이어라차
노를 저어라.

순풍에 돛 달고서
어서 떠나자.
서산에 해지면 은
달 떠 온단다.
이 배는 임 맞으러
강릉 가는 배.
어기야 디이어라차
노를 저어라.

소백산 비로봉을 끝으로 내 마구는 일단락된다.
소백산은 산중 우두머리다. 이제는 비로자나불로서의 결단이 된 것이다.

5월 2일
뇌조와 대화중에 사마달이 오니 현천도 온다.
일단락이 되었다 하니 차이나가 바람에 풀이 눕듯이,
상해에서부터 누워간다. 꿈을 펼친다 한다.

5월 10일

공덕 모임, 남산 가고, 청주, 대청호, 그리고 집에 옴.

31일 고한 가는 중에 10번째 애라가 나온다.

9개가 나가서 세계를 다니며 마구하고 있다.

천제단에서 칼로 마구하고, 북극에 가서 남극과 구멍을 뚫어 관통시켰다. 관정을 한 것인가? 그리고 한참을 더 다른 것도 하면서 있었다.

내 애라들이 모여서 지켜 보는데 파마한 애라가 성격이 급해 언제 되냐고 자꾸 추궁 댄다. 그는 동남아시아 쪽에서 있다가 온 거 같은데, 그 쪽이 불쌍한가 보다. (중앙아시아로 처음에 썼었는데, 동남아시아 하고 헷갈리는데 그 이유가 좀 그러네. 이 둘의 일이 같이 진행되고 있는 건 사실이지만, 서로 다른데 그래도 자꾸 난 이 둘을 헷갈린다. 이후에 이 둘 사이의 긴장과 사건은 마음을 우울하게 한다.)

1년이며 씨앗, 3년이면 사람, 5년이면 흐름이 된다고 했다.

태백산을 또 오른다. 봄이라 푸르름이 좋다. 철쭉도 좋다.

날씨가 흐리다가 천제단에 오르니 개어 간다.

웃지마, 정든다.....
자세 불량은
우째야 하나.

한배검이 뭐하는 자인지는 몰라도 ....

자기의 본의를 정하지 않는다면 남의 권력에 치일 것이리라.

공군 사격장이다. 저번 12월 달에 왔을 땐 비행기 사격훈련이 있어서 시끄러웠다. 역시나 그로 인한 일이 현실에서도 있었지만, 오늘은 조용하네. 멀리서 으르렁대는 소리만 간간이 들린다. 맨 처음 태백산을 올랐을 땐 구름에 가려 시야가 10미터도 안되었는데, 바로 저기 사격장만 둥글게 잠시 보여 주고 끝이었다. 훔, 하고 많은 곳 중에 하필 저기란 말이야.

저쪽 장군봉엔 기도하는 사람이 둘이 있었는데, 여긴 처음엔 없었고 나중에 오더군. 그런 것에 관심 없는 사람이야 상관없지만, 기도나 제사에도 급이 있고 분수가 있어야 한다는 걸 모르니 우짜노.

자기가 뭐라고 생각해서 이런 곳에서 기도와 제사를 하나,

자기의 자격부터 일터인데........

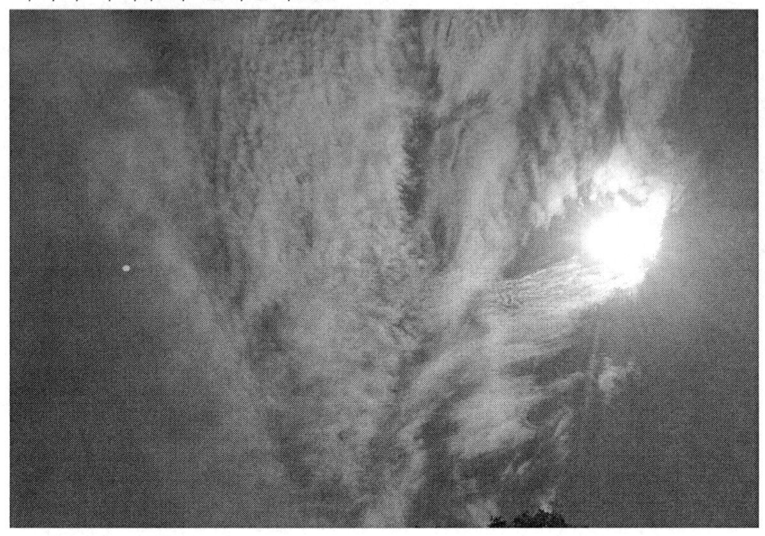

이 해무린 험함이 있다.

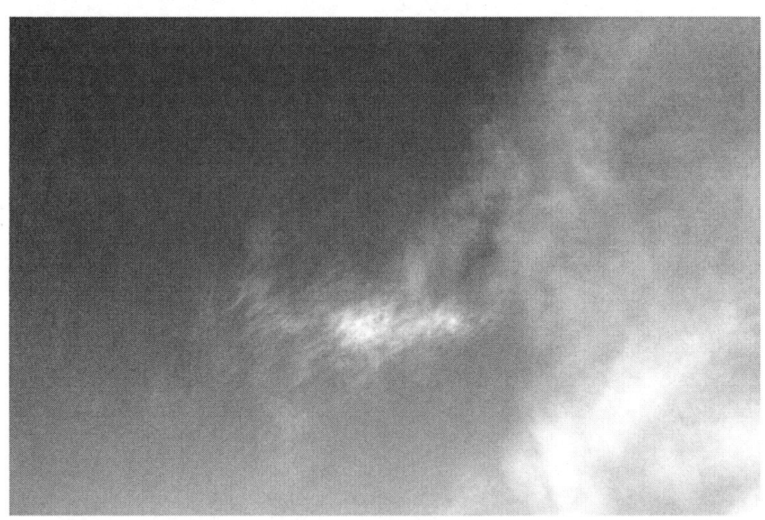

이건 내려오는 중에 채운이라는 구름이 오색으로 빛나는 현상이 있었는데, 강원도는 여러 곳에서 볼 수 있었나 보다. 뭐 좋은 의미로 일어난 건 아니었다.

오늘 태백산행의 것엔 다른 분들은 어떤 꿈을 가지고 올랐는지는 몰라도 난 그전 것은 그렇다고 하고 파마하면서 하던 것과 어제 기차타고 오면서 한 일이 이어지고 있는 거라서 그 일을 다른 나라 신관들이 질시하는 듯해서 그 표현이라고 보는데, 앞으로의 세상에 자기 나라가 제외될까봐 전전긍긍하는 그 맘을 아는가?

알 턱이 없지, 눈감은 자에겐 보는 것이 사치이다. 다른 나라 사람들은 인도나 티베트나 그 외 신지학이나 뉴에이지나 어디나 앞으로 좋은 세상이 되고 영적인 세상이 될 것이라면서 여러 가지 근거를 대고 이런저런 일을 꾸미고 있지만, 자기들이 수혜를 위해서 선점하기 위해 지금도 그 조작들이 난무하지만, 우리나라에선 우리나라를 위한 개벽을 말하는 게 전부이기도 하다. 자기를 위하는 게 나쁜 건 아니다. 그게 순서상 맞고 일의 의미로 보아도 맞다. 다만 아집의 상에서 나오지 못하는 무지나 남의 말을 보고서 자기를 잊어가는 무지가 아쉬울 뿐이다. 내가 스스로 주체적인 자각을 못한다면 외부에서 오는 어떤 좋은 것도 부질없음이라.

우주의 운행이나 우주인의 도움이나 신의 계시나 행위로 인한 것이나 뭐든, 외부에서 일어나는 원인으로 앞으로 좋아진다고 하는 것은 좀 그럴지 모른다. 어떤 사람이 하는 것인지 어떻게 할 수 있는 것인지 그 방법이나 능력 함양을 알 생각이 없다면 역시나 자아가 없는 복종적인 저능아 일뿐이다. 이렇게 그 방법을 가르치고 누가 하는 것보다 누구나 할 수 있는 것이어야 하고 앞으로의 세상은 스스로 주체가 되지 않는다면 아무리 좋은 세상이 되더라도 그대와는 상관없다는 것을 알지 못한다면 그저 세상의 들러리이거나 이용당하거나 쓸데없는 생이라는 것을 자각하지도 못하고 말 것이다.

우주는 변하지 않는다. 지구가 변하는 것이다. 우주인이 오지도 않는다.

스스로 자각함이 있을 뿐이다.

신이 어떻게 해주는 것도 아니다. 니가 신이 되지 않는 한 신은 남이다. 이미 변하기 시작하고 그 일이 이렇게 하늘에 나타나는데 알아보는 자들은 신관이고 못 알아보는 자는 인간이니, 인간이 알 날은 언제련가.

산청

6월 20일 블로그

태백산 가기 위해 고한 숙소에 갔을 때 15일 산청에 가자고 해서 약속을 정했었다. 그 후 난 고요한 나날을 보냈다.

비로자나불이라고 하나. 그냥 아무런 생각도 없고 마음도 없다고나 할까. 과거 처음 블로그 만들기 전의 나로 돌아간 듯이 아무런 욕구도 없이 보내고 있었다. 세상과 단절되고 홀로 만의 시간을 가지게 된 것인데 이게 얼마나 갈지는 모르겠다. 모든 그 동안 하던 것이 낯설고 아무것도 안 했던 것처럼 무화 되어 가는 듯하다.

이런 내 심정을 이해 못 하는 분들은 예전의 나를 대하듯이 대하며 말 걸어오지만 난 당혹감이 들어 영 힘들다. 난 심적으론 그대를 모른다. 뇌가 있어서 기억하지만 마음은 동하지 않는다네, 어떻게 대해야 할지 갈피를 잡을 수가 없다. 그래서 육체가 좋기도 하고 거추장스럽기도 하다.

육체는 기억한다. 익숙해져 있고 그래서 겉으론 평상시처럼 행동할 수 있다. 내면은 전혀 다른 세계이지만 말이다.

운동을 빡시게 했다. 할 일이 있으니, 그러다가 발바닥이 또 무리가 갔다. 그것 참, 운동에 맛 들이고 한참 재미나고 있었는데. 흐미~~~

암튼 산청 가기 위해 오송에 가고 만나서 산청까지 가는데, 휴게소를 거쳐 적상산을 지나 또 조금 더 가는데 이영후가 저기 하늘에 서 있다.

나도 가서 보는데 저쪽에선 적상산 산신이 와서 지팡이로 나를 가리킨다. 날 가리키는 거냐, 찌르려는 거냐? 흠~~ 헷갈리네. 끝을 잡고 의도가 뭘까 한참을 그 상태로 대치하고 있다가 왔다.

난 딱히 이번 모임에 대한 생각은 없었다. 내가 뭔가 필요를 느끼고 모임을 주관한 것도 아니고 가자고 해서 가는 것이고 그냥 아무 생각 없이 가고 있다. 요즘 생각하는 것은 권력집중의 폐쇄성이나 독단성이나 이념에 의한 개개인의 억압과 비인간성과 인간이 존중되지 못하는 폐해다.

우리나라는 분명 권력이 한 곳으로 집중되는 방향으로 역사가 진행되었다가 일본에 의해 망하면서 무너지게 된다. 동학으로 우리 스스로 무너뜨리지 못한 건 역사적으로 두고두고 아쉬울 것이다.

힘은 지나치게 한 곳이나 적은 곳에 집중 돼선 안 된다. 그리고 부족한 자가 가져서도 안 된다. 역시나 이후에도 이것이 정치나 공동체의 고민이 될 것이다. 지금은 서구의 정치를 받아들여 역시나 독재를 거쳐서 지금에 이르고 있는데, 우리가 굳이 독재를 거쳐야 하는 것은 그전의 왕권이 쉽게 사라지지 않는 망령이거나 습관이고 정신적인 퇴행이기도 해서이다. 왕권에 대한 미련이 있는 것이고 아직 완전히 없어지지 않았다.

쉽게 새로움을 받아들이지 못하는 나약함이 있고 과거에 안주하려는 나태가 있다. 지금도 강력한 군주상을 원하고 있고 자기 스스로 살기보다 회피하고 이득만 되면 선악은 물론 불의마저도 왜곡하려는 세상이다.

선악은 외부에서 강요하는 구분이고 의는 내가 행하는 주체적인 것인데 스스로 불의를 행해도 부끄러운지 모르는 퇴폐가 있다.

우린 서양과는 다르다. 절대자가 또는 그 비슷한 것이 선악을 가르며 거기에 종속된 삶을 사는 것을 이해하지 못한다. 그래서 그 흉내인 왕권이나 황권이 그렇게 오래가지 못하는 것이다. 이걸 만든 차이나도 역시 그래서 오래도록 유지하지 못하고 자주 나라가 흥망성쇠를 거듭하는 것이다. 전혀 인간에게 맞지 않는 것이다. 지금의 서구문명은 왕권도 아니고 신에 의한 지배도 아니지만 강력한 정부에 의한 지배라서 외형이 언뜻 다르지만 사실은 소수의 탐욕에 의한 집중이 있는 것이어서 별로 다르지도 않다.

그래서 탈중심이라는 개념이 나온 것이겠지, 중심의 우려스러움을 생각한 자들이 있는 것이니까. 우리나라같이 오백년이나 가는 건 왕권에 굴복한 게 아니라 그 이념에 굴복한 것이다. 사실 그게 그것이기도 하다. 이유가 어떻든지 힘의 집중으로 인한 나머지는 역사의 들러리이고 삶에서 주체적으로 살게 하지 못하는 소외를 받은 백성이 된 건 사실이니 심히 역겨운 정치체제였던 것이다.

이념이 더 무서운 것이기도 하다. 그리고 그 이념이 우리 것이 아니고 남의 나라에서 온 것이니 초월된 다른 세상에서 강림된 이념이라서 우린 스스로 버리지도 이기지도 못하는 굴욕을 당한다. 그것을 만든 나라에선 다른 황권으로 넘어가고 전복되어도 우린 그런 기회를 스스로 버리고 말았다. 소중화처럼 저질인 개념이 어딨더냐. 하긴 지금 우리가 포스트유에스에이라고 하지 않는다는 보장도 없고 그러길 바라는 자들이 있을 것이니 항상 스스로 서지 못하고 남의 노예가 되고 싶은 자들이 있는 것이다. 이념의 무서움은 그래서이다.

힘이 한 곳으로 집중된 세상에 살기는 힘든 것이다. 힘 있는 자가 패쇄적이고 독선적이며 비윤리적이고 배타적으로 되는 경우가 많다. 그래서 그런 것이 되지 못하게 막아야 하는 것인데 앞으로 어떤 정치체제를 해야 하는지 고민되는 것이다. 힘의 지나친 집중도 견제해야 하고 그러면서도 지금의 국제정세에 대응할 수 있는 나라가 되어야 하는데, 어째야 하는거지...... 나아가 인류 보편의 정치도 생각해야 하는데, 것 참 머리가 아프다. 어떻게 해야 힘의 남용을 견제하면서 개개인의 도덕과 자유를 함께 이룰 수 있을지 모르겠다.

순하고 이런 저런 말하면서 고민하지만 현실에서 구현될 것까지 생각하면 머리가 지끈거린다. 공이의 어깨에서 한참을 있다가 내려오며 그저 한숨만 난다. 그러다가 원지라는 곳에서 마트에 들른다고 해서 기다리고 있었다. 원지 천신은 그전에도 여기에 여러 번 왔으나 서로 인사하거나 아는 척하지 않았는데 공중에서 있는 듯하고 연결이 되는 듯하다.

그러면서 어딘지 탁하고 머리가 불편함이 밀려온다. 천신기운이 좀 신기가 섞였네, 계제가 낮은 건가? 의문이 들지만 굳이 알아볼 생각은 안 했다. 머리가 불편한 걸 보면 이번 모임이 간단치는 않으려나보다 하는 생각만 하고 말았다.

산청의 ○○집에 가서 의자에 앉으니 관자놀이의 압박이 심하다. 역시나 어려운 일을 하나보다 하고 괜히 긴장이 된다. 와서 보니 먼저 온 분들이 제비집에 신경을 쓴다. 난 그러지 말아야 할 텐데 지나친 호들갑이라고 생각했다. 땀이 나서 씻으러 간 사이 결국 일이 생겼나 보다. 제비가 떨어지고 고양이가 잡아갔다고 한다.

솔직히 기분이 안 좋다. 뭔 징조인지 따지기 전에 내가 있고 여러 고단자가 있는데 이건 심한 거 아닌가 생각했다. 뭔 사단이 나려나, 자꾸 불안해지는 것이 영 그렇다. 음, 돼지고기 구워먹는데 같이 온 따님인 ○○가 전신 거울을 깼다. 그렇지, 액땜을 하는구나, 안도의 한숨이 나온다. 역시 이번 모임은 산통 깨는 일이 될 것이었다. 점점 산청에서의 모임은 못하게 되니까. 파괴는 이렇게 하면 창조는 어떻게 하나.

몇 분께는 예전에 내가 했던 세계 천신들의 설정을 들려 주었다.

다른 분들은 들은 적이 있을 거 같은데 이 분들은 못들은 거 같다. 사실 이런 얘기는 조심스러운 것이다. 잘못 받아들이면 오해가 생기고 말이 한 다리 건너가고 두 다리 건너가면 곡해도 심해지면서 전혀 뚱딴지 같은 얘기로 변질 된다. 그래서 항상 말을 조심하고 듣는 분들을 고려해 수위 조절을 하지만 그렇다고 완전히 막을 순 없다. 노력은 하지만 지나친 노력은 또 안한다. 항상 적당한 선이 있을 뿐이다.

야외에서 즐기려는 분들이 있어 나가보니 하늘에 북두칠성이 보인다. 오랜만에 보이는 별들인데 서울에선 잘 보이지 않고 내가 사는 집이 전혀 하늘이 안 보이는 관계로 더욱 새삼스럽다. 그래서 올려다보니 검은 장막이 걷어지면서 왕검이 인사한다.

와~~ 언제 만나고 안본 건가, 기억이 안날 정도로 오래 전이다. 그래봐야 몇 년이지만, 일이 잘 되고 있냐기에 올해는 지나야 그래도 뭔가 한 것이 된다고 했다. 그리고 내년엔 거기에도 보낼 생각이라고 했더니 그건 이미 시작했다고 한다. 난 그런가? 생각하는데 벌써 해도 되는건가 하는 확신이 안 든다. 판이 알아서 하니 걱정 말란다. 알았다고 하고 말았다.

또 술이 오고가고 대화를 하면서 광룡정의 미래에 대한 얘기가 오갔는데, 틀과 전통에 대한 것이 있다. 나도 아직 이 부분엔 이렇다 할 결정을 못 내린다. 가장 큰 이유는 자금이다. 아니면 그전에 정말 내가 또는 우리가 할 일이 그것까지인지 그걸 모르겠다. 건물이고 형식인데 건물이 있어도 할 게 없다. 뭘 하지? 사실 사람 가르치고 고단자 키우는 것엔 지금처럼 건물이 필요하거나 형식이 있어야 할 필요는 없고 오히려 그것이 방해가 된다. 고단자가 뭔가 근원에 대한 성찰이 있는 자가 아니던가?

그런 자가 형식이나 이념이나 그런 것에 구애받는다면 꼴불견이거나 고단자가 아닌 것이 아닌가? 사실 지금 고단자들도 과거의 관례나 유습이나 관념에서 온전히 벗어나고 있어 보이지 않는데 그래서 어설픈 유교적인 지식이나 불교적이거나 다른 종교의 지식으로 나를 제어하려고 해서 곤란함이 있는데, 여기에 또다시 형식을 첨가하고 틀을 만든다면 지금은 내가 있어서 견제할 수 있지만 나중엔 그 틀에 얽매이고 본말전도가 될 것이 뻔하지 않은가.

가르치기 위한 형식이 시간이 흐르면서 형식을 위한 강요로 변질 되는 것이 역사가 증명하는 것이 아닌가? 이념의 폐해가 그런 것이 아닌가? 이념을 위해 목숨 바치고 못할 짓도 하고 각종 잔인하고 패륜적인 것도 서슴치 않은 게 우리 과거가 아닌가? 지금도 역시 사람을 보거나 생명을 보거나 하는 것이 아니라 이념의 잣대로 보면서 사람이나 생명은 소외되어 있는 것이 아닌가? 그래서 역사적으로 시작은 그럴 듯 했으나 나중엔 말법이 되고 틀 안이 썩었으니 틀 밖에서 나온다는 말이 나오지 않는가 말이다.

분명 전통이 있어서 지속적으로 세상을 인도할 고단자가 필요하고 그래서 고단자를 기르는 이어짐이 있어야 한다. 하지만 이건 그동안 우리나라에선 소수에 의해 이어지고 숨겨지면서 이어져 온 것이다. 그것을 바꾸고 세상에 드러나서 전통을 이어가는 것을 할 수 있을지 알 수 없다.

획일적이라고 우리를 비아냥댄 것이 있는데 조선시대엔 성리학이 아니면 어떠한 가르침도 허용하지 않는 독선이 있었는데 앞으로도 그러지 않는다는 보장이 있을 것인가?

역시나 이념의 무서움이다. 어쩌다가 우리가 남의 개 노릇이나 하는 노예가 되었는지 모르지만 우리가 스스로 철학이나 형이상학을 만들지 못하다보니 외부에서 들여오고 그 들어온 것을 하늘처럼 떠받들고 그것이 아닌 것은 배타적으로 폭력과 멸시와 억압을 해온 것이 아니겠나.

지금도 역시나 기독교나 서구문명이 아니면 하는 짓이 배타성이고 독선이며 폭력이고 억압인데 어찌 우리 심성이 이랬던가.

그러니 우리도 한 번 해보자는 아쉬움이 있고 오기도 나지만 꼭 그래서라고 하기엔 근원적인 지식의 아쉬움도 있는 것이다. 정말 인간이 이 정도의 문명 밖에 못 만드나? 진리를 안다는 게 그렇게 힘겨운 것이던가? 인간이 인간을 알고 사는 게 못할 짓인가 말이다.

그래서 해보는 것이다. 우리가 건물이나 형식을 만들고 해보는 것이다.

다만 분명 저러한 곡해와 부작용이 있으니 그것을 어떻게 완화하며 할지가 숙제가 될 것이다. 그래서 나로 비롯되는 것이 있을 것인데 이것을 이후에도 이어가야 하는 것인가? 그랬을 때 얼마나 본지가 흐려질 것인가? 본지 흐려짐은 상관없다. 아닌 것은 아닌 것이니 아닌 것은 버리면 되는 것이다. 하늘이 버린 것을 인간은 부여잡고 있는 것이 지금의 실정이고 이후에도 그럴지 모른다.

이천년이 넘도록 인간 세상에 종지라고 정통이라고 자기가 옳다고 주장하는 것은 항상 거짓이었다. 그러면서도 언제나 진짜는 있었고 그러면 되는 것이지, 그 가짜가 스스로 내가 그렇다고 하든 안하든 상관없다. 진짜는 스스로 할 일을 하는 것이지 인간에게 인정받고 안 받는 것은 진정한 자에 의해 다루어지는 것이다. 두 마리 토끼를 잡는 것이 항상 어렵다. 하나만이라도 하면 잘한다고 하는데 역사적으론 항상 하나의 선택을 강요했다. 그런 기회주의적이고 쉽고 간단한 것만이 성공 했다.

그렇지만 어려워도 그것이 진리에 더 가까운 것이면 배워야 하고 힘들어도 그것이 의가 된다면 행해야 한다. 언제까지나 어렵고 힘들다고 해야 할 것을 포기 할 순 없는 거 아닌가. 앞으론 외부의 권력과 내 자신의 자유를 함께 하는 세상이 와야 하며 전통과 실제적인 가르침이 있어야 하는데 그 방안이 어떻게 해결할 수 있을지 아직 모르겠다. 우선 틀을 만들고 형식을 취하며 그러기 위한 건물을 보여야 한다고 말은 했다. 해 보고 그다음을 고민해야 할 것 같다. 해 봐야 한다.

다음날엔 남명 묘에 갔다.

시천면에 있는 것인데 과거에 준비한 것을 이용해 열심히 일하는 것이 안타까운데, 언제나 우린 이러한 노고가 결실이 나는 것인가.

화장산에 있는 백운계곡에 갔다. 바위가 흰색인데 그래서 백운 계곡인지, 옆의 산 이름이 백운인데 그래서인지 다른 유래가 있는지는 모른다.

고한에서도 올라간 산이 백운산이다. 곤돌라로 올라가는 것이 구름타고 오르는 것 같아 그럴 듯했는데 여긴 뭐라나. 발을 물에 담그라는데 발바닥을 차게 해선 더 악화될 거 같아 거절했다.

구름을 지나야 하늘이 나오지.......

올라오는 길에 이영후가 다시 와서 일이 잘 되었다고 말한다.

서대전역에 가서 ○○○만나고 대전역으로 가서 서울로 돌아 왔다.

이후로 어제까지 (19일) 몸이 영 피곤하다.

어제는 맥을 못 추는 것이 오랜만에 느끼는 애라들의 힘쓰는 피로다.

밤에 잠을 못잘 정도로 피로한데 오늘은(20일) 훨 컨디션이 좋다.

이제 끝난 건가.

이시 산청에서 자주 만나서 대화하고 놀고 모임을 가진 것이 되었다. 하지만 이건 개인적인 기분풀이이고 우리끼리의 만남이었다. 이것을 이제 그만두고 다른 장소, 다른 방식의 만남과 모임과 열려져 가는 세상으로의 나아감이 있어야 해서 그 마무리를 한 것이다.

이때 대전에 가니 하늘에 천신이 있는데 그곳에 무지개가 빛나는 것이 보였다. 그래 그렇지, 그리고 공이와 함께 천왕들을 나게 하기 위한 6개 정도 전국에 각각 기점을 만들었다. 천왕은 권력을 분산하고 아래에서부터 일어나게 하기 위한 설정이다.

산청에서 모이는 것이 끝나가는 것을 이렇게 거창하게 일 한다. 산청의 모임이 그만큼 하나의 관절을 의미해서이다. 항상 하나를 하고 또 다른 것을 위해 변해가는 것이어서 안주하고 머무르며 고정되지 않는다. 세상이 흐르고 변해가니 역시 그래야 한다.

17일

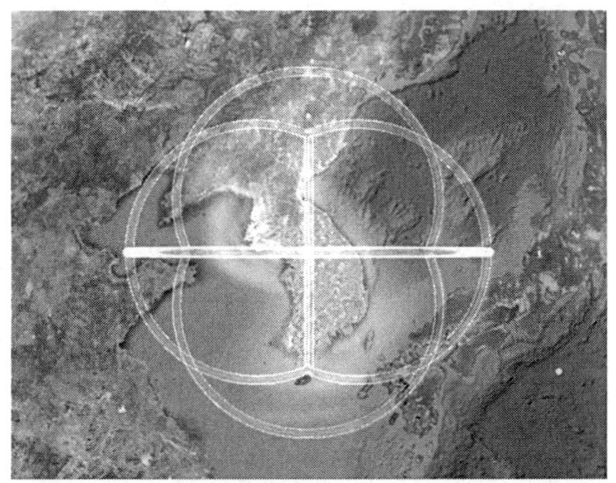

호랑이가 일어나 갈기가 생기고 비호가 된다. 만주와 차이나 대륙을 누르고 잠기게 한다.

영등포

2013년 6월 21일 블로그

동생 때문에 영등포에 가게 되었다.

아침엔 비가 온 거 같은데 비는 그쳐서 안 오지만 우산은 준비하고 갔다. 신정네거리역에서 전철 기다리려고 하다가 저쪽에 있는 의자로 굳이 걸어가서 앉았는데 이놈의 역이 비가 새서 의자에 물기가 있었다.

안내를 붙여놨었는데 그것도 못 보고 난 그냥 앉아버려서 엉덩이에 물이 묻었다. 건물을 어케 만들기래 물이 새는 건가, 옷을 바꿔 입으려고 집엘 가야하나? 하다가 그냥 가기로 했다. 영등포에 갔지만 헛걸음이었고 걸음도 불편한데 걸어 다니는 게 힘들고 몸도 영 개운치가 않고 거시기 하다. 이게 머하는 짓인가 하는 회한이 든다. 서점에서 시간이라도 좀 보낼까 갔지만 책 볼 욕구가 안나 그냥 돌아보다가 왔다.

전철을 타러 가니 광고 문구에 천왕역이 큼지막하게 쓰여 있다.
천왕역이 있던가?
땅의 일은 하늘이 힘겹고
하늘의 일은 땅이 힘겹다.
항상은 아니고 이런 경우가 있다.
오늘은 하늘이 힘드니 땅의 일이 진행된 것일 것이다.
땅의 일은 구체적인 것과 현상적인 것으로 나타나고,
하늘은 정신적이거나 계획적이거나 지식적인 것으로 나타난다.
음~~ 천왕이 나오려나.........
영등포는 12다.

여시 산청 이후에 해야 할 것의 안배이다.

철원

2013년 6월 23일

철원

철원을 드디어 가게 된다.

그전부터 가야지 하면서도 막상 갈 엄두는 안 났던 곳이다.

이번에 가게 되었는데, 아점을 셋이서 먹고 철원은 둘이서 가게 됐다. 간 도로는 가는 길과 오는 길이 다른데 정확한 도로나 길을 내가 잘 몰라서 난 옆에 타고만 갔지 전혀 가본 적이 없는 길로만 다녀서 정확한 길은 모르겠는데 역시나 한 바퀴를 도는 식으로 갔다 온 거 갔다.

음~ 우리 집 근처에서 일산, 파주, 전곡, 연천으로 해서 철원에 가고 올 때는 포천, 의정부, 강변북로로 해서 온 거 같다.

고석정이나 한탄강 주위를 맴돌다 매운탕 먹고 돌아오는데,

비슷한 길이나 비슷한 건물은 아닌데 예전에 꿈에서 꾼 듯한 장소일거 같은 생각은 든다. 꿈 내용과는 전혀 다르고 딱히 공통점도 없는 듯한데 그냥 느낌만 그렇다. 철원읍을 지나면서 금학산을 보면서 부드러운 게 괜찮아 보이는데 왠지 응어리가 있어 보였다. 그래서 산을 가르고 안에서 물고기를 꺼내는데 나오려고 하지 않는 듯해서 안 나올래? 하고 물으니 나오려는 것 같다. 내놓고 가만히 두니 여자아이로 변하는데 눈이 검은색만 있어서 어딘지 영묘하지만 이지가 없어 보여서 내 심장에서 구슬을 꺼내 먹이니 눈빛이 변하며 이지가 있어 보인다.

공중 구름위에 두고 철목부를 연결하는데 삼각형의 흐름이 있도록 10번의 인위적인 운행을 만들고 자동으로 되게 한다.

남명이 있는 듯해서 같이 살피며 어찌 되는지 있어본다.

좀 힘이 붙고 그럴듯 해서 난 내려오는데 현천이 차에 와서 잘되었다고 좋아한다. 임꺽정이나 궁예의 흔적을 보면서 스틸오브맨이 생각나는데 그런 인간의 힘 또는 꿈에 대한 갈망이 강력해짐을 생각해 본다.

굳이 여의도까지 와서 숙소를 잡고 난 손을 두 군데가 베어서 피를 보고, 두통과 울렁증, 배 아픔을 겪으며 이번도 땅의 일이었나 하면서 그럼 응함이 바로 오지 않을까 생각해 본다. 돌아와서는 넷이서 아점을 먹고 헤어졌다. 여의도는 가끔 오는데 마구로 올 경우 연예인 관련과 금융관련, 그리고 입법부와 관련된 것이 있다.

광룡회 모임

2013년 6월 3일 블로그

개인적으론 강의하는 것을 연습한다는 생각을 했다. 어제 하루 준비한다고 했지만, 막상 하다 보니 준비한 게 무색하게 전혀 딴소리만 하고 왔다. 대전까지 가는 길은 별다르진 않았다. 근데 서대전역에서 모임 장소로 가는데 계룡시를 거쳐 우회해서 갔는데, 향적산 밑에 태미원이 있는 듯이 보인다. 이런 게 있는지는 몰랐다.

자미원은 임금, 천시원은 백성, 태미원은 관료(신하)들의 자리라는데, 성인이나 대인의 자리겠지. 백성에게 임금을 대신해서 바름을 보여야 하는 자리. ㅎㅎ 요즘 마구와 상통하는 면이 있네. ㅎ

태미원은 시작을 의미하고, 자미는 번성, 천시는 수렴이란다.

자미궁에서 태미궁으로 오나?

태미원은 천자의 궁궐, 오제의 자리이고 12제후의 부서, 바깥울타리가 구경이다. 하늘의 궁정이다. 명령을 정비하고 집행 해결, 관리 승진 주관하고 감독하며 모든 별에게 덕 주고 신들에게 부절을 주며 절후를 살피고 모든 물건의 정서를 펴게 하고 의심을 푼다.

- 천문류초 이순지 저, 김수길 유상철 공역 -

그냥 스쳐 지나가기만해서 자세히 보지는 못했는데 이런 게 있나보다 하고 모임장소로 갔다. 오늘 집에 와서 거기에 깃발을 꽂고 〈제 2,3,4, 호도〉 라고 쓰고 왔다. 이곳을 가던 중에 차안에서 유렵에 가면 상징으로 거기 용이나 하나 데려올까 하는 생각을 하는데 문득 혹시 그런 용이 주위에 왔나 하는 생각이 드는데 그래서 찾아보려고 하니 이미지는 떠오르는데 뭔가 어긋난 듯 찾을 수가 없다. 그래서 아닌가 하고 말았는데, 매월당이 저기서 와선 인사하고 달리는 차 뒤로 가더니 검을 들고 팔을 벌리는데 뭐하려고 하나 살펴보니 그 용이 온다.

그걸 베어서 잡고 배를 갈라 구슬을 꺼내니, 그 신체는 다른 새가 와서 낚아채 가고 구슬을 가져와서 주길래 이로 반으로 잘라 반은 내가 가지고 반은 매월당 주었다. 난 그 반쪽 구슬을 왼쪽 어깨에 박았다.

모임은 낮에 시간이 나서 산책을 조금 했는데 발바닥이 조금만 괜찮았으면 장군봉에 올라가고 싶었다.

강의를 하는데 난 시선을 받는 게 부담스러워 혼났고 강의는 산으로 산으로 자꾸만 미궁 속으로 미로 속으로 헤매면서 말만 장황해지고 정리도 안 되고 일관성도 부족한.. ㅠㅠ

아, 어렵다. 멈출 수가 없다. 말이 자꾸 이어져서 삼천포로 빠지니 대책이 없다. 얼마나 연습을 해야 좀 제대로 강의라는 걸 할까나, 흐미~~~ 그리곤 진이 빠지고 지쳐서 널부러진다.

술을 연거푸 마시고 걍 오늘은 여기까지다 하고 말았다.

그리고 다들 학구적으로 뭔가 공부하고 알려는 분위기여서 괜찮았다.

뭔가 건설적이어야 하지, 쉬운 만남도 아니고 간단한 기회도 아닌데 진지하게 그러면서도 자유롭게 자기의 마음을 보이고 단련하는 게 좋지.

어떤 분은 자신의 문제파악이 안 된건지 상의하러 오지 않았는데 난 오지 않으면 다가가지 않아서 그냥 있다가 그래도 한마디 해줬다. 그리고 누군 생각이 너무 많다. 생각이 재단이 되고 분리가 되고 지나친 선명함이 되어 오히려 위축되고 흐름을 막고 나가지 못하게도 하는데 그렇다고 미심쩍은 것을 냅둘 수도 없으니 좀 더디어도 제대로 알아야 할 것이다.

그래야 미래를 더 기대할 수 있다. 모르고 나중에 후퇴하는 것보다 훨낫다. 그래서 모임이 더 세밀하고 자세한 것을 해결하는 시간이 되었으면 한다. 생산적이면 더 좋으니까!

광룡회주님 외에 여러 임원 분들이 고생하셨습니다.
저도 초청해 주셔서 감사하고요.

아~
지나가는 말
대전에서 괴정동을 또 보았다. 부산에도 있는 지명인데,
「괴」는 북두칠성 중에 국자에 해당하는 네 개의 별을 말하는 것인데, 선기라고도 한다. 그 지명이 그거와 연관된 건지는 모르겠고 그 괴 중에 첫 번째 별을 정이라고 하고 두 번째가 법, 영, 벌 순이다. 자루는 표라고 하고 옥형이라고 한다. 살, 위, 응 이라고 한다.
괴정이면 괴 중에 정이라고 우겨 본다면, 하늘이고 양의 덕이며 천자의 상이다. 작년엔 부산의 괴정에서 몇 번 머물렀는데.... 훔
그리고 경상북도에도 구궁지가 있고, 남도엔 부산에 있다.

아 결국 대전에서의 다음 운을 위한 강의 연습이고 운 형성인거지.

6월 24일

순이 온다.

"낼 어디 가나?"

'응, 귀 때문에 병원 가려고.'

"가지마라."

'가지마?'

"응"

'발도 가야 하는데.'

"그것도 가지마."

'.......'

6월 25일

순이 온다.

"일본 가는데 돈이 필요한가?"

'그래야 하지.'

"그리고 또 뭘 했으면 하는가?"

'우리 국가 지구'

"알았다, 준비하고 있어."

'응, 그래야지.'

동화제군도 잘 될 거라고, 가장 힘든 게 됐으니 희망을 가지라고 격려하고 간다.

후지산

2013년 7월 9일 블로그

언젠가 후지산 간다는 계획이 처리 되었다고 연락이 오는데 걱정 돼서 시간을 앞당겨 보니 그런대로 정상등정은 할 거 같은 느낌이 들었다.

그 후에 체력보강을 위해 운동을, 강도를 높이는데 빠른 걷기 운동하다 발바닥이 무리가 갔다. 이거 때문에 후지산 가는 게 걱정되기 시작했다. 발바닥이 불편하니 걷는 게 쉽지 않고 괜히 오른 발로 더 힘주게 되어 오른발에 무리가 가기도 한다.

일주일 남겨두고 아무래도 병원에를 가려고 하니 순이 가지 마라고 한다. 귀도 진물나고 딱지가 굳어 잘 안 들리고 해서 겸사겸사 가려는데 그걸 못 가게 한다. 발바닥이 안 좋아진 건 동생이 요를 좀 더 푹신하게 하려고 얇은 이불을 하나 더 깐 게 문제인거 같다는 생각을 병원가지 말라고 한날 알게 되었다. 그 요위에서 하루 종일 앉아 있고 컴퓨터하고 하면서 앉아 있다가 앉은 자세가 좀 허리에 부담이 갔나보다.

그래서 허리가 발바닥까지 간 건데 발바닥이 작년부터 이상했는데 이번에 겹쳐져서 더 심해진 것 같다. 요를 낮게 하고 일주일을 지내면서 나아져 가는데 완치는 아니고 요를 두껍게 깔기 전으로만 가도 될 거 같아 신경을 많이 썼지만 더디 나아간다.

후지산이 3776미터이고 고산증도 문제인데 발바닥에 무릎까지 신경써야 해서 가기도 전에 근심이 한 가득이다. 아침 열시 넘어 일어나다가 아침 일찍 일어나서 익숙하지 않는 나라에서 자다가 등산하면 분명 고산증이 있을 거 같았는데 반 농담으로 비아그라를 준비하자고 했는데 준비한다고 한다. 암튼 이래저래 이미 근심만 는다.

기억나지 않다가 후지산 갈 날이 다가오니 생각난 게 하나 있다.

예전에 천관님하고 돌아다니다가 후지산을 가고 싶다고 일본과의 관계를 말하다가 대화한 적이 있는 거 같다. 오래전이라 잊어먹고 있었는데 갑자기 다시 생각난다. 그 오래전의 말이 실현되어 가는 것도 재밌다. 그리고 그때의 대화내용을 구현하기 위한 것도 비슷해 역시나 새삼스러울 건 없다.

일생이 계획된 대로 생각하고 느끼며 빤하게 진행되는 것인데, 왜 난 그래도 이렇게 스트레스를 받지? 집 대문을 열고 나가는 것도 갈등과 심리적 부담감으로 압박이 큰데 후지산이라, 그런 위험한 데를 굳이 가야 하는 건가? 그리고 산청에 갔다 온 후로 꿈을 몇 번 꾸면서 일본엘 갔다 온다. 뭐 하러 다녔는지는 잊었는데 이번에 가서 보니 일정을 한 번 해본 거 같다. 훔, 그런다고 더 수월하지는 않던데........

7월 5일

오늘 새벽 5시에 일어나 준비하고 인천공항에를 가야 하는데 한시 반이 되도록 잠을 못자고 있는데 굳이 이 시간에 순이 와서 자색의 검을 준다. 자운검인데 이걸 가져가라는 거 같다.

어떻게 가져가나 하다가 봉황에게 주어서 보내기로 했다.

왜 가는 건데? 하니 이루어질건 이루어지고 올 건 온다고 하는데, 후지가 부사이니 부와 인물이 되겠지, 하고 잠을 청하는데 이리 저리 뒤척이다가 잠든 듯 하는데 4시에 깬다.

이러면 안 돼!!

이리저리 자려고 애쓰다가 열불 나서 그냥 일어나고 만다.

엄마도 일어나 준비하려고 해서 엄마랑 같이 준비하고 시간 보내다가 나가려고 하는데 어제 밤에 망가진 화장실 후드 모터가 타는지 지직 거리고 냄새나고 연기난다.

시간을 보니 지금 나가야 한다. 더 지체되면 늦을거 같은데 이걸 뜯어보고 나가나 그냥 나가나 하다가 동생에게 말해두고 그냥 나간다. 기분 찜찜하고 걱정되는 게 영 거시기 하다. 지하철은 방금 떠나서 10분을 기다리는데 이시간이면 보고 오는데 하는 후회도 일어나 더 기분이 별로다.

시작이 안 좋으니 아무래도 이번 마구가 불안하다. 인천 공항행 지하철을 타고 가는데 현문삼제가 와서 "꼭 돌아오길......" 하는데, 뭐야 그게 뭔 말이야? 구천은 무슨 걱정 있냐고 해서 집안 일이 있다고 하니 괜찮다고 한다. 신경 쓰지 못했다면서, 헐, 신경 못쓰긴 뭘 신경 못써, 그니까 더 불안하자나, 이거 원......

비행기를 타고 가니 역시나 차이나에서 감시하는 자들이 다녀가고 후지산신은 이제 오냐고 하니 그렇다고 하고 더 이상은 신경을 안 썼다.
우유 한잔으로 아침을 때우고 나와서 비행기 기다리며 냉커피를 마시니 이게 또 탈이 난다. 아차~ 마구에 따라 장이 예민해지는데 아무래도 이번 마구가 인심과도 연결된 게 있나보다. 비행기에서 내내 배가 아프고 방귀만 나오는데 비행기는 왜 이리 느리냐, 속도 좀 내면 안 되것니. ㅠㅠ

나리타에 도착하고 난 화장실에서 거국적인 일을 치르는데 검은색, 붉은색, 흰색, 청색 사무라이들이 사방을 경계 선다.
후~~시원타. 그런데 머리가 산발적으로 아프고 구토증이 있는 게 역시나 인심과 연결되는 게 분명해 큰일이다. 후지산 가는데 벌써 이러면 난 죽는 거구나. ㅠㅠ 숙소 가는 차안에서 보니 정인홍이 오고 남명과 같이 어디로 간다. 이런 저런 기운들이 난무하는데 굳이 신경을 안 썼다. 그러다가 후지산신이 꼭 해야 하냐고 묻는데, 너 정도가 모르냐? 설명을 해주려고 후지산신을 보니 이거 설명의 맥락이 영 아니다. 전혀 내가 말할 주제와 공감대가 형성될 사고체계가 없어 보인다.

에혀, 그동안 뭐하며 산 거야, 세상이 이런데.

설명을 포기하고 그냥 말았다.

숙소 가는 도로에서 본 후지산.

와, 후지산이 저렇게 생겼구나 하고 좋았다. 저 정상의 파마한 머리모양 구름이 보이는데 저것의 무서움은 이 날은 몰랐다.

이 호수 이름이 하구호河口湖 인거 같은데 숙소에서 찍은 사진이다.

이 물을 뽑아서 돈으로 해야 하는데, 왼쪽 하늘 먹구름 원반은 현문의 원반 비행정하고 비슷한데 호수 위에 자선과 모선과 배까지 있는데 구름은 저기에 형성되어 다음날 후지산을 내려올 때까지 우리를 따라 다니고 있었다.

지금은 웃지. ㅠㅠ

나 혼자 숙소에 남겨지고 다른 분들은 다른 방에 있는데 방 호수를 몰라 놀러가지도 못하고 일찍 자고 싶어서 누웠지만 잠이 올리가 없고 베란다에 나와 저걸 구경하고 있는데, 강이 온다.

'어, 오랜만이네.'

"왜요, 새삼스럽게요."

'아니, 해외에서 본 건 첨인 거 같은데.'

"현부에서도 옵니다."

'그래?'

하고 찾으니 딱히 오는 거 같진 않은데 이리 저리 천같은 기운들이 공항부터 펼쳐지고 있는 건 아는데, 그다지 현부라고 할만한 뭔가는 모르겠다. 그리고 현문의 대장군이 정말로 거대한 후지산 만한 검을 손잡이가 후지산 쪽으로 향하면서 타고 오는 건지? 여기까지 끌고 오는 건지? 애매한 방식으로 온다. 오자마자 그걸 후지산에 꽂을 거 같은데 그러지 않고 산 아래에 어느 곳에 가서 그 곳을 가르더니 안을 들여다본다.

뭘 보는 건지? 나도 보려다가 냅두었다.

난 그 검을 후지산 정상부터 넣어두고 서로 일체가 되게 다시 심력소모까지 하면서 한다. 그러고 난 다시 자려고 누워서 이리 저리 뒤척이다가 결국 일어나 먼 후지산을 보고 하늘의 별들도 보았다. 후지산엔 야간 등산하는 사람들의 불빛으로 쭉 이어지며 오르는 게 보인다.

남명이 온다.

"뭘 한숨짓나?"

'낼 후지산 가야 하는데, 피곤한데도 잠이 안 온다.'

"힘들면 힘든데로 진행해야 하는 것이니 너무 맘 쓰지 말게."

'니 몸 아니라고 막 하는 거 아녀, 난 힘들어 죽겠거등.'

서경덕과 강이 또 온다.

남명, "과거에 묻어 둔 게 있지."

'배달이?'

그 전에 일본 왔을 때 같이 왔던 그 배달 일원이 온다. 그때 왔을 때 해놓은 것이 이제 올라 올 거라고 한다. 아까 대장군이 들여다 본 그걸 말하는 거 같다. 거기 보니 뭔가가 올라온다. 그리고 백두산족들이 와서는 꼭 만년필 모양의 뭔가를 꺼내서 간다. 얼마 전에 티비 프로 가제트에서 만년필의 역사나 유명한 상표들의 역사나 남자에게의 의미 같은 것을 틀어준걸 봤는데 나도 만년필을 이분저분들이 사주어서 가지고 있는 게 몇 개 있는데 후지산 오기 전에 이거 저거를 꺼내서 보고 어디다 쓸까 하는 고민을 했다. 꼭 그 뚜껑 안 연 만년필 모양을 짊어지고 간다.

내가 뚜껑을 열고 안에 뭐가 들었나 보려는데 남명이 말린다. 열면 담을 수 없다고 한다. 이름은「각」이라고 하는데 성격이 이루어지는 방향을 정하는데 도움이 되는 거란다. 원래 이 후지산엔 과거부터의 한을 심어두고 또 모이게 한 것이다. 그걸 올라오게 하고 그 한이 긍정적으로 작용하게 해두었는데 한을 푼다기보다 억울하고 한스러운 삶이 안 되게 하고 싶은 바람을 가지게 하는 방향으로 긍정적인 발현이 된다고 한다.

그 백두산족이 그걸 가지고 세계의 각 나라에 태어나는 건 좋은데, 문젠 그들은 그 나라나 종족의 입장에선 이방인 아닌가?

남명, "그렇긴 하지만 그 토속인보다 더 그 나라나 종족의 문화와 지식과 사상과 역사성 같은 자기들의 고유한 전통을 더 사랑하고 존중하며 유지하고 발전시키게 될 거야. 원래 주인보다 객이 더 그러한 것에 관심 가지는 것이고 주인은 무심하게 가치나 의미성을 모르는 거지. 그들이 그렇게 한 후에 다시 그 토속인들이 스스로 자기들의 의미성을 알게 되겠지."

'그렇긴 한데, 이런 과정이 이루어지는데 천년은 걸릴 건데, 갈 길이 멀고 멀다.'

천년이라는 게 우리가 잘 사는게 천년이 아니라 우리의 뜻이 구현되어 가는 게 천년이리라....... 거기에 그 백두산족이 진짜 공부를 가르치기도 해야겠지, 그래야 정말로 모든 나라와 종족이 하나의 나라나 종족으로 서고 스스로 지구의 일원이 되게 해야겠지....... 이런 걸 후지산신이 몰래 훔쳐보고 자기도 동참하고 싶다는 의사를 보이는데, 뭘 알긴 하냐?

4시에 다시 눈이 떠진다. 잠도 설치고 있었는데. ㅜㅜ 안대~~~ 이틀째 4시면 내 신체 컨디션이 엉망이자나, 오늘 후지산 가야 한단 말여. ㅠㅠ

다시 자려고 눈을 감는데 각을 두 명 정도가 백두산족이 아닌데 가져가려고 한다. 그래서 잡아서 빼앗고 처리하고, 자는 동안 새어 나간 거 되찾으라고 보냈다. 땅을 메꾸고 흔적을 지웠다.

이러는 동안 잠이 깨는 게 아무래도 잠자긴 글렀나보다 하고, 베란다에 나가서 보니 아침 서광이 비친다.

서경덕이 와서는 왼쪽에 서서 일이 마무리 되었다고 한다. 난 문득 28숙을 우리나라에 배치한 것이 생각나 너무 넓은거 아닌가 하니 "점치는 자들이 엉성한 거죠." 한다. 내가 보니 후지산은「류」인 거 같다. 집에서 찾아보니 류이면 음식과 술이라고 하던데 하늘의 주방이라나, 천년왕국의 제일 선점지역인데 서경덕은 무궁지례라고 한다. 무궁지례라.......여기서 예라도 가르쳐야 하는 건가? 그리고 가는데 공중에 세워서,

'넌 언제 나오나?'하니

"300년 후 쯤요." 한다.

'일본에?' 하니

"그건 이미 다른 분이 정해 졌죠." 한다.

전 세계의 각 나라에서 사람들의 마음을 모아 앙모주처럼 만들어서 나오게 하고 그걸 모아서 아까 각을 빼낸 곳에 넣었다.

이렇게 했다.

이 호수는 장숙일 거 같다. 장이면 하늘의 종묘 아닌가?

그리고 이번 후지산행의 의미는 여기에 「필자삼」의 의미가 있다. 「필」은 변방의 병사 훈련이고, 「자」는 하늘의 관문으로 오곡을 주관하고 군량미이며, 「삼」은 충성스럽고 어질고 효성스러운 자식이고 장수일거 같다. 전쟁일거 같지만 그보단 앞으로 지구 전체를 위한 준비이다. 살육의 병사가 아니라 살리는 병사이니, 전쟁이 필요 없는 세상이어야 하겠지. 싸우기보다 토론하는 것이 그리 힘든가.

저기 무지개가 수직으로 뜬 곳 옆이 마구한 장소이다.

원반도 그렇고 약간씩 장소가 어긋나네. ㅎㅎ

천원계와 현실의 간극인가?

또 후지산이 자기도 한다길래 공부나 더 하라고 하고 그리고 돌아 댕기면서 쓸데없는 짓 말고 호수나 외우고 기다리라고 했다. 이제 올라간다고 호수는 [천마무고대이아] 라고 내 스마트폰에 쓰니 두루마리에 옮겨간다. “먼 뜻인데?” 하길래

‘니가 안 그걸 함축한 거야.’ 했다.

이제 후지산으로 가려고 차에 타서 오합목으로 가려고 하는데 네비가 말썽으로 한 시간 가량을 다른 곳에서 맴돌다가 오합목으로 오른다. 이 한 시간이 또 문제가 될 줄이야. 흠 ㅠㅠ

10시쯤 출발해서 난 밤 8시 반 쯤 내려왔다. 어두워서 조심스럽게 내려오니 한 시간만 일찍 내려왔다면 좀 나았겠지, 다른 분들과도 서로 헤어지거나 어긋나지 않고 좀 더 여유 있게 내려왔을 거고 잘못하다간 사고 날 수도 있는 것인데 참 아슬아슬한 산행이다.

오합목 근처 주차장에 내렸는데. 헐~~

난 고산증이 시작된다. 어지럽고 속이 울렁거리고 술취한 듯 세상이 흔들거린다. 다른 분들은 괜찮은가? 다시 내려갈 수 없나? 힝 ㅠㅠ

그래서 난 밥부터 먹자고 아우성쳤다. 이러다간 가기도 전에 쓰러지것다. 그래서 다른 분이 준비해 온 전투식량을 부랴부랴 먹고 거기 쓰레기 버린 곳에서 막대기 하나를 주워서 출발했다. 이 막대기는 원래 돈 주고 사는 것인데 여기저기 버려져 있기에 주워 가지고 올랐다. 얼핏 본 블로그 글에 유용하다고 해서 들고 다니기 불편했지만 꼭 가지고 올랐다.

역시나 이거 없었으면 난 큰일 날 뻔했다.

하늘의 원반은 변신을 시작한다. 더 멋진 건 다른 분이 찍은거 같은데. ㅎ

이러고 있네. 우리가 오르려고 하는데 ....

우리가 묵은 숙소가 있는 호수.

초승달 처럼 보여서 얼마 전의 수퍼달이 연상되어 신기했다.

얼마 전의 달은 숨은 은거인들의 숨은 뜻이 확장되는 의미가 있어서 관심 있었는데 여기서 그 감상에 젖는다.

봉황시켜 가져온 자운검을 여기에 꽂고 어제 심은 천운검 하고 연결했는데 천운검은 황금색으로 번쩍거리고 손잡이는 봉항이 새겨진다. 서로 연결해 거미줄처럼 이어지게 해서 후지산을 감쌌다. 왜 자색검 인지는,

이 후지산 땅이 보라색이다. 보라색은 서로 유대감을 느끼고 교류하면서 관계하는 것이고 서비스이기도 하다. 지적인 교류이기도 하다.

후지산신이 자꾸 빨리 오라고 해서 그만 보채라고 했다. 난 힘들다.

이름을 뭐라고 부를까 물으니 "호라" 라고 부르란다. 어제 밤에 이 호라가 어디서 온 건지 보니 본인은 차이나에서 온 거 같다고 하는데 내가 보기엔 부여에서 밀려난 거 같았다. 그래서 일본에 태어나 여기에 있는 거 같다. 부여의 공주일건데 다른 세력의 다툼에서 밀렸을 거 같다.

처음 등산 시작할 땐 산신의 영기가 느껴지지 않아 산이 좀 허당인가 했는데, 오르다 보니 영기가 느껴지는데 몸에서 힘이 솟는다. 거기에 현문의 힘까지 있어서 의욕이 충만한데 고산증은 안 낫는다. 고산증만 아니면 그런 데로 할 만한데. 이대로 힘이 난다고 서두르다간 육체가 못 버틸 거 같아 천천히 조심스럽게 올랐다.

강이 호수를 하나 알려주는데 [모고무이라]를 외우면서 오르라고 한다. 이게 뭔지 몰랐는데 점점 고도가 높아지고 산행이 힘들어지면서 이걸 외우니 힘이 나고 고산증이 완화된다. 쉬면서는 운기하면서 피로 풀고 고산증을 해소하고, 걸으면서는 호수를 외우면서 발바닥을 조심하고 무릎도 조심하며 오르니 긴장을 놓칠 수가 없다. 조금만 방심하면 발바닥이 반응이 오고 어지럽고 울렁거리고 속이 메스꺼워 쓰러질 거 같다. 오를수록 바람이 거세지는데. 와... ㅠㅠ

난 바람에 약하다. 내 주위의 위기들이 좀 단련을 한 적이 있는 거라서 바람이 불면 위기들이 저항을 한다. 그러면 더 몸이 휘청거리고 비틀거린다. 게다가 발바닥이 안 좋아서 발가락에 힘을 못주니 더 중심잡기가 어렵다. 그래서 막대기로 지탱하며 한발 한발 오르는데 아무리 올라도 끝이 안 보인다.

이미 지치고 있는데 겨우 고도를 400 미터 올랐다는 표시가 있는데, 그래봐야 아직 3000미터도 아닌데. 크헉

1키로미터 남겨둔 지점부터는 고산증의 증세가 심해지고 구름속이라 옷에 물이 스며든다. 바지가 젖어가면서 다리가 체온이 떨어지고 장갑도 방수가 안 돼서 젖었는데 전기가 올라서 찌릿찌릿하다. 근데 후지산신은 얼른 오라고 보채고 강도 자꾸 가라고 하니 이거 미치겠다. 포기하고 싶은 마음이 골백번도 더 드는데, 젠장! 포기한다고 말할 용기가 안 난다. 쪽팔리고 그 다음이 더 걱정이고 이러지도 저러지도 못하고 오르는데 진짜 이래야 하는지 심한 갈등이 인다.

500미터 남겨두면서 급격히 춥고 다리도 경직되고 손이 시리고 저리고 찌릿거리고 고산증은 토할 거 같고 어지러워서 걷기도 힘들다. 게다가 어지러움을 넘어 정신이 아득해진다는 느낌이 있다. 그래서 비아그라를 결국은 먹었다. 호수를 외워도 체온이 오르지 않아서 방법이 없다. 먹고 100미터 쯤 더 오르니 울렁거리는 게 가시기 시작한다. 그리고 정상까지 오를 수 있었다. 정상 산장에 들어가니 이제 몸이 떨리기 시작하는데 거의 경련 수준이다. 난 일행 한 분이 몸을 떨기에 장난하는지 알았다. 그렇게까진 아닌데 하는 생각이 들었지만 몸속으로 냉기가 들어오는 것이 저체온증으로 다시 고산증도 재발하고 난 더 심하게 몸에 문제가 생기는 것 같아서 얼른 내려가고 싶은 심정뿐이다.

라멘을 먹는데 뜨거운 국물을 마시니 눈에서 빛이 난다. 정상은 조금 더 올라야 한다고 하길래 난 거의 체념의 상태다. 풀어지는 정신을 다시 가다듬는데 흠, 안 될거 같았다. 그리고 산장 뒤로 가니 분화구로 보이긴 하는데 구름으로 인해 자세히 안보이고 바람이 사람이 설 수 없고 가만히 있어도 밀려나서 거기서 하산을 하기로 했다. 내려가면서 바로 다른 일행을 만났는데 안경이 성에가 끼고 구름으로 자세히 안보이고 바람

으로 앞을 뜨고 보지도 못하는데 일행인걸 알아보겠다. 안 올라와서 포기하신지 알았는데 정말 안타까웠는데 정상을 가신다고 해서 말리지 않았다. 느낌에 다들 무사할거라는 느낌이 들어서 다른 분도 굳이 더는 안 말리고 냅두었다. 혹시 어두워질 거 같으니 손전등을 사라고 당부하고 내려왔는데 정작 내가 손전등이 없다.

어두운 길을 걸어 내려오는데 남의 나라에서 이 밤중에 내가 뭐하는 건가 하는 별난 심정이 든다. 다 내려오지도 않았는데 강은 이제 잘 했다고 돌아간다고 하는데 짜증이 난다. 아직 하산도 다 안했고 갈 길이 먼데 벌써 가! 이미 그 하늘의 원반은 돌아갈 채비를 하는지 또 다른 변신을 하고 있었다. 말을 말자 !!

씬났구나. 우린 아직 하산이 안 되고 있는데.

난 분명 뒤끝이 있어, 언젠간 서로 위치가 뒤바뀌는 날이 올 것이야!!

암튼 내려와서 차타고 숙소로 돌아가는데 다시 머리가 아프고 어지럽고 속이 울렁거린다. 고산증의 후유증이 시작되는 건가 보다. 약 먹고 저녁은 결국 못 먹고 그냥 잤는데, 잠이 자는 둥 마는 둥 세 네 시간 잤을까?

4시 15분에 숙소 티비가 저절로 켜진다. 그렇게 알람이 맞춰진 거 같은데 끄고서 다시 자려니 역시나 잠이 안 오고 아무래도 티비를 봐야 할 거 같았다. 그래서 티비 틀고 채널을 이리저리 돌리다가 뉴스에서 비행기 사고 난걸 방송하는데 자세히 보니 아시아나 항공이다.

인명 피해를 보려고 하니 그건 나오지 않았는데, 아직 알 수 없었나 보다. 그리고 아! 하는 느낌이 들고 이제 잘 수 있겠구나 하는 느낌이 든다.

5일 부터 잠이 잘 안 오고 뭔가 흥분한 듯 안정이 안 되었는데, 이제 잠이 들 거 같아서 티비 끄고 그냥 잤다. 정말 잤다.

7시에 깨우기 전까지, 깨고서야 내가 잤다는 걸 알 정도로 잤다.

그리고 7월 7일 보잉 777기의 사고를 보면서 7이 꽂히기 시작하고 이날 구름도 칠이다.

그리고 아침 먹고 산중 호수 구경하러 호미라는 곳에 갔는데 가는 도중에 역시 안개와 구름으로 인해 찻길이 시야가 안보여 고생하며 운전하고 가는데 아무래도 좀 이상하다.

날씨가 후지산 근처만 맑고 다른 곳은 흐린데 여긴 또 안개와 구름으로 시야가 너무 안 좋다. 아무래도 우리 일이 이렇게 딱 일한만큼의 땅이나 성과나 영향이 있고 전혀 쉽거나 거저 되거나 자동으로 되는 불로소득은 없다는 의미로 보여서 심히 뒤틀리는데, 일본이 그렇게 정밀하게 날씨 조절하며 이런 운을 날씨로 보여줄 능력이 없을 건데. 지기나 인심은 있겠지만 그걸 통제할 신관이 없을 것이니 이런 정교한 날씨 조절은 어려울 거 같았다. 그리고 그럴 이유를 아는 신관이 없으니 이건 좀 이상했다. 날씨야 지기의 반응이기도 하고 인심의 반응이기도 하는데 이날은 내가 보기에 신관의 영향이 있다고 본 것이다.

그래서 생각하니 현문이 하는 거 같았다. 이런 뭔가 조짐이 심상찮다.

그리고 도쿄로 가는데 도쿄에 들어서니 맑은 날씨에 비오고 해 뜨고 무지개 뜨고 난리가 아니다. 역시나 뭔가 있는 거겠지.......

동경 스카이트리, 하늘나무네 ....솟대인가?

인야팔해 오시노 핫카이忍野八海 중 창포지의 잉어도 보았다.

후지산의 만년설이나 지하수가 모여서 생긴 8개의 호수 중에 하나인데, 동경에서 새벽 2시까지 생일축하와 마구 마무리로 일본 소주 마시고 돌아와서 방의 티비를 켰는데 처음엔 유료라고 있어서 여기 호텔은 티비도 유료인가 하고 저녁을 먹고서 방에 들어가 쉬라고 하거나 먼저 들어가라고 해도 안 들어가려는 것이 방에 들어가면 티비도 못보고 딱히 할 것도 없어 멍하니 벽만 쳐다보고 있어야 할 거 같아서였는데, 새벽에 술 취해서 들어오니 생각난 게 유료채널이 있고 무료채널이 있을 거 같았다.

그리고 켜니 정말 그렇다. 왜 이제야 이 생각이 나는거지? 하고 티비를 보니 후지산의 지하수에 관련한 내용인거 같다. 창포지인지 다른 팔해의 연못인지 그리로 해서 다이버해서 수중 카메라로 찍으며 들어가니 조그만 호수가 땅속으로 한참을 들어가면서 물이 연이어져 있는 게 신기했다. 보이는 거 외에 보이지 않는 곳의 중요함을 알아야 하지. 우리가 하는 일이 안 보이는 것에서 보이는 것으로의 영향이니까. 아직은.......

이걸 보고 잤다.

후지산을 보기가 힘들더니 이젠 보려하니 여기저기 보이네 ....

다음날 공항에서 인사하고 돌아왔다. 공항 오는 차안에서 있는데 원래 이 일본은 지신 체계가 없어서 우리를 보호하거나 차위에서 호위하는 지신들이 없다. 근데 뇌조로 보이는 신관이 프로데터 영화같은 창을 들고 있길래 내가 반으로 잘라서 서로 왼쪽 오른쪽을 바꾸어 붙여서 돌려주었다. 차 주위가 황금색으로 번쩍이는데 그 뇌조가 이리 저리 바쁘게 지휘하는데 일본이 해야 하는 것을 하느라고 바쁘다.

공항에선 신발 벗고 시계, 혁대까지 벗고 몸수색을 당했는데 여자가 해줬음 좀 나았으려나....... 내가 뭘 가져가고 있나?

이번 후지산행은 어쩐지 신체가 나도 모르게 흥분되어 있거나 열이 오르거나 잠 못 이루거나 신경 쓰이는 게 있거나 두통과 신체가 불편한 등 편하지가 않았다. 2주 전부터 여러 날에 거쳐 미리 가서 사전 답사하는 것도 좀 심하게 한 거 같고 오늘은 이 글을 추가하는데 목요일 11일이지만 아직도 마구하고 있어서 몸이 널브러지고 움직일 힘도 없이 힘들고 아직도 일본의 기운이 연결되어 있어서 꿈이나 심층의 근저에 남아 있다. 그리고 미즈노 호텔에서부터 피부가 간지러운 것이 지금도 계속되는데 뭐가 이리 접촉되는 거지. 쩝..

원래 한 두 달 마구의 마무리를 하기까지 시일이 걸리긴 하지만 이번엔 너무 몸의 불편함까지 감수한다.

점점 해외 마구가 신체적인 부담감이 심해지는 거..

포고문

2013년 7월 14일 일요일 블로그

금요일 밤에 자려고 눕는데 순이 온다.

'자려는데 오나, 자세도 쑥쓰럽게.'

"갠차나."

"낼 포고문 작성하러 가야 한다."

'어디로'

"어디가 좋겠나?"

후지산 일이 마무리 되가고 있나. 후지산 정상, 숙소, 도쿄에 세 부련이 나가서 있는데 이게 회수가 된다.

고산증의 후유증도 좀 진정되어 가고 이들이 돌아오니 신체도 회복되어 간다. 근데 어디서 포고문을 작성하나?

난 영등포가 좋겠다고 했다.

"그래, 낼 가야 한다." 그리고 잤다.

토욜 어쩐지 가기 싫고 지뿌등해서 미적대다가 간다.

영등포를 괜시리 한 바퀴 돌고 톰앤톰 카페로 가서 커피 마시며 글 수정할 걸 읽다가 포고문을 작성했다. 다섯 가지이고. 음~~

톰앤톰이니 반복이네, 한 바퀴 도는 것도 그렇고 하고 또 하고 할 때마다 조금씩 진전이 있는 거겠지.......

포고문 내용은 홀로 가는 주체성과 세상 크기 정하기와 가르침의 확장, 이어갈 후대 정하기, 현실적인 영향력 이런 거다.

오는 지하철에 현문삼제들이 이걸 보고 가는 듯하다.

히유

2013년 7월 19일 블로그

요즘은 치과 치료 때문에 기분이 별루다.

일일이 말하면 괜시리 나 때문에 더 치과를 싫어할 거니 걍 그렇다고 하고, 치과 갔다 와서 잠깐 자고 일어나 거실에 앉아서 티비 보면서 바나나 하나를 조심스레 먹고 있는데 후지산이 느껴지며 기분이 좋아진다.

기분 안 좋은데 이건 머여? 하고 보니 후지산신이 와서는 거실에 점잖게 앉아서, 자기가 준 칼을 달라고 하기래 그 끝이 휜 칼을 주니 그걸 금빛이고 보석이 달린 팔찌로 만들어 끼어준다.

"너가 하는 것이 맘에 들어."

'뭘 안다고 맘에 든다는 거야?'

"ㅎㅎ" 그리고 간다.

일본하고 천원계에서부터 시작해서 우리나라와 하나의 땅으로 묶으려고 한다. 음 그렇게 되면 어떻게 되는 걸까? 대강은 현문이 할 게 지금이고, 다음이 지기인데 이때가 고비이고, 그러면 우리의 양기가 일본에 고차원적인 기가 되고, 일본의 원시적인 기가 우리에게 음기가 되어 좀 더 안정되게 해주겠구나. 다음은 아직 미정. 우히히

뇌조가 싸인 하라고 한 게 어제 있었는데, 내용은 세상에 포도랑을 키우는 것인데 포도랑은 괄호로 돼 있길래, 내가 지은 것이고 의미는 세상을 이끌 사람을 기르고 그렇게 성장한 사람이 앞으로 세상을 지도한다는 것이겠지요. 세계적으로 고단자를 양성해서 그들이 자기 나라나 세상을 이끄는 것이라고 간단히 하믄 될까나?

근데 이게 얼마나 걸리는 작업인겨. 힝 ㅠㅠ

7월 20일 토요일

순이 온다.
'세상의 중추가 돼야 한다.'
"중추가 뭔가?"
'음, 내가 하려는 것.'
"뭐가 필요한가?"
'사람, 돈 그렇지 머.'
"니 어금니가 해줄 거야."
'훔.......'

21일

어제 순하고 얘기한 중추를 생각하다가 문득 우리들의 불운이 후지산으로 끌려가는 것 같았다. 그래서 후지산으로 가서 보니 여러 운들이 꼭대기를 통해 들어간다. 아래쪽에서 좌심실부터 박동하고 우심실도 차례로 생겨 박동하는데 모양이 콩팥 같기도 하다.

서경덕한테 정말 이리 되냐고 물으니 "그래야 겠죠." 라고 한다.
"후지산이 한을 모아서 긍정적인 힘으로 바꾸는 것이니까요."
'그랬으면 좋겠다.'
서경덕이 내 어깨에 손을 얹는데 닿는 순간 난 울컥 했다.
"희망을 가지세요."

후지산과 광릉원

7월 22일

NLL 사건을 인터넷으로 보고 있었다.

걍 드는 생각은 조선과는 너무도 다르다고 생각되었다.

정부의 기록에 대한 자세가 이렇게도 다른데 우린 시비를 가리기 전에 의를 논해야 할 거 같다. 무엇이 옳은지 그 체계가 서있지 않는데 시비만 가리려고 이전투구泥田鬪狗 하는 게 너무도 엉성함이 크다.

대학에 "물유본말 사유종시 지소선후 즉근도의"라고 되어 있다. 직역이야 간단하다. 〈물엔 근본과 말단이 있고, 일에는 끝과 시작이 있고, 아는 것에도 먼저와 나중이 있는데, 이걸 알면 도에 가까운 것이다.〉 라는 것이다. 대학엔 처음부터 순서를 말한다. 이 순서가 우리 동양인의 관념 형태의 근간이 되어 있다. 누구나 이러한 나부터 시작해서 천하로 확장하는 식으로 생각하는 기본 틀이 있다.(수신제가치국평천하)

그만큼 순서는 중요하고 순서를 알아야 예가 되고 나아가 도가 되어간다. 그렇다고 이정도가 도는 아니다. 가까운 것이다. 이래도 도에 가까울 뿐이라는데 이걸 제대로 알고 행하는 자가 어딨더냐. 난 이것의 의미를 고심하는 인간 하나를 못 봤다.

행할 수 있는 자를 바라지도 않는다. 아직은 우리나라가 그 정도의 정신 수준은 아니다. 그저 고심하는 자가 있다면 정말 눈물 난다.

눈물 날 정도로 벅찬 의미이다. 저 몇 자 되지도 않는 것을 경전이라며 숭상하는 것은 아무도 저러한 한 줄의 경구를 알아듣지 못한다는 것이다. 우리 대중이나 정부가 과거 조선만큼의 기록물이나 역사에 관심이 있는 것이 아닌 것은 안다. 하지만 지금 일어나는 사건을 보면 대한민국이 창건 된지 수십 년이 지났지만 아직도 체계가 과거 조선보다는 후지다는 것이다. 저 대학의 경구처럼 무엇이 먼저 이루어지고 무엇을 먼저 세워야 하며 무엇을 근간으로 해야 하는지에 대한 정리가 아직도 안 되었고 그보다 더 문제는 아무도 그 심각성이나 의미를 분별하지 못한다는 것이다. 먼저 해야 할 걸 모르는데 나중에 할 건 어찌 알겠나. 그저 자기 이익에 반하는가? 아닌가? 만이 의미의 기준이 되고 있을 뿐이 아닌가? 미국의 꼬랑지만 쫓아서 민주주의가 이만큼 발전했지만 민주주의가 발전한 거지 나라의 정치가 발전한 건 아니다. 기준이 민주주의가 아니라 우리나라의 현실적인 정치에 있어야 하며 그러기 위해선 정치의 정의부터 해야 한다.

정치가 곧 민주주의는 아니다. 더 나은 정치를 위해 민주주의를 택한 거지 그 반대면 역시나 뭐가 먼저고 나중인지를 헷갈리는 거지. 젠장!!

기준이 과거는 왕이었지만 지금은 어디가 기준이 되고 있던가?

하지만 과거가 그리 간단히 왕만을 위한 정치는 아니지 않던가. 최소한 우리나라는 역사 앞에 또 하늘 아래, 조상에, 백성에 빗대어서 정치 체계를 세우지 않았던가? 그것을 종묘와 사직이라면서 말했지만 그것이 지금으로 말하면 보편적인 가치 앞에 떳떳한 정치를 해야 한다는 숙명을 짊어지고 있다는 것을 알고 있는 것이다.

무엇을 위한 것이 정치이고 그것을 위한 체계는 얼마나 심도 있게 구성했는지 이번 사건을 보면서 일말의 희망마저도 꺾어버리고 있는 듯하다. 정말 우리 정부에겐 희망을 걸 수가 없고 저러한 정치인들에게 심한 역겨움이 든다. 희망은 항상 다른 곳에서 나오지.

에혀, 경구 날리면서 잘난 척하고 아는 척하고 싶지 않은데 증말로 욕 나오는 짓거리가 심히 기분 드럽네. 안 그래도 저기압인데, 이럴수록 우리 일은 더디겠지, 근본부터 차근히 해야 하지.

안 그러면 지금의 잘못 낀 첫 단추의 문제를 해결하지 못하겠지.

급하다고 건너뛰고 말단부터 할 수 없지 않나? 눈에 안보이고 더디고 힘들고 고통이어도 이러지 않으면 우리 현실의 부조리가 달라지지 않을 것인데. 아! 저 나라의 시작을 이렇게 했고 어떤 의미와 누가 얼마나 깊은 지적 성취에서 했는지의 처음의 잘못이 너무 부담이구나. ㅠㅠ

이러고 있는데 비행정을 타고 현문이 온다. 이 뭐하는 모습이래.

대장군 말로는 후지산의 마구가 마무리 되어 이제 활동하기 시작하면 일년이면 완성 된단다. 어제 만든 심장이 잘 뛰려나? 그리되면 하나의 땅처럼 쓸 수 있다. (이건 고민해야 하는 문제다. 앞으로 이건 우리나라의 생사가 달리게 되겠지. 어디를 보고 두는 포석이려나.)

노군은 광룡원을 준비하겠단다.

1. 세계 중추를 위한 토지확보
2. 3000여명 우선 관리를 위한 기틀
3. 보편적 시스템 구축
4. 장기간의 활동을 위한 재원확보 및 성취감을 위한 경제적 활동기반 구축

현일 박재봉

뇌조

1. 하늘과 땅의 구획
2. 신과 인간의 구분
3. 인간 자체에 대한 구분

1. 나라들 간의 우선순위와 역할 정리
2. 지구문명의 전체의미 확립
3. 보편적 이해에 대한 기준 확정

현일 박재봉

지나치게 포괄적이다.

그렇지만 또 그렇지도 않은데 이미 많은 건 준비하고 있었고 떠벌려 온 것들이다. 은제 세부사항이 나타나려나.......

7월 23일

치과에서 치료하는 중에 사무라이가 와서 (예전에 사무라이가 모집한)

결재 서류 내민다.

일본에 계신 분

다른 공부자 배출

현일 박재봉

7월 24일

순

1. 천원계 정립

2. 사천 정립

현문을 비롯한 여러 신관들이 왔다가 감

어떤 장수

2013년 7월 27일 블로그

이 글은 안 쓰려다가 쓴다.

어제 저녁에 한 장수가 와서 옆에 앉는다. 모습을 보니 조선시대 장수 복장인데 정체 파악을 대강 보니 별다른 것이 없다. 그래서 무심하게 뭐 하느냐고 하니, 공중에서 원을 그리며 한쪽으로 옮기는데 금빛이 나는 원 속에서 봉황이 있다가 그것이 검으로 변한다. 모양은,

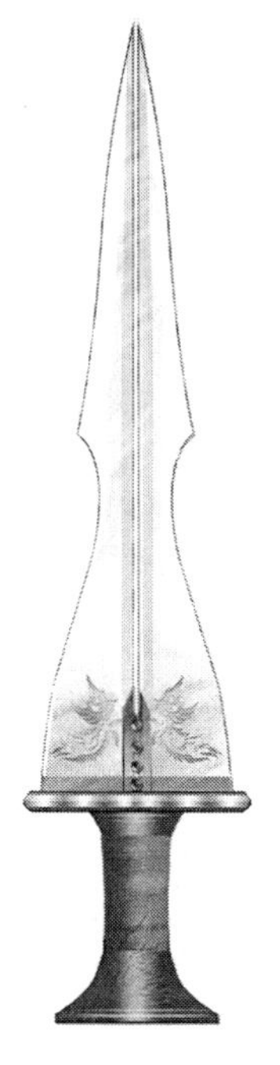

검이 예리하고 날카로운데 그림은 엉성하네. ㅠㅠ

암튼 이런 모양인데 이걸 관리할 사람이 필요하단다. 그래서 내가 유심히 살피면서, 가운데 사이에 구슬을 세네 개 끼우고 중간쯤 선을 그어서 금빛이 더 빛나고 더 길게 해서 북한산 백운대에 깊이 박았다. 손잡이가 아래로 가게 해서 길이는 북한산 만하게 해서 그랬더니 그 장수는 간다.

오늘 다음에서 뉴스를 보니 조선왕실 투구와 갑옷에 관한 글이 있었는데, 이게 생각나서 걍~~~~

마이산

2013년 8월 5일 블로그

이 치료는 아직 끝나지 않았는데 마이산 가자는 연락이 왔다.

집에만 있기도 심란해서 안 가려다가 가게 되었다. 아침에 7시에 나가는데 비가 온다. 이 치료하는 동안은 비 오다가도 치과 가려고 하면 비가 그치더니 오늘은 잠깐 다른 분들이 오는 시간을, 기다리는 그 잠깐을 못 기다리고 비가 온다. 우산 쓰기도 귀찮은데 결국 우산 쓰고 카페로 가서 기다린다. 오늘은 일정이 아무래도 심상찮은 것이려나.

다른 운이 시작되려는 것인가, 근래는 비로 인해 고생하지는 않았는데.

내려가는 중 충청도 지역은 비가 오는 곳도 있었는데 진안은 비도 안 오고 해가 쨍쨍해서 썬 크림까지 바르고 우선 탑사로 향했다.

근데 가는 도중에 하늘이 요상타, 구름이 점점 모여드는데.

음~ 한두 시간이라도 기다려 주면 좋것구만. 금방 가서 사진만 찍고 나오려고 했는데. 아직 구름이 다 하늘을 덮지도 않았는데 한쪽은 해가 여전히 뜨고 있는데도 비가 내린다. 그래도 잠깐 내리고 그치는데 탑사 구경하고 은수사로 갔다. 책 표지로 쓸 사진을 찍는 거였는데 난 그냥 둘러보기만 할 뿐 별다른 것은 하지 않았다.

은수사에서 천황문으로 계단을 오르는데 어디선가 북소리 비슷한 게 들린다. 은수사에는 북을 치는 곳이 있는데 관광객이 치도록 돼 있어서 그걸 치는가 했는데 그게 아니라 천둥소리이다. 저쪽 북쪽 하늘에서 천둥소리가 간간히 들린다. 그래도 먹구름이 아직은 짙게 있지 않아서 계속 천황문으로 오르고 금방 내려가면 될 거 같았다.

이게 마이산이니 귀인데 천둥소리가 들리니 천고를 연상케 한다.

귀 뒤를 치는 게 천고라고 차이나의 팔단금에 있는데 그게 생각난다.

천고, 즉 하늘 북을 치는 것은 뭘 알리려는 것인지........

그리고 일행은 둘로 갈라져서 남쪽 주차장에 차를 가지러 가는 분들과 북쪽으로 넘어가는 분들로 나뉘었는데 난 한 번은 이걸 종단을 하고 싶었는데 이번에 그럴 생각으로 북쪽으로 넘어갔다. 근데 하늘이 심상찮다.

주차장에 갈 때까지 기다려 줬으면 하면서 내려가는데 적당히 빨리 내려가서 카페에서 다른 분들을 기다릴 생각이었는데 다 내려오자마자 비가 쏟아진다. 버스 기다리는 곳에서 있는데 비가 너무 세차게 와서 짜증이 날 정도다. 오도 가도 못하고 조그만 버스 기다리는 곳에서 있는데 너무 지붕이 작아서 이곳도 영 불편하다.

비 때문에 곤란한 건 올해엔 없었는데 그것 참, 의미 같은 것은 별로 알 생각은 없었다. 천둥, 번개에 비까지 게다가 이 근처만 이러고 있는 거 같은데 그래도 난 별다른 궁금증은 없었다. 그런가 보다 하고 있을 뿐 의미는 아무래도 좋다. 한두 번 당하는 것도 아니라서 치과 치료로 집에만 있다가 나오니 그냥 이벤트 정도로만 느껴지기도 하다.

남쪽으로 간 분들의 사진은 더욱 재미있었다.

마이산이 비가 많이 오니까 그 빗물이 암마이산에서 폭포처럼 떨어지는 것이 또한 장관이었다.

난 반바지에 샌들 신고 마실 나온 듯이 하고 다녔다.

걍 구경하고 놀러다닐 생각이었는데 아무래도 다른 분들은 그게 아니었나보다. 날씨를 보아도 기운들이 잔뜩 흔들리는 게 다들 뭔가 앞으로의 혼란이 적지 않을 거 같다.

점심 먹으러 식당에 가니 그 주인 되는 분이 우리의 잔여기운에 반응을 한다. 괜시리 우리 때문에 욕보셨다. ㅎㅎ

그리고 정읍으로 향했다.

정읍에서 만날 분을 만나고 일 보고(음~ 이 일은 좀 바람은 많은데 ....), 청주로 해서 서울로 왔다. 역시나 서해고속도로로 해서 동서울로 들어오는 한 바퀴를 돌았다.

원을 그리는 건 하나하나가 온전한 마무리를 하는 것이려나.

집에서 자려고 눕는데 순이 와서 오늘 일 한 것에 대해서 말하는데, 난 졸려서 잠이 들어 버렸다.

이 글에 이번 마구의 성격과 의미는 별로 설명하지 않았다. 이유는 아직은 조짐으로서만 있는 것이고, 또 나 혼자 하는 것이 아니라서 말하기가 꺼려지는 것도 있다. 좀 더 지켜볼 게 있기도 하다.

아! 땅인사람 책 때문인 게 많지. 그리고 마이산이니 이것이 저기 계룡산으로 이어지는 산맥이 있고 책을 이후에 사용할 방법에 대한 기미가 있는 것이다.

잡설

2013년 8월 6일 블로그

그냥 요즘 장마가 길어져서 이런 저런 생각을 한다.

장마는 오행으로 「토」라고 하는데 중부지방을 중심으로 하니 중부도 토이려나, 토는 한동석의 우주변화의 원리에 자화작용이라고 했던가? 그런 의미가 있다고 한 거 같은데 자기가 되고 주체가 되며 마음의 여유를 찾고 소화할 수 있는 시간을 갖는 것이기도 하겠지.

지금 우리나라가 그런 단계에 있는 거라면 전단계와 앞으로의 단계에서 그 완충지대가 필요하다는 것도 되겠죠. 무엇을 위한, 앞으로 어떤 변화가 있으려고 이러한 과정을 거치는 걸까? 지금껏 바쁘게 해온 것이 일단락되면서 한숨 돌리는 것이기도 하겠죠.

이 한숨 돌리는 시간이 정신 차리는 시간이고 자기가 되는 시간이고 스스로 서고 나름의 생각할 시간을 가지는 것이겠지, 하지만 그러려면 해온 또는 노력하고 애쓰던 것이 있어야 하겠지. 아무나 다 이렇다는 것은 아니고 그렇게 지내온 사람이나 나라에게 해당하는 것이겠지. 그리고 이제 장마가 끝나가는데 대기가 불안정해서 날씨가 혼란한 것이, 쉬었으면 다시 일어나야 하고 대개는 앞에서보다 더 강력한 또는 더 힘든 일이 기다리겠지. 그래야 하는 것 같을 거니까.

점심 먹고 쉬었으니 오후의 일은 본격적인 것이 아닌가?

그게 불안한 것인가, 많이 혼란하네. ㅎㅎ 걍 심심해서 잡담. ㅎㅎ

역 그랬다. 이후의 일은 더욱 혼란하고 거센 것이었다. 이후 다음 장마때까지 우리나라는 참 많은 일이 있게 된다. 그리고 그 장마 후에 또 다시 다른 것이 움직이기 시작하지.

8월 18일

남산에 태를 이음

19일

인도. 유미에게 물으니 운명을 주기 위해서라고 하다.

생명보다 운명이 먼저다.

운명권

9월 5일

광화문 미 대사관과 외교과를 들러 영주권 포기.

아~~~ 서쪽이여

2013년 9월 20일

힘든 일을 마치고 돌아와 후련하면서도 한편으론 해야 할 일이 남은 압박을 느끼는 것이 그렇게 달갑지만은 않다. 마구를 한다고 돌아다니지만 겉으로라도 즐기고 여행하는 것이며 생소한 경험과 낯설음으로 인한 설렘과 적절한 긴장을 느끼고 싶지만 역시 난 그런 성격은 아닌 것이다.

무표정이나 화난 듯한 얼굴이나 또 힘겹고 지치는, 하루하루의 이국에서 겪는 일들이 지나친 부담감으로 다가오기만 한다.

이제 드디어 [인도] 라는, 꿈에서나 바라는 서쪽의 극락세계인 천축을 가게 되었다. 경전을 얻으러 가는 손오공은 이름처럼 깨달음을 얻었는지는 몰라도 나에겐 그저 불타는 듯한 갈증과 이색적인 색깔의 화려함 속의 더러움과 무질서와 비위 상하는 길거리였다.

우리에게 서쪽은 가야 하는 곳이지만 두려운 곳이기도 하다. 이번에도 역시 떠나기도 전에 다양한 두려움의 사건들이 일어나지만 그다지 신경 쓰거나 이것 때문이라고는 생각하지 않았다.

나에겐 이런 마구는 작으면서 큰 일이다. 인도도 중요한 곳이고 마구가 중요하지만 그건 일할 때 중요한 것이지, 그 전엔 다른 중요도이다.

물론 일상의 작은 일에 지나치게 걱정하고 지나치게 열을 내면서 있지 느긋하거나 여유 있는 모습으로 사는 것은 아니다. 항상 전전긍긍하는 삶인 것이고 긴장하고 노심초사하는 일상이다. 그렇게 작은 사소함에 정성을 보여야 내가 하는 일이 의미가 될 것이기 때문이다. 인도를 생각하면 흥분되거나 기대되거나 하지는 않았다. 반대로 마음이 가라앉고 심장이 내려앉는 것 같아 그다지 별거 없는 듯이 무심하기까지 했다.

다만 이성적으로 생각해보면 날씨나 누추함이나 적응하기 힘든, 우리와는 너무 다른 문화가 어떻게 될지 불안하지만 역시 이성적으로 생각했을 때이고 남들에게 걱정된다는 듯이 말했지만 사실은 별 감정 없었다. 그 이유는 분명 있었다. 나도 생각지 못한 것이었는데 서쪽이 그런 곳임을 이제야 알 거 같긴 하다. 서는 서이다.

6박 8일의 긴 여정이었는데 난 하루하루 긴장되고 조심스러운 일정이었다. 11시간, 5시간, 6시간, 버스 여행의 긴 시간으로 화장실을 안가기 위한 수분 섭취 억제와 아직 더위가 우리의 여름 같아 컨디션 조절을 해야 했으며 잠을 못자는 것이나 시차나 또 그 나라의 음식이 안 맞는 것이나 위생을 조심해야 해서 소식하며 조금씩만 먹으면서 항상 신경 써야 했다. 겉으로의 원인은 이런 것이었다.

그리고 다른 의미로는 남의 나라, 그것도 너무 생소한 문화 차이를 보이는 곳으로 가면서 예법에 따라 한발 한발 정성을 보였고 나름의 순서를 지키는 것이었다. 가는 거야 가는 거지만 거기서도 손을 잡아 주어야 하는 것이고 내 욕구나 필요에 의한 다가감은 상대를 무시하는 것이고 전쟁으로 타국을 점령하는 것과 다를 것이 없다. 그래서 그런 것은 지양해야 할 개념들이니 그래선 안 되고, 그래서 항공기도 우리나라 것이 아닌 그쪽에서 보내온 것을 타고 갔다 왔다. 우리가 좀 힘들더라도 그리 되게 되어 있었다. 마음을 보내어야 하고 나 역시도 그에 답해야 하는 것이다. 이러한 마음을 준비할 여유를 주는 것이어야 했다. 그것이 인류 전체의 미래를 위한 행보임에 더욱 조심하고 성실함을 나타내어야 했다.

난 분명 거기에 무언가를 주러 간다.

그게 그들이 원하는 것이고 필요한 것이다. 나 역시 그들에게 받을 것이 있으니 서로의 필요는 필연적인 예정됨일 것이다.

내가 준비한 것은 몸이며, 받아올 것을 위해 난 가방을 작은 것을 준비했다. 겉으론 난 인색한 사람이었다. 경제발전에 의한 거지나 부랑자나 낮은 계급에 의한 길들임으로 남에게 구걸하며 사는 사람들이 1달러를 외치고 또 손을 벌리며 싸구려 상품을 팔아달라고 해도 난 전혀 눈길도 주지 않았다. 릭샤나 호텔에서 팁을 준 건 있다.

내가 줄 건 그런 것이 아니고 해야 할 것만 할 생각이다. 유네스코에 등록된 것을 자랑하며 여러 문화재를 보여주지만 명성에 의한 호기심 정도이고 별다른 감흥은 없었다. 그보다 호텔에서 인도의 드라마나 영화나 가수의 춤과 노래가 더 신났었다.

여자들의 남성적임이나 남자들의 느끼함이나 춤추고 노래하는 것이 재미있었다. 그래서 이번 여행은 상당히 긴박하면서도 긴장감이 있는 여행이었다. 우리나 인도나 느긋하거나 질질 끌 수 없는 빡빡한 행사인 거 같았다. 하지만 앞으론 한 눈팔며 엄한 짓을 하는 것은 안 되리라.

가야 할 게 정해진 이상 가야 하는 것이겠다.

인도로 출발

2013년 9월 21일 블로그

인도로 가기 위해 준비해야 할 건 대강의 일정을 숙지하고 그에 따른 마음 안배이며 그중에 배탈 나지 않을 것과 오랜 기다림이나 버스를 오래 타야 한다는 부담감을 견디는 것이다. 물론 비행기도 오래 가는 것인데 처음 오랜 동안 타는 것이라 그에 대한 것도 한다.

거기에 유미에게 들으니 내가 받아올 것을 위해 작은 가방을 준비하라고 해서 준비 했는데 큰 것을 가져가면 안 되냐고 하니 그보다 질적인 것이니 맘에 드는 작은 것을 사라고 해서 샀다.

잠을 자고 아침이 되는데 비가 오고 있다. 천둥과 번개까지 치는데 내가 나가서 좋다는 건가 싫다는 건가, 잘하고 오라고 격려해주는 거라고 믿고 시프다. 근데 머리가 아프다. 치통까지 있는 듯해서 벌써 이러면 안 되는데...... 집 밖을 나가니 고양이가 차에 치여 내장까지 드러내고 죽어 있는데 이번 길이 그리 수월치는 않으려나, 하는 불안감을 가중시킨다.

고양이는 묘이니 묘를 보러 가서 그러나? 묘한 일이 기다리려나. 12지지로도 신에 해당한다. 한문으로 묘에 사당이나 어둡다거나, 서쪽에 있는 28수 별자리 중에도 묘가 있다. 이 별은 옥사나 송사, 喪당한 일을 주관한다고 한다. 훔, 이번에 꽤나 희생이 나오려는 건가? 주홍빛의 일곱 개 별이 뭉쳐 하나처럼 보인다는데 인도도 붉은색이 많더라......

인천공항에 앉아 있는데 오랜만에 백봉이 와서는 어디 가냐고 묻는다.

'인도'

"으하하하"

왜 글케 웃는 건지 내심 얄밉다. 창을 준다. 창처럼 보이기는 하지만 양쪽에 송신기 탑처럼 생긴 것이 있어서 싸우기 위한 것으론 안 보인다.

'뭐하라고?'

"가져 가시오. 필요할 거요." 하고 간다.

이걸 어깨 양쪽에 정면에선 엑스자로 되고 허리에 감싸서 있게 한다.

인디아 항공 비행기를 탄다. 인도내의 국내선으로도 두 번을 더 타고, 올 때도 탄다. 승무원들이 우리보단 터프하다. 인도의 항공사가 이거 말고도 젯이나 인디고나 많은 거 같다. 지두주니가 와서는,

"왜 안와, 오는 거지?"

'간다.'

"어서 조심해서 와, 준비했으니까 많이 가져와."

하는데, 이 무신 말 인고.

비행기를 타는데 벌써 아픈 것 같고 두통 때문에 고생할 거 같아 미리 약을 먹고 탔다. 멀미하듯 비행기 타면 두통이 좀 있기도 했다. 인도라서 더욱 아프지 않을까 하는 노파심으로 그랬다. 하지만 마구의 차이로 그러지 않아서 다행이었다. 그래도 이는 계속 아프다.

비행기 위에 거인 세 명이 타고 붙잡는데 거인처럼 몸을 부풀린 것이고 그 안에 원래의 몸이 있다. 세 번째는 호리병의 술을 마시는 할아버지 같았다. 제주도를 지날때 쯤 서경덕이 왔다 갔다. 담에 올 때 준비할 걸 적어준다. 대만에 들어가니 장량이나 한신이나 한비자가 장수들과 온다. 또 창을 주길래 접어서 머리에 넣었다.

“오세요.”

‘왜’

“오면 알죠.”

‘기회 되면.......’

“예”

그리고 가는데 한비자가 지퍼달린 작은 가방을 주길래 열어서 보고 돌려 주었다. 홍콩에 가까울 때 쯤 인도, 차이나, 유럽에서 비행기에 작업을 한다. 지두주니는 양 날개에 제트엔진을 달아주고 크로노스는 안테나 같은 것을 세 개를 달고 차이나는 비행기 아래에 거꾸로 누군가가 있다. 이제 드디어 서쪽 인도로 간다.

창을 보니 해가 지는 곳과 해가 아직 지지 않아서 밝은 곳이 나눠진게 보인다. 한참을 낮과 밤의 경계선을 따라 비행을 하니 이렇게 어두운 곳과 밝은 곳이 나누어진다.

시작부터 이가 아팠는데 잠깐 잠잠 하다가 홍콩을 떠나면서 또 아프기 시작하면서 너무 아파서 정신이 없다. 밥 먹는 동안은 좀 괜찮은 듯 하더니 다시 아픈데 뭐가 잘못 된 건지 치료해서 신경이 죽었는데 어떻게 아픈 건지 걱정된다.

에베르스트 산맥인가 천산산맥인가 정확히는 잘 모르겠고 에베르스트 밑의 산들을 넘어 갈 때 참 힘겨워 보인다. 그 우리와는 다른 이계를 들어가는 듯이 힘들게 힘들게 이를 악물고 넘어간다. 일종의 경계선을 넘기가 이리도 힘든 것인가 새삼 감탄을 자아내게 된다.

서구인들 입장에서 여기도 동쪽일지 모르지만 우리 입장에선 서쪽이다. 동질감보단 이질감이 더 많고 이 높은 산들로 인해 서로간의 교류도 막히어 쉽지 않은 곳이다.

불교 때문에 천축을 가고 싶어 하거나 실크로드 때문에 가야하는 길이기도 했다. 하지만 그런 건 겉으로의 모습이고 사실은 동서의 접촉은 필연적인 현상이다. 동이 해야 하는 일과 서가 해야 하는 일이 다르니 그에 따른 접촉과 교류는 어쩔 수가 없는 것이다. 그리고 인도를 중심으로 운명이 한계에 있고 새로운 수혈을 하듯 명의 정해짐이 필요하다.

그리고 우리 역시 서쪽의 결실을 할 수 있는 운이 필요하다. 하고 싶다고 할 수 있는 것도 아니고 내가 할 수 있는 것과 남이 해줄 것이 서로 만나서 새로운 하나가 되는 것이다. 그러니 이 길은 참으로 힘겹지만 숙명이 된다. 그렇게 넘어가서 방글라데시 쯤 가니 이가 조금씩 풀어지고 잠잠해진다. 그런데 허기지고 심장이 더욱 내려앉아 축 쳐지고 고요해지면서 호흡도 귀찮아진다.

이 멍미!! 하나 좀 나아지니 다른 게 있네, 밥 먹은지는 30분에서 한 시간 정도 밖에 안 됐는데 허기지고 이를 어쩌란 건가. 이 서쪽이 다 그런 듯이 심장이 내려앉는다. 의욕도 없고 허기지고 왜 이러는지는 잘 모르겠는데 이쪽의 흐름과 동조하는 듯한데 나야 좋다.

열나고 의욕에 불타면 피곤해지고 체력이 방전되기 쉬우니까 의욕이 안 나고 가라앉은 게 더 좋다. 편안히 아무 생각 없이 있을 수 있으니까.

뉴델리 공항에 착륙하기 30분 남기고,

"왔어?'

'엉'

"고마워요."

이들이 비행기를 세 가닥으로 나누어서 앞 중간 뒤를 묶어 잡아당긴다.

공항에 도착하니 이곳의 기운들이 들러붙는다. 이곳의 운명이 오는 듯한데 일일이 쳐내면서 막아보지만 역부족이다. 그러다 말았다. 이 나라 사람들의 감정도 섞인 거 같은데, 음 별로다. 공항에선 첨 본 건 군인들의 총이다. 이 나라에선 총이 있구나 하는 생각이 든다. 듣자하니 가이드 말로는 일반인들도 다 집에 총이 있어서 함부로 사람들과 다투거나 싸우면 언제 총으로 보복할지 모른다고 한다.

정치인들도 정치 못하면 테러 당하기도 해서 무서워한단다.

공항에서 다른 여행의 일행을 기다리면서 난 혼자 우리나라와 여기의 관문을 열고 관로도 연결해서 들고 나기 쉽게 했다. 관문으론 거인들이 들어오고 관로로는 여러 기운들이 들어오고 간다. 운의 경계를 유럽을 넘어가고 우리 서해까지 크게 잡고 설정했다. 백봉이 준 걸 쓰기도 했다. 다른 것들도 한참하고 쉬었다. 이 나라에서도 마중 나오는데 장수나 여러 신관도 있지만 날개 달린 용이나 호랑이들이 많다.

여기선 비행기를 타면 엄청 큰 도마뱀처럼 생긴 것이 꼬리로 비행기를 감싸고 있는다. 버스는 호랑이가 지붕에 타고 있다. 호텔로 와서 씻다가 왼쪽 엄지손가락을 다쳐서 피가 좀 나고 멍이 들었다.

첫날부터 이게 뭔 일인지, 아까 이 나라의 감정이 들어 오는게 영 그렇더니 결국 이런 일이 일어난다. 그들의 한스러움은 이거보다 크지만 글쎄 내가 해줄 게 있을라나. ㅠㅠ 왼쪽 손이니 스스로 아파하지, 그리 주장하고 요구하는 것에 익숙하지 않아 보인다. 심장이 가라앉아 있는 것도 보면 의욕도 별로고 무엇이 그리 억눌림을 당하며 살아 온 것인가.

쭈쭈가 내가 침대에 자려는데 같이 눕길래, 난 그냥 잠들었다.

아침에 일어나니 없던데 뭐하고 갔나........

인도가 어떤 나라인지 난 잘 모른다. 들어보기는 어릴 때부터 들어서 익숙한 듯이 생각되지만 막상 아는 것은 별로 없다.

여러 성자들이 있거나 나온 나라이기도 하지만 그러 식의 영적인 나라라고 알려지는 게 긍정적인 작용을 하는지 부정적인 작용을 하는지 그건 인도가 앞으로 발전하는 것에 따라 다른 판단이 될 것이다.

능력에 따라 긍정적으로 작용하게 하면 되겠지만 어느 나라나 항상 역사적으로 그렇게 현명한 정치인은 없다. 아마 많은 부작용과 단계를 거치면서 힘이 붙고 저력이 생겨야 자기에게 이롭게 작용하게 할 수 있을 것이다. 게다가 인도가 자기들 스스로 문명을 만들고 인류사에 어떤 역할을 한 것은 없다.

이민족이나 남의 종교에 의한 수탈과 지배는 당했어도 거기에 맞서서 뭘 해보긴 했는지 잘 모르겠다.

인도의 역사는 잘 모르겠다. 경전 몇 권 읽은 게 다인데 그러한 경전은 지금의 인도인들과 관련이 없기도 하고 있기도 해서 별다른 도움이 안 되기도 하고 되기도 하는데 일상에선 별다른 도움이 안 된다.

그저 종교에 따라 기도하고 이득을 원하면서 살아가는 일상의 팍팍함만이 있을 뿐이다. 그들이 종교적으로 산다지만 전혀 의미 곡해가 있는 것이지, 해괴한 짓거리라는 것을 스스로 알아야 하겠지만 어떤 길을 갈지는 나도 모르겠다.

정치나 경제에 대한 것은 내가 할 말은 없다.

의미에 대한 것을 위한 정치나 경제인데 그런 것까지 설명할 필요는 없다. 그러면 정치나 경제비판이 되니까 그리고 내가 설명할 부분도 아니다. 내가 붙잡고 다루는 본래의 그것에 대한 것 이외는 나설 생각 없다. 다른 사람이 하고 다른 분들을 기다리는 것이지.......

어떤 면으로는 이들의 역사를 알고 싶다. 종교에 대한 것도 알고 싶다.

우리는 유교의 영향을 받아서 우리의 행동에 그 영향이 있는데 그들은 그런 것이 아닌 다른 가르침의 영향 아래에 있어서 그 미묘한 차이, 또는 큰 차이로 인한 낯설음이 있다.

하지만 한 나라나 하나의 문화를 이해하는 게 그리 수월한 것은 아니어서 그렇게 시간 내어서 공부할 수 있을 거 같진 않다.

녹야원

2013년 9월 21일

시차로 인해 늦게 자는 것인데도 잠이 잘 들었다. 하지만 아침에 5시에 깨서 6시 기상보다 일찍 일어나 할 일이 없이 침대에 앉아 있었다.

그래서 이 나라를 살피는데 북쪽에 거대한 이공간이 있어 보인다. 남쪽에도 좀 작지만 그런 게 있는데 들어가서 보니 사람들의 현실도피로 보인다. 종교적인 원인과 나라 사정에 의한 나름의 살기위한 위로로 이러한 이세계가 만들어진 것으로 보인다. 가이드가 인도인인데 천국에 온 걸 환영한다고 말한다.

이런 말을 보면 역시 현실보다 다른 세계에 대한 동경이 남아 있는 것 같다. 자기 나라를 비현실의 세계라고 자랑스럽게 말하는 것이 현실직시의 부족이기도 하다. 경제적으로 악착같이 돈 벌려고 하는 듯하지만 우리나라처럼 내면의 열등감을 돈으로 해소하려는 것으로 보일뿐 전혀 현실을 이해하는 안목에서 나오는 것으로 보이진 않는다.

이러한 것을 서구인의 오리엔탈리즘이나 힌두교 자체의 영향으로 되었을 거 같긴 한데 역시 난 역사를 모르니 장담은 안 된다.

그래서 이것을 파괴하기로 결정하고 이리 저리 치우는데 그들은 가만히 지켜보기만 한다.

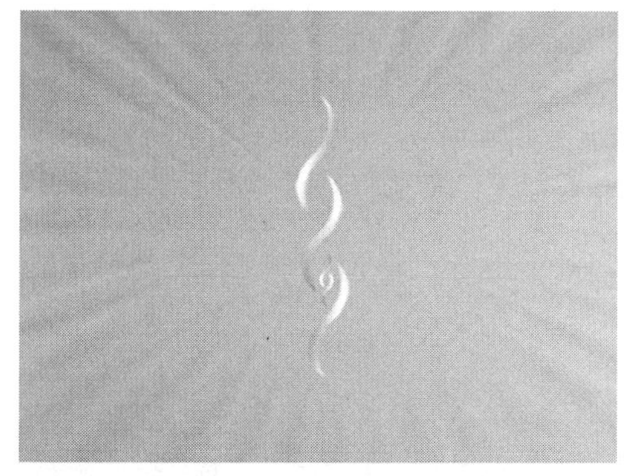

'좀 돕지.'
"저희들은 힘이 없어서."
변명하곤,
'알아서 했어야지,
왜 안 한거지.'
"하고 싶어도 못합니다."
'할 생각이 없는 거지.'

남쪽도 마저 하고, 인도 상공에 이런 것을 그려 넣었다.
그리고 바라나시로 가기위해 뉴델리 공항에 다시 왔다.
바라나시는 녹야원이라고 부처의 초전법륜지가 있는 곳이다.
그런가 하고 별다른 감상은 없었다.

뉴델리 공항에 가니 크리슈나 추종자들이 흰옷을 입고 우루루 몰려와서는 칼을 들이민다. 이 나라 장수 한분이 그들을 처리하는데 그다지 힘들어 보이진 않는다. 칼싸움이 좀 독특하다고 할까, 재미있기도 하다.

바라나시 공항. 뉴델리공항도 새로 만든지 얼마 안 되는데 이것도 그리 오래된 거로 보이진 않는다.

시내에 들어가면 썩어가고 있는 쓰레기가 지천이다. 바라나시는 과거의 도시이고 오랜 전통을 그대로 유지되는 면이 있는 도시라서 더욱 더럽고 발전이 덜 되었다. 다른 도시는 좀 낫다. 갠지스 강이 있는 곳이고 불교의 성지가 있는 곳이다. 쓰레기는 상위층이 버리면 하층민이 그걸 주우면서 대가를 받아 살아가는 풍습이 있는데 쓰레기 버리는 것은 아직 남았고 쓰레기 줍는 것은 사라지고 있어서 그 부작용이다. 나쁜 짓은 쉽게 사라지지 않고 힘든 건 사라지는 것이 어디서나 인간의 성향이다.

바라나시의 호텔에 있는데 지두주니가 와서 "어디가?"

'녹야원' 하니 그곳으로 가는 듯하고 그를 따라 여러 무리가 날라 간다.

사르나트 박물관인데 그 안의 유물이 아쇼카 왕이 세운 기둥의 위에 있는 4마리 사자상이나 초기 마투라 첫 부처상이나 간다라 초기 첫 불상이나 가치가 높은 것이 많은데도 불구하고 그냥 창고에 널어놓은 것처럼만 보였다. 문화가 달라서인지 잘 몰라도 우리나라나 다른 나라의 박물관처럼 으리으리 하거나 보관을 신경 쓴 것으로 보이진 않았다.

사진 찍지 못하게 하고 소지품을 검사하지만 그건 유물을 대충 세워두어서 관리가 엉성해서 하는 짓으로만 보였다.

다맥스투파라고 첫 부처가 법을 전한 자리에 기념해서 세운 것이란다. 초전법륜지라고 한다. 자세한 설명은 나도 모르겠다. 저 탑 안은 텅 비었다고 한다. 일부러 그랬다고 하는 듯하다.

아쇼카가 세운 기둥의 밑 부분

영국이 땅에 묻혀 있는 것을 발굴한 것이라고 한다. 저게 다 땅속에 있었다고 하는데 이슬람들이 불상과 유적을 파괴했다고 한다.

가이드가 인도인이고 브라만이고 역사전공이라서인지 일일이 년도를 말하면서 설명하는데 인도인답지 않았다.

시간적인 순서는 중요하지 않다. 의미의 이해가 있으면 된다. 중요한 건 자기가 어떤 식으로 세계를 구성할 지를 아는 것이다.

녹야원을 구경할 때 날씨는 덥고 습해서 힘들었는데 그 사이로 왠지 시원한 듯한 영기가 느껴지는데 맑고 좋다. 가이드는 말고사 나무나 보리수에서 산소가 나와서라고 하지만 다른 힌두사원에도 맨 말고사와 보리수 나무였지만 여기와는 달랐다.

지두주니가 오길래 그의 창에 이 땅속의 보석을 달아주고 꼬아서 주니 더 달라고 조른다.

'왜이래.'

다맥스투파에 운을 설정하고, 나오는 길에 불교 첫 제자들이 와서 서로 인사하지만 거리를 두고 있다.

여행 프로그램에 있어서 요가도 잠깐 해보았다. 교수는 돈 많고 미국도 강의 하러 간다고 소개 했지만, 요가로 수행하는 사람은 아니어서 그저 형식에 불과해 보였다. 그리고 호텔에 와서 잠깐 쉬는데,

쭈쭈가 침대에 앉아 한 사람, 한 사람 절하게 하고 뒤에 경호원으로 서 있게 한다. 이들과 대화하려니 어딘지 말할 생각이 없어 보인다.

"조심해, 많이 돌아다니고."

'힘들어 죽것는디.'

"조금만 참아."

'이........'

릭샤를 타고 갠지스 강에서 힌두교 기도 하는 것을 보았는데 덥고 습해서 제대로 브라만들의 기도 집행을 찍지 못했다.

뭐 쓰잘데기 없어 보이고 브라만은 저런 것을 해주고 돈 받고 다른 사람들은 이런 것으로 뭔가 소원을 바라는 것 같고 이것을 구경하기 위해 갠지스 강변엔 사람이 많았다. 힌두교는 아침저녁으로 기도를 한다고 한다. 우리처럼 무당이 굿 해주고 돈 받는 것과 비슷하다.

그런데 그들은 그 사제계급이 젤 높으니 우리와는 정반대다. 지금은 인도가 돈이 최고이지 계급은 이미 사라지고 있다고 한다. 하지만 마음속엔 여전히 남아 있고 나이 들고 보수적인 사람들은 고수하려고 할지 모른다. 평등과 불평등은 힘이나 기득권이나 정해져서 나누는 것이 아니라 의미설정에 따라 항상 다르게 규정되는 지혜가 구비 되어야 한다.

저 브라만이 저러한 기도 행사를 하는 것을 보면 브라만이 아니라 다른 계급에서도 하게 해주는 때가 와야 할 것이다. 사제는 브라만 계급인데 그러한 체계 자체의 사라짐이 있어야 하는 것이다.

그러려면 브라만이 하던 저런 것이 다른 사람들도 하는 날이 오는 것이어야 하지 않나. 부처도 브라만이, 자각을 한 사람이 브라만이지 브라만으로 태어난 사람이 브라만이 아니라고 했는데 브라만을 제외하면 수도하는 것을 못하게 한다는 것도 되는데 이건 있을 수 없다.

하지만 이들만 뭐라 할 수 있나. 우리도 아직 제사를 여자가 주관하거나 제사 자체의 다른 형식으로의 전환을 못하는 상황에서 이들의 이러한 기도예법을 무조건 비판하기엔 자격이 없을지도 모른다.

인도로 출발할 때 우려와는 달리 인도에서 크게 두통이 있지는 않았는데, 그건 내가 할 일이 그러한 것과 연관된 것이 아니어서이다.

하늘을 처리하기에도 바쁘다. 그래서 사람이나 땅의 기운들이 접촉되지 않아서 이런 곳에 와도 두통이 없다.

갠지스강

세시 반에 일어나 준비하고 갠지스 강 일출을 보러 간다는데, 일출을 보지는 못했다.

짜이라고 하던가, 살짝 마시니 배가 아픈 듯해 마시다가 버렸다. 여기 사람들은 아침에 이것을 먹고 식사는 별로 안 먹는다고 하는 듯하다.

물, 우유, 홍차들을 넣어 만든다고 한 거 같은데, 컵은 일회용으로 한 번 쓰고 버린다고 한다. 황토가 손에 묻어나는데 그래서 비위생적이라고 생각하지는 않는다. 나만 이상한 듯했는데 다른 분들은 잘 마셨다. 가이드 말로는 물은 갠지스강 물이라고 하는데 뭐 확인 할 수 있나. ㅎㅎ

저 멀리 화장터도 있는데, 지금 화장을 하고 있는 듯하다.

가이드 말로는 화장터에 그 시체를 먹고 사는 자들도 있다고 한다.

그래서 지키고 있는 사람도 있어야 한다. 평소에 사용하던 악세사리 같은 금이나 보석은 그대로 화장한다고 하고 더 넣어 주기도 하는데 그것을 화장 후에 갠지스강에 버리면 주우러 가는 하층민들이 있다고 한다.

뼈는 가루를 내서 버리는 게 아니라서 작은 뼈들이 많다고 한다.

이제 드뎌 버스로 10시간에서 12시간을 타고 카주라호로 가야 한다. 카주라호는 호수가 아니라 대추가 나는 곳이란 뜻이다, 지금은 아니지만.

바라나시를 아직 벗어나지 않았을 무렵,

크고 선명한 용이 갠지스 강에서 나온다. 오더니 하는 말이,

"말하고 오지 그랬소." 한다.

'니가 먼저 오라고 안하고 허락받냐.'

"나도 하고 싶소."

'변화를 감당하기가 힘들걸. 꽤 근본적인데, 깊을수록 좋고.'

"하죠."

'좋아.'

이름은 모르지만 유명한 힌두사원이 있는 곳이다. 저 멀리 보이는 것이다. 이 다리 다음 다리가 우리나라에서 만든 다리라고 하는데, (기업은 잊었다.) 그 근처의 사원이다. 여기를 지나 첫 노상방뇨를 하는 곳에서 방뇨를 하고 버스에 타서 다른 여자 분들이 일 치르기를 기다린다. 중간에 화장실이 없고, 하나 있는 주유소에 있지만 관광객들이 휴지를 써서 화장실이 막히고 더럽다고 잠그고 안 열어 준다고 한다.

그렇게 기다리는데 창 밖에 누군가가 온다.

자세히 보니 분신으로 보이는데, 본체가 오라고 보냈다. 버스는 출발한다. 조금 지나니 그자가 오는데 버스에 타라고 하고 대화를 하는데, 3단으로 보인다.

'좀 나눠주지, 너만 하냐.'

"저도 스승에게 겨우 받아 줄 수 있을 만한 역량이 안 되요."

'스승은 어딨어.'

"모릅니다."

'왜, 찾으면 되지.'

"그게 안 됩니다."

'알았어.' 하고 보낸다.

조금 후에 하늘에 법륜이 있는 듯해 그걸 이리 저리 보니, 그걸 통해 다른 천계로 가는 문인 거 같다. 아무나 들어오거나 아무나 자기들의 정체나 존재를 알게 하지 않게 하기 위한 이중 장치로 보인다.

그걸 통해 더 위의 하늘로 가니 거기에 사람들이 많다. 내가 침입자로 보이는지 덤비는데 등 뒤에 법륜을 달고서 인도 신장들이 나타나 그들을 잡아서 처리한다. 그 중 수장을 잡아 꿇리는데 이자가 그자의 스승으로 보인다. 인도신장의 우두머리로 보이는 자가 나에게 처리할 명령을 기다리는 듯하다. '알아서 하지.' 하니 명령을 달란다.

이런! 뭔가 엮이는 거지. 이거, 나에게 별다른 선택지가 없다. 에혀~~~

이후 이 하늘을 제거하고 두개의 칼을 붙이면서 합치는 것처럼 공간을 접어버리면서 하는데, 아무래도 인도 전체에 이거 하나만은 아닐 거라는 생각이 들어 나도 마애를 내보내서 한꺼번에 하기로 했다.

하나하나 등 뒤에 꽂으니 17개가 된다.
둥글게 법륜처럼 꽂았다.

이게 17개로 둥글게 등 뒤에 달았다.
그러니 법륜 같다는 생각을 했다.

산의 정상인데 여기에 3단 정도의 누군가가 있다.

톨 게이트가 있어서 잠시 정차하는데 내려서 뭐가 있나 보려고 하니 머리가 아프다. 흐미~~후회가 밀려온다. 얼릉 노상방뇨하고 탔다.

산이 있으니 수행자가 있으리라, 수행자야 어디나 있는 거지만 이들도 당연히 산에서 머물 것이다. 그것을 갠지스강이나 사원이나 다른 곳으로 가게 하고 진짜는 이러한 산의 것을 취할 것이다. 졸리는데 서쪽 하늘에 누가 부르는 듯하다. 그래도 잠들었다가 깼더니 침을 흘리고 잤다.

마애가 알아서 했는지 잘 모르겄다.

산의 정상에서 한참을 그대로 간다. 내려가거나 하지 않고 수백 킬로를 가는데, 끝에 에머럴드가 나서인지 에머럴드 공원이 있고 엔젤폭포가 있다. 여기가 내리막이 나온다. 이쪽에서 이곳이 산에 오르는 곳이니 여기도 3단 정도의 영기가 있다. 역시 힌두 사원이 있다.

라마다 호텔에 도착하고, 씻고 티비 켜는데 지두주니가 온다.

인도의 손 씻는 물을 담아두는 항아리 같은 것을 가져 오길래 내가 채워서 가져오라고 했다. 잠시 후에 한가득 가져오는데 내가 손으로 만져보고 더 가져오라 하니,

"이 정도면 되지 않아요?"

'더'

"이 정도면 돼요."

'더 순정해야 돼.' 순도가 더 높아야 하는데 그걸 못하는 것 같다.

'못해서 그러는 거야?'

배달 중의 부기가 나타나 그것을 보더니

"따라오게." 하고 데리고 간다.

"왜요?"

'되겠지 정도는 안 돼, 되게 해야 해.'

'니들 오래 된 거잖아.'

"오랜만이오." 하면서 누가 온다.

보니 배달인데 여기 태생으로 보여서,

'여기 태생인가.'

"………."

'하나 물어도 되나.'

"예"

'자네나 여기 신관들은 왜 말을 잘 안하려고 하나.'

'그래서 평소에 떠들다 정말 말해야 할 땐 말하지 못하는 거 아닌가,

상황에 따른 말과 침묵을 선택하지 못하는 거지.'

"그렇기도 합니다."

'자네가 할텐가?'

"그래도 되겠죠."

'할 수 있나.'

"그렇습니다."

'오래된 거라 힘겹지 않나.'

"몇 번이나 시도 했습니다."

'그야 남에 의한 거고.'

"예, 자각해서 스스로 하지 못했죠.

그걸 이젠 할 수 있어야 합니다."

'할 순 있고?'

"예, 할 수 있습니다."

'그래.'

'이름이 뭐야?'

“고원”
‘우리말로 멀다는 건데.’
“멀지만 가야 한다는 겁니다.”
‘글쿤’
그 사람의 몸에 검의 기운과 번개의 기운이 감돈다.
“이제 이 땅은 제가 맡습니다.”
‘응’

카주라호

카주라호는 유네스코에 등록된 에로틱한 힌두사원이 있는 곳으로 유명하다. 이 사원은 카마수트라를 바탕으로 조각한 것이 있는데 그래서 외국에서 더 유명하다. 이슬람에 의해 그 사원의 안의 것은 손상이 가서 힌두교들은 얼굴이 손상이 되면 신으로 기도하거나 하지 않는다고 한다. 그래서 별로 힌두인들이 기도하지는 않고 관광만 한다.
뻘난 결벽 아닌가? 영국인에 의해 발견된 거라고 한다.

나도 카마수트라를 예전에 읽어보긴 했는데 기억이 안 난다.
차이나의 소녀경도 보고, 볼 건 다 봤는데 그게 뭔 소린지는 잘 모르겠다. 자세히 연구를 하지는 않았다.
밀교에서처럼 성관계로 수련하는 것일지도 모르지만 그런 건 비밀로 자세히 가르쳐주거나 책으로 발간하지는 않은 것이어서 알기가 어렵다.
그렇다고 대단한 방법이 있고 하지는 않는다. 또 그들 자체도 오해가 심해서 몸만 망치거나 잘못된 이념으로 스스로의 가능성을 막기도 한다.

이사원은 그저 조각만 한 건지 그 의도는 잘 모르겠다.

이런 사진은 그저 명성에 따른 기념으로 찍은 것이지 별다른 의미는 없다.

지금은 아니지만 여기도 사원이고, 이렇게 웅장하고 크지만 기운이 좋아 보이지는 않았다. 녹야원과는 비교되는데 저러한 조각이나 화려한 건축이 오히려 수행엔 방해가 되기도 한다.

수행자체엔 저런 것은 불필요하고 일반인이나 감각적인 것을 흥미로워하는 사람에게나 감흥이 있는 것이다. 성을 감추거나 더럽다고 하거나 금지해야 한다고 하는 것은 아니다. 다만 의도와는 다르게 왜곡된다는 것이다. 성으로 수련하든 그것으로 무엇을 하든 범죄적인 것이 아닌한 장려할 것이다. 하지만 진정으로 도의 경지를 가지 못한다면, 즉 결과를 내지 못한다면 겉으로 아무리 그럴듯하고 화려해도 그저 일반인의 시선을 끄는 것이 다이다. 이런 사원처럼.

여기선 지두주니가 다시 그것을 가져오는데 그래도 순도가 미흡하다. 고원을 불러서 보니 그렇게라도 하자고 해서 하는데, 금강저 모양의 것이 거대하게 만들어지고 여러 운을 정해서 하다가 아무래도 20단 정도의 사람이 필요하다.

고원이 어디론가 가서 누굴 데려오는데 원숭인지 코끼린지 애매한 것을 데리고 온다. 본모습으로 돌아오라고 하니 사람이 되는데, "오랜만이오." 하곤 바로 일하러 간다. 달리 설명하거나 뭘 할 필요 없이 알아서 한다.

"순도가 부족하네."
'그것도 어떻게 해봐.'
"그래야겠군."
이걸 보고 옆의 자이나교 사원을 갔다. 그 모양은 비슷하다.
그 중에 박물관이라는 곳에 가는데 어깨가 따끔거려서 보니 자이나교인으로 보이는 자가 공격을 하길래 치웠다. 힌두교 사원에 갈 때도 또 그러는데 이곳의 사원들이 날 싫어하나 보다.

근데 여기 카주라호 오는 도중에 비가 잠깐 왔었다. 그리고 지금 우기라고 들었는데 그래서 비가 좀 오려나 하고 기대하고 있었다. 그런데 비는 고사하고 구름한 점 없는데 더워도 너무 덥다. 말라 죽이려고 하는지 이 무신 뙤약볕이냐고. ㅜㅜ
이제나 저제나 비를 기다리지만 결국 오는 날까지 비 한 방울을 안 왔다. 관광하러 나가기만 하면 구름이 어디론가 사라진다.

타지마할

카주라호에서 잔시로 이동하는데 6시간 걸린다고 한다.
중간에 다른 곳을 들르긴 했는데 별로 신통치는 않았다. 초등학교에 가서 과자 싸구려 하나 나눠 주고 사진 찍는 게 있는데 뭔 지랄인지 모르겠다. 그리고 카스트제도의 네 계급이 한 마을에 사는 곳이라고 집 방문을 하는 곳이 있는데 이것도 이젠 짜고 하는 듯해 영 거시기 하다.

잔시에서 특급기차인데 비싼 거라서 아무나 못타는 거라고 했다.
6시 출발인데 지연되면 기약 없이 기다리는 것이라 너무 정시에 올 거라고 기대하지 말라는데 가보니 10분정도 전에 온다.

이 나라는 미리 와도 6시 정시에 출발한다. 근데 여기선 음식이 계속 나온다. 2시간 반을 가는데 계속 먹을 게 나온다. 저녁은 호텔에서 먹어야 해서 밥 나오는 것은 거절 했다.

저 위는 신발을 벗거나 덧버선 같은걸 하고 가야 한다.

저기도 다 보석으로 붙였었는데 지금은 다 뜯어가서 별로 없다. 그리고 내년인지 플라스틱으로 다시 붙일 거라고 한다. 내부의 관에는 터키석이 있다고 한다. 들어가면 관 두개 외에 별거 없다. 외부에서 보는 이게 다다. 가이드 말로는 지하에 지진이나 홍수로 양쪽으로 기우는 것을 자동차의 현가 장치처럼 원리를 이용해 지반공사를 했다고 자랑을 한다.

자세한건 나도 모른다. 졸면서 들어서. ㅎㅎ

물과 나무를 이용해 양쪽이 균형을 맞춘다. 그래서 양쪽이 서로 대칭으로 만들어졌는데 왕이 다른 건 안하고 죽은 왕비를 위해 묘만 만드는 게 맘에 안 들어서 그 왕이 죽은 후에 내부의 관은 왕의 관을 더 크고 높게 해버렸다. 그래서 좌우가 안맞게 하려는 것이다.

이런 걸 들으면서 졸고 있는데 공중에서 사아디가 나타난다.

두루마리를 잔뜩 내 주위에 늘어놓는데 하나 하나 보다가 마지막에 사인한다. 그리고 좀 있으니 검을 찬 자들이 둘이서 오는데 한쪽에 서고 그 후에 코끼리를 타고 어떤 자가 오는데 왕 같다. 그냥 치웠다.

타지마할 주위에 둥글게 기운이 있길래 그걸 연결하고 이걸 탑으로 해서 위로 뻗치게 해서 이쪽 세계의 전역으로 영역을 정하고 구심점으로 삼았다. 크로노스도 와서 저 꼭대기에서 뭔가 한다.

위 두 사진은 구궁들이다.

이건 아그라 성에 있는 것이다. 다 보석으로 장식되어야 하는데 영국이 뜯어갔다.

보석은 영국이 다 뜯어 갔다. 점령국의 탐욕은 동서양이 같네.

구궁 중에 건궁이다.

이슬람이 여기에 궁을 세우고 타지마할을 만들고 다 의도가 있는 것이겠지, 인도에서 다닌 곳 중에 구궁이 있는 곳이 이곳뿐이었다.

다른 곳은 어디에 있는지 찾을 방법이 없다.

힘과 세력을 얻는 효험이 있을 것이다.

이런 식으로 다 있어야 하는데 이 곳만 남고 없다.

역시나 덥고 태양이 쨍쨍한 날에 이걸 돌고서 돌아오니 힘겹다.

쭈쭈, “일 마니 했어?”

‘머셔, 내가 하고 싶은 걸 한다.’

“이거 가져, 서로 주고받아야지.” 둥근 것을 준다.

‘어떻게 하는 건지 모르겠는데.’

"모르면 못 쓰는 거지."

'훔'

또 다시 둥근 것을 준다. 난 가방에 넣었다.

1. 종교
2. 이쪽 서쪽 세계에서의 역할
3. 활력
4. 주변국과의 호응
5. 전진지역

유미에게 내가 돌아다닌 길 따라 재구성을 하라고 쭈쭈도 같이 보냈다.

자이프루

드디어 자이프루에 도착했다. 이제 버스타고 몇 시간씩 이동할 일은 없다. 이 얼마나 다행인가, 자려는데 누군가 옆구리를 찌른다. 잡아서 처리 후 뭔지 알아보려는 의욕도 없이 잠든 거 같다. 어제 그제도 그랬던 거 같다. 잠든 사이에 오거나 그래서 깨는데 처리만하고 다시 잔다.

여러 가지로 지쳐서 해야 할 일 이외는 멍했던 거 같다.

아침에 티비 보면서 식사 시간을 기다리는데 누군가 온다.

차렷 자세로 굳어 있는 듯한데 하는 말이,

"우리 같은 지역담당은 너 같은 자를 싫어한다."

'너 같은 지역담당은 많나?'

"많다."

난 얼굴을 때리고 배를 발로 찼다.

'너에게 이유를 설명할 필요는 없지,

넌 아직 날 볼 수준은 아닌데 어떻게 왔지? 가라.'

기어가다가 그 신장 우두머리가 와서 데려 간다.

조언자가 필요 한데, 한참을 생각했다. 이 나라 사정을 설명해 줄 사람이 필요한데 내가 여기 신관들을 알 수가 있어야지, 훔 어케 한다. 이런 고민을 했었다. 유미가 자기에게 물으라고 한다.

'일은 잘됐나.'

"응"

'여기도 천신이나 지신 체계가 있나?'

우리와는 다르지만 나름 있다고 한다.

'그래? 뉴델리에서 찾으니 없던데 이상하군.'

"주위에서 지키느라 자리에 없었어."

'그랬나.'

그래서 그중에 자격이 미달된 자들을 처리하라고 그 신장에게 시키니 자기가 소집시킬 테니까 직접 하라고 한다. 역시 자기 손은 안 쓰려고 하네. 그래서 저녁에 하기로 했다.

그리고 관광을 하러 가는데 영 기분은 별로다. 저녁에 할 일은 그리 유쾌한 것은 아니니까, 게다가 그 후유증은 얼마나 갈 것인지도 우려되는 것이다. 그런 일을 앞두고 관광이라.. 좀 간극이 느껴진다.

핑크시티 성곽이다.

창문이 많아 바람의 성이라고도 하는데,

궁녀들이 밖을 못나와 창으로 밖을 보던 것이라고 한다.

아그라성엔 보석으로 장식 한 것인데 여긴 돈이 부족해 흉내를 내려고 유리로 했다. 그래서 영국인들이 가져가지 않아서 지금도 이렇게 아름답게 남아 있다. ㅎㅎ

이건 하늘의 12 별자리를 찾는 방법이다.

각각의 별자리에 해당하는 것이어서 12개 이어야 하는데, 아버지가 하던 것을 아들이 잇지를 않아서 미완성이라고 한다.

오늘이 어떤 별자리에 해당하는지 찾는 것이다.

방법은 중간에 철사로 달려있는 접시모양의 것의 그림자가 어디에 있는지로 안다.

해시계인데 해가 11월 부터는 남쪽으로 기울기 때문에 그림자 각도가 저렇게 해야 보이기 때문에 저렇다.

해시계. 이 계단이 옆에 반구에 비치는 것을 보고 시간을 안다.

철심의 그림자가 11시를 넘어가고 있다.

사랑의 성 위에서 본 자이프루

사랑의 성 가는 길의 계획도시라고 하는 자이프루의 전경이다.
여기까지가 오늘 관광의 끝이다.
이 산위의 성에서 맥주를 마시고 일몰을 보니 그것도 그럴듯 하다.
오늘은 음울한 것을 해야 하니, 일몰처럼.......

호텔로 돌아올 때 일차로 함.
숙소에서 2차.
자다가 3차.
그 전에 낮에 한 천신이 와서 하지 말아달라고 하는데,
'너부터 하까.' 하니 그냥 도망간다.
그리고 낼 아침 마지막으로 한다.

이렇게 하고서 낼 아침에 [모부] 라고 새롭게 와서 된 신관(천신, 지신) 체계의 이름을 정한다. 숫자는 10만 정도이다. 너무 적은 거 아닌가?

암튼 이렇게 하루 일과를 마치고 저녁 먹고 방에 들어가서 씻고 잠든다. 너무 피곤해서 그냥 잔다.

마지막

2013년 9월 21일

드디어 마지막 일정을 하는 날이 왔다. 근데 아침 먹고 배가 살살 아프기 시작한다. 뉴델리에서 저녁 먹으니 좀 더 아프다. 인천까지 가서 화장실로 갔다. 별다른 건 없는데 왜 아픈 건가? 난 남들이 하는 식사의 3분의 1만 하면서 지냈다. 소화가 잘 안되는 것 같고 배도 아프고 해서 그랬고, 화장실을 안가고 버스를 타기에도 그랬는데 그리고 별로 먹고 싶은 생각도 안 들었다. 지치고 힘들어 식욕도 없었다.

이제 돌아간다. 돌아간다.

자이프루에서 비행기를 타고 뉴델리로 가는데 30~40분 정도라 비행기가 오르자마자 다시 내려간다. 버스로는 5시간 이란다.

11시 10분 비행기인데 20분 늦게 출발한다. 직원이 안 나와서 기다리기도 했다. 뉴델리에서 뭄바이, 첸나이나 꼴까따와 그외 다른 도시들을 연결하고, 뉴델리는 인천에 연결했다.

인디아 게이트, 얼마 전에 버스에서 여대생 성폭행 사건으로 구경을 못하게 막았다. 버스가 서지도 못해 지나 가면서 찍게 한다.

대통령궁이나 국회의사당을 차창으로 구경하는 것이다.

이렇게라도 봐야 하는 이유가 있나? 별난 관광이다.

점심 먹으러 가는 동안 각 나라의 대사관들이 있는 곳을 지나가면서 구경하고 이 나라의 정치, 경제인들의 부자들이 사는 곳을 구경하기도 했다. 우짜라고~~~

멀리서 경찰과 합의 보는 중.

뭐가 문제인지 경찰에게 걸려서 50불 주고 합의 봤다는데 여기는 살인을 해도 경찰에게 돈 주면 해결된다고 한다. 돈 뜯으려고 잡거나 검문하기도 하나보다.

간디 화장터라는데 머리가 아프다.

그리고 여길 구경하러 버스에서 내릴 때 미끄러져서 다칠 뻔 했다. 그래서 오른다리가 근육통이 있고, 비행기에선 허리, 그리고 나중엔 등이 아프다. 마지막에 결국 넘어 뜨리는데, 이런. ㅠㅠ

며칠 전부터 눈에 이상이 있는데 아프거나 하는 것은 아니고, 공간의 거리 감각이 약해진 거 같다. 그래서 짚차 탈 때 세 명이 탄 거 같은데 가이드가 타라고 소리 지르길래 다시보니 두 명이다. 난 뭘 본거지? 그리고 버스에서도 마지막 맨 뒤 바로 앞의 의자라고 생각해서 앉았는데 두 번째다. 이런 식으로 자꾸 착각을 하는데 결국 버스에서 내릴 때 계단의 거리인지 아니면 숫자를 착각해서 잘못 디디게 되어 넘어졌다.

시크교는 이슬람에 대항해서 만들어진 전사계급인 크샤트리아 병사들이 만든 것인데 나중에 종교화 되었다는 가이드 말인데 자세한 건 모른다. 이들은 다들 키가 크고 가슴이 넓으며 머리를 기르기 때문에 터번을 쓰고 팔엔 팔찌와 작은 칼을 가지고 다닌다. 부자 종교라고도 한다.

이건 시크교의 사원이다.

저녁 먹고 뉴델리 공항으로 와서 비행기 타고 인천으로 돌아왔다. 한 시간 반 정도 남았을 때 우리나라에서 신관들이 와서는 비행기를 개조한다.

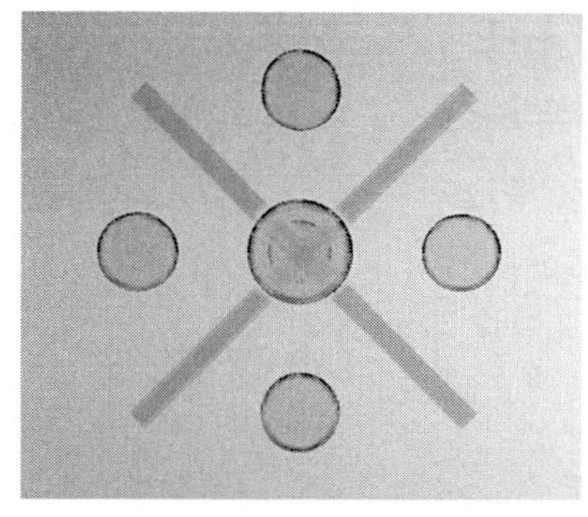

머리 위에 이런 걸 하고 다닌 거 같다. 구체는 여섯 개로 상하좌우 앞뒤식이다. 그런데 그림은 이렇게 했다. 입체이다. 평면으로 그려서 이렇다. 이 땅과의 접촉과 교류와 정보를 알기 위한 것이다.

뉴델리에서 그 신장 우두머리가 자기에게 권한을 주면 더 잘할 수 있다고 해서 주었다. 가슴에 다섯 개의 연꽃잎과 비슷한 것을 달게 하고 운을 설정했다.

어떤 시내에선 질투와 질시를 이용한 운도 설정했다. 승전탑 주변.

남의 나라에 대해서 좋다 나쁘다라고 말하고 싶지 않다. 그 나라 사람들의 삶의 터전이니 내가 왈가왈부할게 아니다. 내가 살아온 것과는 너무 달라서 낯섦이 심한 건 사실이다. 아직 인도에 대해서 뭐라고 말할 수 있을 정도로 알지 못하니 좀 더 시간을 두고 알아 봐야 할 거 같다. 너무도 다른 것이 충격적이기도 한데 그래서 더 신선하고 자유롭기도 하다.

우리나라는 이미 대체적인 분위기와 정해진 사건이나 규칙이나 관례들이 있는데 그러한 것이 전혀 다른 곳을 가보니 전혀 다른 발상도 가능해 보인다. 그들에겐 우리나라가 그럴 수도 있을 것인데 서로 뒤섞이면서 이로운 것만 빼먹는다는 것은 아니고 필요하거나 긍정적인 방법으로 접목하는 것도 있을 것 같다.

한 일은 대강 이러하고 이제 할 일이 태산이니 이걸 신경 써야 할 것이다. 지나간 건 지나간 것이고 오는 것을 대비하는 것이겠지. 근데 인천에 들어오고 집에 오고 오늘도 지나고 있지만, 일본의 후지산 다녀온 거처럼 뭔가 했다거나 끝났다거나 하는 후련함이나 성취감이 없다.

흐지부지 하듯 확실한 마무리가 없어 보이는데 이 찜찜함은 뭐지.......

10월 5일, 6일

여러 분들과 광화문 코리아나 호텔 묵음.

집에 오니 구봉, 남명 같이 옴.

제주도 가는 거, 한라산.

사람이름과 돈 적힌 거 봄.

(이렇게 신경 쓴 거란 말이지.)

10월 9일~11일

제주도

와흘 본향당, 고맙다고 한다. 움풀이 하고 흐름을 이었다.
산천단 갔고, 한라산에 등산 했으면 한다.
성산일출봉, 다랑쥐 오름.

숙소에 있을 때 서왕모 권속이 와서 주판을 주면서 좀 더 치밀하게 하란다. 난 그걸 왼손 팔에 넣었다.

인도!!

2013년 10월 19일 블로그

인도를 가기 전에 인도에 대한 역사와 철학과 그들의 정신적인 지향을 조금이라도 이해하고 갔어야 했다. 문화와 사회적인 것도 알면 좋지만 한 나라를 그렇게까지 심도 있게 알기는 쉽지 않다. 하지만 그러지 못했다.

그전에 여러 가지 인도의 문헌들을 단편적으로 본적은 있다.

카마수트라, 요가수트라, 우파니샤드, 바가바드기타나 네로의 자서전이나 서양인이 쓴 요가에 대한 설명도 읽어보고 인도인의 수행서들도 대충은 다 보았다. 대충이지 그들을 알려고 보거나 어떤 의도로 보지는 않았다. 한 번의 일람 정도라고 해야겠다.

그리고 이런 것이 오래전이고 인도를 알아야 한다는 생각으로 한 것이 아니라서 인도에 대한 개괄적인 이해나 전반적인 것을 알 정도는 물론 아니다. 그리고 인도를 다녀와서 인도에 대한 지식을 쌓기 위해 역사서와 철학서들을 보는데 결코 쉽게 와 닿지 않는 생소함이 있다.

불경에서 들은 나라나 장소나 이름들, 학창시절 들은 듯한 뻰잡이나 벵골이나 몬순기후나 데칸고원, 흔하게 알고 있는 강 이름이나 그런 것이

단편적이어서 어떻게 정리하고 체계를 잡아야 하는지 애매하다. 나에겐 하나의 충격으로 다가오는 것이었다.

서양과도 다르고 차이나와도 다른 그들의 삶의 목적과 문화와 종교적인 것과 생활의 접목이, 이렇게도 사는구나 하는 것들이었다.

겨우 인도역사 몇 권과 철학사 몇 권을 읽어 봤을 뿐인데 신세계를 만나는 듯 한 기꺼움이 있어서 좋다. 새로운 경쟁 상대이면서 동반자인 인도를 보면서 내가 더 정밀해져야 하는 긴장을 하게 된다. 겨우 한 번의 접촉이지만 그 여파는 생각보다 크다. 협소하고 세계를 보는 것이 치우친 우리나라의 입장에서 새로운 타자가 될 것인데 그 저력은 감당하기가 결코 쉽지 않아 보인다. 어떤 면에선 우리가 뒤쳐지고 있어 보이기도 하는데 서로가 해결하는 방식이 다를 것이니 단순 비교는 안 되겠지.

"우리의 세계인식은 「동, 서양」 이라는 말로 대변되어 왔다. 그런데 이 「동, 서양」 이라는 말의 실제적 함의는 라틴 위스트(서양)와 중원 황하 문명권(동양)이라는 매우 협애한 외연에 머물러 있다........ 동양을 말해도 일본문명 자체에 대한 이해 조차 거의 없으며......." 도올의 말이다.

〈인도에 대하여〉 라는 책의 서문에 있는 글인데 맞는 말이다.

우리가 아는 세계는 그저 세계지도에서나 보고 나라이름이나 수도를 외우는 정도일지 모른다. 그리고 해외여행을 한다고 해도 그렇게 본 다른 나라를 얼마나 이해하고 있는지를 짐작하기는 별로 어렵지 않다.

한 나라를 안다는 것은 방대한 지적인 숙고가 필요하다. 한두 번 가고 그 나라에서 얼마를 살고 그 나라 사람과 대화한다고 알 수 있는 것이 아니다. 그리고 우리가 세계화를 하는데 얼마나 다른 나라를 알고 하는지도 생각해 봐야 한다. 세상엔 미국과 차이나와 유럽만 있는 것도 아니고 정말 미국이나 일본이나 차이나나 유럽을 얼마나 이해하고는 있는지 한심할 정도라고 생각한다. 나 역시 인도를 그동안 계속 알고 싶어서 서점에서 인도의 역사나 철학에 관한 책을 볼 때면 한참을 서서 망설이기만 하고 언젠가 언젠가 하면서 지연된 기약만을 할 뿐이었다.

인도를 이해하기가 쉽지도 않을 뿐더러 알려고 하면 감이 잡혀야 하는데 그렇게 까지 알려면 오랜 탐구가 있어야 할 것이어서 선뜻 시작할 수가 없었다. 이제 겨우 시작하는데 우리나라엔 생각보다 인도를 설명하는 것이 없다. 아직 우리에겐 인도는 발견되지 않은 나라이다.

인도 뿐이랴, 우리가 아는 세계 그리고 알고 싶은 세계는 금전적인 이득을 주거나 명예욕을 충족할 나라들일 것이다. 아니면 그저 인도를 안다 해도 신비적이거나 미신적인 선망을 하면서 왜곡된 인도를 알고 싶을 뿐일지도 모른다. 나도 이제 겨우 첫 이국을 경험한 것이니까, 나에겐 인도가 첫 해외가 된다. 차이나나 일본은 자세히 알지는 못해도 생소하지는 않다. 그래도 역시 자세히 알아야 할 대상이기도 하다.

피상적인 앎으로 대할 만큼 쉽게 할 일들이 아닌 것이니까.

아는 만큼 할 일이 깊어지는 것이겠지........

11월 5일

엊그제 광주에 갔는데, 서산이 뭐하러 왔냐고 물어서 미국 때문이라고 했다. 우리 전통과 서구 전통과의 융합. 우리식 철학, 주체, 패러다임 완성을 위한 거라고 했다. "벌써 하나?" 하면서 〈천이결〉 두루마리를 펼쳐서 보는데, 이 천이결은 스님들 사이에 내려오는 것이다.

의정부를 넌 초에 미국 관련으로 갔다 왔는데, 오늘 경전철 멈춰서 6시간이상 운행중단. 미국에서 한국 도청 했다고 어떤 언론사 기재.

역시 옥새와 미 대통령의 방한과의 관련이라고 생각하고, 이건 표면적인 것이고 시작적인 의미가 크다.

11월 7일

남산 갔다 왔다.

누군가 어떻게 할 거냐고 하길래,

이제 겨우 뭔가 할 건데 뭔 소리냐고 했다.

불광동에 가니 노적봉 여신이 마패를 준다.

늦은 밤에 유미는 회풍이라고 했다.

"돌아오는 바람"

돌고 돌아 이제 올 것이라고 한다.

11월 14일

서울역에서 구도육천문이 마패하나 줌.

부산에 갔다. 준비를 해서 이제 뭔가 한다고 함.

지신들이 뭘 하려고 하나?

남명이 네 개의 넓적한 것을 몸에 둘러 주면서,

현문을 확장하려고 한다고 함.

송도 여자에게서 원반 받아 옴.

15일

영등포에서 여자가 자살소동을 해서

단선으로 50분 늦게 서울역 도착.

어제는 구일역에서 자살이 있었다고 함.

16일엔 삼성동 엘지 소속 헬기추락.

19일 가방을 사서 보내옴.

남명이 끈 주기에 가방에 두름.

준비 되었다.

웃을 일인지

2013년 11월 25일 블로그

제주도 갔다 오니 곰이 사람을 치고 서울대공원 갔다 오니 호랑이가 사람을 치네, 그러면서 들리는 건 여자아이이다. 곰과 호랑이와 여자가 나오니 단군신화 같은데, 그럼 다음엔 단군이 나오나?

단군이 사람인가, 사건인가, 하늘과 땅이 이어지려는데,

이어갈 사람이 있는 건가? 이을 사람이 있는 건가?

새로운 땅 하늘의 관계가 세워지고, 그로 인해 새로운 생명의 탄생이 일어나고 있으니. 지구가 열을 내는데 정신 차려야지. 이시대의 증인이 되어야지, 어떤 사건도 봐줄 사람이 필요하거든, 참여자가 되라고는 못하겠네. 제주도가 둥근 태모양이고 한라산은 은하수이니, 하늘에서 내려와 사람을 만드니, 그 사람에게 하늘 일을 하라고 했는데, 어떻게 하려나.

하늘이 사람을 지배하는 것에서 사람이 하늘을 운영하는 의미로 역전현상이 일어나는 것을 기다리는데 할 수 있으려나.

이사 이러한 의미는 있지만, 산고가 엄청 클 거라고는 생각 못했지. 음.......

터키

2013년 12월 11일 블로그

제주도를 가야 한다는 것은 작년부터의 모색이었고 시기를 기다리는 것인데 이번에 가면서 마라도가 언급되면서 영토문제가 불거진다는 걸 알 수 있었다. 그래도 난 마라도 가는 것을 반대했다.

이후에 차이나로부터 불거지기 시작한 영토문제는 재미있는 현상인데 내가 도를 이해하기 시작하면서 신경 쓰인 것 중에 하나가 제주도를 둘러싼 차이나와 일본 간의 각축이었다. 그것을 이제마 홀로 감당하고 있는 것이 안쓰러워 그에 대한 처리를 하는데 때마침 이어도의 완공이 있었다. 인도 가면서 제주도의 영해를 거쳐 가는 것을 보았는데 이때부터 이 영해가 내 인지에 들어오기 시작하는 것이 아무래도 불안함을 금할 수가 없었다.

전혀 무지한 어떤 것이 인지되고 알게 된다는 것은 거기에 어떤 일이 있는 것이거나 진행 중이거나 그래야 하는 이유가 있어서 인데 그렇다고 마다할 수는 없는 것이다. 할 건 하는 것이고 이로 인해 또다시 다른 것을 인도하고 있는 것이니까.

개벽이야 벌써 일어난 것이지만 이젠 이렇게 누구나 알 수 있는 사건으로 드러나게 될 정도로 하늘이 소리 내고 충돌이 일어나면서 알리고 있는데도 눈감고 귀 막고 전혀 깨닫지를 못한다면 그것도 대단한 무지라고 하겠다. 이렇게 하늘이 열렸고 그에 따라 머리도 열린 것인데 순응하면 보답이 있는 것이고 그렇지 않다면 역시 그에 따른 보답이 있겠지, 보답이 항상 긍정적인 것이라는 의미는 아니니까.

이번엔 터키를 간다. 제주도의 영공이 아니라 이젠 북한과 차이나 북쪽 하늘을 지나는 노선으로 바꾸어서 갔다. 터키를 가야 하는 이유는 애매하다. 신관도 혼란해 하지만 난 아무 생각이 없었다. 좀 엉성한 신관들을 보면서 좀 더 잘하시지 하는 짜증이 있는 것이다.

내가 미리 그 나라를 공부하고 다니는 열정은 없는 사람이라 이번에도 터키에 대한 사전 지식은 별로 없이 갔다. 돌궐족이어서 우리와 피를 나누었다는 식의 생각을 그들도 한다고는 하는데 우린 그다지 관심이 없는 나라일 뿐이다. 우린 그저 사대주의와 이해타산을 따지는 영악한 자들이 다스리는 나라다 보니 이득이 되는 나라 이외는 그다지 관심을 보이지 않는 편협한 나라다 보니 그렇다.

이런 게 신관들의 일처리가 헷갈리는 원인이 될 것이다. 앞을 내다보는 통찰이 있어야 하지만 인간 스스로 그러한 욕구가 없다면 그들 역시 벅찰 것이니 서로간의 부조화는 혼란을 야기하는 것이 된다.

그래서 터키 가는 첫날부터 난 지하철역을 두 번이나 가야 하는 수고를 하며 땀나고 귀찮은 짓을 반복하게 된다. 얼마 전에 카드 유효 날짜가 지나서 다시 발급받았는데 그것도 지하철이 된다고 해서 그것을 가져가니 안 된다. 그래서 다시 쓰던 카드 가지러 집에 가야 했다. 그리고 그날따라 우리나라 돈을 가져가지 않았는데 지하철에 갔다가 다시 집으로 돌아가야 하는 어이없는 상황이 되었다. 이때부터 두 번이라는 반복이 눈에 띄기 시작한다. 비행기 앞자리의 두 외국인은 4시간을 떠드는데 정말 시끄럽고 남들 다 조용하고 자는데 둘이서만 그렇게 떠든다. 남자들이 뭐가 그렇게 할 말이 많은지 신기할 따름이다.

그리고 내가 앉은 좌석 번호도 33번이다.

또 보아하니 같이 터키 여행을 할 일행으로 보이는데 이들이 기내식을 두 사람이나 엎는다. 좀 지저분하긴 한데 한 번도 구경하기 힘든 식판뒤집기를 두 번이나 보니 그것도 웃기다. 그리고 나 역시도 둘이서 가는 일정이다. 그리고 가는 도중 지루해서 영화를 보았는데 예거라는 로봇을 두 사람이 같이 신경연합을 해서 조정하는 영화다. 제목이 퍼시픽 림이다. 암튼 둘인데 둘인 이유는 여러 가지 일것으로 보인다.

의미에 대한 것은 상상에 맡긴다. 블로그에 잠시 잠수한다고 쓰고 태극기를 이모티콘으로 했는데 역시 이것도 자꾸 눈에 보인다. 남의 나라에 가서 태극기를 보는 것이 그리 흔하지는 않다. 그런데 터키에선 생각보다 자주 보인다. 거기에 터키는 자국의 국기를 대단히 좋아 하는 듯한데 여기저기에 국기를 매달아 놓은 것을 보게 된다.

커다란 깃대에 국기를 달아 놓은 것을 자주 보았다. 저건 보드룸 성에 있는 것인데 깃대가 기둥만한 것들도 길거리에 많다. 그러다 보니 이러한 터키 국기도 보았다. 터키의 국기에 대한 유래를 가이드가 설명해 주었는데 자료는 알아서 찾아보시고, 붉은 바탕에 초승달과 별이 있다.

붉은색은 전쟁에서 피 흘린 것이고, 달은 초승달이 피에 비친 것이다.

별은 이슬람과 연관된 거 같다. 어느 전쟁 어느 술탄과 누구의 피인지는 잘 모르겠다. 예니체르라던가? 자세하건 항상 모른다. 그냥 대충......

저건 에페소에서 조금 더 가서 쿠사다시에서 본 에게해이다.

별과 초승달이 터키 국기 같다.

이스탄불은 관광하기엔 좋을지 모르겠다. 갑부들의 별장들이 있고 그 외도 별장이 엄청 많은데 골든혼이라는 강인지 호수인지 바다인지 그것을 따라 경치가 좋기도 하고 소피아 사원이나 블루모스크 사원과 그런 사원을 위한 고층 건물 제한으로 인해 보기가 괜찮다.

궁궐들을 구경하는 것도 좋다. 돌마바흐체인지 뭔지 하는 것이 아마 다들 구경하고 싶어 하는 듯하고 그 안의 황금이나 베르사이유와 관련되어서 보고 싶어 하겠지만 난 그런 경치들은 별로 관심 없다.

첫날의 날씨는 그다지 좋지가 않다. 비가 오지는 않았는데 구름이 끼고 바람이 불고 춥다. 미나렛이라는 기도시간 알리는 긴 첨탑들이 보이는데 저러한 것을 다른 건물이 가리지 못하게 제한을 하는 것 같다.

석양을 볼 수 있을 정도의 거기만 구름이 약간 개어 있다.

저 언덕도 전설이 있다. 밑에 그림을 보면 체인으로 연결해서 배가 지나가지 못하게 했는데 그래서 전투선을 저 언덕을 넘어서 쳐들어오는 것을 감행해서 이겼다고 한다.

저기 저만큼. 터키가 저 정도의 변화만을 이번엔 허용할 것이다.

겨우 저 정도인가, 그래서 뭘 하라구.

아, 그리고 터키에 도착해서 공항에서 버스타고 가는데 양탄자에 불 바퀴를 단 할아버지가 나타나 잘 왔다고 여행내내 자기가 돌보아 줄테니 걱정마라고 한다. 종단으로 보이는데 이런 자들이 터키에 있었던가 하는 관심이 부쩍 생긴다.

배를 타고 돌마바흐체가 보이는 곳을 지날 때 쯤,

술탄처럼 보이는 자가 자기가 또다시 뭔가 하고 싶다는데 하든가 말든가 내가 상관할게 있나, 능력 껏이지라고 했던 거 같은데, 이름을 들어도 당최 기억이 안 난다. 생소한 이름들이 너무 많다.

술탄 아흐메트라고 했나? 처음에 터키어를 들으니 말하는 것이 얼버무리는 듯 하게 발음하는데 기죽는 것이 많은가 하는 생각을 하게 했다.

피에르롯티 언덕에서 찍은 것이다. 저기 멀리 보이는 곳이 유럽쪽 이고 번화가가 있는 거 같다. 이 골든혼(황금뿔)의 강처럼 보이는 것을 기준으로 유럽 땅과 아시아가 갈린다.

블루모스크와 성 소피아 사원도 갔다.

이스탄불

벽돌 출처가 찍인 것. 유일하게 이 하나만 뒤집혀 있어서 알게 된 거라고 함.

납인데 지진에 대비해서 완충을 위해 한 거라고 함.

지옥의 문, 천국의 문이라나.

이런 모자이크화 때문에 여기가 유명하다고 함.

이슬람인지 어딘지 저걸 없애기 위해 그림 위에 덧칠해서 지운 것인데, 복원한 것이라고 한다.

톱카프 성의 내부인데, 여기엔 88캐럿의 다이아몬드를 비롯해 금이나 루비나 사파이어가 많다. 칼도 있던데 맘에 들어, ㅎㅎ 총도 있더군.

그보다 여긴 구궁이 있다. 그것도 건궁, 이궁도 있는데 암튼 건궁은 지도자가 사는 땅인 듯 하다. 그런데 여기 구궁이 좀 작네, 왜일까?

오스만투르크 제국의 성인데 우연일까나?

이것 때문에 갑자기 급하게 터키에 대해서 관심이 일어나네.

관광 명소나 경치는 아무래도 좋고 내가 보고 싶은 건 다른 것이쥐.

터키-2

둘째날에 이즈미르로 가는 비행기에서 옆자리에 누군가 와서 앉는데, 술탄처럼 보인다. 이자가 자기가 터키 책임자라고 하는데 어쩐지 우호적이지 않다. 크로노스가 "언제 오는데요?" 묻는다.

'이번 달?'

"준비해야 겠군요."

'뭘?'

"호호"

헐, 이 무슨 웃음이래.

로마병사와 기운들이 비행기에 뭔가를 하는데 그 술탄 부하들이 제지하고 난리를 친다. 그때 어제 본 양탄자 할아버지가 술탄을 막으며 그러지 말라고 하는데 아무래도 어제 날씨가 안좋은 게 이자 때문으로 보인다. 뭘 경계하는 것이야, 그러니까 그만큼이라고 하지. 멍청한 자식.

술탄, "당신이 왠 참견이야?"

그 할아버지 왈, "그러니까 넌 안 되는 것이야."

그러면서 다투는데 나중에 다시 얘기하기로 하고 우선 술탄이 물러난다. 이후부턴 날씨가 좋았다. 파란하늘과 따뜻해서 여행하긴 좋았다. 비행기에 몰려든 기운이 불새로 변해 에게해에 날아다니고 섬에 앉는다.

그리스의 고대도시인데 에페소이다.

셀수스 도서관, 크래태스 도로, 세계에서 가장 큰 원형극장, 하드리아누스 신전 뭐뭐 많은데, 저 산의 중간쯤인 곳에 귀족이 살았다는데 풍수적으로 혈들이 있다. 알고 살았는지는 난 모르겠다.

이건 뭐지, 오디오의 유래라는 곳인데.

니케, 나이키의 상표를 만든 아이디어가 된 것이라나 뭐라나.

물 담아 보관하는 곳이던가? 여기 물로 귀빈이 올 때 골목을 씻었다는 군. 물이 없어서 포도주를 채워 골목을 씻었더니 빨개졌다나 뭐라나, 그래서 레드카펫이 된다고? 근데 얼마 전에 비가 와서 홍수 나서 여기가 또 씻겨졌다고 하던데, 아직 여기저기에 물이 고여 있었다.

화장실

아래를 파낸 건 노예가 기다리고 있다가 막대기에 천 묶어서 뒤처리 해 주기 위한 홈이라고 하던데, 악사는 앞에서 연주해 주고, 타락이 지나쳐.

흐흐 도서관 기대했는데 생각보다 볼 건 없다. 하긴 과거 도서관에서 내가 뭘 보겠다고.

아고라

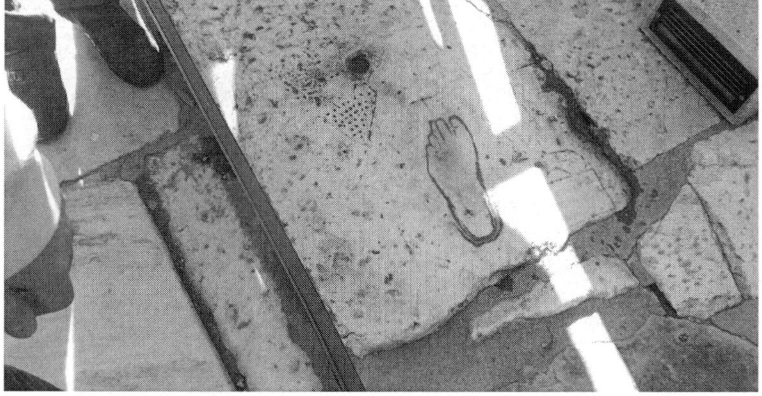

최초의 광고? 그것도 연애대상 구하는. ㅋㅋ

원형극장

아르테미스 신전인데 파괴되고 남은 건 저거 뿐이다.

근처에 이궁이 있는데 아르테미스와 이궁의 관계는 아직 모른다. 이날인지 다음날인지 악티온이라는 자가 와서 인사한다. 악티온? 악타이온?

아르테미스와 연관된 인물이긴 한데, 뭐하는 건가?

누구에게 둥근 것을 받았는데 돌아가는 물건인데 꽉 쥐면 더 세게 돌아간다. 머리 위에 두고 돌렸다.

하늘에 올라가니 누군가 오는데,
'하늘에 주인은 있는가?'
"없습니다."
'땅은?'
"있는 곳도, 없는 곳도 있습니다."
'체계는.'
"없소."

그 할아버지가 오길래,
내가 '좀 하지.' 하니 자기도 노력하고 있단다.
'별로 관심 없어 보이는데.'
"그래도 하고 있소."
아테네와 비너스가 반겨 주는데, 그다지 반갑진 않네. 힘들어.......
준비물?
모자, 볼펜, 검은색 양말 2켤래, 동양적인 거? 머여 이건.

에게해 석양

바다의 섬들이 모조리 그리스 꺼라서 어업을 할 수가 없단다.

이스탄불하고 섬하고 서로 하나씩 나눠가진 것이라는데, 그리스에게 땅을 빼앗겨서 겨우겨우 되찾아가다가 협상한 것이라고 하는데 맞나 모르것네. 암튼 배가 고기잡는 배가 아니라 보트다.

그러다 보니 바다가 깨끗하다.

터키-3

터키가 생각보다 유명한 사람이 많다.

물론 투르크인들은 아니다. 과거 그리스나 로마일 때인데 헤로도토스나 탈로스나 사도 바울이나 그 외도 많은데 땅이 엉성한 듯 한데도 이런 자들이 나오는 것을 보면 재미있다. 터키에 대해서 너무 무지하니 할 말이 별로 없네....... 파묵깔레로 가서 온천이나 석회붕이라는 것을 구경하는데 뭐 그다지 구경거리 외는 아니기도 하다. 그런데 다른 것이 있다.

버스를 세워달라고 할 핑계도 없고 해줄 거 같지도 않고 그럴 용기도 내겐 없는데 그래서 버스에서 찍다보니 이렇게 나오는데 여긴 자미원이 있다. 여기를 숨기고 싶은지 비가 온다. 바람도 불고 쌀쌀해진다.

오스만제국의 성인 톱카프 성도 그렇듯이 남의 나라에서 이렇게 구궁의 땅을 확인한건 신기했다. 풍수적인 혈도 보았는데 에페소나 다른 곳에서 본 것을 보면 어떤 면으로 과거의 그리스 문명도 이러한 것을 아는 지식의 전승이 있을 거 같다. 여기도 근처에 히에라폴리스가 있는데 어떤 이유가 있을진 더 연구해야 한다.

이런 건 구경거리

여기가 히에라 폴리스인데 온천을 이용해서 생긴 도시라고도 하는데 그 외 다른 이유가 있지 않을까 하지만 알 수가 없다.

멀리 보이는 건 아폴론 신전인데 거기까지 가지는 못했다.

자유시간도 얼마 주지 않았고 여행객들은 온천이나 석회만 관심 있고 히에라폴리스는 전혀 무관심하고 또 날씨도 춥고 비가 오고 거기다 발바닥이 아퍼서 돌아다니기엔 힘겹다.

아쉬움이 많은데 이후엔 이러한 곳들을 가지 않고 그냥 구경거리에만 가게 되는데 이런 곳들을 언제 다시 볼지는 모르겠다. 암튼 여긴 과거에 온천한 곳으로 생각된다. 자세한 정보는 안내서를 봤는데 보자마자 잊어버렸다.

암튼 여기에 우리식으로 하면 대혈이 있다.

천사의 날개를 가진 것인데 이런 대혈은 흔치않은 것으로 이런걸 보게 될지 나도 몰랐다. 이것을 이용해 운을 만들어 하늘을 뚫으니 밑에 그림처럼 하늘이 열리기 시작하면서 날이 개기 시작한다.

근데 내가 운을 만든 곳에서 동쪽의 하늘에서 저러는데 아무래도 시간이 좀 더 필요하다는 것 같고 자발적인 움직임이 있어야 할 거 같다.

하늘에 구멍이 난다. 이후 날이 개기 시작한다.

이건 그 혈에서 서쪽 하늘의 모습인데 드러나는 것이 벌써 시작된 것이 있다는 것도 된다. 해야 할 것과 이미 시작한 것들이 서로 맞물려야 더 확실하겠다.

드뎌 지중해 바다이다.

안탈라 거리에서 터키쉬 커피를 시켜놓고 기다리는데 아테네가 와서 잘하고 있냐고 하는데 난 모르겠다고 했다.

그러더니 바다에서 커다란 배가 올라와서 닻을 내리는데 로마병사와 다들 뭔가를 한다. 그리곤 나에게 이 악마의 눈 같은 것을 준다. 그래서 나도 하나 사왔다.

터키-4

이제 갈 곳은 카파도키아이다. 여긴 구경거리만 있는 곳인데 열기구 타는 곳으로 유명하고 석굴교회가 있는 괴레메 골짜기나 지하도시 데린구유, 우치히사르 뭐 그런 것이 있다.

카파도키아 가는 길인데 여기가 해발 만 미터는 되는 고원지대이다.

밀을 재배하는데 새가 먹든, 병충해가 있든 상관없다고 한다. 먹다가 남는 것은 유럽에 수출하는데 그만큼 땅이 넓어 농약을 할 수도 없고 비료는 더더욱 수지타산이 안 맞는다고 한다. 그래도 작물이 남아 돌 정도로 수확이 된다고 한다. 땅은 정부소유이고 거의 무상대여라고 한다.

노는 땅도 많아서 원하는 만큼 사용할 수 있을 거란다. 다만 돌이 많아서 그걸 고르는 게 쉽지 않아 보인다. 터키의 작물이나 채소나 과일이 농약도 없고 맛있다. 우리만큼 달지는 않아도 괜찮은 편이다. 밀로 만든 빵이 맛있다. 다른 먹거리는 상당히 힘겹다. 터키도 요리로 유명한데 차마 입도 못 댈 것들도 많다. 음식이 기본적으로 짜고 달다. 그리고 차다. 데워먹는 문화가 아니어서인지 스프를 제외하면 다 식은 음식들이다.

돌아오는 비행기에서 화력발전소를 짓는 분을 만났는데 그 분말로는 여기 물이 안 좋아, 여기 사람들이 일찍 죽고 늙는다고 한다.

오십대로 보이는데 여기선 그 나이면 지팡이 짚고 다닌다고 한다.

사실인지는 모름.

양 사진은 못 찍었는데 양들도 많다. 양 사이에 염소가 있는데 염소를 양 무리에 같이 두는 이유는 양들이 서로 들러붙고 모여 있는 습성이 있는데 그러면 양털의 질이 떨어진단다. 그래서 염소를 같이 기르는데 염소가 질투가 많아 그렇게 들러붙어 있는 것을 못보고 떼어놓기 때문이란다. 여기를 가는 도중에 저기 멀리서 누군가 온다. 몸에 근육이 남다른 모습인데 헤라클레스를 떠올리지만, 생각나는 이름은 아틀라스이다.

아틀라스?

"예, 이 나라 어떻소?"

'글쎄 홀로 설 수 있것나?'

"나라면."

'그러든가.'

"그럼 내가 주인이요."

'응'

그러더니 여러 사람들이 몰려와 대놓고 기운을 뽑아간다. 저녁에 밥 먹으로 가니 어지럽고 기운이 휙휙 돈다. 다음날도 그러고 뭐 좀 먹으려고 하면 기운들이 요동치는데 먹어서 힘 좀 나려고 하면 가져가나?

역시나 여기서도 피를 보는데 아무 이유 없이 손톱에서 피가 나고 걸리적거려 쓰라리다. 건조해서 피부가 갈라진 건가, 암튼 짜증이다.

원래는 이 고원이 모래였다.

그런데 화산 두 개라는데 산 이름은 모르겠다. 두 개의 화산이 터져서 모래위에 화강암이 덮힌 것이라고 한다.

그래서 버섯모양의 저것이 위는 화강암이고 아래는 사암으로 서로 강도가 달라 저렇게 오랜 세월 깎인 것이 저 모양이 되었다고 한다. 빗물에 깎인 거라고 한다. 풍화작용으로 된 미국의 그랜드캐년과는 다르다고 한다. 가이드에게 들은 것인데 정확한 것은 나중에 확인해보구요.

집에 가려고 하는데 악티온이 잘 가라고 하고 아틀라스는 또 와야 한다고 하는데 힘들어서 못 오겠다고 하니 종이돈 만한 모양의 뭔가를 준다. 패스포트니 오게 될 거라고 하는데, 기본적인 것들은 해놓을 터이니 와서 완성해 달라고 한다.

어 ..

공항에서 이번에도 백봉이 와서 금속재질의 둥근 고리를 준다.

"터키가 한계야, 갔다 오면 달라질 거야." 한다. 터키가 한계라는 것은 여러 의미가 된다. 생각하면 할수록 오묘함도 있고.......

서해의 북한쪽으로도 비행기가 간 거 같은데, 그리고 차이나 영공을 지나가는데 이소군이 와서 일하게 해달라는데, 보고서 보여 주길래 세부적인 거 해서 하라고 허락해 주었다.

아침부터 머리가 아퍼서 집에서 미리 두통약을 먹고 공항을 향했었는데 기내식을 먹는데 배가 아프다. 치통 역시 다시 시작되고 이번 길도 험난하구나 생각하게 한다. 공항에 도착하니 별건 없고 거대한 고리를 땅에 걸고 내 집근처로 끌어당기는데 왜 이러는지 몰랐다. 나중에 터키 여기 저기를 둘러보니 땅이 좋더군. 기운이 쓴 적이 없는 것인지 사용한지 오래 되어서 그런지 몰라도 싱싱해 보인다.

카파도키아 가는 길의 산중에 누군가 수련하는 듯한 곳도 보았고 기운을 쓰는 것 같아 보이긴 해도 대부분은 그냥 원시림 같다. 아무도 땅의 힘을 다루지 못해 보인다. 그에 비하면 우린 너무 과도하게 땅의 지기를 사용하고 있어 보인다. 이미 초과 사용하는 듯도 하다.

터키만 가는 이유 중엔 현실적인 거야 그러한 이유겠지만, 결과적으로 본다면 이놈의 신관들이 현실을 너무 모른다.

애초에 터키와 그리스를 대충 생각한 거 같다. 가게 되것지 인데, 터키는 터키고 그리스는 그리스인데 그쪽 사정을 모르는 거지, 왜 모르느냐고 하니 거기까지 자기들이 가서 조사하지 않는다는 것이다. 가서 하라고 하니 내가 가면 따라 가겠다는 식이다.

젠장, 뭐하는 거야, 너무 내 뒤에 숨는 거 아녀. ㅠㅠ

에혀 알아야지

2013년 12월 13일 블로그

부연설명

위와 같이 말하면 분명 오해하게 될 거니, 또 역시나 좀 더 설명이 필요하다. 우선 신관들이 다른 나라들을 넘나들며 돌아다니며 정보를 얻지 못할 건 없다. 전 세계의 흐름과 동향을 모르고 나라마다의 상황을 모를 순 없다. 다만 정보엔 목적이 있어야 하고 절실함이 있어야 한다. 그리고 의미 맥락이 있어야 하고 그 의미가 가능하게 하고 있는 현실적인 배경을 알아야 한다.

그들이 이러한 것을 모른다는 것인데 모르는 이유는 우선 우리나라 신관이라 남의 사정에 대한 지식이 자세하지 않고 그럴만한 여건 조성이 되지 않았으며, 그래서 거기 사는 사람들과 감정이입이 어려워서이다. 즉 그들은 그 정확한 판단을 위한 지식과 감정적인 동조를 할 만한 이유를 느낄 수 없었으며 그로 인해 왜 그게 중요한지 알지 못한다. 그래서 무엇이 중요한 것인지 우선순위나 세부적인 것을 우리가 알아야 그들이 거기에 따라 행동하게 된다. 또 다른 면으론 우리나라 위주의 일이기 때문에 그 주요 구성원이 우리자신들이기 때문이다. 신관을 위한 것이 아니라 우리를 위해서이기 때문이다.

신관들이 일처리하고 판단하고 결정한다고 생각할지 모르지만 그들의 판단의 근거는 인간들의 절실함과 목적과 현실적인 상황과 체계에 있다.

우리 인간들이 바라는 것이어야 그것을 위한 판단을 해주는 것이다. 우리가 원하지 않고 별로 의미도 모르며 진지하게 생각지도 않는 것을 신관들이 알아서 해주거나 앞장서서 고민하지 않는단 말이다.

위에서는 신관을 욕했지만 사실은 내가 잘못한 것이기도 하다.

내가 터키를 잘 몰랐다. 그들이 있다는 것은 알았지만 그래야 한다는 정당함을 알지 못했다. 즉 내 인지에 들어와 있지 않았고 그저 지각 상태로만 있는 정도이다. 그러니 봐도 그것이 무엇인지 모르면, 봐도 모르는 것과 마찬가지로, 나에게 터키는 보이긴 하지만 별다른 의미를 모르는 정도이다. 물론 우리와 핏줄이 섞였고 그들이 형제로 이해하기도 한다고도 하고 투르크가 돌궐이고 비잔틴 제국과 싸워서 이기면서 그 땅을 차지하게 되고 이후 몽골에게 망한 후에 다시 일어나서 오스만 제국을 만든 정도는 안다. 이런 정도는 알고 있었다. 하지만 이런 정도로 한 나라와 민족을 안다고 생각한다면 그 지식의 저열함이 심한 것이지.

내가 아는 그 정도에서 신관들이 판단하니 그럴 뿐이다. 하지만 터키 자체는 자기들의 생존을 위한 오랜 투쟁이 있는 것이기도 하다. 그러한 역사를 난 별로 무관심 했으며 우리나라 역시 또 우리민족 역시 또 그러하니 신관 역시 별로 관심을 두지 않았던 것이기도 하다. 내가 아는 지식은 우리나라 사람이 아는 그 정도에서 하기 때문이다. 즉 내가 무엇을 안다는 것은 그것을 알아야 하는 원인이 있는 것에서 따른다.

즉, 내 의지라기보다 우리 사회의 의지이고 구성원들의 의지이다. 그래서 난 그들의 의지를 변하게 하고 싶기도 하고 그들의 의지에 순응하기도 한다. 아무튼 터키의 투쟁이 현실이니 그것이 반영되지 않을 수 없는 것이 지금의 터키 현실이기도 하다. 그래서 터키를 인정하는 의미로 터키만 간 것이기도 하다. 거기 술탄 신을 보았지만 대세 파악과 현명함이 많이 뒤져 보이고 능력 역시 협소함이 있었다. 그래서 악티온과 아틀라스가 복권을 바라는 것을 허용했다. 훔 쿠르드족이 걸린단 말이지. ㅠㅠ

사람도 그렇고 나라 역시 형체인 육체와 인구와 땅이 있고 사회와 문화와 정치와 경제나 법의 국가체계가 있으며 그에 따른 비형체로서 정신이나 자아나 이념이 있어야 한다. 어느 것이 앞서면 균형이 안 맞는 것이고 서로간의 조화와 균형이 있어야 하는 것이다.

그래서 여기서 중요한건 우리 인간의 역할이다. 신관에 종속되지 않아야 하는 이유가 신관이 할 일이 있고 우리가 할 일이 있는데 우린 지금의 현실적인 대세와 전지구적인 지식을 가지고 있어야 하며 그것이 정밀하고 세세한 파악이어야 한다.

그래야 거기에 따라 응해서 신관들도 판단하고 다음을 이어갈 것을 고민 할 것이다. 신관은 우릴 통해 세상을 읽는 것이다. 우리가 관심 없으면 신관도 관심 없다. 내가 모르는 지식을 신관들이 안다고 생각하는 분이 있다면 우린 같이 일하기가 어렵다. 그러하니 신관들도 이제는 달라진다. 전지구적이고 세세한 세계판단을 위한 준비를 하는 것이니까.

72

2013년 12월 14일 블로그

얼마 전부터 영화에서나 티비에서나 다른 곳에서 1972년을 언급하는 것이 보이기 시작했다. 여기엔 다른 이유도 있을 것인데 어떤 나라가 언급 하느냐도 있고 어디, 누구, 어떤 것을 등등이 있을 것인데 그거 보다 오늘은 72가 보인다. 1972도 아마 이것 때문으로 생각된다.

오늘 만난분이 72살이라고 한다. 지구의 세차운동에 의해 춘분은 서진하고 북극성이 지금의 별에서 다른 직녀성이나 베가성으로 주기적으로 바뀌어 간다. 약 72년에 1도씩 변한다. 이게 물고기자리에서 물병자리로 옮겨 간다는 것인데 옮겨 갔는지 옮겨 갈 것인지는 사람마다 다르게 말해서 잘 모르겠고 황도의 별자리가 수학적으로 딱 맞추어서 된 것은 아니어서 각각 30도 정도이긴 한데 국제천문연맹의 공식적인 별자리 경계대로라면 2600년이 물병자리라는데 그러면 아직 멀었다. 내가 생각한게 맞을지는 모르겠고 별다른 근거도 없다. 다만 저러한 것이 보였다는 말이다.

올해 2013년은 0인데 무극이나 비어 있거나 진이어서 공극이고 틈이다. 항상 시작은 0에서 부터이다. 그 끝이기도 하고 시작이기도 한 0의 해가 올해이고 다음해인 갑오년 2014년이 물병자리 1년이다.

영천에서 어제 지진이 났는데 ○○에게 택배가 왔다고 한다. (쌀, 김치)

영천이, 하늘이 옮기는 것이고 지구도 움직이고 하늘도 움직이고, 나도 오늘 사람 만나러 사당에 갔다. 그리고 광화문에서 태평경을 받아왔다. 이러한 삼각형의 동선은 그 후에 한 번 더 했다. 강남을 거쳐 부암동으로.

세차운동이라는 건 지구입장에서 자기화를 하는 것이다. 너무 전진만 하며 앞으로만 가다가 뒤돌아보며 자기 자신을 인지하는 것이다. 비움으로 오히려 자기 자신이 되고 멈추고 되돌아보는 것이 주체적인 자립이 되기 위한 자기 확인이 된다. 그것이 세차운동이고 72의 의미이다.

올해는 73으로 자기가 되었으니 일어나서 스스로를 부르짖어야지.

자기 소리를 내어야지. 표현해야 존재가 되는 것이니까요.

오늘 하늘은 이러 했다. 눈이 오고 개었다. 하늘이 열린다거나 옮겨진다거나 움직인다거나 뭐라고 하든, 또 하늘이 아니라 지구이니 땅이 움직이는 것이기도 한데, 이러한 것에 따라 사람의 명이 바뀌는 것이어서 사람이 움직인다고도 할 수 있는 것인데, 마야의 달력이 얼마나 정확한지는 몰라도 작년에 한 주기가 끝난 것이니 올해가 다시 시작하는 한해가 되기도 할 것이다.

오늘이 12월 14일이다. 어쩐 일인지 어제는 5시가 되도록 잠을 자지 못했다. 오늘 무슨 대단한 일이 있으려고 잠을 못잔 것인지는 모르겠는데 이러한 현상들이 일어나고 있었다.

갑오년 甲午年
2014 마구

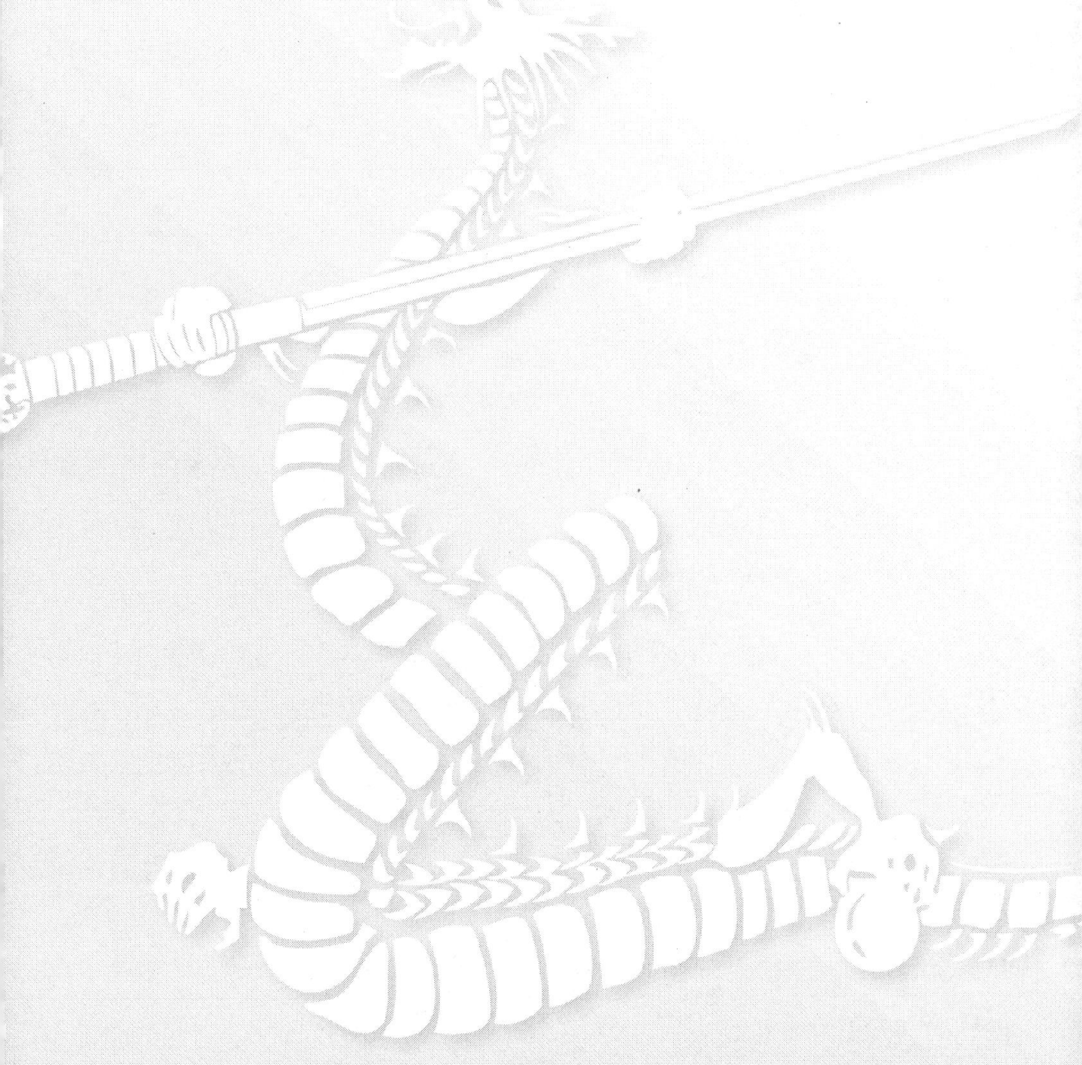

한 번 더 영천

2014년 2월 12일 블로그

울릉도

울릉도를 간다고 해서 준비하고 있다가, 풍랑으로 못 간다고 해서 그냥 다른 곳만 가기로 했다. 대구에서 다시 포항으로 차를 타고 가다가 영천이라는 곳이 눈에 들어온다. 저번에 영천의 마구를 하고서 다시 보니 또 다른 영천이 있는 것 같다. 하늘이 두개가 움직이고 있고 웅녀도 둘인데 지나가는 하늘과 도래하는 하늘이 서로 교차하고 있는 것이다. 그래서 이번엔 도래하는 하늘을 맞이하러 가는 것으로 보인다.

성인봉을 올라간다지만 가지는 못한다. 미래는 간 것이 아니라 항상 가야 하는 곳이어서 이루기 위한 지금의 바람이 있는 것이다. 그 바람이 눈으로 변해 내리는데 강원도 영동지방과 경상도 동쪽이 눈이 너무도 많이 온다. 정말 많이 온 거 같다. 우리 위치에서 동쪽의 것을 끌어당기기 위함일 것인데 지구를 한 바퀴 돌아 동쪽으로 해서 올 것이다.

성을 끌어들이는 봉우리는 봉우리가 성기이고 이성을 끌어당기는 유혹이다. 이것을 끌어당기며 집중하며 힘쓰면서 우리나라를 주머니 삼아 끌고 온 운을 채우고 있는데 삼팔선을 넘기기가 벅차다. 그러면서 있는데 하필 차에서 흘러나오는 노래가 백지영의 노래인데 가사 중에 채워지지 않는다는 말이 있는 노래이다. 헐~~

암튼 그래도 애써서 삼팔선을 넘기고 백두산을 넘어 블라디 보스톡을 넘어 지금의 러시아의 해안선을 따라 쭉 올라가서 가다가 사하 공화국 근처를 지나는데 차가 길을 헤맨다. 그러면서 운의 흐름도 헤매면서 나아가지 못하다가 차가 길을 찾아 정상적으로 갈 때 다시 운이 흘러 오브만에서 서시베리아 평원을 가로질러 차이나 쪽으로 꺾어 내려와 황하를 따라 온다. 이것을 따라 증산이 보낸 문명신들이 돌아오고 운모(120)라고 이 운을 처음 시작했을 때부터 함께 움직인 분이 온다.

'와, 그 계제에 이런 걸 하고 있나, 힘들었겠네.'

"뭘 이런 걸 갖고."

'하긴 그래.'

"우리가 할 거니 걱정 마시게."

'그래? 잘 되것나, 우려스럽구만.'

"하믄 되지."

'음.......'

암튼 이걸 두 번 반복하고 숙소에 도착했다.

홍해라는 곳이다. 운 하나는 계룡산에 끌고 갔는데 시습과 구봉이 알아서 한다고 해서 주고 왔다. 경주에선 그전에 동서 다리를 만든 것이 있는데....... 신불산, 제약산, 천황산을 그냥 차로 가로지르며 양산을 거쳐 해운대로 갔다. 해운대에서 홍해에 운을 연결하고 여기서도 동서의 만남의 재연을 하는 살풀이를 하고 숙소 가서 쉬었다.

해운대에서 운을 만들다가 백합이 만들어지는 것을 보았는데 이건 순결이나 신성을 의미한다고도 하고 여자 동성애를 말한다고도 하네. ㅋㅋ

부산도 비도 오고 눈도 많이 오더군. 눈의 바람이 이루어질 날은 힘겨운 애씀이 있어야 하겠지, 그냥 얻어지진 않아. 그래도 노력하면 결실이 있다는 것만으로도 좋은 거겠지만. 암튼 BC 147년의 갑오년을 기점으로 다시 갑오년이 36번 만에 돌아왔고, 그에 따라 서쪽으로 가던 것이 가다 가다 돌아서 다시 제자리로 돌아온 것이 된다. 저번 72운에서도 72사람이 오더니 이번에도 갑오년 태생의 어떤 분이 온다.

재밌네, 하늘도 움직이고 땅도 움직이고 사람도 움직이네.......

음, 남자 다섯과 여자 다섯으로 10명이 다녔는데 10은 무극이라고도 하고 0이라고도 한다. 이건 주역에서 시초점을 50개에서 하나를 새끼 손가락에 끼우고 쓰지 않는 것과 같다. 그래서 작년 2013년은 셈하지 않고 올해부터 물병자리 운 이라고 한다.

정확하게 춘분 일에 해가 물병자리에 뜨는지는 난 잘 모르겠다. 600년을 더 기다려야 하는지도 모르겠지만 운은 이렇다는 것이고 그것에 따라 우리 현실이 바뀌고 달라질 것이다. 어떻게 달라질거냐고 묻는다면, 흐흐 난 머리가 나빠서 모르겠는뎅. 그리고 난 새로 시작하고 싶어 하는 한 분을 마지막으로 만나고 왔다. 1이 있어야 진짜 시작이니까.

그리고 내가 감기라는 영화를 봤는데 태백산을 가려고 태백에서 하루 잘 때 본 것인데, 그때는 감기가 걸려가는 것까지만 봤다. 인터넷이 별로 안 좋아서 자꾸 끊기는 바람에 보기를 포기했었다. 그것을 후에도 한 번 더 시도하다 결국 또 감기에 걸리는 것까지만 보고 그다음 해결하는 것은 못 보았는데(그래서 인지 다들 감기 걸려서 고생이 말이 아니었다.), 이번에 다 보았다.

감기에 걸리고 그 감기를 해결하는 영화처럼 보이지만 다른 면으론 정치적인 것처럼 보이기도 하다. 감기도 외부에서 들어온 것이기도 하면서 자신의 건강함이 중요한 것이니 미국과의 군사관계나 위기상황에서의 작전 지휘권에 대한 것도 나오고, 우리나라 정치인들의 행태나 국민희생에 대한 논리나, 어디까지 희생을 할 것인지, 정말 국민을 위한 판단이고 고민인지도 나오고 결국 대통령의 주체적인 결단에 의한 작전 지휘권에 대한 자세가 문제해결을 하는데 그때 많은 사람들의 생존을 위한 투쟁이나 권리에 대한 대항, 여자아이의 중요성 (이건 재밌는 거지. ㅎㅎ), 이런 걸 보면서 뭘 생각해야 하나. ㅎㅎ

내가 영화 보면서 마구 한 게 많은데 이걸 이제야 봤다.

감기는 서쪽에서 오고 미국은 동쪽에서 오고 방향도 비슷하데.

여자아이의 희망을 보면 웅녀 같기도 하고(마늘이나 쑥을 먹고 동굴에서 있는 것은 아니지만 죽다가 다시 살아나는 것 같다), 그럼 그 다음은?

참고로 작년 언젠가 초겨울인가? 제주도 한라산을 간적이 있다. 그리고 곰이 사람을 공격했다. 한라는 은하수라고 한다. 하늘이지. 그리고 서울대공원에 갔었는데 호랑이가 사람을 공격했다. 과천이 果川이지만 하늘 천이라고 하면 이도 하늘이지. 그리고 여자아이 둘이 나타났다.

돌아오는 아이, 태어나는 아이, 남쪽 바다 또는 영공 하늘, 동쪽 바다 또는 하늘이 움직이는데 암튼 하늘이 움직이기 시작하고 있다.

돌아온 하늘과 가야하는 하늘이 있고 과거의 하늘과 미래의 하늘이 있고 극복해야 할 하늘과 이루어야 할 하늘이 있다.

일요일엔 엄마가 일하는 곳에서 카드 잃어버렸다고 연락이 왔었다가 다행히 카드는 근처에 버려져 있었고 돈만 훔쳐 갔다고 한다. 그런데 오늘은 일하다가 다쳐서 6바늘을 꿰맸다. 미련하게 바로 병원을 안가고 집에 와서 가는데 엄마도 글코 일하는 곳도 글코, 맘에 안 들어. ㅠㅠ

아직 이 영천이 다 마무리가 안 되었는데 조심해야 한다.

(에혀, 결국 2월 18일 또 같은 자리를 베었다.)

태산

2014년 2월 21일

태산을 가기 위해 부산을 간다. 사상에서 자고 낼 아침 비행기로 김해에서 청도를 가기 위해서이다. 잠을 자지는 못했다.

뜬 눈으로 밤을 새며 소치올림픽 경기를 봤다. 이번 동계올림픽을 보면서 러시아와의 새로운 관계성립을 하고 있는 듯이 보이는데 울릉도 가기 전부터 소치동계 올림픽이 신경 쓰이기 시작했다.

소치 올림픽을 보면서 밤을 지새우고 있는데 남명이 온다.

"어디가나?"

'태산에 가려고.'

"언제 오르나?"

'낼'

"왜 가려고 하나?"

'전에 해둔 거 돌리려고.'

"잘 되겠나?"

'해 보면 알겠지.'

"......"

'먼저 가서 있지 마, 내가 가서 부를 테니까.

그때까지 기다려, 조용히 가야 하니까, 내 뒤에 있어.'

"그래 그러지."

제정신도 아니고 얼굴이 띵띵 부은 상태에서 김해공항으로 가서 청도행 비행기를 탔다. 난 토르 영화를 보면서 그냥 창 밖도 안보고 아무 생각 없이 간 거 같다. 청도 공항에서 버스타고 곡부로 다섯 시간을 가서 저녁에 도착해 저녁 먹고 잔다. 가이드가 늦게 오는 건 여행에서 처음인데 반기질 않는 건지, 긴장을 안 하는 건지. ㅎ 서있을 힘도 없구만.

공자가 주유천하를 했다는데 그 의미야 취직하려는 것이고, 그로 인해 뜻을 펼치기 위함이라고 하는데 우린 이런식으로 酒유천하 한다. 이날이 시작이다, 새벽까지 술로 차이나를 달리는 게.

술 마실 힘은 어디선가 나오네.......

암튼 공자 이후에 차이나 인들이 자기의 정체성과 정치적인 일관성을 가지며 내세운 것은 文 인데, 그 원류가 공자이거나 공자를 이용해서이거나 할 것이다. 이래저래 공자는 차이나의 정신적인 지존이겠지.

이건 공자가 심은 곳에서 나무가 죽고 다시 난 것을 반복하는데 세 번째 것이라고 한다. 자공이 심은 나무도 죽은 것이 공자 무덤 가는 곳에 있다.

공자묘이다. 묘가 사당 묘라서 공자 사당이다.

이게 오래전 것이라서 오래전부터 이렇게 황제보다 화려하게 되었는데 공자가 그렇게 분수를 강조 했지만, 사후엔 자신이 더 분수를 모르게 되었다. 천자도 아니면서 천자 행세하는 것이 웃기게 보인다.

공자무덤이다. 돌아오는데 공자가 하늘에 있다. "뭐하러 왔소."

'관광이지.' 어디론가 부리나케 간다. 공자부라고 공자 후손들이 살던 집에도 갔다. 조상을 잘 둬야 돼. 이 도시는 공자 관광 수입으로 먹고 산다. 공자의 제자를 72현이라고 하면서 지구의 세차운동의 주기인 72라는 것에 맞춘 것을 보면 지나치게 인위적인 냄새가 난다.

태산

버스타고 중턱까지 와서 케이블을 타거나 계단을 걸어 오른다.

물론 버스가 유료다. 차이나는 관광 요금이 비싸다. 버스 타고 돌고 돌아 오르는데 몸이 바위로 변해간다. 그러더니 다시 옥으로 변하곤 산에 동화하는 것을 끝마치고 케이블을 타러 갔다.

남천문

태산신이라네. 태산부군이라던가?

궁금해서 보니 영단이네.

하이고 ~~

이것도 힘드네. 자꾸 뭔가가 끌어당겨서 어지럽고 멈추기 힘들어 여기까지 올라왔는데 공자가 엎드려 절한다.

그리곤 내가 보는 쪽에서 왼쪽으로 옮겨 선다.

여긴 벽하사인데, 벽하여신인데 높이면 벽하원군이고 그냥 벽하랑랑이라고 하는데 사진 찍으려고 하니 차이나 여자가 팔을 잡으며 찍지 말라고 한다. 그래도 한방 찍고 나서 몰랐다는 척하는 건 일본 메이지 신궁에서부터 하던 연극이징.

누가 세운건지는 잊었는데 무자비석이다.

낙서를 안 했네. 얼마나 낙서를 하면 이렇게 아무 글도 안 쓴것도 하것나, 뭔가 의미심장한 해석을 할지도 모르는데, 그냥 쏴다.
뭔 깊은 의미가 있나,
그래봐야 쌩쑈지.

이것도 황제가 한 것인데 일반 민중은 비석조차도 안 세우는데, 그게 더 심오하지.

옥황묘인데, 써 있긴 오악대제이네.

굳이 오악을 이제 와서도 강조하는 것을 보면 지나치게 선전 한단 말여. 의미도 없는 것을 뭔가 대단한 것이라고 착각하게 하는 것을 보면 자본주의를 닮았어. 뭔가 그럴듯하게 포장하면 같은 값이라도 비싸게 팔 수 있으니까. 여기서 제사지내는 건 서경에 순임금이 처음으로 했다고 문자화 되어 있는데, 그 당시에 뭔 의도를 가지고 했는지 모르겠고 공자 역시 뻔질나게 올랐다는 것을 보면 나름 뭔가 거대한 프로젝트를 하고 있었던 거것지. 그래서 보면 여기의 옥황상제는 공자일거 같다. 차이나 입장에선 그들의 주체를 만들어주고 정치적인 근거를 제시한 면에서, 또 이후에 자기들의 행동지침이며 기준이 되어진 면에서 이후 이천 여년의 화두로서 항상 염두하며 품고 살아야 하는 면에서 공자가 상제구실을 하고 있다. 상제가 별건가, 이념의 인격적인 면이지.

태산에서 케이블을 세 개나 보았다. 계단도 두개나 봤고 얼마나 있는진 모르겠다. 사람들이 얼마나 오르는 건지.......

여기선 일행들과 커피를 마시며 쉬었다. 아래 사진의 그 자리인데 옥황사 바로 앞이다. 앉아서 이거 저거 운을 만들고 현문 비행체도 오고 산이 기운을 올리고 올려 한 곳에 모으고 산속 깊은 곳에 심을 향로 네 개로 감싸고 내가 사는 곳까지 이어서 거기도 향로 하나에 향을 피우고 서로 연결하고 저기 보이는 어딘가에 현문 근거지를 세웠다.

태산을 이용해 하늘을 빨아 당기며 그 힘에 얼마 전에 흥해로 끌고 온 운을 여기에 연결해서 의지하게 했다. 여기도 백합이다. 백합이니 합쳐야 하고 이거 저거 어디부터 어떤 것들을 합쳐야 할까? 북경과 상해와 여기 마지막 중간에 선을 만들고 그 운을 붙들어 매었다.

일일이 적긴 귀찮으니 여기까지만. ㅋㅋ

공자하고도 인사하고 열심히 내려갔다. 일을 마치니 발걸음이 가벼운데 발바닥은 불편하다. 울릉도 가기 전부터 어떤 분 때문에 신장이 너무 아파서 고생했다. 여기 오기 전날까지 그리고 여기 와서도 통증이 심했는데 집에선 하루 종일 꼼짝 못하고 있는 날이 많았다.

조금 나으면 통증을 잊으려고 독서하고 넘 심하면 그냥 버텼다.

아주 신장을 아작을 내고 차이나에 왔는데, 쩝 힘드네. ㅎㅎ

다시 버스타고 내려 올 때 벽하여신이 와서는 아는 체를 한다.

"왔어, 이거 가져." 하면서 황금 구슬인데 야구공 만하다.

'괜찮어.'

"받어."

'응'

"전에 맡겨둔 거 줄게."

하고 작은 구슬을 준다. 그걸 받아 몸에 넣으니 기운이 흐르는데 요소요소에 침으로 찔러서 온몸을 주행했다. 대화를 더 했는데 잊었다. 그리곤 가는데 어딜 가나 보니 태산 북쪽에 건물이 있고 거길 들어간다.

산신이라기보다 여기 주인이라는데 위계가 왜 이러지?

태산이 경치론 볼게 없다. 그다지 웅장하거나 기운이 영험하거나 하는 것은 별로 못 느꼈다. 원래 지금 내 몸이 그런 것을 못 느끼게 둔해져서 이젠 우리나라 산에서도 별다른 것을 못 느끼는데 암튼 산은 그저 그렇다. 그리곤 제남으로 향했다.

태산에 돈 주고 땅 좀 사고. ㅎㅎ

가던 길에 석양이 있었는데, 금정이 있어서 저걸 태산 위에 뿌렸다.

제남은 강태공이 있는 곳이다. 제남에서 자고 우선 흑호천부터 보러 갔다. 흑호천에서 대명호 다시 강태공묘, 고차 박물관으로 가서 청도로 간다.

강태공이다.

용인데 이런 식으로 변형된다.

강태공 무덤.
저 나무가 무성한
것이 봉분 위에
있는 것이다.

쌍용 어디가나 이렇다. 등용문의 나라인데 잉어가 용이 되는 것이니 물고기이다.

여기에 바퀴가 인상적이기도 했는데, 그리고 고속도로 가다가 앞에 있던 트레일러 대형차가 뒤 바퀴가 세 쌍인데 그중에 가운데 것이 펑크 났다. 펑하는 소리와 먼지가 날리는데 시껍했다.

말무덤

오색등 네온불이
속삭이듯 나를 유혹하는 밤
가슴을 휘젓듯이
흐느끼는 색소폰 소리
아 나를 울리네
이순간이 지나고 나면 떠날 당신이기에
그대 품에 안기운채 젖은 눈을 감추네
아아 부르스 부르스 부르스 연주자여
그 음악을 멈추지 말아요

이 말무덤에서 난 저 노래가 생각나는데, 별일이네. ㅎㅎ 그리고 일행 중에 누군가 학교에서 연주 했다고 들려준 음악, "신들의 운명" ㅠㅠ
우리 일이 넘 힘겨운거야.

청도로 가려는데 하늘에 누군가 있다. 노인인데「해로」라고 한다.
'넌 언제부터 여기 있게 되었나?'
"3년 되었어요."
'3년? 음'
"철괴리하고 친하죠."
'아하, 그렇지.' (북경 가서 한 일 이후 햇수로 삼년이다.)

고속도로에서도 하늘에 선녀나 선관들이 많다. 용이나 새들도 많은데 뭐 재밌나? 새 중엔 화조라고 하는 게 있는데 깃털이 없고 미끈하게 생겼는데 왜 화조냐고 하니 속도가 빠르단다. 그런가? 했다.

흑호천이 샘인데 이렇게 큰 샘이 있을 줄은 몰랐다.

크기도 크고 많기도 하고 이걸 사람들이 받아가서 먹는다. 그냥 냇가처럼 보이는데 이게 다 샘에서 나온 물들이고 그냥 먹기도 한다.

흑호천, ㅎㅎ 의미가 재밌지.

제남인데, 제기 차는 분들이 있어 나도 차봤다.

대명호에 차이나의 현대 소설의 가장 유명한 사람 중에 한사람인 노사의 기념관이 있다. 이 사람이 어떤 사람인지는 나도 잘은 모른다.

그냥 차이나의 현대소설 중에 젤 유명한 게 루쉰의 아큐정전하고 이라오서(노사)의 루어투어시앙쯔(낙타상자)이다. 그리고 또 현대희곡에도 茶館이 있는데 역시 젤 유명한 작품이 되어 차이나에서 이 사람은 현대문학에서 빼놓을 수 없는 사람이다. 그리고 내가 차이나 현대소설 중에 유일하게 읽은 것이 이 사람의 루어투어시앙쯔이다. ㅎㅎ

발 마사지를 했는데 다른 여행과는 다르게 열심히 해주네. 호객행위도 안하고 걍 마사지만 하고 잘 하는 거 같은데 발은 이곳 여자가 열심히 하고, 머리에서부터 상체는 산 사람은 아닌데 차이나 의사 가운을 입은 누군가가 만져주는데, 헐~~~~ 갑자기 기운이 내려가고 정신이 혼미해지면서 온몸의 근육이 이완되고 늘어진다. 발을 만져서 아픈데도 긴장하거나 발에 신경이 안 쓰이고 정신이 흩어져서 몸에서 빠져나가 다시 태산으로 가서 그 앉았던 곳에 문수를 쓰고 뭔가를 한다.

오늘 한 것을 되풀이 하면서 주욱 돌아온다. 그리고 마사지가 끝나고 일어나 버스 타려니 어지럽고 서있기가 힘들다. 기운이 돌아오지도 않고 멍한데 고기가 땡긴다. 신장이 아작 났는데 이렇게 까지 하며 다시 운을 비롯하게 하려나.

두시 넘어서 까지 술 마시고 자려고 하니 머리가 아프다. 잠도 자꾸 깨어서 잔거 같지도 않게 자고 6시 30분에 일어나 밥 먹고 나서는데 머리가 아퍼서 약을 먹고 일정을 마치고 김해로 돌아왔다.

이번 태산행은 사상구 괘법동에서 하루 자고 김해 공항으로 갔다.

탄허가 팔괘를 이용해 국제간의 관계설명이나 예언을 한 게 있는데 너무 오래전에 읽었고 주역 공부가 미천해서 잊었는데 미국을 태 소녀라고 하고 차이나는 진 장남이라고 하고 일본은 손 장녀라고 하면서 일본이 손이기 때문에 손은 들어간다는 말이 역에 있어서 물에 들어간다고 한 듯도 하다. 그래서 미국이 소녀이고 우리는 간 소남이어서 소년이라고 하니 선남선녀가 애정관계라고 한 듯하다.

그렇게 설득력이 있어 보이진 않는데 암튼 이번 마구엔 이러한 말을 근거로 사용하기도 한 거 같다. 서양의 운명이 미국을 정점으로 하니 미국의 운이 홍해를 통해 들어오고 그것이 해운대와 합쳐지며 이것을 혼인하는 것처럼 말해도 되것지. 과거부터 말한 간방에서 시작해서 간방에서 끝난다는 것을, 이제 그 운을 발동 거는 것이 되어 그렇게 미국이나 우리나라나 일본까지 그리고 차이나 가니 거기도 눈이 왔었다고 한다. 우리가 가기 전에 왔다고 가이드 말이 그렇다. 그리고 쌓인 눈이 아직 녹지 않은 것을 확인했다.

이번 눈은 바람이라고 했으니 바라는 시절이 돌아오는 징조가 되겠지. 운의 이름이「해」인가 보다. 흥해에서 해운대로, 다시 해자 들어간 분을 이용해 김해에서 비행기 타고 차이나까지 가는데 강태공을 큰 강이 합쳐진 것이라고 하면 이게 해이다. 이렇게 해가 많다. 해가 바다이기도 하고 우리말론 태양이기도 하니 일관성을 가지면서 수화가 조화되니 새로운 탄생이 있어 보인다. 그러고 보면 해라는 말이 묘하네. 괘라는 것엔 걸어놓는다는 것도 되고 합치는 것도 되고 건너간다는 것도 되며 도모하고 꾀하는 것도 된다. 줄 긋는 것인데 정간井間이라고도 한다.

재밌단 말이지. ㅎㅎ

굳이 강태공의 묘에 갔다. 강태공의 은 멸망 이후 3000여년이다.

누군가는 우리가 밀리기 시작한 게 삼천년이라고 한듯한데 아마 이러한 사건을 기준으로 한 것일지도 모르겠다. 문태사의 한이 생각보다 깊었다. 무왕이나 주공에 대한 한이 깊이 서린 것을 예전에 본적이 있는데 조금은 풀리려나. 그때나 지금이나 난 너무 안일하게 사는 것 같다. 그러든가 말든가 무심하게 있기만 했으니.

쌍용이 쌍어로 보이기도 했다.

하늘은 좌선한다고 했는데, 소에서 양으로 다시 물고기에서 물병으로 돌아가는데 차이나의 쌍어가 지나가는 것이고 물병이 오고 있는 것이다.

하늘은 물병으로 돌아가는 것이니 흑호천의 샘을 보기도 했다. 사람은 우선하니 제기를 차면서 일어날 때가 된 거 같다는 것이 되고 제남은 번영으로 나아간다고 해석해도 되겠지. 우린 차이나 음식을 굳이 좌선시키며 먹었다. 원래는 시계방향으로 우선하며 먹게 되어 있었다. 하늘을 먹고 우린 우선해야 한다. 태산과 홍해의 운을 연결해서 처음엔 좌선시키다가 하루 지나서야 우선으로 돌았다. 지금은 이리 저리 반복한다.

10은 무극인데 무극은 역학계몽이나 소옹의 설에 따르면 곤괘와 복괘의 사이이다. 동지인데 첫 양이 시생하는 의미가 있는 복괘 전이라서 음이 양이 되는 그 틈이다. 그리고 태산에 오르는 날이 2014년도 7이고, 2월 23일도 7이어서, 7이 두 번인데 7은 극하는 것이고 극해야 다음으로 넘어가거나 새로운 변화가 가능하기도 하다.

과거를 이기고 새 세상을 만들기 위해선 7이 필요하고 현재의 상황도 이겨야 해서 두 번 이겨야 한다. 하나는 서쪽에서 오는 것이고 하나는 여기 차이나에서 온 것으로 우리는 이중의 극을 해야 하는 어려움이 있다.

홍해가 천문 28수에서 허에 해당하고 태산도 제나라인데 허에 해당한다.「허」는 물병좌이고 총재의 일을 하는 별자리이다.

묘와 제사를 주관하고 구름과 바람과 죽음을 주관한다. 밝고 고요하면 천하가 편안하고, 움직이고 흔들리면 죽는자가 많고 곡소리가 난다. 움직이면 토목공사가 많다. 태산이 있는 곳이 태안인데 편안해야 세상이 좋아진다. 강태공이 사람을 많이 죽였지. ㅜ

또 허는 빈집이라고 하는데 사람이 없고 신명이 있다는 것이 될 거 같다. 즉 옥황묘가 되고 옥황상제는 공자다. 그렇다고 공자를 데리고 오는 것이 아니라 그 의미를 말한다. 의미는 앞에서 말했다. 하늘이라는 것인데 빼앗긴 하늘을 다시 돌려받는 것이다. 그 하늘은 우리의 정신이 될 것이다. 우린 지금껏 우리 정신으로 산 것이 아니라 방황했을 뿐이다.

남의 것에 또는 남이 이룩한 것에 접신되어 객기를 주인인 양 섬긴 것이지 온전히 우리의 하늘은 아니었다.

말의 해에 말의 무덤에 가니 내가 떠오른 건 "오색등 네온불이~~~"였다. 별 의미는 없고 午(오: 말)로 시작하는 가사 때문이며 그 다음 떠오른 게 "아 블루스 블루스 블루스 연주자여 그 음악을 멈추지 말아요." 인데 블루스는 흑인 영가에서 나온 것인데 노예들의 한이 있어 보인다.

그리고 오의 남쪽은 복희팔괘에선 건괘이고, 문왕팔괘에선 이괘이고, 정역팔괘에선 곤괘이다. 고대에선 건으로 하늘은 지금 입장에서 해석하면 지나치게 고원하다. 그래서 서쪽인들이 (차이나도 우리 입장에선 서쪽인들이다. 인도나 아랍이나 유럽인들, 지금은 미국인들) 이성을 말하며 만든 세상인데 文으로 화려하고 겉모습을 중시하며 증거나 단기적인 결과나 확실한 효과나 간단하고 자극적이며 논리를 따지는 것이 된다.

정역의 곤괘는 현실이면서 현실이 아니다. 건괘와 곤괘는 하늘과 땅이지만 유물적이거나 현상적이라기보다 형이상학적이며 정신적인 면이 크다.

그렇다고 아주 세상과 격리된 다른 세상의 무엇으로 초월된, 현실과 무관한 그것은 아니다. 어느 정도 그렇다는 것이다. 그중에 곤은 건보다는 더욱 현실에 가깝다. 그래서 건보다는 우리와 가까워서 비근하고 천하지만 고원하다. 즉 건과 이괘의 중간이다.

그 중을 찾아가는 세상이 될 것이다. 하늘을 중시해서 근원적인 본체에 관심이 있으면서 현실의 다양함과 절실한 생활을 외면하지 않는 윤택함이 있다. 서쪽처럼 신을, 하늘을 무시해서 자기를 위해 신을 세우지 않고, 본래에서 하늘과 하나가 되며 현실의 고단함을 서로 이해해 주고 함께하는 사람들이 사는 세상이 되어야 한다.

이 노래는 주현미가 부른 것인데 여기 오기 전에 티비 프로에서 김종서가 부르는 것을 보았다. 그리고 집에 돌아와서 일박이일을 보니 거기에도 주현미라는 이름이 나왔다. 그리고 요즘 차이나나 우리나라나 미세먼지가 많은데 현미를 미세먼지라고 해석해도 되려나?

은나라 마지막 왕이 주이고 그 주를 치고 주나라를 세운 자도 주공이다. 내가 울산에서 부산 가서 만난 분도 주씨이다. 강태공이 세운 나라도 주이고 부산의 사상에서 차이나로 갔는데 상이 죽어서 사상이기도 하다면, 상이 죽고 주가 일어난 나라로 가서 다시 돌아왔는데 사상으로 가지는 않았다. 다른 분이 갔고, 난 다시 다 다음 날 그 곳에서 온 분을 만났다.

바퀴는 륜인데 돌아가는 것이다. 지금 말론 타이어인데 돌리려고 하니 힘겨운 것이지, 우리나라에서도 타이어 펑크 난 트럭이 역주행을 8킬로나 했다고 한다. 하늘이 합쳐지는 합천에서 사고 나고, 하늘을 붙드는 부천에서도 그렇고, 벌써 여기 저기 몸살이다. 이렇게 쓰려면 끝이 없다.

대강 여기까지 하고. 자, 결국은 3천 년 전에 넘어간 문명의 운이 이제 다시 한 바퀴를 돌아 제자리로 왔다는 것이 된다.

그럼 이제 무엇을 할 거냐, 저절로 우리가 강성해지고 잘나지것나, 설마 그러겠어. 노력한 만큼이지. 차이나의 노력으로 저렇게 살았고 인도도 이슬람도 서양도 나름의 노력으로 그들의 역사를 만들었는데 우리도 우리가 노력하고 애쓰는 만큼의 역사를 만들겠지.

백운의 하늘에 어떠한 그림을 그릴지 그것을 생각해야 해.

사상! 사상은 인간만의 것이야, 하늘은 사상을 알려주지는 않아.

인간이 하늘에 보이기 위해 자기 마음을 설명하고 합당함과 삶의 원리를 증명하는 것이지, 그게 그럴 듯하면 하늘은 돕겠지만, 그게 아니면 외면할 것이야. 하늘의 재앙은 두렵지 않아, 사랑의 매라고 하면 되니까.

하지만 외면은 우리가 설 곳이 없는 것이지, 아무도 어느 것도 우릴 보지 않으면 우린 의미 없는 존재가 되겠지.

[보충]

2014년 3월 20일

속리산을「대반」이라고 한다. 구궁을 비롯해서 땅 중에 어떤 의미가 있는 곳이 있는데, 이런 것을「원통니」라고 하는 것이다.

태산은 차이나에 있는 대반이다. 아마 태반처럼 근원적인 아우름인 거 같다. 이 태산은 원래 대산인데 속리산을 관을 연결하듯이 하는데 내 팔을 왼쪽으로 관을 꼬면서 태산에서 속리산까지 하고 둘 사이를 끌어 당기면서 합쳐지게 했다. 후에 [한국의 자생풍수 2 (최창조)] 를 보니 차이나인이 속리산의 거북바위 때문에 자기나라의 재물과 비단이 날로 이 나라로 이동한다고 그 머리를 잘라 등에 십층의 탑을 세웠다고 조선불교통사를 인용해 쓴 것을 보았다.

아 해의 의미를 보니 올해 바다에서 일어난 그 많은 희생이 다시 떠오른다. 모두가 얽히고 설키는 것이던가.

사자산

3월 6일

사자산 법흥사를 경칩인 오늘 갔다. 누군 사자가 일어나면 안 된다고 하는데 난 일어나게 하려고 갔다.

날씨가 드세고 강한 듯한데 여기 기운의 성격이거나 오늘 마구의 성격일 거 같다. 먹구름이 좀 보이길래 왜 그러나 했는데 나중에 보니 다른 지역에선 눈이 왔다고 한다. 내가 이동한 곳만 오지 않았다. 이것의 중요함을 아는 것이겠지, 지신들이 애쓴 것을 너무 몰라주었다.

곤궁의 원통니가 있는 듯하고 적멸보궁은 어린 아미타불이 있는 듯하다. 이게 인공적인 건궁이다. 이 건과 곤을 합일 시키려고 한다. 가는 중에 무릉도원 같은 이름들이 보이는데 이런 건 필요 없다. 소수의 몇몇이 자기들만 세상을 등지고 도피하겠다는 것은 앞으로의 세상에선 불필요하다. 사자는 그러한 힘들고 역경이 있어도 묵묵히 가는 홀로 된 자이다.

오다 보니 황둔도 있는데 이괘의 원통니가 보인다. 근처에 이런 게 여럿 있을 거 같다. 주천이라는 곳도 있는데 차이나에서 술로 돌아다닌다고 했지만 하늘을 혹은 하늘이 돌아다니며 이거 저거 쑤시고 다닌다.

그 동안 너무 안일하고 나태하며 기대면서 남 도움만 바라는 것에, 자기가 일어나지 않으면 결코 먹을 것도 없다는 것을 말하고 다니면서 움직이라고 한다. 돌아오는데 하늘에 현문이 와서는 한참을 보고 간다. 비행기까지 대동해서 왔는데 먹구름은 이들의 흔적이다. 해가 구름에 가려지면 햇살이 구름사이로 내려와 볼만한데 하루 종일 그런 현상이 있는데, 때론 이게 서기가 내려오고 조명을 비추듯이 서광이 된다.

여시 각오는 했지만 그렇게 큰 것일 줄이야.

이후 11일, 미용실에서 사자가 우는 일을 하면서 파마를 했는데 머리가 사자같이 돼 버렸다. 16일에 울산 바위를 갔는데 이것도 바위가 운다고 해서 천후산이고 다시 울산이 되었다고 한다. 여기서 또 울게 한다. 그 후에 법흥사가 법흥왕이 되는 듯하다. 법흥왕의 업적 중에 민족 고유의 화랑을 이용해 국가체계를 만든 게 삼국 중에 유일한 것인데, 그게 맘에 든다. 사자가 우는 기미는 우리나라가 아니라 미국의 언론에서 나왔다.

우리나라의 지금의 모습이다. 그래서 이번에 오대산으로 간다.

26일

오대산을 갔다.

거기도 사자암이 있고 적멸보궁도 있다.

오대산은 가지 못했다. 그러면서도 언젠가 가보고 싶은 마음이 있었던 곳인데 이번에 기회가 되었다. 비로봉은 입산통제가 되어 있는 듯한데, 비로봉을 오를 생각으로 간 건 아니라서 별다른 아쉬움은 없다.

적멸보궁을 보고 싶었다. 우리나라에 적멸보궁이 6개 이상이 있는 듯한데, 각각이 모두 의미가 다른 것 같아서 그 확인을 하려고 가는 것이었다. 내가 가본 곳은 통도사인데 여긴 가짜로, 다른 동남아 쪽의 여자인 것으로 보인다. 금산사는 진짜로 보이고 그 곳엔 광대한 장엄이 있다.

법흥사는 위와 같고, 여기 오대산은 가서 보니 가운행이 두껍게 돌아간다. 그전에 비로봉을 보니 관세음 보살상이 두 손으로 봉우리를 누르면서 못 나오게 하고 있었다.

그래서 내가 그러지 말라고, 누르지 말고 나오게 하라고 하니, 그 관세음보살이 봉우리 안으로 들어가서 합장한다. 내가 기운을 풀고 가운행과 오운행을 여러 개 만들어 주위에 두고 이거 저거 마저 움풀이(기운으로 여러 가지 운을 만들고 안배하며 설정하는 것) 하였다.

그리고 비로봉 맞은편의 산에서 강력한 건곤도열궁이 있는데 거기와 비로봉이 가운행을 하게 해두었다. 그리고 태백산의 기운과 연결했다.

태백의 의미와 합쳐서 세상에 흐르게 해야 한다.

오늘 27일 아침에 다시 가서 오대산 지하에 검을 꺼내니 묵직하다.

내가 묵직하게 느낄 정도면 이게 대체 뭐란 말인가. 다른 마애가 나와서 그것으로 오대산을 박살내고 갈아서 삭제한다. 이때 검도 부서져서 없어진다. 그리고 다시 오대산을 세우니 검도 나타나고 가벼워진다.

이걸 다시 오대산에 집어넣었다.

오대산 가는 길에 강원도가 뭔가 하는 생각을 하니, 하늘에 구름이 등과 갈비뼈를 닮았다. 해를 보호하는 듯이 그 사이에 있다. 그래서 강원도가 그러한 등뼈이면서 갈비뼈에 해당하는 것인가 한다.

영동고속고로가 갈비뼈이니 오대산 오면서 지나왔는데 등은 이 마구를 끝내고 사자암에 내려오니, 마침 전화 와서 주말에 포항에서부터 고성으로 차타고 7번 국도로 오르자고 한다. 등뼈를 운행하자는 거구나 했다.

오대산이 문수보살과 연관 된 곳인데 문수는 지적인 보살이다. 오대산이 둥글게 된 산이라서 오운행이 되고 이렇게 적멸보궁이 가운행이니 지적인 운행인 마운행에 해당하는 문수보살을 설정시키면 가마오가 완성되는 안배이다. 그리고 가운행은 생명력을 말하니 오대산은 전체적으로 순하고 부드러워 상대적으로 힘이 없는데 그 균형을 위한 것이기도 하다.

비로봉 건너편에 건곤도열궁이라고 첨보는 것인데 건과 곤이 합쳐져서 있다. 그리고 보면 땅엔 별별 것이 다 있는데 이상한 것은 우리나라는 이러한 것을 적극적으로 사용한 흔적이 별로 없다. 고려나 조선이나 남의 지배나 받고 자기주장을 대외적으로 하는 나라는 아니라서 그럴지도 모르겠다.

제국이 되고 광대한 꿈을 꾸는 나라는 아니었으니까, 이러한 땅을 이용하지 못한 것일지도 모른다. 터키의 오스만 제국을 가도, 작은 원통나라도 이용해서 제국이 되는데 이건 하나의 예이고 다른 나라를 보면 이러한 것을 적극적으로 이용한 흔적이 많다. 우리나라도 삼국 이전엔 쓰려고 하고 나라들이 이것을 차지하려는 다툼이 많은 것 같은데, 지금은 그러한 전통이 사라진지 오래라서 사용할 엄두를 내지도 못한다.

천시원

2014년 4월 2일 블로그

이번 마구는 이야기가 너무 많다.

생각하면 할수록 이거 저거 드러나는데 이래도 되나 싶을 정도로 끝없이 확장되어 간다. 그래봐야 현실에서 구현되어야 하는 것인데 얼마나 진행될지는 아직 미지수 이다. 겨우 이틀 지나서 무엇을 증명할 수 있을지 짧기만 한데, 그래서 안 쓰려다가 변덕이 도져서 이렇게 쓴다.

역시나 난 별로 믿을 인간은 아니다. 안 쓰려는 의지는 이렇게 또 다시 이틀 만에 변덕이다. 뭐 내 의지대로 된 게 하나도 없는 건 이것뿐이 아니니 항상 그렇지만.

저번 달 경칩 전에 외삼촌 만나러 화순에 갔었다.

그때는 화순에 가는 이유가 잘 떠오르지 않아서 이상하다고 생각했는데, 지금 이번 마구를 통해서 보면 운주사 때문으로 생각된다.

2006년 월드컵 한국전이 있은 그날은 내가 독천에 일하러 간 날이다. 집에만 있다가 돈 벌기 위해 외삼촌이 불러서 갔다. 도 닦아도 밥벌이는 해결이 안 되고 거창한 꿈은 이루어지기 요원하기만 하다.

현실적으로 할 수 있는 것은 아무 일이라도 해서 집 살림에 보탬이 되는 것이지만 특별히 잘하는 것도 기술도 없고 해서 객지 생활이긴 해도 별다른 기술이 없어도 되는 일을 하러 갔다. 얼마 동안은 비도 오고 일이 한가해서 쉬는 날이 많았다. 신체가 아직 정상도 아니고 적응하기가 힘든 나로선 다행이었는데 비가 와서 쉬는 날이면 광주에 외삼촌댁에 가는데 운전 연습을 할 겸 차를 몰고 근처 운주사로 가게 되었다.

이날은 태풍의 눈에 들어간 곳이라서 근처가 바람 불고 해가 나왔다 들어갔다 하고 먹구름이 여기 저기 흩어져 있고 기분 참 묘했다.

운주사에 가니 바람이 미친 듯이 불고 분위기가 요상한데 혼돈스러움이 있어서 앞으로의 일을 위한 혼란이어서 앞날을 기대하게 되기도 했다. 주역으론 둔괘라고 생각했다. 이 시절을 지나야 다음을 기대하게 될 것이라 아직도 둔인가 하는 회한이 있었다.

2000년 도를 이해하고 첫 마구를 하러 간 날을 기준으로, 이 해가 7년째이고 또 이날을 기준으로 2012년이 7년을 지난 날이고, 작년의 0을 지나서 올해 다시 1년째가 된다. 작년 0을 넣은 이유는 오행으로 설명하면 화 이후 토의 기간이 있다. 이건 자기화하는 것이고 갈등이 있는 것인데 판단하기 위한 자기시간을 가지는 것이다. 그리고 올해가 새로운 의미를 만들기 위한 첫 해가 된다.

수요일, 비가 오고 바람 부는 것이, 또 다시 운주사 간 날을 생각하게 하는 혼돈이 느껴졌다. 그리고 금욜 대구를 내려가니 운문사를 간다고 한다. 금요일이니 금기로 운을 수렴시키는 것이다.

훔~~~ 운문사라는 말은 올 초부터 자주 듣게 된 곳이다.

들을 때마다 난 운주사가 같이 떠오른 것이 왜인가 했다.

이렇게 운의 흐름이 하나의 단계를 넘어 이어져 가고 있었다.

운주사에는 통일신라를 거쳐 완성된 삼층 석탑이 아니라 다양한 모양의 탑들이 있었다. 사각형이 아닌 둥근 것도 있어 기이하고 새겨진 문양도 다른 곳에서 보기 어려운 것들이 있다.

북두칠성 모양의 둥근 바위가 있는데 거기서 북극성의 위치로 가면 와불이 있다. 이 와불이 일어나면 좋은 세상이 된다는 것 같은데 그건 잘 모르겠다. 그래서 바람을 안고만 있는 서글픔이 있기도 하다. 이게 이후의 운이 되니 참 안타까움이다. 여러 탑이나 불상이 하늘의 별자리에 따라 배치한 것이라고도 하는데 하늘의 별자리에 따라 건물배치와 도시 조성은 흔한 거라서 그렇게 새로울 것은 없다.

산을 보니 하나는 용이고 하나는 호랑이인데 지금 생각하면 용이 내가 일하기 위해 용쓰는 것이고, 무엇을 위한 용쓰는 것이냐면 새로운 세상을 만들고 싶은데 혼자 하기는 어렵고 여러 불상처럼 사람을 모으고 세력을 형성해야 하는 것인데 결국 미완성의 와불처럼 힘겨움이 있을 것이다. 개인적인 것이니 내가 힘들 것이지만 와불 처럼 결국 못 일어나는 것은 아니다. 그럴 거면 애초에 할 필요가 없다. 그러면 어디에 와불과는 다른 희망을 가질 수 있는 것인가, 그건 내가 광주에서 왔기 때문이다. 다시 광주로 돌아갈 것인데 빛은 희망이 아니던가.

새로운 세상은 하늘의 별을 따라 배치한 것이니 하늘을 이 땅에 구현하기 위한 것이다. 그를 위한 별을 하나하나 생성하기 위함이다.

이건 가르침이 된다. 사람 모으기라는 것이다.

천불 천탑인데 천 년인 건가? 천 사람인 건가?

운주사이니 이러한 운을 만들고 모으는 것인데, 잘하지 못하는 운전하면서 여기를 왔다가니 미숙함과 혼자 애쓰지만 힘겨울 뿐이다. 항상 외삼촌은 곁에 있어 주었다. 그렇지 않으면 진짜 혼자 맨땅에 헤딩할 뻔 했다.

운문사 가면서 보인 건 화랑발생지이다. 여긴 신라이다. 법흥왕의 의지가 있는 곳이니 고유신앙과 국가의 의미가 있다. 그래서 이 절은 세속오계와 관계된 원광과 연관되어 있고 일연도 주지를 했다고 한다. 지금은 교육기관이니 필요한 사람을 기르는 곳이다.

운문 역시 운을 모으는 곳이고, 근처에 운문 댐이 있을 정도로 구름을 모아 물을 이루어 놓는 곳이다. 운문산까지 있는데 운주사와는 비교가 안 될 정도로 광대한 크기이다. 하지만 운주사는 하늘을 담는데 여긴 그런 것은 없다. 원래는 대작갑사인데 갑岬이 바다에 돌출되어 있는 땅인데, 작鵲은 까치이다. 바다에서 올라온 새이니 해가 된다. 바다에서 해가 솟아 올라오니 온 누리에 광명을 비칠 것이며, 이 절엔 법륜을 상징하는 둥근 돌이 있는데 법륜이 법을 굴리는 것도 되고 내주천을 도는 것이기도 한데 능동적으로 나아가는 것은 같으며 밝음을 뜻하는 것도 같다.

운주사는 영귀산으로 거북이인데 거북은 땅을 뜻해서 바탕을 이루기 위함이고 운문사는 호거산인데 호랑이는 진취적이니 나아가는 것을 말한다. 사자를 깨우고 온 것인데 호랑이가 있으니 사자가 울다가 호랑이의 호명을 해야 하는 것이 되어 이제야 말을 하는 이성에 눈뜨나 보다.

말을 해야 한다. 그래야 알아 주고 관심 갖는 것이다. 그렇지 않으면 무시하고 멸시 당한다. 주장하고 요구해야 한다. 그래서 언양으로 가서 언양 불고기를 먹었다. 말하라는 것이지, 양은 태양인데 밝게 말하라는 것이지, 먹는 것에도 이유를 대면서 먹는 집요함이 엿보인다. 하지만 자기 의견을 말하고, 말하게 하고 이것의 중함을 강조해야 한다.

운문사는 누가 지은 것인지는 불명이다 어떤 중이 진흥왕 때 지은 것이라고 한다. 대작갑사라고 하며 근처에 가슬갑사, 천문갑사, 대비갑사, 소보갑사 로 오갑사를 지은 것인데 무슨 의도가 있어보이긴 하다.

가슬갑사는 원광이 귀산과 추항에게 세속오계를 준 곳이기도 하다. 애초에 의도가 무엇인지는 모르겠는데, 갑岬이 곶이라고 바다에서 튀어나온 장소를 말한다고 한다. 산줄기라고도 한다. 작은 까치인데 대작갑사를 바다에서 나오는 해라고 걍 해석하겠다.

이 절은 까치와 연관된 설화도 있다. 보양국사가 차이나에서 와서 까치가 안내해 황금탑을 찾은 곳이기도 하다. 이 보양국사가 차이나에서 돌아올 때 용왕의 아들인 이무기를 데려와 억산 밑에 살게 했다는데 그게 이목소이다. 이 이목소가 여승의 자궁인데 이목소라는 말이 눈을 떼어내라는 말이어서 공부하려면 출산이나 세속을 잊으라는 것이다. 왜 여승의 자궁이냐면 이 서쪽 산을 여승이 앉아 있는 모습이라고 하는 설이 있다. 그래서 그렇다.

음, 그러면 나는 반대로 이무기는 용으로 승천해야 하니 욕망을 죽이지 말고 원하는 바람을 따라 살라고 해야겠다. 이날 파리가 무지 많았는데 너무 얼굴에 달라붙어서 짜증이 난다. 얼마나 참고 내리 눌렀으면 파리가 낄 정도인가, 어서 일어나 나와야 한다. 욕망은 참고 죽이는 것이 아니라 채우고 성취하는 것이다. 대작갑사이다. 작갑인데 갑을 만들라는 것은 애를 출산하라는 것이지 않나. 우히히~~~~

저것이 호거산인가 아닌가? 알 수가 없네. ㅠㅠ

지룡산이라고 하는데 그건 견훤을 말한다.

견훤을 지룡, 지렁이라고 했다. 신라를 칠 때 이곳에서 머물렀나 보다.

법륜

잠은 신불산 사자암의 밑에서 잤다. 역시나 저녁에 바람이 휘몰아 치는데 바람이 바람을 가지고 오고 가는데 일정함이 없다. 신불산으로 신과 부처인가? 신이 아니라는 것인가? 믿지 말라는 것인가?

사자암이고 운문사를 보면 떨치고 일어남을 말할 것이다. 자신을 믿고 일어나 스스로 존귀함을 주장하는 자립을 하라는 것이다. 그게 불 즉 부처가 아닌가? 스스로가 부처됨을 믿어야 하는 것이지. 각자가 부처되는 세상을 만들기 위함이다.

바람이 오갈 곳을 모르면서 이리 저리 도는데, 불이 무늬를 말하고 불火이 되니 문이고 화려함이 된다. 질서를 부여함도 된다. 태양 역시 광명이니 그 빛은 예와 의로 질서와 이성으로 세상을 밝히고 지적인 성장을 한다는 것이 된다. 다음 날은 토요일인데, 토는 자기 자신이 되기 위해 생각을 많이 하는 것이다. 토는 화 기운이 많을수록 토의 힘은 커지고 제 역할을 하며 토 역시 크고 거대해야 한다.

그리고 토는 장마이고 비이니, 이날 비가 온다. 날씨는 더운데 비가 지나친 열을 감당하지 못할까봐 준비된 것이다. 등줄기는 독맥이고 우리가 화 기운을 타고 오를 것이기 때문이다. 토는 사자가 자기가 되는 것을 의미한다. 이날 시작은 천황산 사자봉 케이블카를 탔다.

잠잔 곳이 등억인데 등과 가슴이다. 케이블 타고 오르니 구름이 있어 시야가 없다. 뒤는 사자이고 앞은 백호암이다. 운문사 역시 뒤는 사자이고 앞은 호거산인데 이렇게 항상 사자와 호랑이가 앞과 뒤로 세워진다.

그리고 여기가 남명리인데 남명은 붕이 날아가는 곳이다.

장자에 첫 장에 보면,

"물이 고인 것이 깊지 않으면 큰 배를 띄울 수 없고 .... 물은 얕으면 배를 띄울 수 없다. 바람이 쌓인 것이 두텁지 않으면 저 붕새의 큰 날개를 펼치기에 부족할 것이다. ....가까운 들판으로 가는 자는 하루 세끼만 먹고 돌아와도 배가 여전하지만, 백리를 가는 사람은 전날 밤부터 양식을 준비하고, 천리를 가는 자는 3개월 동안의 양식을 준비해야 하는 법이다. 작은 지혜는 큰 지혜에 미치지 못하고 단명하는 자는 장수하는 이에 미치지 못하고 아침 나절에만 사는 버섯은 그믐과 초승을 알지 못하고, 쓰르라미는 봄과 가을을 알지 못하는데 수명이 단명하기 때문이다." 라고 나와 있다.

앞으로 할 일에 준비하기 위해 운을 모으고 산 위로 올라 구름을 취해서 케이블타고 내려오니 남명에 가는 붕새 같다. 한 번 날아오르기 위해 태풍을 기다리는 새는 가슴에 무엇을 품고 있을런가. 한 번도 날아오르지 못한 오랜 기다림으로 오를 수는 있을 런지. 한 번 날아오르기 위해 15년을(햇수로는 16이어서 1+6=7) 기다리고, 길게는 43년을(4+3=7) 기다린 붕새의 꿈을 위해, 여기서 박을 부르니 호박소라는 곳이었다.

부르고 부르니 호박소이고 호랑이는 자꾸 앞에서 서 있는다.

울산이니 울라고 하는데 그렇게 내면을 울리고 목소리로 부르짖는 것이 한 서림이 있어서 이리라. 그래서 국도를 7번을 타고 오르는데 이러면 7이 3개이다. 그래서 43번 국도를 타기도 하고 37번 국도를 타기도 한다. 울진도 울고 진동하는데, 며칠 후엔 반대편인 태안 앞바다에서 지진이 울리어 오는데 우린 7번 국도로 오르고 있었다.

천간으론 7은 충을 말하고 지지로는 대각선으로 반대편을 말한다. 망양의 해를 보면서 바다의 창창함에 비가 오니 우울한 울림은 더욱 짙어간다. 작괘로를 지나서 왔는데 작괘로 진행되는 것을 암시하는 듯했다. 건천에서 7번 국도를 타러 갔는데 케이블이 천황산 하늘정원이라는 곳에서 내려와서 땅에 오니 건이 된다.

두번 째의 일이라서, 또 하늘이 하늘을 만나는 것이라서 하늘이 하늘을 이루는 것이라서 등의 이유로 건천이다. 하늘에선 천이지만 땅에선 건괘이다. 이게 이괘로 되어야 하는데, 건은 정신이고 이는 현실이 된다.

건괘

건은 원형이정 이다.

초구 잠룡물용, 잠용을 쓰지 않는다.

구이 견룡재전 이견대인, 밭에 용이 보인다. 대인을 기다리는 게 이롭다.

구삼 군자 종일건건석척약 려 무구, 군자는 종일 굳건하지만 저녁엔 두려운 듯하여 위태로우나 허물은 없다.

구사 혹약재연 무구, 혹 뛰어 연못에 있으면 허물이 없다.

구오 비룡재천 이견대인, 비룡이 하늘에 있으니 대인을 기다리면 이롭다.

상구 항룡유회, 지나친 용은 후회가 있다.

(그렇다. 분명 누군가는 후회할 것이다.)

용구 견군룡 무수 길, 여러 용이 보이니 우두머리가 없는 것이 이롭다.

(이게 우리 고조선의 모습이다. 여러 용이 있어 스스로 살아간다.
하나의 권력에, 하나의 이념에 종속되지 않는다.)

건괘가 대충 이렇게 된다. 자세한 건 책을 보면 되고.

건은 정신적인 면이 있고 하늘을 의미하니 지나치게 고원할 수도 있으며 그래서 현실은 이괘로 변하게 된다. 낙서엔 건괘 자리는 이괘가 있게 된다. 망양이 해 뜨는 것을 보는 곳인데 해는 이괘이다. 현실적이며 이성이고 화려함이면 문명이고 분석적이고 지행일치이기도 하며 적극적인 나아감이기도 하다.

7번 국도를 타고 울진을 거쳐 오르는데 울산도 그렇고 울진도 그렇고 모두가 울리고 진동하며 양기를 발동하는데 룡이 오르기 위해선 힘이 필요하기 때문이다. 여긴 룡이 아니라 사자이지만, 사자 역시 성장하고 온전한 성인이 되기 위해선 기다림이 있어야 하고 힘이 필요하다. 삼척을 거쳐 동해에 이르는데 해가 움직인다고 한다. 그래서 7번을 벗어나 고속도로로 양양의 낙산사로 바로 들어갔다. 양양이 사자가 크고 싶고 성장하고 싶지만 먹이가 필요하고 힘을 기를 시간이 있어야 한다.

양, 기른다는 것도 되고 바다라는 것도 되는데, 불을 태우고 양기를 기르기 위해서도 기름을 보충하고 화력을 높일 필요가 있다. 낙산사에는 해수 관음상이 있는데 해수가 바다이니 무한한 기름과 터전이 되어준다.

그리고 우린 미륵이 아니라 관음이다. 왜냐하면 미륵은 깨우쳐주는 것이지만 관음은 포용해 주어야 한다. 경제적으로, 정치적으로, 심리적으로 민초를 위한 길이다. 그래서 속초에서 하루 잔다. 속세의 민초들을 위한 것이지 수도하려는 자를 위함이 아니다.

이 해수관음상을 보러 낙산사에, 내 기억으론 2004년에 온 적이 있는 거 같다. 확실하지는 않은데 외삼촌하고 왔었다. 그때는 별 감응 없이 그저 관광하고 이거저거 둘러보기만 했는데, 다음 해인 2005년에 불이 나는 것을 보고 아무래도 변화가 있을 것이라고 생각했는데, 이 해수관음상과 나와의 연관성은 잘 몰랐다. 이 해수관음상은 1972년부터 시작해서 5년이 걸려 완성한 거라고 한다. 돌은 익산에서 가져 왔다고 한다.

그리고 이 낙산사에는 원통보전이 있는데 한 바퀴를 돌고 수미일관해야 하는 의미가 있어서 다시 돌아와 새로우며 그 다음의 일을 해야 하는 반복이 있어 보인다.

원통보전 앞에 칠층석탑이 있는데 의상이 얻은 여의보주와 수정보주, 이걸 넣어두었던 것이라고 하는데 거기에 늙은 모습의 정령이 형성되어 있는데 그게 좀 탁한 듯해서 원상태의 영기로 전환하고 탑을 움풀이를 했다. 건칠관음보살상인지 뭔지 하는 것을 불이 나도 지켰다고 하는 것을 보니 7의 의미를 가중시킨다.

건괘가 6효인데 7은 점치는 주체를 의미하니 사자를 말한다. 점을 보려는 그 주인공이 중요한데, 소크라테스 식으로 나를 알아야 한다는 것이다. 나를 알기 위해선 정의를 해야 하고, 정의는 사물을 알고 그 사물과의 연관에서 자기를 정의하는 것이 된다. 역도 변하고 룡도 변하며 세상도 변하는데 그러한 변화에 불변을 찾고 스스로 독립하면서 자기 자아를 정하고 시간을 절취하고 변화를 극복하면서 자기 성장을 이루고 주체성을 가지는 그 중심을 얻기 위함이다. 삶의 주인이고 세상을 아우르는 그 자리를 얻는 것이다. 건괘 중에 용구는 우두머리가 없다고 했다. 즉 자기가 세워지고 우뚝 서지만 겸허해야 하는 것이다. 자립하지 못한 자가 자기를 내세우며 목소리를 높이는 것이지, 진정으로 강하고 주인된 자는 나서지 않고 잘났다고 하지 않으며 머리를 들지 않는다.

속초를 가서 숙소를 정한다. 속초가 풀이니 사자가 먹을 것은 아니다. 속초의 유래 중에 누운 황소에게 풀을 주기 위함이거나 울산바위을 묶어서 울산 목사보고 가져가라고 하는 전설등이 있는데 사자는 소를 먹을 것이고 울산바위를 끌 수 없듯이, 사자는 누군가에 의해 끌려 다니지는 않는다. 또 속히 부르라는 것이니 좋은 세상이 빨리 오기를 바라는 곳이기도 하다. 여기서 좋은 세상은 이제 통일이 되고 있다.

양양도 중층이고 이날 숙소도 복층을 빌렸는데 의미도 중층으로 여럿이고 해야 할 것도 다양하며 해야 할일의 순서와 질서도 있어야 하며 권력이 나누어지는 것이어서 서로간의 관계정리도 해야 한다. 울산이 그냥 울기만 하면 되는 게 아니다. 생각하고 안배하며 현명함을 가져야 한다.
그런 지성이 없으면 앞날은 순탄하지 않다. 항상 슬기를 가져야 한다.

다음날은 일요일인데, 화나 해의 마지막을 이룬다. 고성에를 가는데 고성은 우선 고고지성이다. 갓난아이의 첫 울음소리를 말한다. 화진포에까지 가서 대포를 쏘는데 누군 섬이 거북이를 닮았다고 한다. 그러면서 구름을 거북이로 만드는데 이건 뭐여, 거북해 거북해 큰 북이어야 더 크게 울리겠지. 그리고 통일 전망대를 간다.
신분증 확인하고 교육용 비디오를 보는데 금강선인이 와서 어째 왔는냐고 한다. 거기를 가지는 않는다고 하니 분위기가 심상찮다. 그리고선 서쪽 하늘을 보면서 가는데 왜 거길 가는지는 모르겠다. 화진포를 가는 때만해도 해가 나오고 구름이 사라지고 있었는데 다시 구름이 하늘을 가리면서 흐려진다. 통일전망대를 가니 흐려서 쉽지 않아 보인다.

그전 운주사에선 북한을 신경 쓰지 않았다. 그 그 전에선 남한산성을 2000년 12월 31일 첫 마구를 시작할 때 남한산성이니 북쪽과 관련된 것일 건데, 인조가 능욕을 당한 곳이니 북쪽과의 관련해선 그다지 이로움은 없었다. 남한산성이 은행동이고 양지동인데 내가 사는 신정동이 원래 은행정이다. 그러니 내가 가서 제자리이니 움직이지 못하는 운이다.

그 후 7년을 집에만 있는다. 양지도 공부나 하라는 것이니 별 수가 없다. 한강을 보러 간 것인데, 은하수에 뜻을 담그며 하늘만 쳐다보는 외로움이다.

고성에서 양구로 간다. 진부령을 넘어 양구까지 가는데 양구는 상구로서 항룡유회이다. 너무 지나치고 너무 높게 오르면 후회를 한다. 아까 말한대로 잘난 척하고 자기 고집을 하며 겸허하지 못하면 반드시 후회하는 것이다. 양은 나아가지만 끝까지 가지는 않는다. 멈출 때를 모른다면 양은 망한다.

이제부터 철원을 가는데 역시나 좋은 길이 아니라 구불구불하고 산을 오르 내리며 험하고 힘겨운 길을 가게 된다. 철원은 철분이 피이고 피의 근원이니 골수인데 精이다. 정은 흘러야 하고 그래서 연천으로 이어서 옮겨진다는 곳으로 가는데 가는 길이 역시나 쉽지 않다. 비포장 도로를 지나서 도달한 곳이 통현이다. 통하게 하고 흐르게 해서 기회 균등과 윤택한 삶을 살아야 하는데 통현은 현의 통이니 아무래도 여기가 끝은 아닌가 보다. 석양이 주홍빛으로 물들어가는데 천시원에 소속된 별 중에 여상이라는 별이 있는데 색이 주홍색이라고 한다.

이건 황후나 궁에서 일하는 여자들을 말하는데 여성과 관련된 별인 거 같다. 주홍색 해를 보면서 그 동안 미루던 곳을 가야 할 거 같은 생각이 든다. 그 곳은 부석사하고 소수서원 맞은편의 천시원인데 거길 어떻게 가야 하나 하면서 고민 중이었다. 그런데 다들 석양의 색에 취하며 의미를 묻는데 결국 말해 버려서 다시 일정을 하루 늘려서 같이 가기로 한다. 휴, ㅜㅜ

파주에서 닭을 먹고 풍기로 향했다.

닭은 봉황인데 봉황을 잡아먹고 저문 해를 뒤로 하면서 건은 곤을 향해 가게 된다. 해를 쫓는게 아니라 해를 잡고 그 다음이 목적이다.

이건 여기까지는 바람 잡는 것이고 이제 부터가 진짜이다.

사진이 올리니 색이 변하는데 해는 빨강도 아니고 황금색도 아닌 주홍이었다.

풍기가는 길에 원주 치악산 근처를 지나간다. 영동 고속도로도 있고 중앙고속도로를 가니 어쩔 수가 없는데 요즘 이곳을 들르는 경우가 많다.

치악산이 원래는 천지산인데 까치가 사람 구하는 설화의 영향으로 치악산이 되었다는 말이 있다. 암튼 이 곳은 중용의 운이 있는 곳이어서 중을 잡고 균형을 잡아야 하기 때문에 이곳을 지나가기도 한다.

그래서 원주란 중화의 이름이다.

풍기는 바람이 일어나는 곳인데 오히려 조용하다.

바람을 일으키는 것은 두려운 일이니까. 그 전날까지는 밤이면 바람이 심하더니 정말 바람이 일어야 할 때는 숨어 버렸다. 누군가는 왼쪽 뒷골이 아프기 시작한다는데 풍지혈 인가? 바람을 머물게 하네, 바람을 일으키고 그걸 잡아 머물게 하면 무엇이 되는가? 바람을 이루는 것인가?

풍! 풍은 복희와 연관된 말인데, 풍기는 과거부터 곡식 종자를 얻는 곳이라고 하는데 풍이 풍년의 풍도 되나?

잠자고 다음날이 월요일이다. 달을 마중하러 가는 날이다.

소수서원 주차장에서 천시원을 보고 부석사를 들러 다시 오기로 했다. 부석사는 작년에 온 후로 요즘 한번 갔다 와야 한다는 생각이 들어서 차일피일 미루고 있던 곳이다. 이곳에서 다시 무엇을 하려는 것은 아니다.

태백산이 끝나고 소백산이 시작하는 곳이라고 써 있는데 숫컷을 봉이라고 하고 암컷을 황이라고 하는데, 소백산은 황이고 태백은 봉이다. 풍수에서 그런다. 난 풍수는 모른다. 음, 공부해 보고 싶단 말이쥐. ㅠㅠ

그래서 소백은 여자이고 음인데, 그것이 시작하는 곳을 가는 의미가 크다. 그래서 봉황산 앞에 화장실에서 난 누런 알을 낳고 왔다. 암컷이 알을 낳는 것이니 확실하게 각인하는 것이다. 알이 뭘 의미할까? 등줄기를 타고 양기를 끌어올려서 그 강력하고 힘찬 양을 음으로 결실하고 결과를 맺어야 하는 것인데, 이게 이번 운의 골자가 된다.

부석사를 가니 해무리가 크고 짙게 드리우는데 의미는 모르겠고, 천시원하고 연결 시켰다. 이날은 하루 종일 해무리가 있었고 다른 지방에서도 볼 수 있었던 거 같다.

천시원에 가는데 돔이기도 원형이기도 한 이곳에 번개가 커다란 것이 꽂혀 있다. (이것의 의미를 너무 간과 한 것인가, 이후의 사건을 보면 내가 경솔했을까?) 거기 서 있지만 별다른 느낌은 없다. 이게 그렇게 강력한 힘을 보이는 것은 아닌 것이라 느끼기도 힘들 거 같다. 나에겐 강하고 맥동이 느껴지지만 다른 분들은 심심하려나.

천시원은 백성이고 상원 태미원, 중원 자미원, 하원 천시원으로 천시원은 결실을 하고 쇠퇴한다고도 하는데 아마 우리 입장에서 쇠퇴보다는 결실이고, 왕의 입장에선 쇠퇴가 된다. 자기 힘이 서민에게 돌아가는데 당연하겠지. 시장이기도 해서 시끄럽고 왁자지껄하며 사람들이 모이는 것이다. 그래서인지 여긴 집들이 있고 옆엔 댐도 있어서 살기는 좋아 보인다.

그 번개는 집에 와서 다음날 밑으로 묻었다. 몇 가지 움풀이를 더했다.

집에를 가야 하는데 어쩌다가 구인사까지 가게 되었다. 거긴 박상월이라고 하는데 상월은 곤괘의 육효이다. 마지막 효를 상이라고 한다. 그래서 육효이다. 상육이라고 하는데 "용전우야 기혈현황" 이라고 한다.

용이 들판에서 싸우는데 그 피가 검고 누렇다. 윗 것들이 싸우고 지랄이니 용은 항상 오르면 믿을 수가 없고 자만하며 지들끼리 싸운다. 양구에서 용이 후회하고 싸우니 그 피가 나오는데 철원이다. 그리고 통현에서 봉황산 부석사를 가는데 소백산이 황이다.

오다 보니 박달도 보이는데 이것도 달이다. 해가 자기를 드러내기 보다 달을 비추어서 달을 더 밝게 빛나게 해야 하는 것이다. 박이 자주 나오는데 박박 해봐야 삶이 박박하다. 그러면 그 피는 서민의 양식이 되겠지.

이러고 오는데 해가 환일이 일어난다. 해가 움직이고 나누어 지는데 해의 힘이 약해지고 해의 시대가 지나가고 있는 것이다. 그 해는 자기의 힘을 잃고 달이 되어야 한다. 달은 해의 반사하는 빛인데 해가 밝고 강하게 비쳐주어야 하며 그래서 등줄기를 타고 힘겹게 오르면서 강력하고 위대한 힘을 축적시킨 것이다. 서민이 정부나 사회에 커다란 영향을 받는 것은 당연하다. 그러니 강하고 힘 있는 기관이나 기업이 어떻게 하느냐로 일반인과 개개인은 좌우되는 것이 크다. 그래서 그들은 그만한 책임과 의무감이 있어야 한다.

그리고 우리 개개인은 스스로 사자이고 독립체이며 존귀한 존중을 받아야 하며 스스로 그러한 존귀한 인격으로 행동하고 사고하면서 살아야 한다. 외부의 영향이 크다고 거기에만 휩쓸릴 수는 없고 스스로 자격을 갖추는 노력을 해야 한다.

너무 글이 번잡하고 의미 위주로 쓰다 보니 이거저거 늘어 놓기만 해서 이게 먼 소리인가 할 것이다. 복잡하고 다양한 의미를 다 쓰려면 더 많을 것이나 한두 가지로 정리해서 말하면, 권력 같은 외부의 양은 쇠퇴하며 내적인 자립의 양은 일어나게 해야 한다는 것이다. 위에서 아래로 흐르는 힘과 돈이어야 하며 외부에서 내부로 이동하는 중심이어야 한다는 것이다.

그 와중에 어떤 혼란이 있으려나. ㅠㅠ

양구에 대해선 다른 말도 할 수 있다.

항룡유회라고 한 것은 지금의 통일에 대한 정치판을 말하는 것이고, 거기서 막국수를 먹었는데 나라를 지키는 선을 어디로 할 것이냐는 의미가 된다. 식당 앞길이 비봉이라고 하는데 새는 경계도 없고 나라도 없고 자유로움의 상징이기도 하다.

단순히 땅에 그은 선을 국경선으로 하는 것은 서양의 영향으로 하는 땅의 구획이 된 것이고 얼마 안 되는 역사를 가진 국가구분이다. 북한과의 통일이 다는 아니다. 한반도가 다는 아니라서 양구에 한반도 모양의 뭔가를 만들고 관광을 유치하려는 것이 있는데 보지 않았다.

그 정도가 꿈은 아니다. 영토에 대한 개념을 무엇으로 할지 그것부터 정해야 한다. 단순히 땅에 선 긋는 영토 개념은 조잡하다. 그래서 난 영토에 대한 개념부터 다시 설정하고 그에 따른 정책을 펴는 것이 좋다고 보는데, 앞으로 올 젊은 사람들에게 꿈을 꾸고 이상을 드높이는 길을 열어 주어야 한다. 겨우 어설픈 민족주의나 근시적인 안목으로 한반도나 어떻게 통일하려는 생각을 말고 광대한 길을 열어 주어야 한다.

천황산 케이블을 타고 올랐을 때 거기서 보이는 경관 중에 여러 산이 있는데 영취산이 있다. 이 영축산, 또는 영취산인데 양산의 그 영축산인지는 잘 모르겠다. 오늘 어떤 분이 거기를 놀러 갔는데 사진을 보니 생각난다. 영취산의 취는 독수리이다. 통도사의 통도 역시 길을 통하게 하는데 우리에게 어떤 길을 만들고 어떤 통로로서 꿈을 꾸고 이루게 할 지 그 광활한 영토를 주어야 하지 않느냐 말이다. 겨우 한반도이던가,

우린 새이다. 새는 용이 아니라서 오른다고 후회하지 않는다. 오히려 올라야 자기 땅이 된다. 더 더 높고 높은 이상을 꿈꾸어야 한다.

철원의 밝음의 근원을 생각해야 하고, 통현으로 어디로 통하게 할지 생각해야 하며, 연천으로 하늘은 이어져 있다. 우린 땅에 살지만 추구하는 것은 하늘인데 좀 더 넓게 보면서, 경계 없음에서 스스로 경계지어 자기 한계와 선을 긋지 말고 나아가기를 바란다. 역사적으로 국경선의 개념은 변해 왔다. 지금 생각하는 그런 식의 국경선의 의미는 얼마 안 되는 것으로 또 세상이 변해 간다면 이거 역시 다른 개념으로 변해 갈 것이고 그렇게 변하게 해야 한다. 생각해 보면 어디 살고 어느 나라이고 어느 국경선 안에 산다는 이유로 한정 짓고 정의하고 규정하면서 서로 감정을 가지고 서로 다투거나 의미를 부여한다는 것은 그만큼 협소한 정신이지 않을까 한다.

생각도 자유로운 듯 자유롭지 않어.

용들이 들판에서 싸우는데 그 피가 검고 누렇다.

마니산

2014년 4월 13일 블로그

마니산을 가본 지가 12년 만이라고 생각 되는데 사실인지는 모르겠다.

기억이 흐릿해서 언제 갔었나? 하는 생각이 드는데, 이번에 오르면서 과거에 오를 때 했던 것이 생각난다. 그런데 이 생각이 진짜인지도 사실 모르겠다. 암튼 그때 전국에 퍼뜨렸던 운이 다시 돌아와서 이렇게 다시 마니산을 오르니 이것도 재미있다. 경상도 두 분이니 남북도 일 것이고, 전라도 두 분, 경기도 한 분인데 오르진 않고 저녁에 합류, 충청도 두 분, 서울 한 분, 난 전날에 남이섬을 갔다 오는 걸로 강원도를 의미하는 것으로 퉁친다.

이번에 오른 것이 마니산을 목적으로 한건 아니다.

대개의 사람들에게 알려진 마니산이 참성단이나 단군과의 연관이나 뭐 그런 것인데, 이번의 목적은 천문 중에 삼원이 있는데 태미원과 천시원은 갔고, 마지막 자미원이 목적이어서 갔다. 오를 때 단군로 방향으로 올랐는데 오르면서 자미원을 찾으니 참성단이 아니라, 그 전의 봉우리이다.

좀 이상해서 당연히 참성단이나 그게 아니면 마니산 정상일거라고 생각했는데 그게 아니라서 자꾸 다시 보고 다시 봐도, 아니다.

거기 가서 움풀이를 하고 속리산과 지리산과 백운대에, 그리고 우리나라를 네 군데로 운을 보내는 것을 하고 올라온 길을 따라 운을 땅속으로 끌어당기면서 하늘에 연결하고 다시 그것을 전국에 연결하는 것을 하면서도 역시나 자미원은 여기이지 다른 곳이 아니었다.

여기 오르기 전에 동명제가 하늘에 있는데 의외다. 왜 갑자기 나타난 거지? 아무래도 이번은 저분이 뭔가를 하는가 보다. 사진은 하나도 안 찍었다. 딱히 하고 싶은 생각이 안 들었다. 다른 분이 찍어준 것이다.

건너에 참성단이 있는데 출입은 시간제가 있나보다.

여기 오기전에 저쪽에서 마구를 했으니 석양에 의한 붉은 빛이 구름사이로 비쳐져서 모양을 만드는데 어제 남이섬에서 볼 때 석양빛이 Z 모양으로 해를 찌르는 것 같았는데 아무래도 얽히는 것이 있고 마음 아픈 일이 일어날 것 같았다. 오늘 석양도 살벌해 보인다.

내려오는 길은 계단로로 내려 왔는데, 올라온 길은 용의 꼬리부터 쭉 따라 오르는 길이고 이 길은 머리가 아래에 있어서 타고 머리로 내려가는 길이다. 용이 다른 이무기에 의해 억눌려 있어서 그걸 제거하고 다시 제자리를 찾게 해주었다.

내려오는데 한쪽에서 누군가 엿보다가 다가오는데 내가 오랜만이라고 하고 전에 준비한 거 달라고 하니 함허동천 쪽으로 가서 옛날 양은으로 된 양동이를 가져온다. 거기에 담은 것을 보니 많이 줄었다. 나머지를 가져오라고 닦달을 했다. 이 놈이 맘대로 어디다가 쓴 거 같다.

한참을 기다려도 멀리서 눈치만 보지 제대로 해오지 않아서 내가 소모한 것을 전국에서 끌어 당겨서 채우고 마셔서 움풀이를 마저 했다.

하산하고 하나로 마트에서 잠깐 있을 때 하늘로 솟아 퍼지게 하고 또 돌아서 내려오고 다시 올라서 퍼지게 하니 하늘 구름이 물결을 친다.

달이 보름이 아직 덜된 것인데 보고 있으니 자꾸 커지는 듯하다. 그래봐야 보름이 되지는 않는데 그래도 보고 있으면 보름이 되려고 확장되려는 듯이 보인다. 운이 퍼지는 것에 의한 착시일 것이다.

이걸 올리는 오늘이 보름이다.

괘마다 운행하는 방식이 있는데 소개하면 이렇다고 본다.

내가 이렇게 보는 것이어서 정답은 아니다.

이건 팔괘에서 「감괘」의 운행인데, 방금 한 것이 이것의 확장이다.

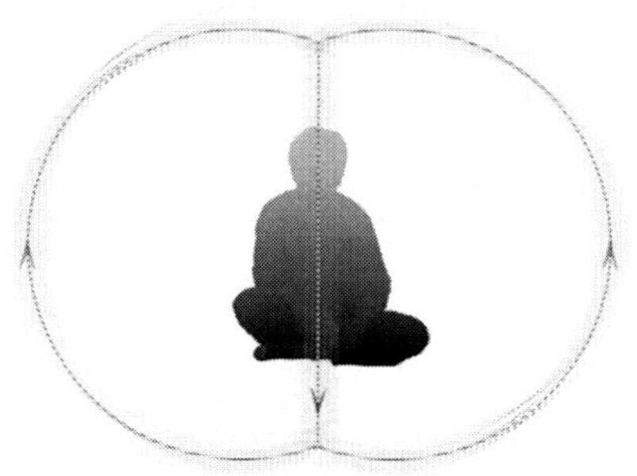

참고로 이건 「이괘」의 운행이다.

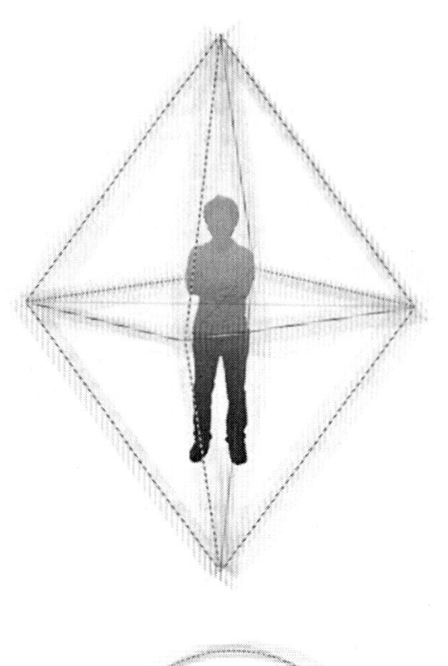

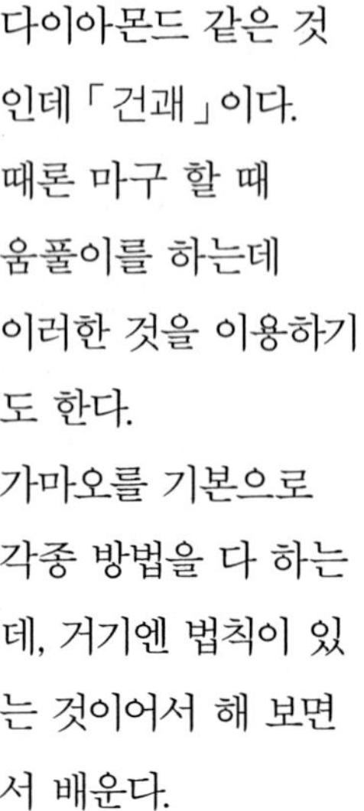

다이아몬드 같은 것
인데 「건괘」이다.
때론 마구 할 때
움풀이를 하는데
이러한 것을 이용하기
도 한다.
가마오를 기본으로
각종 방법을 다 하는
데, 거기엔 법칙이 있
는 것이어서 해 보면
서 배운다.

이건 「곤」인데,
집중을 하는 의미이다.

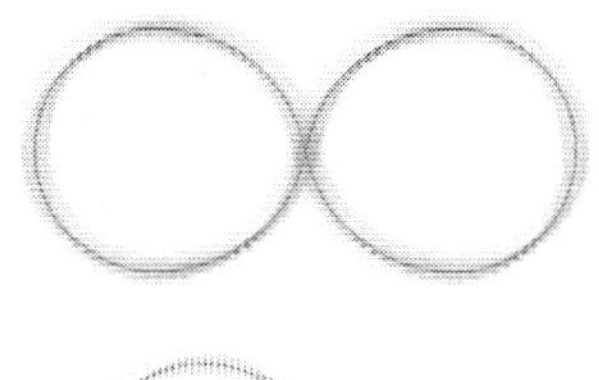

이건 「태」인데,
변환하고 다른 것으로
바뀌어가는 것이다.

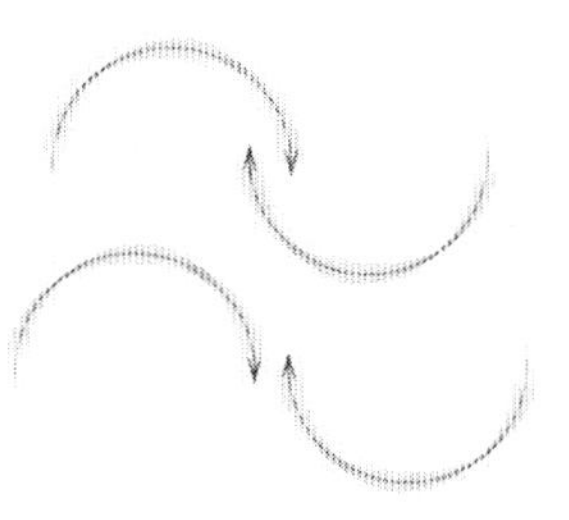

이건 「진」인데,
저것의 반대로도 된다.

순서가 위에서 아래 것으로 다시 반대로 이게 반복된다. 제라울 259 쪽 조기 수인과 같은 것이다. 운행은 이렇다는 것이다.

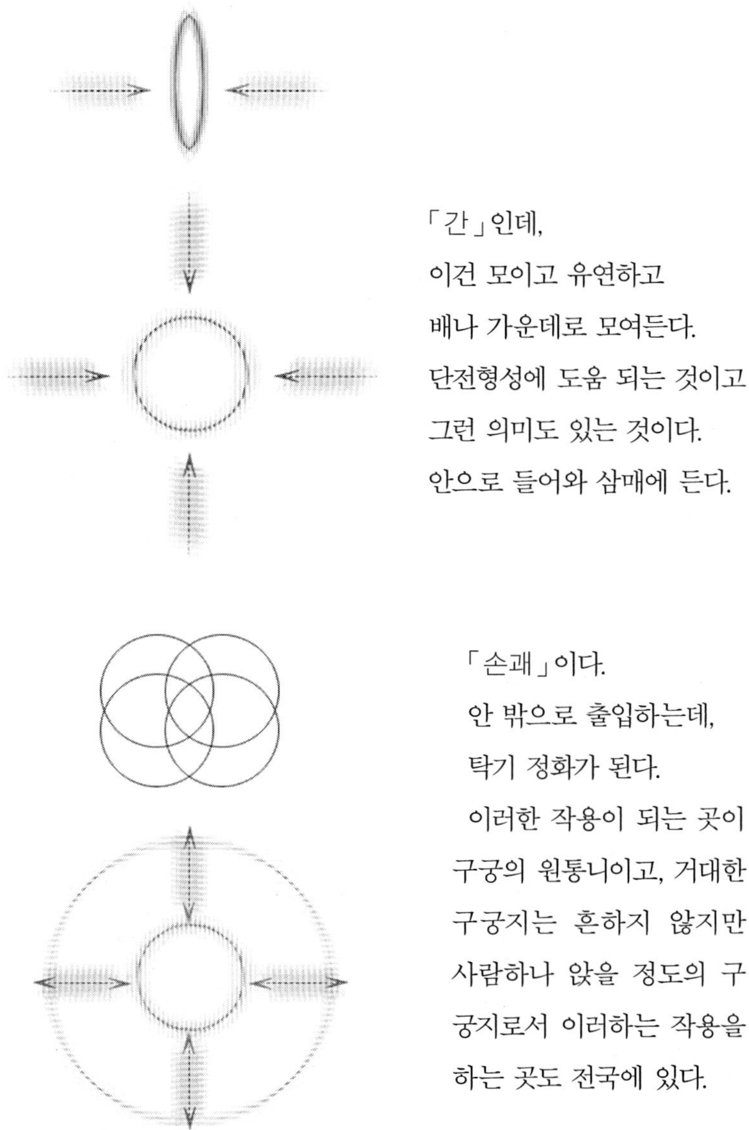

「간」인데,
이건 모이고 유연하고
배나 가운데로 모여든다.
단전형성에 도움 되는 것이고
그런 의미도 있는 것이다.
안으로 들어와 삼매에 든다.

「손괘」이다.
안 밖으로 출입하는데,
탁기 정화가 된다.
이러한 작용이 되는 곳이 구궁의 원통니이고, 거대한 구궁지는 흔하지 않지만 사람하나 앉을 정도의 구궁지로서 이러하는 작용을 하는 곳도 전국에 있다.

기운이 운행하는 것을 보고 그 의미를 유추하는 것에도 쓰인다.

잠은 함허동천 근처에서 잤는데 우리가 산을 올라간 쪽은 양이고 여기는 음인 거 같다. 여기는 끌어 들이고 거기는 내놓는 곳이 될 거 같다.

여기서 모은 것으로 전국에 퍼트린 것이니........

모으는 곳이 여러 곳인데 전설로 내려오는 것으론,

설에는 한라산에서 해를 받고,

추석 전 15일에서 한 달은 지리산이 달에게서 받고,

동지엔 백두산에서 해와 달을 모은다.

바다의 수기를 받는 곳은 한 달에 한 번 계룡산에서 하고 이걸 전국에 퍼트린다. 이번에 석모도 보문사를 갔는데 거기엔 3대 해수 관음성지라는 곳인데, 낙산사와 남해 보리암과 함께 세 개이다.

원래 계룡산에서 한 달에 한 번 수기를 전국에 퍼뜨릴 때, 인천과 강릉과 진해에서 용왕제를 해야 한다. 이번에도 보문사에서 용왕제를 한다고 현수막을 잔뜩 걸었던데....... (하지만 이 용왕제는 바다의 고혼을 위한 것이 되었다. 그리고 이 고혼이 바다에서 다시 계룡산으로 갈 것이다.)

그리고 구궁도 상징이 있는데

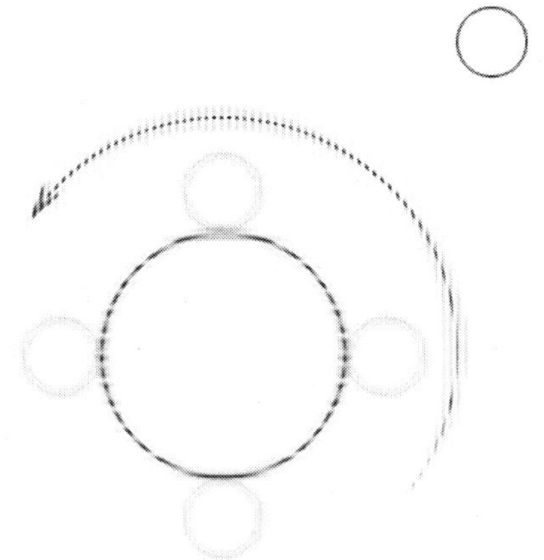

이건「건」이다.
원운동이고,
희미하게 외곽의
작은 네 개의 원이
있는데 본체는 그냥
원이고 외곽은 앞으
로의 변화를 머금고
있다는 것이다.

건이라고 불변이고 고정되었다는 게 아니라는 의미도 된다.

오른쪽 상단의 작은 것은 기호이기도 하고 운행이기도 하다.

저러한 운행으로 기운이 형성되는데 모양을 보고 의미 유추가 된다.

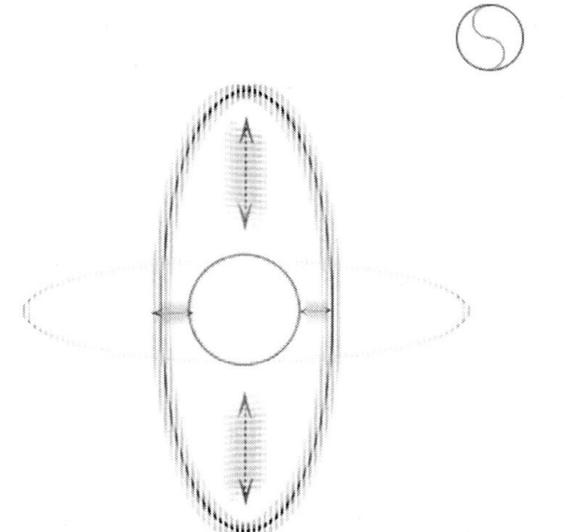

「태괘」이다.

가운행이 뚜렷한 것이고 오운행이 준비 중인 것이다.

역시 기호가 태극 모양인데, 인위적으로 기를 모아서 구체를 만들면 저러한 모양의 무늬가 된다. 그 구체에 내 의지를 담아 프로그램화하는 것이다.

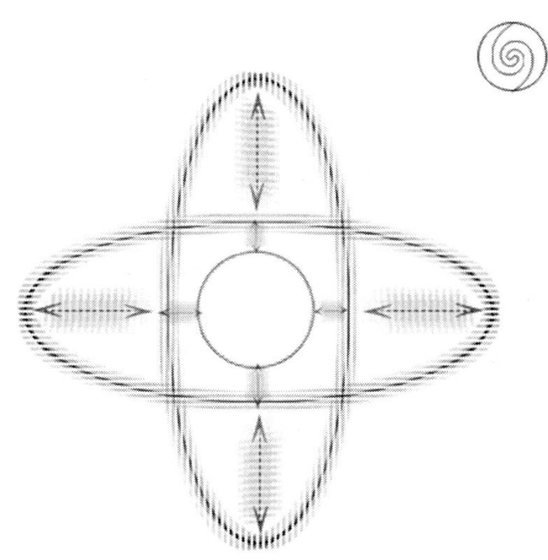

이건「이괘」이고 가와 오의 운행이 뚜렷한 것이다.

「진」의 상징은
저것이고 모양은
대이운행이다.
강한 힘을 응축하고
요동하는 것이다.
혼돈이다.

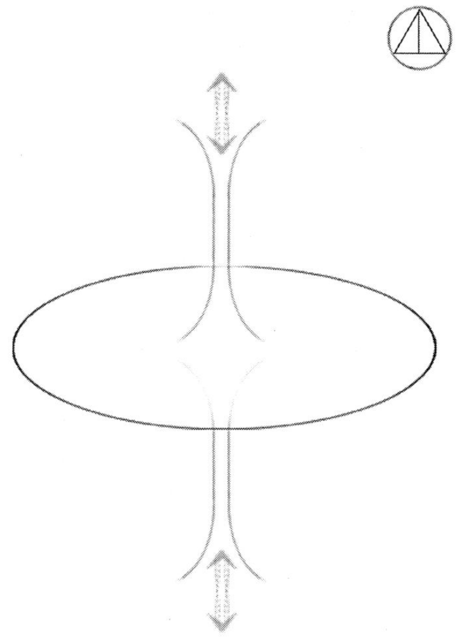

「손」이다.
우주에선 은하계 같
은 모양이다.
은하는 팔괘의 형상
이 드러난 것으로 거
대한 것은 이러한 팔
괘의 형상을 따르게
된다.

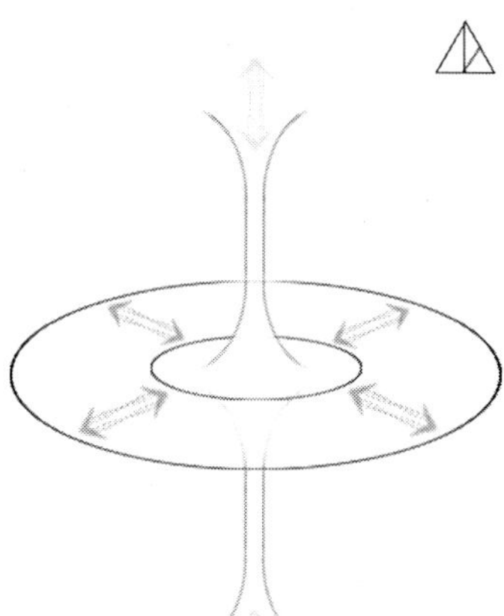

「감」이다.
시간이 흐르면 확장해서
소멸되어 간다.

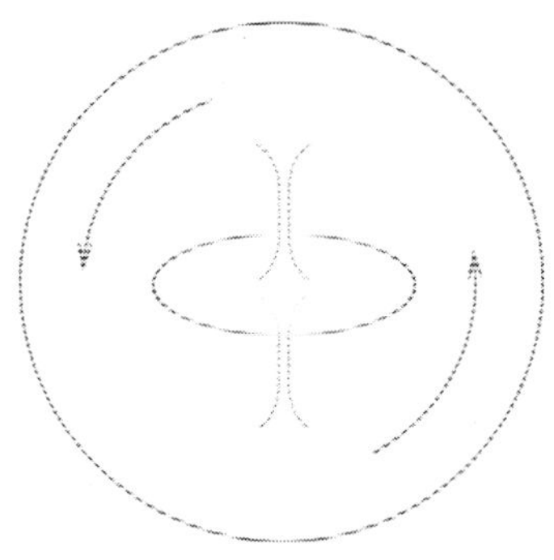

「간」이다.
공으로 비워진 것이다.

「곤」인데 가운데 중심으로 강하게 모여드는 것이다.

일종의 중력이다. 이래야 지구 같은 행성이나 항성이 만들어지는 힘이 형성된다. 각각의 괘들은 이러한 작용을 한다.

왜 하느냐고 물으면 나도 모른다. 그렇게 영향을 주는데 할 말이 없다.

그럼 넌 어떻게 알게 되었느냐고 하면 솔직히 이걸 알려고 꽤 노력했다.

아는 사람이 있는지 물어도 보고 했지만 알려주는 사람은 없었다. 그냥 알게되니 안다고만 말한다. 그리고 자미원은 참성단 오른쪽에 있다. 단군로로 등산하면 첨성대 오기 전의 봉우리이다.

각 천

2014년 4월 14일 블로그

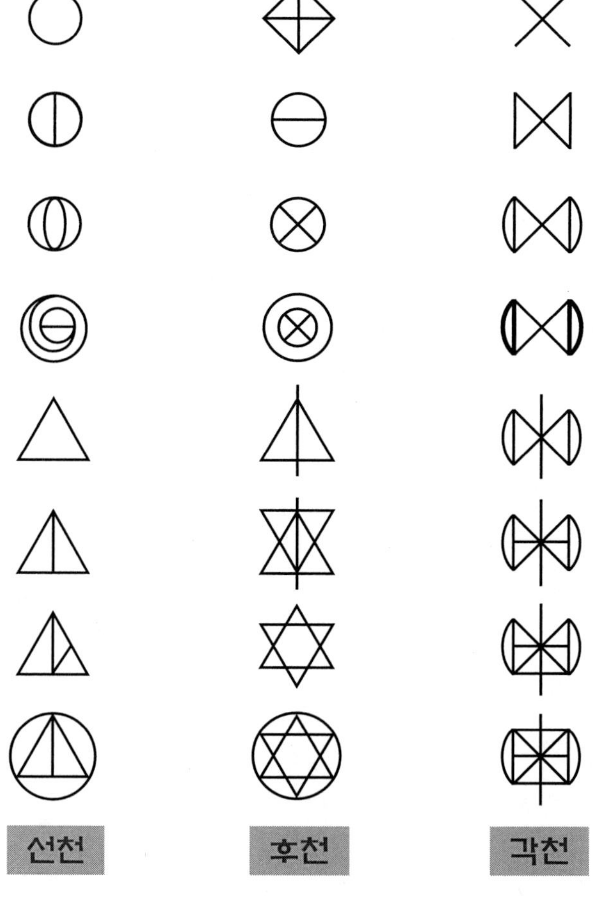

스스로 자기 혁신하고 멈추고 나가는 것을 조절할 수 있는 자립과 자율성이 있어야 한다. 그림은 378쪽에 있다. 대개 이런 건 왕王자로 그리는데 임壬이라고 하고 싶다. 스스로 삶의 왕이 돼라는 것도 되는데, 스스로 임자가 돼라고 하고 싶다.

자기의 임자.
인생의 임자.
삶의 임자.
의미의 임자.
가치의 임자.
행위의 임자.
책임의 임자.
의무의 임자.
⋮
무엇이나 내가 임자이다.
세상의 임자가 되고 싶은 게 궁극의 목적이지만 안 될 거 없지.
그래서 건에서 시작하는 게 아니라 곤에서 시작한다.

[곤 건 태 이 진 손 감 간] 이다.
감의 물이 불을 만나 작용을 하게 되어 진의 우뢰가 되어서 힘이 나오면 곤의 토대를 만든다. 토대 위에 하늘이 있게 되고 손의 세상이 만들어지니 간의 살 곳이 편안하다. 그러면 태의 할 일이 있어 즐겁다.

있는 것에서 시작해 (손)
없는 것으로 끝나고 (건)
없는 것에서 시작해 (건)
있는 것으로 끝난다 (손)

위의 상징은 이렇다.

	선 천	후 천	각 천
건	비었다.	할일 없다.	없어야 한다.
태	하나가 옴.	믿을 수 있다.	시작할 수 있다.
이	들어와 돔.	쓰일 수 있다.	쓸 수 있다.
진	쌓였음.	묵고 있다.	그것을 가진다.
곤	자기 자신.	만들어졌다.	내 것이 된 것.
간	나가고 싶다.	보이고 싶다.	하고 싶다.
감	나가지 못한.	아프다.	억울함.
손	밖에서 나를 감쌈.	편안하다.	나를 도와줌.

없던 것에서 외부에서 들어와 무언가가 일어나고 시간이 흘러 내가 되며 내가 되면 나가고 싶고 뭔가 하고 싶은데 될 수도 안 될 수도 있는 것이다.

이번에 자미원을 다녀오면서 이러한 것을 올리고 싶다는 생각이 들었다. 이런 것을 아무리 설명한다고 알아들을 사람은 얼마 없을 것이긴 하다. 나 역시도 이걸 오래 궁구한건 아니라서 아는 것이 더 있지도 않다.

과거에 한참 이런 것에 천착하던 시절이 있어서 그때 알게 된 것들인데 지금은 딱히 관심이 없어서 별다른 나아간 성과가 없었다.

행성이 생기고 은하가 생기며 그 형태를 가지는 것에도 필연적인 이유가 있는 것이어서 우연히 그러한 모양이 되는 것은 아니다. 진괘의 단계에 와야 생명이 되거나 전자기가 되어 흐름이 되어 간다. 그 역동적인 힘의 활동이 진이다. 건에서도 회전을 하는데 그 징조가 있는 것이지, 그 회전력을 얻을 순 없다. 마운행이어서 다른 괘에는 마운행이 따로 없다.

태가 가운행이고 이가 오운행이 되는데, 이가 오운행인 것이 각천에서 북쪽으로 가서 곤이나 감괘처럼 토대가 된다.

욕망이나 의지가 내가 되는 바탕이기 때문이다.

또 들어와서 돌기 때문에 이괘의 운행이 파조선이 아래로 가서 외부에선 위로 가는 것이 된다. 외부로는 강한 활기가 되지만 내부에선 끌어들이는 작용이 된다. 감괘와는 반대다. 감은 밖에선 쳐지고 절망하지만, 안에선 끓어 오르는 감정이 있다.

주역의 계사전을 보면 각 괘를 설명하는 것이 번잡한데 이건 말하기 시작하면 끝이 없다. 내가 그린 상징이나 그림들이 생소할 수도 있고 신뢰하지 않을 수도 있는데, 공부해서 알아지는 게 있으면 또 다른 것을 이해하는 발판이 되기도 할 것이고, 아니면 쓸모없는 것이겠지.

철목부가 과거에 완성했고 이번엔 관음성지 세 곳을 다 가게 되어서 역삼각형이 완성되었는데, 합치면 간괘가 된다. 뭔가 하고 싶은 욕망이 나오는데 가슴이 아프니 감괘로 넘어가 버렸다. 하고 싶은 일이 쉽게 되지 않는다. 그 안에서 아픈 일은 항상 일어나게 된다. 손괘를 기다려야 할 상황이다. 이번에 손괘까지 한 거 같기도 하고 애매하네. ㅠㅠ

이유가 없다고 했지만 이러한 것으로 팔괘를 다시 설정하고 진역을 만들기 위해서이다. 진역은 앞으로 해나갈 마구의 의미를 담은 것으로 세상을 재설정하기 위한 기본 틀이다. 노무현을 위해 역을 뒤바꾼 이후에 이젠 하늘이 세워지는 것인지도 모르겠다. 어떤 피해와 사고로 후유증을 만들지는 모르겠는데 조용히 지나가길 바란다.

세상의 재구성은 그만큼 구조를 다시 만드는 것이니 힘겨운 길이 된다.

각천이란

각천이라고 대단한 것이냐면 대단한 것이라고 하고 싶다.
뭐 별거 아니라고 한다면 나도 별다른 근거를 제시하지는 못한다.
이것도 마구인데 역은 한 국가, 나아가 세계의 흐름을 바꾸고,
이끌기 위한 작업이다. 그러다 보니 그에 대한 대가 역시 크게 된다.
역의 의미를 안다면 이 작업의 무서움을 알겠지만,
그렇지 않다면 아무리 말해도 모르겠지만,
암튼 이것은 구궁의 후천역과는 다르다.
그건 보편적인 방위와 땅의 방향을 정한 것이지만,
이건 내 중심적인 방향을 정하는 것이다. 그래서 내 중심의 보편역이다.

저 임자 王 가운데를 준이라고 한다.
감은 내 앞이고 그 옆이 곤이고 왼쪽이 건이다.
이는 내 뒤이고 진은 그 왼쪽이고 손은 오른쪽이다.

전에도 말했듯이 진방위가 타 존재가 있는 곳이다. 준에 내가 서 있다면 나를 기준으로 진에 접신 되거나 그러한 존재들이 숨는 곳이다. 이유는 거기가 내 심층의 가장 밑바닥이어서 거기가 찾기 어렵다.

즉 오른쪽의 [곤간손]은 외부를 향하는 곳이고, 왼쪽의 [진태건]은 내부를 말한다. 다른 식으론 [건감곤]이 외부이고, [진이손]이 내부이다. [태중간]이 기준이다. 그래서 진이 내부의 내부로 가장 깊은 심층이 된다. 그래서 거기가 숨기가 좋다. 동북방향의 해 뜨는 곳이 아니다.

이건 그런 방위와는 다른 것으로, 날 중심으로 보는 것이고 심층을 말하며 세상을 내 기준으로 세우고 보려는 의지이다.

「이」가 생명이고 나아가고 살아가려는 강한 의지가 된다.

내적인 강렬한 힘이다.

「감」은 내가 집중할 대상이고 앞이며 목적이고 의식이고 내 전체가 집중되는 첨단이다. 세상은 물이다. 왜 물로 보느냐고 하면, 나를 만들었고 나를 살아가게 하는 생명의 원천이어서이다. 난 내가 만든 게 아니다. 내가 만들 나는 이제부터이다. 우린 외부를 향하고 세계를 향하는 이유로 살고자 하며 존재하고자 하는 필연이 된다.

그래서 우린 이타가 존재의 본래라고 한다.

「곤」은 내가 사는 땅을 말하는데, 그 땅은 흙과 산과 들과 호수 같은 자연물이기도 하고, 사회와 국가와 조직이나 가족이나 사람들 음식이나 재화나 각종 내가 살아가기 위해 필요한 현실적인 또는 근원적인 것들을 말한다. 일종의 구조적인 사회와 세계의 모든 것들이다. 그래서 가끔 그 사회의 현상이 그 방향에서 보이기도 한다. 집단무의식의 상념체가 나타나는 곳인데 그건 곤이 그러한 집단의 응집이어서 그렇다.

내 의식은 이 곤 방향으로 외부를 집중하고 보거나 떠올리게 되며 그 쪽으로 누군가 다가온다는 불안함을 가지며 실제로 신관이나 나에게 오는 타 존재가 그리로 오기도 한다. 그건 곤이 그러한 외부의 틈이어서 그렇다. 진과는 대각선으로 반대인데 심층은 진이지만 외부론 곤이 외부의 깊은 곳이다.

「건」은 이념이나 철학이나 사상인데, 곤이 세상이나 사물이나 무언가의 것이라면 그것을 보는 관점이나 그것에 대한 내 사상 목적은 건에서 정해야 한다. 어떠한 것이든 그것에 대한 판단을 해야 하고 정의를 내려야 행동하게 되는데, 예를 들어 자연이라고 하면 쉽게 이해하는지 알지만 자연에 대한 정의가 암암리에 또는 확실하게 있어야 하며 확실하게 없다면 자기가 보는 자연은 없고 그저 외부에서 주입된 정의로만 보고 있는 것이고 그 외부는 곤이다. 교육이었든 가족이었든 그건 곤의 영향이다. 그래서 [왕 王] 이 아니라 [임 壬] 이다.

외부에서부터 나는 길러지고 있던 것이고 그것에서 내 주체성을 발견하는 것이 중요하다고 생각한다. 건이 확실해야 자기가 세워지는 것이다. 생각하고 공부하며 성장하는 그 의지이고 노력이고 애씀이다.

「태」는 그렇게 외부를 보고 생각하고 판단하며 이해를 해야 하는 건이나 곤, 감으로 가려는 내적인 갈등이 있는 곳이다.

나가고 싶은 감정이 있다. 쉽게 성욕이고 권력욕이고 명예욕인데 욕망이 분출하려는 그 안에서 외부로의 힘이 변하는 곳이다. 좋게는 사랑이나 동정심이나 해주고 싶은 마음이지만, 나쁘게는 폭력이고 분노이고 단순 욕구일 뿐이다.

「간」은 반대로 외부를 안으로 들이려는 것이어서 내 것으로 소유하고 싶고 가지며 수축하려는 것이다. 내 것으로 안할 수 없다. 다만 무엇을 내 것으로 할지 그것이 중요하다. 그리고 간은 산이라는 뜻이 말하듯이 강한 인내와 중후함이 있어야 한다. 자기의 의지를 견지하고 가질 것과 가지지 말 것을, 즉 할 것과 하지 말 것을 행하는 판단을 실천하려면 그만한 엄중함이 있어야 하고 초연해야 하기 때문이다.

「손」은 건의 대각선인데 건과 비슷하면서 다른 것은 진짜 내 본심이다. 외부나 타인이나 재물이나 사물에 대한 진짜 내 본심에 해당한다. 건으로 겉으로 윤리나 도덕이나 정의나 선을 그래야 한다고 생각하는 사상이 있을 순 있다. 하지만 손이 그렇게 정말로 생각하는지가 그 사람의 본심이다.

「진」은 누구나 욕망이 있다. 성욕이든 탐욕이든 뭐든, 사람이면 또 존재라면 동물이든 식물이든 다 있는 욕구들이다. 식물은 사람보다는 단순하겠지만 사람이 되면 식물에겐 없던 것도 생기는 곳인데 가장 내적으로 은밀하고 음흉하고 신성한 곳이다.

이건 어떻게 할 수 없는 것인데, 이게 손으로 왔을 때 손은 자천이나 훈련으로 변하게 할 수 있는 곳이다. 진의 욕망이 손의 욕망으로 오면, 걸러지고 선택되며 진의 욕망을 달래고 설득하면서 선을 향한 것만 외부로 태나 간이나 그곳으로 나가게 하는 내적인 수양이 되는 곳이다. 그래서 자천의 대상은 손이다. 하지만 초심자는 대각선인 건을 이용해 하는 것이어서 바로 손을 건드리지 못하고 건을 통해서 한다.

머리가 감이고 왼쪽 어깨가 건이며 오른쪽이 곤이다.

그래서 건에 의해 대각선의 대이 운행에 의해 손의 옆구리 쪽을 제어하는 능동성이 있어야 한다. 자기가 정말 바라는 것이어야 변한다. 오른쪽 어깨에서 대각선으로 가는 타인에 의한 것은 진짜가 아니고 지배당하는 것이어서 주체적인 것이 아니다. 곤에 의한 진의 상처가 될 뿐이다.

그래서 숫자의 순서가, 감의 외부가 먼저라는 것이 우린 누군가 내가 먼저가 아니라 나도 모르게 존재하게 되는 것이다. 그래서 이가 두 번째이고 진이 세 번째로 내 심층이 만들어진다. 존재하고 생명이 생기자마자 이미 이기적인 욕심이 생기는 것이다.

하지만 그것은 건의 외부에 대한 나보다 거대하고 나도 포함하게 되는 객관으로 된다. 그 외부를 알고 나를 알기 위해선 건의 사고가 있어야 하고, 손의 바른 선택할 수 있는 내적 욕망이 있어야 하며 그로 인한 간의 바른 이루어짐이 있게 된다. 그 바른 이루어짐으로 인한 태의 외부로 향한 바른 욕망이 나오게 해야 한다. 이렇게 하려는 것이 인간의 흘러감이고 존재 이유라고 생각한다.

역 같은 것은 말하고 싶지 않았는데 그래서 그동안 이런 것을 말하지는 않았다. 대단한 것이 있는 것도 아니고 이런 것이 아니어도 뜻은 이미 다 설명했던 것이다. 그것을 역을 이용해 설명하는 것 뿐이다. 역이라고 해봐야 팔괘인데 팔괘를 이용해 설명하는 방식을 취하는 것이다. 팔괘를 배열하고 말을 붙이기에 따라 뭐든지 다 된다.

위의 각천도 한참 이런 게 뭔지 궁금했을 때 장난 식으로 만든 것이지, 사실 대단할 것은 없다. 지금은 잊어먹은 게 많아서 심오하게 설명하려고 해도 잘 모르겠다. 공부할 때 이거저거 다 하다가도 알거 같고 뭔가 핵심을 파악하면 버리는 게 성격이라 지금은 잘 모르겠다.

그러다가 이걸 말하게 된 것은 아까 말한 대로 의도한 게 있어서이다. 결과의 두려움은 알고 있었지만 이제 와서 딱히 선택지가 있는 것도 아니다. 올해 들어서 몰려지고 있다고 느끼고 있었는데, 당하지 않을 방법도 없었다. 이미 나에겐 선택 할 수 있는 게 없었다.

각천 !!!

우린 깨어나야 한다. 그러한 준비를 이미 마치고 있다.

그런데도 모른다면 그로 인한 대가는 스스로 지는 것이다. 자기 것만 자기 것이고, 자기가 이루지 않은 것은 자기 것이 아니니 그것이 각천의 의미이다. 그리고 항상 외부의 고마움으로 내가 되는 것을 볼 수 있어야 한다.

하늘은 없고 왕을 구하지만 아직 어리더라

2014년 4월 28일 블로그

좌구산 천문대를 갔다.

뭐 크게 기대하면서 간 건 아니다. 아니나 다를까 허무한 설명에 실망도 아니고 혹시나가 역시나일 뿐이다. 과거에 조상들이 우리 것도 아니고 차이나의 천문이나 별자리 그 설명대로 보는 것이 안타깝지 않았던가. 고구려나 뭐나 그들의 입장에서 하늘의 별자리를 연구했다고 들으면 가슴 벅차지 않던가? 지금 서양인이 말하는 별이나 천문학이나 그리스식 별자리를 말하면 감히 과거에 차이나식으로 별자리를 보고 천문학을 배웠다고 아쉬워 할 수가 없지 않던가? 어떤 학문의 분야에서 독립적이고 체계적인 학을 세운다는게 얼마나 힘든지는 누구나 안다.

그래서 힘들기 때문에 해야 하는 것이 아닌가? 힘들어서 해낸다면 그만큼 위대해지는 것이니까. 지금 당장 우리식 별의 의미와 이야기 또는 과학적인 천문학을 발전시킬 수는 없을 것이다. 하지만 그렇게 하기 위한 방향을 설정해야 하고 계기를 만들기 위한 의도를 보이기라도 해야 하는 것이 아니던가? 봄이니 목동자리 이등급 별이 어떻고 처녀자리 스피카나 사자자리 얘기나 듣고 북두칠성도 큰곰자리라는 뭔 의미인지 우리 실생활과 관계도 없는 의미나 나열하는 것을 들으러 가야 하겠나. 지금 하늘에 쉽게 보이는 붉은 별은 화성, 가장 밝은 별이 목성 뭐 이런 거.

좌구산이라고 한다. 거북이라는데 흔히 보는 것이 거북이 등에 비석을 세우는 것이다. 왜 굳이 거북이에 비석을 세우는 것일까?

차이나식 설명은 이게 거북이가 아니라 용이라고 하면서 용에게 9마리 자식이 있는데 그중에 첫째가 비희인데 이놈이 무거운 것을 등에 지는 것을 좋아 한다더라 식으로 말할 수도 있고,

우리나라의 의미로는 박문기님의 글에서 본 바로는 가야의 상징인데 신라가 가야를 억누르기 위해 거북이를 그렇게 만든거라고 하는 듯하다.

이러면 어떤 것을 선택할 것인가? 항상 우린 선택의 상황에 처하는데 선택에는 자기가 맘에 들거나 원하는 것을 할 수도 있고 선택으로 의도를 두려고 할 수도 있다. 날 위함인지 남을 위함인지 이다.

객관적이라던가 더 근거있다 라든가 과학적이라든가 식의 말은 자기 정당화이고 과학과 객관과 근거를 이용하는 것이지 과학을 위하는 것도 객관적인 지식을 원하는 것도 아니다. 과학을 하는 자들 역시 그러한데 과학을 위해서 연구하고 공부한다는 자기기만을 하지 말아야 한다. 순수하게 공부와 연구를 하는 것은 있을 수 없고 먹고사는 것을 위해서나 나름의 지적인 욕구와 명예욕에 의한 자기감정의 발로이다. 그러니 모든 말은 정당화를 위한 언어유희인데 조금은 의도를 깔고 내다보는 거리에 따른 부연설명이 있을 수 있는 것이다.

이튿날은 속리산 천왕봉을 갔다.

오르는 중간에 이수영이 오는데,

'오랜만이네.'

"예, 이걸 가지세요." 하며 삽을 준다.

'엥? 삽질하라는 거야.'

"쓸 데가 있을 것입니다."

하고 간다.

음, 땅 파라는 거야, 묻으라는 거야, 심으라는 거야, 캐 내라는 거야,
뭘 하라는 걸까?
조금 있으니 문장대 여신이 오는데,
'어, 문장대가 여신이었나?'
"오랜만이야."
'날 알어?'
"네"
'그런가'

한참을 등산을 지켜보더니 간다. 힘든데 옆에서 기분 좋은 감정을 주어서 좋긴 한데 숨차고 헉헉 거리는데, 기분은 묘하니 이거 참 희안하네. ㅜㅜ 확 짜증이 오르네.

천왕봉에 가서 사진 찍고 내려오려다가 뭔가 해야 할 거 같아서, 금속으로 된 안테나를 세우듯이 하늘로 높이 높이 올려서 해놓고,
위로는 태양 수성 금성에 연결, 아래로는 속리산 속을 지나 지구 반대로 나가서 토성 해왕성 천왕성 명왕성들을 지나서 난 혼성이라고 부르는데, 태양의 짝별이라고 세간에 알려진 네메시스? 라는 별일 것이다. 이게 실재 있는 것인지 의미상 있는 것인지 그건 나도 모르겠다. 여기에 연결하고 동그란 것을 네 개 만들어 심어두고 왔다.

그리고 대전의 바하을 모임에 갔는데 몸의 상기와 흥분이 가라앉지 않아서, 이런저런 과한 언행으로 인해 혼자 자려고 할 때 내가 왜 그랬을까 하면서 후회하게 되었다.

4월 30일 밤에
터키 가서 해온 지기 연결관을 이용해 보혈 받는 것을 시작했다.

연결만 했지 그 후에 딱히 한 게 없었는데 오늘 생각나서 하게 되었다.

속리산에 우선 땅으로 해서 하늘로 하고,

소백산 지리산 계룡산 마니산 주왕산 순으로 연결해서 땅속에 터를 잡았다. 그저 터키 지기를 가져오는 것만은 아니다. 가져온 만큼 주는 것이다. 서로 필요로 하는 것이 다르니 왕래가 그러하다. 우리나라 땅이 너무 황폐화 된 게 있고, 터키는 대단히 싱싱해서 그렇다.

터키는 땅을 이용하고 하늘을 운영하는 방법을 배워야 하겠지.

에서 하지만 터키에서 이후에 생긴 희생을 보면 미안하기도 하다.

욕망이 이끄나 지혜가 이끄나

2014년 5월 7일 블로그

딱히 요즘 같은 때는 마음 내며 일하러 다니고 싶은 생각은 없다.

개인적으론 인생의 절반이 무용지물이 된 듯한 서글픔이 있다보니, 허무한 마음을 추스르지 못하고 있다. 그런데도 저번 주에 이어 또다시 어딘가로 가는 것은 감정과 지식의 부조화가 있기는 하다. 마음이 어떻든 내가 어떠한 감상에 있든 해야 할 것은 해온 것이 아니던가. 해야 할 것은 해야 한다는 이 말이 부담스러운 것이야 한참 된 것이 아닌가. 하지만 어떤 마음으로 마구 하느냐도 있는 것이라 더욱 거부할 수 없다.

언제인가? 세월호 사건이 있고 난 얼마 후일 것 같은데,

누구인가? 세대충군이던가? 뭔가 주었는데,

난 그것을 대전을 중심으로 십자와 대각선을 그었으며 이것이 태괘 운행하는 것을 오래도록 했다.

직선 따로 대각선 따로, 대전을 중심으로 돌리고 돌리면서 여길 가야 할 거 같긴 한데, 하더니 부산을 갔다 오는 것을 시작으로 이번엔 남쪽으로 가야 하는데 기하학적으로 대전을 기준으로 직선이나 대각선이 되지는 않는다. 그냥 머리 속의 추상으로 그러한 선이 그어질 뿐인데, 통영을 지나 미륵도를 지나 욕지도를 간다는데, 이곳에 가기 위한 도로는 난 잘 모른다. 차를 운전 안하니 어느 길로 가야 어디를 가는지가 머리에 들어있지가 않는다.

오송에서 만나 차를 몰고 가는데, 대전통영간의 고속도로가 있는지 이제야 알았다. 그전에 알았어도 그게 그것인지도 모르겠고 기억이 안나는 것인데, 산청가면서 갔던 길 같다.

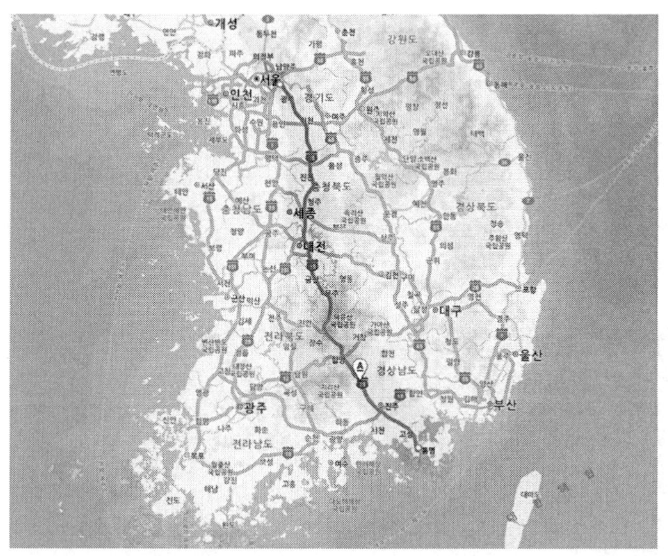

차가 막히면서 여객선 시간에 맞추어 가야 한다는 부담으로 노심초사하며 가는데, 이 길이 국토의 중앙을 가는구나 생각했다. 이러면 그 선 중에 두개 째 해결이 되는 구나 했다. 그러는데 수연이 온다.

'오랜만이네.' 하고 인사해도 묵묵부답이더니, 책 모양의 무언가 준다.

난 거기에 뭘 쓸까? 하다가 '지지지' 라고 쓰고 주었다.

지이면 멈출 지일 것 같은데, 지라는 것이 여러 의미가 있을 것인데 이거 밖에 생각이 안드니 이게 무엇을 멈출 것인지 애매하다고 당시에 생각은 그랬는데 그게 뭔지 알게 되는 것은 오래 걸리지 않았다.

여객선의 출발시간 안에 통영에를 들어가지 못한 게 하나이고, 그랬을 경우 통영에서 미륵산의 케이블을 타야 하는데 그 케이블도 바람 때문에 멈춘게 또 하나이고, 주말엔 4시 15분에 하나가 더 여객선이 있는데 이걸 모르고 미적거리다가 이거마저도 놓친 게 하나라서, 세 개이다.

항구는 삼덕항이다. 여기를 겨우 도착했지만 바로 떠나는 여객선을 보며 아쉬움을 달래야 했다. 그래서 낚시 배를 타고 가기로 하는데, 저녁 7시에나 배가 뜬다고 하니 삼덕항에서 기다려야 했다.

바람이 많이 부는데 오늘까지도 바람이 분다.

난 날씨가 더울지 알고 시원하게 입고 온 것인데, 이번 며칠 추워서 쌀쌀하게 지냈다. 옷이 전혀 바람을 막아주지 못하고 숭숭 속으로 들어와 너무 으스스하다. 긴장시키려는 것인지 뭔지 뭔가 잘 안되었다. 다른 분의 옷까지 껴입고 배를 타고 들어간다.

이 배를 타고 욕지도에 8시쯤 도착했다. 다행히 펜션 주인아저씨가 차를 가지고 와서 데려가 주었는데, 펜션이 있는 도동으로 배를 대어 주면 5만원을 더 달라고 한다. 인원이 12명이라 차로 두 번을 왕래해야 한다.

펜션이 있는 곳은 도동이라고 하는 곳이다. 삼덕항에서 도동으로 오니, 덕도인가? 어쩌라고? 우리가 지금 도덕이 있던가?

도가 없어서 문제다. 도는 뭔가 알고 그 앎을 바탕으로 의지를 가지고 행동할 때 덕이 되지 않던가? 그래서 도 부터이니 여기 남쪽 끄트머리까지 와서 시작하지 않던가. 천황산을 가려고 온 거라는데 천황산이라는 이름은 그다지 의미가 없어 보인다. 한반도의 지정학적인 위치나 욕지도나 통영이나 미륵산이나 고성이나 거제도 같은 것과의 연관에서 이곳을 정한 것이기도 하다. 남쪽이니 건괘이다. 그래서 천황일지도 모르겠다. 하늘이 되니까 복희팔괘가 하늘에서 부터 건태이진의 순으로 나가니 남쪽에서 시작하는 것이다. 그럼 뭐가 시작하던가?

저번에 속리산을 갔는데, 거기도 대반이라는 곳으로 마니산의 자미원이 여기로 이어지면서 시발점이 되면서 중심이 되니 중심을 정하고 남쪽을 정해 방향을 만드는 것이다. 남쪽은 지향성을 의미하고 미래이고 목표이니 우리가 가야할 이념을 세우고 마음을 정하는 뜻을 가지는 곳이다. 하루 자고 천황산을 오르는데 낮은 산이라 오르는 게 힘들지는 않는데, 다만 주인이 작아서 도와주지 않으니 의욕이 안 생기는 게 힘들다. 별로 오르고 싶은 마음이 안 생기는 단점이 있다.

정상이 보이는데 여기서의 경치는 좋다.

주위의 섬도 보이고 적당한 땀과 힘듦이 쾌적하다.

내가 딱히 무엇을 하지는 않았다.

그런데 여기 천신은 계속 하늘에 서 있는데, 거기만 구름이 없어 뻥 뚫린 듯 했는데, 2시 15분 여객선을 타고 나오려고 기다리는데 그제야 와서는 다 했다고 인사한다. 그렇게나 오래 걸린 일이 뭔지는 나도 모른다.

다시 삼덕항으로 와서 통영에서 안경을 맞추고 점심 겸 저녁을 먹고 잘 곳을 찾아 고성으로 가서 중간쯤 벽방산 밑의 신월리 한 숙소에서 잤다.

신월동이 내가 사는 신정동의 옆 동네인데, 새로운 달이라고 할 수도 있다. 지금 해가 힘든 건 달을 무시해서이다.

요즘 해와 달이 함께 보이는데, 일월인데 명이기도 하다. 밝아져야 하지만 밝음은 노력 없이는 안 된다. 달 역시 해가 주는 빛을 반사하는 것이지만, 스스로 노력을 해야 소원을 이룰 수 있다. 멈추고 방해가 있고 도움이 없다고 해도 가야 한다면 가야 하는 것이 사람이니 해봐야 한다. 그래야 스스로에게도 누구에게도 떳떳할 수 있는 것이다.

이번엔 배를 타는 것도 밥을 먹는 것도 숙소를 찾는 것도 쉽게 되지 않은 것이니 우리의 삶이라는 게 노력하고 애쓰지 않은 것은 없는 것이다. 쉽게 된 것이 역습하는 것을 사회가, 또 저 힘 있는 자들이 가르쳐주고 있으니 알아야 할 건 알고 해야 한다. 백척간두 갱진일보라고 하는데 그만한 각오 없이 어찌 원하는 것을 이룰 수 있을 것이던가.

아침에 미륵산을 가려고 숙소에서 나왔다. 미륵산 케이블은 어제도 못 탔다. 1시에 이미 예약이 끝나 더 이상 표가 없어서 이다. 우리가 잔 숙소 너머로 산이 있는데 그 산 위로는 구름도 한글 기역자 모양으로 있다. 산과 구름이 웅해 보이고 벽방산이라고 지도에 나오는데 산 모양이 절도 있고 긴장된 듯해서 명석한 머리나 위엄이 있어 보이는데 뭔가 생각을 해야 할 거 같다. 머리가 좋아지는 의미가 있을 거 같아서 뭘까 생각하니, 이번 일의 의미가 알듯하기도 하다.

그 서러움에 눈물이 나는데 현천이 "그래도 하는 것이죠." 한다.

'그런가' 그러면서도 자신이 없다. 아직은 마음이 추스려지지 않는다.

통영은 교통이 안 좋은데 도로가 자주 막힌다. 이번엔 연휴가 길어서 차가 많아도 너무 많다. 그리고 미륵도를 가는 방법이 다리가 두 개인데 그것으로만 갈 수 있어서 더욱 다리를 건너기까지가 힘들다. 밥 먹을 시간과 케이블 예약시간이 역시나 힘겹게 한다. 일행이 갈라져서 따로 나누어서 하지 않았다면 오늘도 못 탈뻔 했다. 근데 4시간이나 기다려야 한다. ㅠㅠ

이 사진을 또 찍네.
여긴 와본 적이 있는데
이번이 두 번째이다.

처음에 올때 북한과의 관계를 생각한 게 있고 미륵이 되어줄 생각이 없다는 것도 있었다. 그리고 이 나라의 중심과 세계중심이 되기 위한 방향을 설정하는 것도 있었다. 이제 와서는 그게 다른 결과로 나타났고, 다시 설정할 것이 있어서 왔다. 그전과는 또 다른, 그러면서 확장된 것이 있을 것이다. 여긴 방향을 나타내는 것이 있는데,

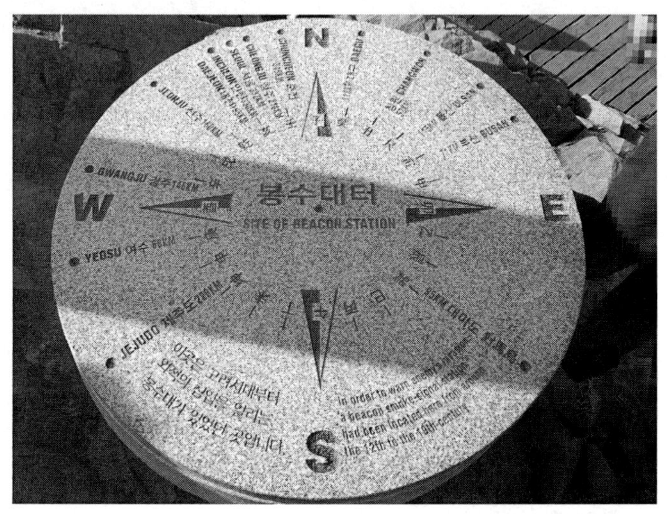

저 미륵산 비석 옆에 앉아서 복희가 준 나침반을 방향석에 맞추고 하늘로 올려서 이거 저거 하는데 방향을 정해야 하는 것이다. 목표설정이 명확해야 하는데, 그래야 힘들고 좌절해도 나아갈 수 있고 삶이 의미가 있게 된다. 또 무엇이 잘못된 것인지 분석하려면, 무엇을 해야 하는데 되지 않았다는 기준이 필요하다.

역시 지향성이 중요하고 그 지향하는 것이 확실해야 행동도 명확해진다. 욕지도엔 해군 레이더가 있고, 여긴 과거 봉수대가 있어서 알리는 기능을 하고 있고 뭔가를 보려고 애쓰는 곳이기도 하다. 그리고 그것이 우리의 행동의 방향을 정하게 한다. 무엇을 위해서 정말 무엇을 위해서인지 극단적인 지향점을 정해야 한다. 끝까지 견지할 수 있는 의지와 인내와 그것을 행동할 수 있는 용기가 필요하다.

고성에서 도덕산을 거쳐 그 맥이 거제도로 간다. 미륵산으로 바로 올 거 같았는데 그렇지 않고 거제로 빠져서 미륵산 주위의 섬들로 빙 돌아 간다. 미륵산은 섬이어서 그 주위의 섬들의 기운이 미륵산 정상으로 역행해서 올라온다. 그 기운이 모여 산속에 봉황이 있는데 아직은 어리다.

이렇듯 사람도 스스로 독보적으로 자기중심적인 사고를 해야 한다.

홀로 살 수 있는 자가 미륵이고 전에 말했듯이 사자처럼 되어야 한다.

미륵산이 육지에서 떨어져 나와 섬이 되어서, 분명 육지에서 나온 건 사실이지만 독자적인 힘을 가진 홀로 섬을 하는 것이다. 사람도 마찬가지이고 이 나라도 가야할 방향을 바로 세워서 설정해야 할 것인데. 에혀 ㅠㅠ

정암사

2014년 5월23일 블로그

정암사를 갔는데, 법흥사를 거쳐 상원사를 거쳐 강원도에서 세 번째 적멸보궁을 찾아 갔다. 여긴 수마노탑이라고 해서 자장이 세웠다는 전설이 있는 것으로 그 안에 있다고 한다.

정말 자장이 세웠는지는 확인할 수는 없다. 암튼 가서 보니 좀 이상하네. 아무런 것도 느낄 수가 없었다. 그것 참....... 근데 이 수마노탑이 1972년에 해체해서 복원한 것이라고 한다.

거기에 전설에 의하면 금대봉과 은대봉이라는 봉우리에 금탑과 은탑을 세웠는데 이건 사람들 눈에 안 보인다는 말이 있다. 오호 그래? 난 이 계곡으로 들어올 때부터 다르게 느낀 봉우리가 있었는데 거기를 가봐야 할 거 같았다. 그래서 거기를 가서 보니 이것 봐라, 이거 진짜네. ~~

그 산봉우리에 부처의 상이 나타난다. 그리고 할 것을 했다.

암튼 그걸 확인하고 왔다. 오는 길에 도로 옆에 강아지들이 10여 마리나 우루루 달려가는데 참 귀엽네. 그리고 그걸 그냥 지나치려고 하고 별다른 신경을 안 쓰려는데, 구름이 강아지 모양을 한다.

음~ 뭔가 생각해 봐야 할 거 같다. 그래서 생각하고 있었는데 마침 증산 터널이 나온다. 여기에 증산이라는 곳이 있는지는 과거부터 알고 있었다. 시루봉도 있는 거 같다. 지명인지는 모르겠는데 우리나라에 증산이라는 이름이 참 많다. 증산 말 중에 강아지가 크면 개가 되고 개가 크면 개국이 되고 개국이 개벽이라고 한 거 같은데, 이런 도전 글을 생각하게 된다. 이러면서 가는데 그 사리 영기가 다시 한 번 개화하면서 확장을 하며 운을 틔운다.

그리고 자장과 문수보살 사이에 전설이 또 있는데 정암사에서 자장이 있을 때 문수가 남루한 차림으로 삼태기 안에 죽은 강아지를 안고 찾아가니, 시자가 못 들어가게 했다. 그래도 만나고 싶다하니 자장에게 알렸는데 자장도 돌려보내라고 하고 만나지 않으니, 그 문수는 죽은 강아지를 내려놓으니 사자로 변하고, 문수가 "아상이 있어 자만하니 알아보지 못한다." 고 하고 사자를 타고 날아갔다는데 자세한건 삼국유사에 있다. 대충 줄거리가 이렇다.

정말 강아지를 길러서 사자처럼 만들 수 있으려나,

흐~~~ 사자 개도 있다는데.........

암튼 그 부처를 깨우고 나서 돌아오는데 제천의 의림지를 갔다. 제천역은 자주 갔는데 제천을 구경한 적은 없었다. 거기 가니 용두봉의 끝자락에 있는 의림지라고 하는데 우리나라 저수지 중에 삼대 저수지로 가장 오래된 거란다. 이거 역시 세 번 무너져서 수리하는데 고려, 조선 그리고 1972년에 홍수 나서 무너진 걸 쌓은 거라고 한다.

72, 그것 참 묘한 숫자일세.

용두산은 의로움이 보이는 산이어서 의림지하고 잘 맞아 보인다. 청소년 체육시설이 있는데 의를 기른다면 좋겠다. 모산동이니 어미 모도 되고 진흥왕 때이니 화랑과도 관련되고, 저수지가 댐을 쌓아서 농경을 하려는 것이니 기르는 것이 된다.

구름이 이젠 용의 기운이 보이는데 그렇게 용을 닮은 건 아니다. 서기가 그러한 느낌을 전해 준다. 용이 봉황과 뒤섞여서 서로 영향을 주고 받는다. 그리고 회색 구름인데 회색 구름이 은색 구름으로 보일 수도 있다는 것을 오늘 첨 알았다.

저번 주에 봉하 마을과 김수로 왕릉과 봉황대와 부산 봉래봉과 용두산 근처를 돌아다니면서 용과 봉을 본 것과 비슷해서, 거긴 봉황을 위주로 하니 그에 맞는 것이어서 뜻의 고원함과 그에 따른 재원의 돔이 있으면 하고, 여긴 용을 위주로 하니 또 그에 맞는 것이 강함과 의를 기르는 것이 있어서 바른 권위를 말하기도 할 것이다.

봉하

5월17일

봉하 마을에 갔다.

여럿인데 그 중에 어떤 분의 아들들이 같이 왔다. 아버지가 나에 대해서 말한 적이 있어서 그 아이가 유심히 보는 듯했다. 그에게 난 어떤 모습으로 기억될 지 재미있다는 생각을 했다.

어디서 본 책에, 어렸을 때 동학도들을 본 적이 있었다고 했다. 참으로 예의 깊고 조심스러운 행동이 기억에 남았다고 했다. 어떤 분은 어렸을 때 도행자들의 알 수 없는 모습들이 자기의 안에 남아 그들처럼 되려는 욕망을 품고 오랜 공부를 통해 성취한 것이 있다는 말을 들은 적도 있다. 이제 우리도 누군가의 눈에 비치고 그들에 의해 평가되고 기록되는 상황에 처하게 되었다. 객관이 된다는 것인데, 객관이 된다는 것은 현실에 구체화 되는 것이다. 우리가 사람들의 눈에 드러난다는 것이 아닌가? 유령처럼 전국을 넘어 세계로 어슬렁거리다가 이젠 사람들의 눈에 띄게 되는 것이기도 하다. 우리가 구체화 되면 여기 있는 사람의 뜻도 구체화 될 것인가? 굳이 여기라면.......

개인적으론 이런 상황에 처함이 당혹스럽고 기이하기까지 하다. 나도 누군가의 눈에 남겨지는 일을 하고 있는 것처럼 보이니 내가 대견한듯 하면서도 정말 그런가? 하는 부끄러움이 다가온다.

김해이니 수로왕릉을 안볼 수 없다. 거기를 가니, 석양과 구름이 뭔가 의미를 보이는데, 사진은 찍지 않아서 없는데 하늘을 보니 새의 기운이 있다고 생각했다. 그러면서 난 왕릉을 왼쪽에서 부터 돌기 시작했는데 그때부터 하늘에 용골로 보이는 모양과 거대한 새로 보이는 구름이 나타나기 시작하고, 다 도니 사라진다. 그리고 봉황대에 갔다.

가야이긴 한데, 신라가 가야를 합치고 그 힘으로 삼국통일을 하려고 했는지 모르겠다. 개인적으론 통일된 거라고 보지는 않는다. 우리나라 지형으로는 가장 아래에서 있는 것인데, 그 아래가 위로 오르려는 의지의 발판이 된다. 거북이인데 거북이는 안 보이고 봉황만이 보이는데 저 위로 오르고 꿈을 펼치려는 욕망의 발현일 거 같다. 좌구산에서 누군가 쓴 시에 거북이가 하늘에 올라 별자리가 되려고 한다고 한 걸 보았는데 재미있다. 화려하고 번창하는 힘이 있을 것이다. 그 옆에 항상 용이 함께이다. 이유는 화려함은 길을 잃기 쉽다. 무엇을? 그리고 왜? 와 같은 그러한 자기 점검과 지향성의 굳셈과 의로움이 아니면 화려함은 난잡함이 된다.

그리고 일본과도 연관 되어 있으리라. 처음으로 철기를 전해 준 것이기도 하니 철은 지금도 우리 문명을 지탱하는 근간이다. 플라스틱이나 첨단의 전자공학이나 석유나 그러한 것이 아니라 철이 우리를 견디게 하고 있다. 강철의 일반화는 누구나 강하게 되는 힘을 주었다. 1퍼센트의 탄소 함유량으로 강력한 강철을 만들게 됨으로서 과거엔 소수의 대장장이만이 만드는 검의 단단함을 이젠 없어서는 안 되는, 일반적인 우리의 문명을 지탱하는 뼈대가 되어 있다.

부산으로 가서 봉래산과 천마산 사이에 용두산 공원이 보이는 곳에서 숙소를 정했다. 내 방은 봉래산이 보이고 다른 분들 방은 용두산이 보인다. 역시 용과 봉이 같이 있다. 천마는 영화이기도 하는데 지적인 성취이기도 하다.

24일엔 소백산을 갔다.

풍기 온천에서 23일 하루 자고 다음날 24일 아침에 죽령을 시작해서 연화봉으로 거기서 다시 비로봉을 가게 된다. 이 길이 왕복 23킬로나 된다. 내가 우리나라에선 가장 긴 거리를 등산하게 되었다. 처음엔 이렇게 긴지 모르고 비로봉을 가야지 하고 갔는데, 연화봉까지가 7킬로나 되고 거기서 다시 비로봉을 가자니 너무 고되다. 그리고 해가 너무 쨍쨍 내리쬐니 덥고 땀이 나서 벌써 시작부터 체력이 방전되기 시작해서 너무 힘겨운 산행이 되었다.

그 전에 희방사에서 올라서 비로봉을 안가고 다리안으로 내려간 적이 있다. 혼자는 비로봉을 올랐지만 이렇게 여럿이서는 두 번째인데 그때는 비로봉을 가지 않았다. 그 포기로 인한 그 해의 상황을 봐서는 이번엔 기어코 비로봉을 가야지 했는데, 그 산행이 너무 힘겹고 어렵다.

내려오면서 왼쪽 무릎이 아파서 걷기가 힘들어 뒤로 처지면서 저녁 9

시 10분경이 되어서야 하산을 했다. 10시 반쯤 시작한 거 같은데 오래도 걸렸다. 그전에도 밤에 내려온 적이 있어서 손전등을 가져오려고 맘 먹었는데 결국 가져오지 못했다.

준비가, 하고 싶다고 되는 것은 아니기도 하다. 너무 힘들고 피곤해 그날은 그냥 씻고 잤다. 그리고 대전에 가서 강의를 하고 집에 갔다.

일행이 포기하고 오르지 못할까 걱정하며 전화를 확인했는데 좀 잔인해 보이긴 했다. 훔, 우리야 아무렴 어떤가. 그 어깨에 짊어진 무게가 너무 무거우니 포기하면 안 된다. 처음부터 오지 않거나 왔다면 해내야 한다.

연화봉을 오르길 벅차다는 생각을 하면서 걱정되기 시작했다. 그 전의 전철을 다시 밟으면 안 되는데, 기어코 비로봉을 가야 하는데 모두가 완주할 수 있을지 걱정되었다.

하산 길도 생각하니 이래저래 염려되는 게 많다.

이날도 아침에 산행하기 전에 가슴이 너무 아파서 힘들었다. 가슴이 아파서 힘들기보다 이러면 또 어떤 일이 있을지 두려워서 힘든 게 더 많다.

이 날의 산행도 결국 비로봉은 갔지만 그 여정이 너무도 힘겹고 내려오는 길 역시 힘들어서 앞으로의 고난이 예정된 듯해 착잡하다.

게다가 하늘이 저 모양이니 심히 짜증이다. 해무리가 있는데 한 쪽에 검은 구름이 해무리를 막고 있는 듯한데 내가 봤을 시각에서는 그렇게 보였다. 누군가 권력자를 해치는 것을 막고 싶어 하는것일지 모른다고 생각했다. 선거가 눈앞인데 보수 쪽을 위한 뭔가의 작용이 있을 것이 된다.

그리고 내 가슴이 아프니 그 과정이 험난함이다. 내가 힘들 일이라는 것이다. (이 일은 나에겐 생애 가장 망신을 당함으로 나타나게 된다. 나에게 일어난 것이 정치와 세상에 나타남은 일상이니까.)

연화봉을 오를 때 그 주인을 만나기는 했는데 별다른 대화가 오가는 것은 없었다. 지금 하는 일을 지켜보는 것이지, 그녀가 뭘 하는 것은 없다. 이름답게 꽃이 많이 피긴 했는데 소백산 철쭉이 다 피진 않고 일주일 정도 이른 감이 있었다. 시일의 성급함이 미숙함이기도 해서 완성도의 부족이 아쉬울 것이다, 나를 포함해서.

무릎이 아픈데 왼쪽이다. 어쩔 것인가, 누굴 탓할 것도 아니고 스스로의 감내하는 것이며 화내지도 못하는 울분이 있겠다.

연풍

연풍을 간다고 한다.

원래 영단 이상의 고단자들만 모임을 따로 가지게 된 것이다. 그 전에도 영단이상의 모임은 했었다. 그 결과로 하늘공부의 출판을 하는 계기가 되었는데 그 외 정말 하고 싶은 것은 이어지지 못했다.

그것은 고단자들의 자세이다. 아직은 서로간의 유대나 마구를 이해하는 폭이 협소하고 정신적인 준비나 마음의 성숙이 되지 않아서 결국 흐지부지하게 된 것이 있다. 몇 번의 시도가 더 있었지만 역시 별다른 성과가 있는 것은 아니다. 뭔가 의미 있는 성공자가 나오면 좋지만 그게 간단하지 않은 어려움이 있다.

이날 모임에서도 여러 분들이 아직은 계제에 맞는 정신적인 성장이 제대로 이루어지지 않은 면을 보이고 있었다. 모든 분들이 다 노련한 계제자로서의 자세를 가지게 되리라는 기대는 하지는 않는다. 하지만 해보는 데까지 하는 것이라고 생각한다. 다만 이 모임은 선거도 앞두고 있고 커다란 사건이 있은 후라서 그 징조를 보는 것이기도 했다.

가면서 바로 연풍에 있는 펜션에 가지 않고 미륵리에 있는 세계사라는 절의 미륵석상도 보고 하늘재라는 곳도 보는데 하늘재는 문경 쪽으로 해서 차로 올라갔다.

하늘재는 신라가 개척한 거라고 거기에 안내되어 있었는데 미륵마을이나 건너의 관음마을이 원이 있던 곳이라고 하는 듯하다. 원은 국가에서 관할하는 공무원들 여관 같은 곳인 거 같긴 한데, 여기를 대원령이라고 했다고 한다. 대원령이 우리말로 한울재가 되어 하늘재가 된다고 안내되어 있다. 큰 울타리인데 큰 울타리가 하늘이 되니 어찌 보면 뜬금없어 보이기도 하고 그럴듯 하기도 하다. 하늘이라는 게 우리를 살게 하고 의지하는 울타리이기도 하니 의미상 통하는 것이 없지도 않다.

이 하늘재에 오르니 오른쪽 다리 바깥쪽 복숭아뼈 복삼혈 근처가 아프다. 음~~ 누군가 나를 치는 것이거나 화내는 것이거나 불편한 뭔가가 있을 것을 말한다. 오른다리는 누군가와의 대인관계에서 화내는 것이나 불편함을 의미한다. 따뜻하고 뜨거우면 좋은 것이지만 서늘하거나 전기 오르거나 통증은 부정적이다. 발은 발로 차는 것이 되어 화내는 의미라는 것이고, 발의 뒤쪽이니 내가 딱히 화내기보다 힘들면서 감내해야 하는 의미이기도 하다.

하늘재가 풍수에서 말하는 의미로 백두대간의 속기처 역할을 하는 것 같다. 정말 그런 역할을 하느냐고 지리상의 질문을 한다면 그건 잘 모르겠다. 백두대간에 고개가 이거 하나만도 아닌데 굳이 이거냐고 의문을 가질 것이고 나도 그렇게 생각한다. 그리고 월악산이 백두대간의 주맥은 아니고 주흘산이 주맥이라고 하는 듯하다.

주흘산은 어떤 산인가? 이후의 산이 속리산에서 지리산으로 가는 방향전환을 할 것인데 여기에서 그 한 번의 관절을 만드는 곳 이기도 하다. 즉 의미부여를 해야 이 다음의 산맥들의 가치가 형성된다.

이것이 역사적으로 내려온 것도 연관해서 지금 시대적으로, 또 나에게, 또 우리나라에게, 그리고 연풍과의 관련이나 중원의 의미나 다양하게 그렇게 의미를 줄 수 있다고 생각한다. 속기처를 거치면 산이 부드러워지고 윤택해져서 사람이 살기 좋고 기름지게 되는데 이러한 하늘재를 거치면 중요한 길목을 지나는 것이 되어 앞으로의 미래를 기대하게 하는 것이다.

그렇다고 당장 세상이 어떻게 되겠는가?

그렇진 않다. 항상 더디며 항상 기대보다 지난한 게 세상의 변화이다. 그러다가 어느 순간, 어느새 이렇게 변한 것인가 하게 되는 것이다. 단속하고 경계하면서 다시 돌아보면서 알곡을 만들고 정미하게 된다. 서청주 고속도로를 오는데 하늘정미소가 보인다. 갈 때도 보게 된다. 그게 이 속기처의 의미를 뜻해 보이기도 한다. 또 하나의 관절을 이렇게 지나가게 된다.

음, 그러다가 문경에서 저녁을 먹고 연풍으로 가서 숙소에서 대화하는데 내가 화를 내게 된다. 사람들 앞에서 또 이러한 제자 분들 앞에서 화낸 건 이것이 처음이다. 짜증은 낸 적이 한 번 있는데 이렇게 화내며 언성 높이면서 말하긴 처음이다. 아직 갈 길이 멀다.

이치 이해가 더디고 이치에 따른 행동에 이르기가 심히 곤란함이 보인다. 될 듯 하면서도 아직은 아닌 이러한 것이 이번 선거에도 나온다.

거기까지라는 것이다. 아무리 세상이 무너지는 고통과 확실한 목적성을 보여주어도 선택은 스스로의 몫이 되니 그 스스로는 항상 머뭇거리고 더디게 되는 게 일상적인 현상이다. 근원적인 의미 파악이 되어야 뿌리부터 바꾸고 다져서 좋은 열매와 굳센 나무가 되지만 의미를 알고 보는 것은 항상 소수만이 했다. 하지만 이젠 그 소수를 대다수로 바꾸고 더 많은 사람이 이해하고 스스로 알게 되어 받아들인 인류의 보편적인 가치를 위해 나아가는 세상이 되어야 하는데 항상 더디다. 더디다 해도 하지 않을 수 없는 절실함이 있다.

고단자는 다르길 바라지만 바람은 항상 배신을 당한다.

고단자는 개인을 위함이 아니기도 해서 스스로의 편함과 하고 싶은 것만을 할 수는 없다. 그래서 원하지 않거나 부담되는 것이어도 해야 하는 것이기도 하다. 내 감정이나 만족과 편함과는 아무런 상관이 없다.

우린 편하려고 이러는 것이 아니니 그렇다. 항상 자기중심적인 것은 아니다. 중심이 항상 변하는 것이어서 그 변칙적인 가고 옴을 볼 수 있는 것이어야 한다. 그러기 위해 치열한 공부와 이치이해를 위한 사유를 멈추어서는 안 된다. 앞으론 누구나 깊은 세계이해를 바탕으로 함께 하는 세상이지, 소수가 이끄는 것이 아니어서이다.

그러기 위해 고단자는 먼저 알아야 하고 안 것을 알리고 안 것에 맞게 인류도 알게 하기 위한 행동을 해야 하는 것이어서이다.

그리고 여기가 중원이라고 한다. 신라가 5소경이라고 해서 지금의 원주를 북원경이라고 하고 충주를 중원경, 남원을 남원경 식으로 해서 청주는 서원경인가 그리고 또 김해를 금관경 이렇게 만들었다고 한다.

우리나라에도 이런식으로 중원이라는 의미가 있었다는 것이 재미있다.

그리고 절 이름이 세계사인데 그 미륵불이 북향을 한다. 땅의 모양 상 어쩔 수 없이 북향을 해야 하는데 여기에 내가 다시 의미를 부여 한다고 해도 상관없을 듯하다.

북한과 만주와 저 광활한 그 너머의 대륙을 꿈꾸는 것이기도 하지만 북은 미지의 세계이고 초월적인 곳이면서 내면의 깊은 곳이기도 하니, 내적인 성찰을 향한 자기 돌아옴이기도 하다. 남향과는 다른 고요가 있다.

그리고 연풍 가는 중에 원풍, 신풍, 연풍 식으로 마을이름이 있어서 이것도 재밌다. 칠성리라는 마을 옆에 군자산이 있는데 차로 가면서 본 산이라 정확히 이 큰군자산인지 칠보산인지 헷갈리는데 그 산이 대단히 신기로워서 기이하다는 생각을 했다.

중원의 의미는 좀 더 보고 의미가 있는지 없는지 알아 봐야겠다. 재미있는 게 이 미륵석불이 풍수에서 천심십도의 명당이라고 하는 곳이다. 주흘산을 현무사로 해서 포암산, 신선봉, 월악산으로 십자를 그으면 그 교차점에 이 석불이 있다는 것이다. 대단한 혈인 양 하는데, 아무리 봐도 별거 없어 보였다. 다시 봐야 할 거 같은데 무슨 의도가 있는지, 아니면 그저 풍수상의 술법인지는 더 봐야 한다.

거기에 삼층 석탑을 비보로 만든 것이 있다. 풍수상으로 하늘재의 황천살을 막으려는 것이긴 한데, 이번엔 미륵리 쪽에서가 아니라 관음리 쪽으로 차로 올라갔는데 신라 쪽에서 넘어 오는 것이긴 하다. 이것이 이번에 어떻게 영향이 갈 것인지 걱정했는데 다행히 이 삼층 석탑이 그나마 역할을 하긴 한 거 같긴 하다.

그리고 이화령에서 북두칠성을 구경하는데 이화령은 머하는 곳인가?

이것도 고개이다. 속기나 결속하는 곳인데 이화령인 이유는 뭔가?

우리 숙소도 은티 마을이던데 티도 고개라는 말 아닌가? 내가 너무 사람들을 단속하고 있는건가, 아님 이번의 선거가 그런 의미가 있는 것인가 아님 지금의 시대적인 요청인가? 뭔가 커다란 의미 있는 대 관절을 지나는 것은 맞는 거 같은데 무엇을 위함인지는 어떻게 알 수 있는 것인가? 이화가 팔괘의 이괘와 연관되면 불인데 밝고 똑똑해지고 다양화 되는 것일지 모르지만 그냥 이화로 배꽃이면 여자이고 달이며 애정이고 감정적인 드러남이고 한데 이러면 이 근처에 남자나 남성에 해당하는 것들이 있을까, 지명이나 산 이름이나 뭐가 아님 그런 비보나, 걍 생각이다.

하늘재이다.

음, 저렇게 세워놓으면 서로 소통하지 말자는 거 아닌가?

아님 이렇게 남성적인 것을 일부러 세웠을까?

이런 물건 하나 세우는 것도 풍수적인 의미가 있고, 그 풍수적인 의미는 이러한 중요한 곳에서는 국가의 방향을 정하는 원리도 숨겨져 있을 것이다. 그냥 미신이라고 한다면 지금의 시대적인 학문의 기준으로 그러한 것이지, 학문의 기준은 바뀌는 것이다. 우리가 살아온 대부분의 역사를 그저 미신이라고 치부한다면 그러한 자기부정은 열등감인 것이지, 결코 개화된 근대인도 문명화된 것도 아니다.

타인을 그리고 다른 학문과 가치기준을 그저 무시하고 깎아내리는 것은 그만한 인격적인 성숙이 덜된 것이지, 지식이 나은 게 아니다. 우선 배우는 게 인격이고 자아의 완숙이지, 타인과 나와 다른 것을 배척하는 치졸함이 아니다. 그들의 무지는 우리에겐 기회가 되고 다루는 정도의 물건일 뿐이다. 언제나 더 알고 더 깊이 아는 자에 의해 흘러가는 것이지, 피상적인 세상의 변화는 보여지는 것이고 그것의 의미는 아무도 모르는 것이다. 자기의 존재의미를 모르는 자가 어찌 세상을 안다 하는가?

지리산 천왕봉

2014년 6월 9일 블로그

지리산 천왕봉

여기는 가본 적이 없다. 노고단이나 달궁은 간적이 있는데 여긴 없다.

가고 싶었고 가려고도 했지만 기회가 없었고 교통이 불편하다.

그래서 안 갔다.

이번에 가게 되었는데, 소백산 간 후유증이 아직 완전히 벗겨지지 않았는데 또 이렇게 높은 산을 가게 되니 부담이 된다.

또 바하을에서의 강의도 해야 해서 더욱 신경 쓰인다. 이번 주는 별다른 여유가 없어서 강의 준비를 하지도 못하고 또 맑은 정신으로 있는 것도 아니어서 여러모로 준비가 안 된 것이기도 하다.

기차로 차로 중산리까지 가는 것은 어렵지 않았다. 가는 도중에, 저번에 연풍가면서 어떤 분이 사준 옷이 커서 바꾸려고 오창 휴게소에 갔다 오는데 또 하늘 정미소가 보인다. 끈질기네 ㅎ

아직 천왕봉에 등산을 하지도 않았는데 벌써 천왕봉에 불이 나는 듯이 석양이 붉다. 음, 또 잠재우거나 다스리려는 것이 아니라 일으켜 세우고 불러내고 퍼트리는 것이 되려는가 보다. 그러면 얼마나 희생이 나고 복잡하고 힘겨운 사건들이 있으려나. ㅠㅠ

다음날 등산을 해야 하는데 김밥을 싸서 가고 어떤 분을 기다리는 것도 있고 시작부터 여정이 복잡하다. 역시나 만전의 준비는 안 되는 것이다. 부족하면 부족한데로 없으면 없는 데로 그렇게 이상을 쫓는 것인데 우린 준비하는 자이고 여건을 만드는 것이지, 준비된 것을 쓰고 완성하는 자가 아니라서 일거 같기는 하다.

하늘재에서 연풍에서 여러 단속을 하는 관절을 거쳐 백두대간의 마지막, 지리산에 온다. 마무리라는 의미가 있을 것이지만 마무리도 의미를 봐야지, 뭐가 마무리이겠나. 어떻게 성장시키고 어디서부터 하고 누구를 하고 하는 여러 가지 정하고 구조를 확정하는 것일 거라고 보는데, 이건 또 다른 힘겨운 일일 것이다.

주차장이 만차라서 멀찌감치 차를 주차하고, 걸어서 입구로 한참을 올라가니 법계사 가는 버스가 있다. 그것을 타고 가는데 법계사까지 가는게 아니라 중간에서 내린다. 법계사는 차로 가지 못한다. 걸어서 가는데 뭔 절이 이렇게 높은데 있고 불편하게 길도 없는지, 그렇게 산행은 시작하는데 처음부터 '또 등산을 하는구나.' 하는 후회가 밀려든다.

법계사가 어떤 절인지는 검색해서 보시고, 이건 거기 있는 삼층 석탑인데 부처의 진신사리를 모셨다고 한다. 그러한 안내를 절 입구까지 와서야 봤는데 여길 갈 생각이 있었던 것은 아닌데 정상가기도 힘겨워서 안 가려다가 그것 때문에 가봐야겠다고 생각해서 왔다.

이 절이 일본과의 관계가 별로 안 좋아 보이긴 한데, 그건 그거고 딱히 부처 사리 기운이 있는 거 같지는 않고 오히려 연기조사의 느낌이 있다.
수직으로 있는 줄기와 그 위에 수평으로 바둑판같은 줄기 들이 있는데 법계의 의미인가? 하는 생각에 자세히 보니 힘이 좀 달리는 듯하다. 그래서 내가 조금 보충해서 좀 더 확장하고 다시 의미를 넣었다.

세계사에서 여기 법계사를 오는데, 법계사가 이렇게 높은 곳에 있다.
쉽게 열리거나 이룰 수 없는 것 이긴 하다.
여기 천왕봉이 법계를 의미하는 듯하다.

정상인 천왕봉에서 찍은 것인데, 이쪽은 이렇지만 반대쪽은 구름으로 시야가 없다.

뭐 정상에서 딱히 할 것은 없었다. 김밥을 마저 먹는데 단무지나 오이가 없어서 목이 메여 와서 힘들었다.

구름이 시야를 방해하고 있어서, 알 놈은 알고 모를 놈은 모를 것인가 하는 아쉬움이 있다.

여러 구조를 중층으로 세울 것이지만, 참여자 역시 할 사람과 안할 사람이 있는 것이고, 말로만 또는 막연한 생각이나 잘못된 방법으로 원하는 자는 제외 될 것이다. 알아듣는 자 역시 그만한 의지와 이상을 꾸는 자나, 노력하고 애쓰는 자만이 성취할 것이다. 하늘은 보여주지만 보는 자는 준비하고 필요한 자가 보는 것이지 그저 아무렇게나 보여주는 것은 아니다.

하산 하는데 역시나 힘겨운 하산이다. 소백산을 이어 힘겨운 분이 있는데 힘듦은 또 다른 힘듦이 이어지는데. ㅠㅠ

나도 발에서 이런 저런 느낌들이 있어서 또 다시 이런 저런 아픈 일이 이어질거라 벌써부터 걱정이 앞선다.

천왕봉 주인이 오를 때와 내려갈 때 한 번씩 오는데, 역시나 별다른 대화는 없다. 이런 저런 말은 했지만 상관없는 것들이다. 이 일과는 상관없기 때문이다. 내려 와서 숙소에서 밥 먹을 때 시인이 왔는데 인사하고, 그 뒤의 장수가 원으로 된 고리같은 것을, 굴렁쇠 크기 정도의 것인데 그걸 내가 받아서 손톱으로 그어서 흠집을 내어 기운을 빼고 주었다.

이것이 지금까지 설명한 것을 단적으로 보여주네.

다음 날은 남명 묘를 들렀다가 바하을에 갔다.

왜 들렀나?

에효, 그전부터 그런 거 때문에 여기를 왔는데 역시나 또 그러네. 히히

천왕봉 정상의 사진이 이러네.

우리가 올라온 쪽만 구름이 덮여져 있다.

삼태양

2014년 6월 12일 블로그

월요일 뜬금없이, 내일 의정부를 가고 싶다.

화요일 남명이 오더니 어디가나 하는데 의정부 간다고 했다.

'법계는 이번 주가 지나야 완성되나?'

"그럴거야."

예전엔 의정부를 가면 거기서 자고 왔는데, 오늘은 그냥 가서 커피 마시고 와야겠다는 생각이 들어 서둘러 갔다. 5호선에선 앉아서 종로3가까지 갔는데, 그 사이에 지리산 천왕봉을 가서 정상에 돌탑을 쌓고 거기 위에 올라서니 지구 대기권을 벗어나 한참을 으스대다가 온다.

탑 하단부를 자꾸 신경 쓴다.

지하철 1호선을 내내 서서 가니 죽을 맛이다.

발바닥이 불편하다 보니 앉고 싶은데 빈자리가 나지 않는다. 하나 둘 나도 할아버지 할머니 분들이 앉으니 도리가 없다. 의정부에 다와 가니 자리가 나는데, 할아버지가 나보고 저기 앉으라고 하는데 세 정거장 남아서 걍 버텼다. 멀리 도봉산이 보이는데 지리산 천왕봉에 갔을 때 도봉산 자운봉이 생각났다. 비슷하게 바위들이 있어서인데 지금 보니 이렇게 보게 될 거여서 였나 싶기도 하다.

도봉산이 탈속적인 면이 있어서 이번 일과의 연관은 애매하다. 사패산이라면 그래도 좀 알겠는데, 의정부엔 수락산 자락에 도정봉이라고 있다. 도정이라는 게 쌀을 찧는 것도 되니 이어지는 의미가 있다.

의정부가 원이 모이고 화가 일어나는 곳이어서 해마다 년 초에 오는데 다시 이쯤에서 오는 이유가 궁금타. 뜻을 바르게 하는 곳이어서 의정부가 되기도 하는 것 같다. 하지만 지금껏 그렇게 되는 것처럼 보이지는 않았다. 어디의 뜻이 바르게 되었던가?

커피숍에서 있는데 천둥소리가 들려온다. 비가 올까 싶어서 서둘러 지하철 타고 돌아오는데 회룡역을 지나면서 보니 이미 비가 왔다. 서울에서도 낮에 비가 왔었다는 것 같은데 내가 돌아 갈 때는 하늘이 괜찮았다.

그런데 밤이 되니 집에서도 천둥소리가 들리고 비가 온다. 그리고 내일은 전주에를 가야 하겠다.

남명이 온다.

"낼 어디가나?"

'전주에 가려고.'

"뭐하러."

'준비해야 것지.'

"그렇지, 준비가 다 되겠나?"

'아니, 준비를 한다는 것보다는 준비한다는 것을 준비하면 되고,
준비라는게 상황에 따라 해가는 것이니 완비는 아니지,
그런 운이지. 준비의 준비야.'

"그래, 그런 것이지."

수요일에 전주를 가는데 이번에도 자고 오기보다 갔다가 밤에라도 돌아올 생각에 서둘러 갔다. 전주역에 도착하니 비가 내리기 시작한다.

이건 머래? 기차타고 오는 내내 해가 맑았는데 여긴 왜이래, 푸른 하늘도 보이고 해도 보이는데 먹구름이 있는 곳에선 비가 오기 시작한다.

백제대로를 걷다가 커피 마시러 들어가서 시간 때우고, 돌아가려고 전주역으로 갔다. 커피 마시는데 사명당이 다른 분들을 대동하고 오는데 난 별로 할 말은 없다. 이들과 연관된 것은 아니니 혼자 할일하고 만다.

저쪽 방향이 삼례가 있는 쪽일 것인데 내가 태어난 곳이고, 전주는 내 태 줄이 있는 곳이니 겨우 그 정도 준비한 것이겠지. 팔분의 일이라고 생각된다. 하지만 다른 의미론 일종의 공망 같다.

공망의 다른 의미론 허결을 만들어 전체 운동의 가속을 주는 작용을 하는 것이라고 생각한다. 지구가 기울어져 있어서 계절이나 지구 전체의 날씨의 변화와 그로 인한 문명의 변화 같은 현상을 주듯이, 어떤 부족이나 결점이나 반대로 무게를 더해주는 차이로 무게 차이를 줌으로서 전체의 운동에 영향을 주는 작용을 말한다. 저 만큼의 일의 진행으로 전체 흐름에 가속을 주고 의미를 주며 움직이게 하는 원인이 되는 그것이 되는 거라고도 본다. (이것이 이후 선거에 나타나기도 한다, 아님 같은 것의 반복 의미이거나. 반복은 중압으로 더 강화해서 의미를 기르는 것이다.)

사진은 안 찍었는데, 기린산과 동고성과 견훤성이 있는 쪽은 검은 구름이 지렁이처럼 생겨나 있다. 견훤이 지렁이라고 하는데. ㅎ 아직 전주가 일본과의 연관이 끝나지 않았나? 아니면 다른 줄을 타고 있나?

이건 유시, 그러니까 6시에 찍으려고 해가 나오는 것을 기다려 찍은 것이다.

동경시이니 정확한 시간은 아닐 것인데 우리가 그렇게 살고 있으니 그도 그렇고 기차가 6시 15분차이니 대강 정 유시에 전주를 떠나고 있다. 사진은 5시 59분 정도 찍었다. 유시면 닭이다. 이때도 천둥이 치고 있었다. 집에 오니 또 천둥에 비가 온다. 닭이 우나? 계명이 되면 좋은날 오나? 계명이 사람들이 밝아지는 것인가?

먹구름이 끼고 비가 오는 것을 보면 갈 길이 험난하다. 오는 도중에 대전을 지나는데 그전에 누군가 물은, 굳이 대전이냐고 하는 것에 태미원 때문이라고 말한 적이 있다. 이런 생각을 하면서 대전을 지나고 있었다.

태미원, 자미원, 천시원식으로 문무백관과 황제와 백성이 삼등분 된 듯한 순서나 구분이 있는데 이 또한 구조이다. 그렇다고 이렇게 명확히 구분 되냐면 그렇지도 않다. 지금 시대는 이러한 것이 안 맞는다.

우선 황제가 있지도 않고 백성도 개념이 다르다. 민주주의에서 과거의 정치적인 개념이 맞을 리가 없다. 그러니 저러한 것도 다시 설정해야 하는 것이기도 하다는 생각을 하는데, 석양의 태양을 보니 아주 붉은 색이 시뻘건데 구름 두 줄기가 해를 삼등분한다. 이렇다.

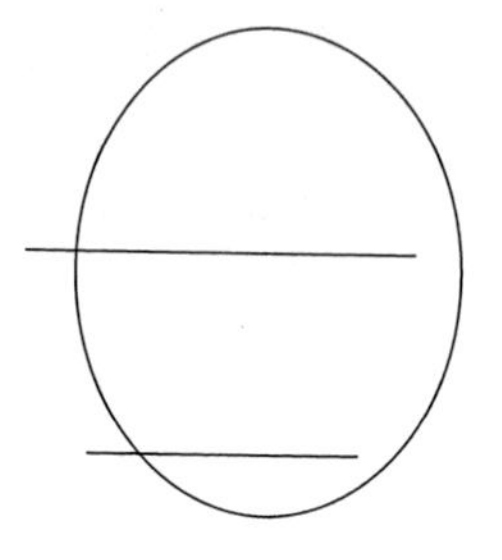

천시에 해당하는 백성의 부분이 너무 작아 보이는데 여기는 설명이 필요하다.

태미나 자미에도 백성의 의미가 있다.

그들이 백성을 전제하고 태미와 자미를 설정해야 하기 때문이다. 백성의 문무백관이고 백성의 황제가 아닌가.

즉 천시를 위한 태미와 자미이긴 하다. 하지만 지금의 내가 하는 일이 아직 저 정도의 것 밖에 하지 못하는 것이기도 하다. 이후엔 그 다음을 이어갈 것이니 너무 안달할 필요는 없다. 그렇지만 천시가 작은 건 작은 것이다. 분명 고유성이 부족한 것은 안타깝다.

고뇌

2014년 6월 23일 블로그

고뇌

수요일 밤에 짜증이 몰려온다. 어떤 감정에 젖어들면서 한숨이 나오는데, 요즘 내가 돌아다니면서 저지르는 것들이 정말 나 아니면 우리가 하는가, 아니면 그들의 음모인가, 이런 것을 생각 안한 건 아니지만 갑자기 확~ 다가오며 골치가 아프다. 그런데 목요일 케이블에서 모비딕이라는 한국영화를 보여주는데, 도대체 이 영화는 뜬금없이 갑자기 왜 보여주는 거래. ㅠㅠ 이 영화가 어느 조직이 사람을 희생시키는 사건들을 만들면서 정책의 방향을 바꾸려는 짓을 하는 걸 기자가 조사하는 것이다.

어제 느낀 감정이 이것 때문인가 하면서 보는데, 눈물이 난다.

화가 나서? 아님 억울해서? 안타까워서? 아님 뭣 때문에? 누가 세상의 사건이 일어나는 것의 주도권을 가지고 있는 것인지, 내 입장에선 누가 누구를 이용하고 있는지 그게 애매하다는 생각이 든다. 도대체 난 지금까지 무엇을 하고 다닌 것인지 회한이 든다.

내일은 천태산을 간다고 한다.

옥새봉까지 간다는데 드는 생각은 '이건 가짜다.' 이다. 뭐가 가짜일 것인지 지금의 이 내 마음이 어떤 영향을 줄 것인지 앞으로의 마구 방향이 어떻게 될 것인지 고민에 고민을 할 수 밖에 없는 이번 일이 되었다.

게다가 바하을의 강의를 준비하는데, 남의 사상을 설명하려니 괜히 부담되고 어떤 접근으로 설명하고 어떤 암시를 주면서 어떤 의도를 보여야 하는지 어렵기만 하다. 무나 태극이나 이런 것을 당최 설명할 방법을 모르겠다. 암튼 이번 주 강의는 많이 부담스럽다. 하면 할수록 익숙해지는 게 아니라 더 긴장되어 간다. 이런 저런 생각에 복잡해진 머리로 금요일이 오고 기차를 타고 오송으로 향한다.

책을 한보따리 짊어지고 집을 나서는데, 다른 마구한다고 강의할 것에 소홀히 해서는 안 되는 나름의 또 다른 의도를 품고서 가는데 전철을 타니 갑자기 비가 많이 온다. 비를 안 맞아서 뭔가 다행스러움이 있는데, 그 때맞춤이 요즘 이런 식으로 맞아서 비를 안 맞고 다니긴 하는데 이것도 오늘은 기분이 별로다. 내가 안 맞으면 어디 누가 대신 맞기라도 하는 것인가? 아님 그 절묘한 타이밍이 또 다른 의미가 내포된 것인가?

그렇게 차를 타고 펜션으로 향했는데 천태산에서 상당히 먼 곳에 정한 것 같아 보인다. 물한 계곡 근처인데 암튼 그렇게 난 내 방으로 들어갔다.

창에 방충망이 틈이 많아 모기가 들어와서 창을 닫았다. 닫으니 저절로 잠금장치가 잠긴다. 옷을 갈아입고 짐을 풀어놓고 잠시 티비 보면서 쉬다가 옆 방으로 술 마시러 나와서 방을 잠그고 열쇠를 가지고 갔다.

이런 저런 대화하면서 시간 보내고 난 화장실 가려고 내방으로 가려고 나와서 열쇠를 여는데 열리지를 않는다. 이리 저리 해도 안 열리는데 한참을 문고리 잡고 시도해도 열리지를 않고 시간은 새벽 두시, 세시 지나간다. 잠을 자려고 해도 내 방에서 자고 싶어서 맘만 앞서지 창으로도 문으로도 들어갈 수가 없다.

다른 분들의 방은 좁아서 내가 자기엔 자리가 어려워 다른 분들이 차에서 자기도 하는데, 어쩔 수 없이 5시 쯤 나도 들어가서 잠깐 눈을 붙이려는데 제정신으로 잔 것인지 만 것인지 한 두 시간 후에 자지 못하고, 7시쯤 아침이 되어 펜션 주인이 와서 보고 가고 하면서 다시 잠자는 것은 포기한다. 주인의 적절치 못한 대응으로 11시쯤이 되어서야 내 방으로 들어가게 되는데, 결국 숙소도 다른 곳으로 옮기는 사태도 일어나게 된다.

중간에 문 때문에 한참을 실랑이 할 때, 천태산 주인이 와서 왜 안오냐고 하는데 이렇게 와서 미리 오는 것을 관심 가지는 것도 오랜만이다.

음, 왜지? 하는 생각이 든다. 그렇게 또 한 시가 되어서야 천태산 기슭으로 가서 등산을 하게 된다. 아는 분이 있어서 천태산 주차장이 아닌 우회도로로 가서 정상까지 1370미터 정도 남겨진 곳에서 부터 등산을 한다.

이 정도면 오늘 산행은 쉬울 것이다, 라는 생각에 오르는데 어제 마신 술이 많지는 않았는데 그 정도로 몸 풀리는 게 더디다. 그래서 숨차고 힘겨움이 있는데 정상을 5백 미터 남겨진 곳까지 가서야 겨우 몸이 풀려 정상 컨디션이 된다. 근데 의외인데, 이 산신이 제법 신령스러움이 있어서 몸에 힘이 난다. 이런 작고 별로 유명하지 않은 산이 이렇게 큰 주인이 있다는 게 흥미를 불러일으킨다. 그래서 흥이 나게 오를 수 있었지만 자제를 한다. 이러다가 오버페이스 하면 나중에 버겁다. 정상이 가깝지만 옥새봉은 다시 하산해서 올라야 하는 것이라, 능선 타는 게 아니라고 할 수도 있을 만큼 긴장을 해야 하는 길이어서이다.

사진 오른쪽의 봉우리가 옥새봉인데 그 길을 보면 다시 하산해서 오르는 것이라 길이 멀다. 산기슭의 작은 절은 영국사이다. 그리고 저 멀리 산 너머가 내가 어린 시절 살던 죽산리가 있는 곳이다.

어릴 때 난 이 천태산이 있는지도 몰랐다. 사진엔 안 보이는데 그 옆엔 마니산이 있다. 우리 고향마을에선 그쪽을 중심이라고 부른다. 내가 가보려고 두 번 시도 했다가 무서워도 돌아온 나에겐 미지의 마을이다.

중심이라는 마을 이름도 그렇고 마니산이라, 뭘까?

무섭기도 하고 재밌기도 하다. 이 밑에서 잠깐 쉴 때 산신이 오는데, 내가 인명피해만 없게 해달라고 했다. 그러자마자 누군가 물건을 떨어뜨려 여자 분이 놀라는 비명을 지르는데, 그 소리에 더 놀랬다. 방금 그런 걱정으로 부탁했는데, 뭔가 잘못 되었나 해서. ㅠㅠ

산 이름의 유래는 잘 모르겠는데, 한문으로 보면 천태산 또는 천대산이다. ㅎㅎ

산신에게 이 산이 뭐냐고 하니 권력이란다.
'무슨 권력? 태백산하고 뭐가 다르나?'
"태백산은 지배자이고, 이건 한 사람을 말하지는 않아요."
'그래? 세력이나 다수의, 또는 흐름의 그 힘?'
"예, 하나의 지배자를 위함이 아니라 힘의 흐름입니다."
음, 그런데 어째서 옥새봉이 있는 것인가?

남고재를 지나서 가는데 너무 많이 내려왔다가 다시 오르는데 이러면 천태산 정상과의 관계가 그만큼 멀어지는 것이 아닌가. 풍수에선 이렇게 좌우나 상하로 변화가 크면 그만큼 기운이 털어지고 순하게 되어 많이 변하게 된다고 한다. 주봉의 용맥이 다른 성격으로 변한다고 하는 것이다.

옥새라는 게 권력자를 대행하는 의미도 있으니 옥새봉과 천태산 정상과의 거리나 길의 험함이 지배자에게 멀어지는 것이고, 지배자가 아니라 지배자는 하나의 이름이고 허울이 되고 그 힘의 작용이나 집행은 옥새가 하는 것인데, 그만큼 지배자의 힘은 약화되고, 사람보다는 체계와 시스템의 힘이 커지는 것이 아닌가? 우린 옥새봉가는 것을 거의 천태산 가는 것만큼 오늘 산행의 주목적처럼 알고 오지 않았는가?

그런데 난 엊그제의 가짜라는 말의 의미를 생각하지 않을 수가 없다.
뭐가 가짜인가, 아님 누가? 어디가 가짜라는 것인가?
어제 방의 열쇠는 가짜가 아니었는데도 문은 열리지 않았다.
가짜가 가짜는 아니고, 진짜가 진짜가 아닐 수도 있는 것인가?
그럼 난 진짜인가 가짜인가?
아님 그저 이용만 당하고 필요에 의한 수단일 뿐인가?
그들 (정부이거나 어떤 조직이거나 어떤 의미에선 현문과 그 너머)과 우린 서로 원하는 목적이 다르다. 하지만 하나의 사건을 위해 힘을 모은 것이 된다.

그랬을 경우 누가 그 사건의 주도자가 되는 것이던가?

그건 아는 만큼 이고 의도의 멀고 깊음이라고 생각한다.

사건의 겉은 당연히 그들이 가져갈 것이다. 그리고 그 내면의 의미는 우리가 가져갈 것이다. 우린 항상 하나에서 끝나지 않고 그들의 행위도 안배해 두면서 일을 해갈 것이니 주도자는 모든 것을 염두에 두고 일을 꾸미는 자가 될 것인데, 이래 저래 힘들고 고통스러운 건 일반서민이다.

언제나 그랬다. 힘없다는 이유로 모른다는 이유로 그렇게 당할 뿐이다.

그들을 위한다는 명목으로 그들을 희생시키는 그런 걸 한다.

가장 죄 많은 자들은 그 주도자일까?

한 쪽 귀퉁이에 이러한 표시가 있는데 이걸 우리는 옥새봉이 490미터 남은 거라고 믿고 또 앞으로 간다. 왜 그랬을까?

가짜라고 믿지 않은 것인가? 생각과 다른 것에 실망한 것일까?

난 소백산부터 지팡이를 짚고 산행을 한다.

지리산을 위해서 단체로 구입하기도 했다. 이걸로 산을 찍으면서 다니는데 산이 아플 것인가? 아파도 할 수 없다. 내 무릎도 아프다. 그리고 찍어서 피 흘리면서 간다. 사람이 우는데 산천도 역시 예외일 수는 없지.

우린 옥새봉을 모르고 지나쳐서 구수봉까지 왔다.

일행의 숫자가 9명이다. 저 구자가 거북이 구자인가 아홉 구자인가 모르겠는데, 다양한 상상을 할 수가 있다. 옥새가 거북모양으로 만들기도 하고 거북이는 점치는 영귀라고 해서 신령스럽게 여기기도 하는데, 하늘과 연관된다. 좌구산의 거북이가 아주 더디지만 오르고 올라 기어코 하늘의 별자리가 되고자 하는지도 모르겠다.

아주 천하고 바닥을 의미하며 우리가 사는 토대의 지탱력을 뜻하기도 하는데 이게 일반 서민이나 백성이 아니고 무엇이더냐, 무슨 힘이 있어서 하늘이 되고 무슨 이로움이 있어서 인정받는가? 점친다는 있는 자들의 불안함을 달래기 위해 산채로 잡혀서 죽임당하고 껍질은 불태워지는 것이 어찌 영험하다는 말로 기만하더냐? 기이할수록 특출날수록 더 빨리 잡혀서 이용당하지 않던가? 그런데도 요즘은 자기를 선전하면서 자기의 잘남을 주장하면서 팔고 다니는 것을 원하고 그것을 부러워하니 누가 저들을 저렇게 무지하게 만든 것인지. ㅠㅠ

숫자 구이어도 같다. 구궁의 바둑판같은 짜임은 체계이고 관계망이고 이데올로기이며 틀이 되면서, 세상의 모든 만물의 접합이다.

역시나 사람은 없고 그때그때 의미를 달리하는, 흘러가는 시대적인 드러남만이 있다. 주인공은 오직 자기의 주장을 함에 있는 것이어서 세상에 존재하는 스스로의 외침을 해야 하는 고독한 길이 된다. 다시 옥새봉을 거쳐서 하산하는 길은 원래 옥새봉이 그전에 산불이 난 적이 있어서 출입제한 지역이라 길이 명확하지 않고 빨리 내려와야 어두워지지 않을 거 같아 서둘러 없는 길 같은 곳을 억지로 내려오면서 길을 만들게 된다.

그리고 내려오는데 누군가 "고생 많이 했습더." 앵? 말투가 다르네.

'누구신가?'

"여기 주인 임더."

'옥새봉?'

"예"

(사투리가 맞는지는 모르겠다. 정확한 대화 말은 지금은 잊어먹었다. 그때 느낀 것이 대충 이렇다.)

영국사는 들러야 할 거 같긴 하다. 오래된 은행나무가 영험하다고 자랑하는데 영험함으로 이용당하는 그 아픔은 알까?

삼층 석탑 옆에, 새 새끼가 나무 위에 있는 집에서 떨어져 있어서 새끼도 울고 어미 새가 우리 때문에 나무위에서 다가오지 못하고 우는데 이건 또 무슨 일이던가, 가슴이 철렁한다.

새는 우리민족을 뜻한다고 하는데, 누가? 무엇이 떨어진다는 말인가?

나는 새도 떨어뜨린다는 권력에 대한 비판을 보면 어떤 피해가 일어나려나? 아~~~~ 고성, 우는 곳이 아닌가?

강원도도 갔지만 통영 욕지도를 갔을 때도 고성까지 가서 숙소를 잡으려다가 실패한 곳도 이름이 고성이다. 그때 집으로 돌아올 때 해가 붉었다. 그때 든 생각은 "피 본다." 였다. 그리고 여기 오기 전에 본 그 영화 모비딕! 거기에도 탈영병이 나온다. 이번에 뉴스로 본 탈영병과 부모의 설득이 어째 이 새들의 울부짖음과 겹치는지. ㅠㅠ

도대체 사건은 누가 일으키고 있는 것인가, 그저 우연이었으면 하지만, 자기들의 이해득실을 위해 일부러 이러한 것을 일으키려는 자들도 있고 세상을 위한다는 이유로 그러기도 하는데 그 열쇠처럼 그저 열리지 않는 열쇠였으면 한다. 가짜는 아니지만 쓸모없음이 오히려 좋다. (그저 바람이겠지. 나도 열쇠지만 저들도 열쇠고 그 병사들도 열쇠로서 세상을 열고 있는 것이겠지.)

일요일 바하을에서 강의하는데 진도가 더뎌 30분을 더 강의하고 나니 손이 떨리고 머리가 하얗게 질려 버렸다. 눈이 사물을 제대로 보지를 못해 멍하니 초점을 잃는 듯하다. 국수로 허기를 때우고 돌아가는데 누군 제천으로, 누군 전주로 간다. 저번 주에 전주, 제천, 의정부를 갔는데 그럼 의정부에서 온 사람은 없나? 여긴 다른 것으로 하려나 했는데, 오늘 월요일에 보니 의정부는 단전으로 경전철이 멈췄다고 한다.

이런 것도 수미일관시키면서 각운 맞추듯이 하나 하나 진행하고 패턴처럼 이어가면서 의미를 더해 가는데, 어렵다 어려워.

서대전에서 기차를 기다릴 때 서울에 비 온다고 하는 듯한데, 내가 서울 도착하니 오지 않았다. 이 글 쓰는 지금도 천둥에 비가 내린다.

내가 지하철 타고 시내 가는 방법이 2호선 신정네거리로 가거나 돌아오는 것이 있고, 5호선 신정역으로 가거나 돌아오는 것이 있는데 선글라스 맞추려고 가던 안경집이 2호선 역에 있어서 거기를 갈까 하는 생각을 오래전부터 하고 있었다. 그러던 차에 전주에서 돌아오는데 신정역으로 가서 용산에서 기차 타고 갔다가 돌아오는 것은 S-train 이라고 관광열차가 있는데 그것을 타고 왔다.

수원 거쳐서 서울 오는데 원래는 용산역이 종착역이다. 그런데 영등포에서 멈춰서 기차 간격조정을 한다고 하는데 멈춰서 문을 연다. 그래서 얼씨구나 하고 승무원에게 허락받고 내려서 신정네거리로 돌아왔다. 그렇게 원을 그리듯이 한 바퀴를 돌면서 왔다.

그 다음날 다른 약속으로 다시 시내를 갈 때 안경점에 들르려고 신정네거리로 가서 신정역으로 돌아오는 일도 있었다. 일요일에 바하을에서 올 때도 그 똑같은 열차를 타고 왔는데 기차가 지연해서 오더니 영등포에서 선다. 이번에 승무원 허락 없이 그냥 내렸다. 그렇게 또 신정네거리로 돌아왔다. 이런 식으로도 수미일관하며 처음과 끝을 맞춘다.

이번에 선글라스를 쓰고 다녔다. 해를 차단하며 그 강한 힘에 저항하고 싶다. 살기 위해서 필요한 해가 왜 그렇게 증오의 대상이 되었던가, 난 필요한 쪽인가 아닌가? 해를 보며 살던 농부 역시 이제는 국가 발전에 방해되는 대상이 되어가는 듯하다. 필요하면 농자천하지대본이라면서 치켜세우지만, 세상이 바뀌고 이해가 달라지니 천덕꾸러기가 된다. 물극필반이라지만, 이 상황은 언제가 되어야 제자리로 돌아오려나.

[후 기]

고뇌라는 제목이 갑자기 뉴스에서 나오니 당황스러운데, 의정부에서 도정이라고 쌀을 고르는 작업은 결국 혼란가중으로 끝나고 그것이 그것이 되는 것으로 마무리 되었다. (국무총리 인사) 사람이 없는 것인지 사람을 없게 한 것인지 있는 사람도 쓰지 못하는 것인지 사람 없다는 말은 하지만, 사실 사람은 많다. 사람이 있게 하지 못하는 그 편협이 있는 것이다. 그 사람으론 선민 마음이 열리지 않은 것이다.

그렇다고 이번 것이 그저 제자리 걸음만 한 것은 아니다. 그 과정으로 인한 혼란과 경험이 또 다른 결과로 나올 것이며 이 다음에 어떻게 될지 생각해 보아야 하는 것이 된다. 그리고 내가 한 일과 정부에서 한 일이 있는데, 그 다음은 우리나라 곳곳에서도 이와 같은 일이 있었을 것이다.

일할 사람이 없는 상황이 있는데 그것이 자기 편협인지 서로간의 이해득실로 인한 다툼 때문인지 사람을 기르고 사람을 중요시한 우리 일상이 아니었다는 것인지, 결론은 '지금으로선 방법이 없다.' 이다.

고성의 사건도 역시 사람을 다루는 것의 미숙이고 사람에 대한 이해부족이며 관심의 어긋남이다. 난 처음부터 사람을 대상으로 하는 것이었다. 사람을 보고 사람을 위하며 사람에 의한 것인데, 사람의 어디를 보는 것이어야 하는지를 고민해야 하는 것이어야 한다. 우린 사람의 어디까지 볼 수 있을 것인가, 그 보는 것만큼 사람을 대할 수 있고 이끌 수 있지 않을까 한다. 우리가 지금 사회적으로 합의한, 사람에 대한 정의는 무엇인가? 어떤 사람을 기르고 싶은 것이고 어떤 사람으로 살아가게 하고 싶은 것인가? 우리나라가 하나의 문명으로 인정되려면 스스로에 대한 정의가 선행되어야 한다. 자기가 살아보고 결론된 자기 결정이 있어야 하나의 개체가 된다.

난 개인적으로 그 문○○의 문제가 된 동영상의 강의는 문제가 없다고 보고, 그를 그 발언으로 인해 친일파라고 생각하지는 않는다. 그저 기독교인들의 속죄적인 자기 비하를 국가에 투사한 것뿐이라고 생각한다. 자기가 죄인이니 나라도 죄인이라는 단순한 대입이라고 생각해서이다.

남의 나라 신에게 자기 나라마저도 종속시키는 발상이 재미있는 것이고, 그건 친일이 아니라 친이스라엘이다. 자기 열등감을 나라의 나약함으로 묘사하는 식의 지적인 성취의 모자람인데, 그런 자가 기자라는 게 웃기는 세상이다. 뭐가 그리 꼬였는지 남 탓만 할 줄 아는 그게 성인으로서 할 짓인지 그 인격적인 성장도 의심스러움이다. 그리고 그러한 것을 보고만 있으면서 사람을 바보 만드는 것을 즐기는 기묘한 성격도 재밌다.

세상이 시스템이나 체계나 법으로 구획되는 것만으로 해결되지 않는다. 거기엔 사람이 없다. 책임소재도 불명확하고 사안에 대한 유연적인 대처도 불가능하다. 생명이 위급해도 절차를 따져야 하고 누구의 허락이 있어야 하고 하면서, 어떤 판단에 대한 사람의 재량권이 약화되는 것이 있기도 하다. 그리고 그 기관이나 시스템이 시키면 못할 짓도 하는 인간성의 말살도 있는 것이, 일본인이 한 짓이나 독일 나치의 경우나 여러 심리에 대한 실험에서도 나오는 것이다.

사람의 판단력에 대한 교육과 그 능력배양을 신경 쓰는 것이어야 하고 사람에 대한 성찰이 뒷받침 되지 않으면 너무도 위험한 방법이기도 하다. 더구나 우리나라는 지금 뭐든지 법으로 해결하려는 망령이 있다. 누구도 믿지 않고 감정적인 대치가 지나치게 심해서 서로 양보하거나 배려하거나 적당한 선에서 합의하는 마음의 여유가 없다. 뭐든지 극단으로 가서 진흙탕 싸움을 끝까지 가려고 한다. 어떤 상항에서도 손해 보아서는 안 되고 나만 당할 수 없다는 것이 법의 과잉과 법을 우상시하는 경우까지 왔다.

훔, ㅠㅠ

분명 사람이 열쇠다.

하지만 사람을 도구나 열쇠로만 보면 안 된다. 그래야 우린 나를 비롯해 모두를 열쇠로 볼 수 있다. 서로는 필요하고 없어서는 안 되는 연관 속에서 자기만의 영역이 있고 그것이 열쇠가 된다.

가짜다. 그러면서도 진짜다. 그것이면서 아니기도 하는 이러한 이중의 의미를 볼 수 없다면 그 사람은 열쇠가 되지 못한다. 스스로는 유일한 고유성이 있으면서, 타인과 사물과는 한정된 역할과 의미가 되어지는 것이니, 이러한 이중이다.

사람은 선이기도 하고 악이기도 하다. 선이기만 하고 악이기만 한 것은 있을 수가 없다. 선악의 판단은 맥락에 따른 것이니 맥락이 있다면 선악은 있다. 반대로는 맥락이 없다면 선악은 없다. 어떠한 목적을 두고 판단해야 하는가에 선악이 되는 것이지, 애초의 선악분별은 없다.

그래서 한쪽만 보고 하나만 판단하는 것은 애꾸라는 것이다. 두 가지 다 보고 둘 사이에서 하나를 말하거나 판단하거나 행동한다는 것을 이해해 주어야 하고 스스로도 인지하고 행동해야 한다.

진짜이기도 가짜이기도 선이기도 악이기도 하는 이러한 갈등과 번뇌, 이중의 복합적인 중층의 어려움이 항상 그리고 영원하다는 것을 알아야 사람을 알고, 그렇게 사람을 알아야 그런 사람이 열쇠로서 상황을 바꾸고 이끄는, 열쇠 아닌 열쇠가 된다.

계룡산 천황봉

2014년 7월 29일 블로그

금요일 정유일 오시쯤에 바하을에 가기위해 기차 타러 집을 나선다.

닭이 더위에 지쳐가는 날인지 참 덥다. 수탉처럼 꼿꼿하게 자기 일가를 이루려고 나갈 정도로 자신은 없는데, 계룡산이라서 닭일지도 모르고 암튼 날의 60갑자가 이러네. 오시라서 준마처럼 겉모습도 유려하게 꾸미고 싶지만 등산 가는데 그럴 수도 없고 그래도 등산복이 아닌 것으로 나름 입고 나섰다.

갑자기 며칠 전부터 사주를 공부하겠다고 설치더니 이런 식으로 생각나서 뺄나단 말이여. ㅠㅠ

바하을에서 다들 모이고 이런 저런 말하는데 자시를 넘어가고 있는데 누군가 부산에서 쥐들이 죽은 것을 얘기한다. 근데 나도 얼마 전에 갑사 당간에서 쥐가 죽은 것을 보고 불편해서 뭔지 염두에 두고 있었는데 오늘 이런 소리를 듣는데, 쥐는 자이고 이건 물인데 오늘이 무술 일로 토이다. 물은 토에 극을 당하는데 이 뭐가 일어나고 있는 것일까,

이따가 등산하는 계룡산 천황봉을 가는 이유도 대충 짐작하는 것이 있는데 그와 무관하지도 않아 보인다. 그런데 내 경진일주에 무술이면 진술충이 일어나는데 아무래도 불안하네. ㅠ

계룡산은 이 태미원이 먼저이다. 이것 때문에 계룡산이 중요한 것이다. 이런 저런 이유로 원래의 등산시간보다 늦게 12시쯤에 등산을 하기 시작하는데 괴목정에서 부터 오르기 시작했다.

괴목정은 나무 아닌가? 토를 건드리는 거였나?

등산을 시작하자마자 벌에 쏘이는 분들이 나오는데, 그것도 10여 번 이상 쏘이는 분까지 있어서 심했는데 나와 세분정도만 쏘이지 않았다. 나중에 보니 노란색 줄무늬가 있는데, 노랑도 토의 색깔인데 일진으론 내가 충인데 왜 난 멀쩡하지, 이 분들이 나 때문에 피박 쓰고 있는 것인가 하는 미안함을 가질 수밖에 없어, 난 아무 말도 못하고 그냥 있었다. 그리고 생각한 게 내려갈 때 내가 쏘이지 않을까 하는 것이다. 그냥 지나가지는 않을지 모른다는 생각이 들긴 하다.

그렇게 정상을 향해 오르는데 길은 험하지 않았다. 처음에 사람들이 다니지 않는 곳이라 길이 수풀로 우거지고 길 찾기가 애매해서 내려올 때 길을 잘 찾아 와야 한다는 생각을 하면서 갔는데, 결국 하산 길에 길을 잃어 헤매게 되었다. 같이 간 아이의 의견이 아니었다면 좀 낭패가 있었을 거 같았다. (약간 엄살이지만 ㅎㅎ) 이것도 토충의 영향일까 하는 생각도 해본다. 암튼 저수지를 지나면 시멘트로 만든 군용도로가 나오는데 그 길만 따라 가면 되어서 좋긴 하지만 시멘트 길이 더 힘들기도 하다.

1킬로 정도 남은 곳에선 계단을 오르는데, 그렇게 올라가니 정상에 군이 만든 시설들이 있고 더 이상 갈 수 없는 곳이어서 천황봉 정상은 보이지 않는다. 가보는 것도 쉽지 않다. 군인들이 출입통제 한다. 그걸 우회로 나무숲을 헤치면서 가로질러 군인의 눈을 피해 철망을 잡고 버티면서 낭떠러지 같은 곳을 지나서 돌아갔지만, 그래서 천황봉을 눈으로 보기는 했으나 오르는 것엔 결국 실패했다.

그만두고 하산하려고 하자마자 비가 잠깐 오고 만다. 등산하는데 계룡산만 구름이 끼고 다른 계룡시나 공주시엔 해가 떠 보인다. 하늘이나 땅이나 다들 심상치 않은 거지.

그렇게 하고 내려왔다. 그리고 그 벌에 쏘인 곳에 도착하는데 7시가 넘어가고 역시나 팔에 한방 쏘이는데, 시간이 7시 15분에서 20분 사이다.

술시가 아직 된 건지 안 된 건지 애매한데, 7시 30분부터 술시라고 한다면 아직 아닌데, 아니어서 쏘인 건지 시간이 대충 맞아서 쏘인 건지 모르겠네. 진술 충으로 땅을 열어서 천황봉 머리를 땅에 묻으려는 것인지 이렇게 일진이 돌아가고 있고 굳이 난 어쩌다가 사주 공부한다면서 이런 것으로 보고 있다. 계룡산이 용인데, 용은 개를 만나면 승천하기 어려워 한다는 말이 진술충을 말하는 건지는 모르겠는데 상황이 이렇다.

그리고 다음날 기해일이 밝아 온다.

이날도 기토 일간의 날인데 내가 생각하기에 기토는 공전이다. 무토는 자전이고 구심력이라고 보는데, 이유는 천간을 다 설명해야 해서 생략하고 그냥 요즘 사주공부하면서 든 생각이다.

거기다 해亥도 내 영토가 되어서 넓은 광활함을 추구한다. 물이라서 바다일지 모르는데 세상을 내 물로 보는 것이다. ㅎㅎ 그래서 오늘은 여기저기 돌아다니게 되었는데, 우선 내 고향의 아버지 산소부터이다. 가다가 대전에서 안경을 새로 샀는데, 내가 대전에서 안경산 것은 아버지랑 와서 초등학교 4학년인가 그때쯤 와서 산거 이후로 두 번째이다.

그 당시 대전의 중앙시장으로 기억되는 곳을 한 번 구경했는데, 세상에 이렇게 사람이 많고 번쩍거리고 딴 세상이 있는지 처음 알았다. 너무 진기해서 아직도 기억하고 있을 정도이다. 암튼 안경을 사는데 색깔이 누리끼리 하고 검붉은 게 이후에 생각하니 금선탈각 같다. ㅎㅎ

고향에 가서 산소를 오르고 다시 내려와서 몇몇 원통니를 확인하고 대둔산을 갔는데 대둔산의 유래가 웃기네. 계룡산과 싸워 진 한이 있어 한듬산이라고 했다고 하는데, 그리고 한이 크다는 것이니 큰 바위나 큰 덩어리 산이라 뭐 그래서 한듬산인 거 같기도 하고 그걸 한문으로 억지로 하니까 대둔산인가 보다.

계룡산에 대한 한을 풀려는 건지 이치전투를 위한 것인지 동학인들도 여기서 싸우다가 자결한 곳이라는데, 그걸 위한 것인지는 잘 모르겠다. 케이블을 타려고 전라도 쪽으로 가서 보았는데 바위가 크고 기이하다. 역시나 이곳도 정상은 안 갔다. 계룡산은 관군이고, 여긴 농민들이나 민초들이나 그들의 저항인데, 유래로 보면 역사는 관군 쪽의 손을 들어주는 것이었나 보다. 언제까지 그러려나.

다시 안심사로 가는데, 오늘은 기해일이니 해가 돼지이다.

돼지이니 안으로 뭔가를 축적하거나 담아야 하는데, 「亥」자가 사람이 임신한 거 같다는 생각을 했다. 그래서 안심사를 가니 여기가 비구니 절이다. 그래서 안심사라고 지었나 보다 했다.

여자들이구나, 그리고 거기에 물을 담아 놓은, 조그만 연못이라고 하기엔 작은데 물이 담겨지고 있어서 해로구나 했다. 그리고 비구니 한분이 나무 지장보살을 염하고 있어서, 지장이 땅에 감춘다고 들렸다.

그리고 석가사리가 있는데 그 승탑모양의 불탑이 亥를 연상하게 하는 모양이다. 거기다 그 옆에 돌부처가 있는데 머리가 없다. 이 두 개가 이번 마구의 의미를 다 포함하고 있다. 해는 내 영토로 만드는 것이니 그만큼 확보하고 취하고 모아야 하는 것이 된다.

그리고 난 여기에 내 대변을 살포시 놓아두고 왔다. 변이니 변해야 해서이고, 내일이 경자일이다. 배속에 들어간 종자가 나와야 한다. 변해야 나올 것이다. 자는 응축하고 모여들어 집약된 것이다. 엑기스 정화인데 그냥 씨앗으로 응축된 것은 아니다. 다른 것으로 변해서 달라진 씨앗이어야 한다. 아버지보다 나은 자식이 나와야 하는 것이니까.

그리고 오늘 보니 핸드폰 충전기가 고장났다. 그 전부터 고장난 게 있었는데 이번에 가방에 들고 다니면서 못쓰게 되었다. 그래서 다시 사왔는데 어찌 쥐 모양이라는 생각이 든다. 쥐를 다시 사와서 갱신하니 재밌다.

그리고 어제 난 자시에 집에 돌아왔다. 오시에 나가서 자시에 들어온다. 서로 또 충이니 역시나 쥐가 나가서 다른 쥐로 변해서 돌아오는가 보다.

이 글 역시 자시에 쓰는데 오늘은 신축일이다. 축은 소라고 하는데 밭갈고 씨뿌리기 위한 작업을 해야 한다. 토는 다른 것으로 변하게 하기 위해 애쓰는 자리이다. 어제가 경금인데 내 일주도 경금이고, 이것이 금선탈각으로 금은 쇠이지만 말 그대로 황금이기도 해서 내 안경은 금선탈각인데 다른 것으로 변신하는 것이나. 금색이 섞이었지만 완전금색이 아니니 탈각하는 중이다. 검붉은 색은 단丹이라고 하는데 금단이네. ㅎㅎ

오늘은 신축일이니 소가 쟁기로 밭 갈아서 종자를 심으려고 하네.

그 세존사리는 아미타불이던데, 아미타는 자기 자신이 되어 나무 아미타불이라고 하면 진아를 일깨우는 의미가 되는데, 종자는 아미타이다.

우두머리를 내려오게 하는 것은 결국 우리 서민들 자신이 스스로 나와야 하는 것이다. 그러한 의미의 종자를 심어야지.

즉 나무아미타불, 나무아미타불, 나무아미타불이다.

언제까지 사주가지고 연상해야 하나, 이러다가 편집증 걸리겠다.

그전에 내가 계룡산 근처를 지나면서 본, 해를 삼등분 된 것 중에 아래 천시원에 해당하는 것이 작아서 위의 태미원을 줄여 천시원을 늘려야 한다고 생각했는데, 음. 이번에 모였을 때 이 말을 했는데 이렇게 나타난다. 자미원의 역할에 따라 태미원을 경계할 수 있다는 것이다.

자미원 스스로도 탐욕을 줄이고 현명해서 태미원과의 조율을 하면 천시원이 더 윤택해지겠지. 기획은 대신이 하고 황제는 허락하면서 기획을 할 수도 안할 수도 있는 결정을 하게 된다. 그러니 황제에 따라 세상은 달라지게 된다. 어떤 것을 선택하느냐이다. 누구나 자기 인생은 스스로 선택할 수 있어야 한다. 외부나 누군가의 강요로 따르는 것이 아니다.

그리고 고향 근처의 원통니를 간 시각이 미시 일거 같다. 미는 열심히 일하는 것이고 출세하고 부귀를 얻기 위해 부지런히 일하는 것이다. 그래서 이 원통니도 그러한 의미인데, 문제는 이 지역의 원통니는 극하는 힘이 있다. 뭔가를 극할 것인데, 뭘? ㅎㅎ

[추가]

내가 하는 마구가 정치와 관련된 게 많긴 하다.

그렇다고 정치를 중점적으로 하는 것은 아니다. 그보단 시간을 멀리 두고 하는 거라서, 그것을 위한 지금 해야 할 것을 보는 거라서 정치든 경제든 문화든 예술이나 교육이나 사회현상이나 종교나 뭐든지 다 다룬다. 그래서 정치라고 해서 어떤 하나의 당을 지지하는 것은 아니다.

지금의 집권당이 하는 것이 맘에 안 드는 것이 있어서 비판적인 것은 있어도 그것이 골자는 아니다. 집권당이 싫다고 야당을 지지하는 단순한 생각은 안한다. 좀 더 정밀한 접근이 있어야 한다. 또 야당이 내가 생각하는 것을 하려고 하는 것도 아니라서 누구 편을 들지는 않는다.

항상 지향성이 있는 것이라 어떤 정당이든 그 지향하는 것과 맞으면 돕기도 하고 아니기도 하는 것이지, 항상 하나의 편만 지지하지는 않는다. 무엇을 위해서인지 그 명확한 뜻을 모른다면 오해할 수도 있는 것인데 그래서 잘 판단해야 한다.

당은 나에게 너무 협소하기도 하다. 그렇지만 이건 내가 관심가지면서 연구하고 궁구한 나름의 시각이 있어서 가지는 개인적인 관점이다.

하지만 현재로선 누구나 자기와 뜻이 같은 당을 지지하는 것은 당연하다고 생각한다. 그러한 의미로서 우린 정치에 무관심할 수 없다. 일상생활의 전반에 걸쳐 무엇보다 중요한 것이 정치라서 그저 무시하고 욕이나 하면서 외면하기엔 무책임함이기도 하다. 내가 사회적으로 나약한 힘이고 세상을 바꿀만한 어떤 힘이 없는 것은 사실이지만, 그렇다고 도피하고 모른다고 해선 안 된다.

나와 가까운 것과 먼 것의 의미를 다시 생각해 봐야 할 것이다.

정치는 내 앞에 없어서 먼 듯하지만, 나를 이루는 근본 이데올로기라서 무엇보다 가까운 것이다.

일진 따지며

이건 그냥 쓰는 글이다.

내가 사주 공부한다고 했는데, 아직 통변도 제대로 못하는 실력으로 이런 글 쓰는 것도 가소로운 것이라서 쓰고 삭제할 생각이었다. 그런데 이렇게 책까지 내는데 삽입했는데 그냥 너그럽게 봐주세요. 어떤 면으론 어거지로 보이고 아직 그 원리에 확신이 없습니다.

우선 일은 8월 12일 부터 일어난다. 이날은 을묘일인데 을경이 합한다. 내 일주인 경진과 비교했을 때 합해서 금이 된다는 확신은 없는데 어떻게든 금으로 화하는 듯 하다. 이것이 나와의 연관이 되는 것으로 진행되어지는 면이 있어서 화한다고 생각한다. 납음으로는 갑인 을묘 대계수가 되어 큰 시냇물이고 오행으로 수가 된다.

이날 난 광화문으로 가서 교보에 들러 사주 관련 책을 고르고 서울도서관에 가서 빌릴 책을 보러 갔다. 그리고 청계천 옆의 카페에서 책을 읽으려고 하니 택배 왔는데 집에 아무도 없다고 연락이 온다. 납음의 대계수가 여기선 청계천이 되고, 을경금은 택배가 오는 것으로 되는데 이날은 복숭아도 왔다. 그러면서 해묘미라는 삼합이 일어난다.

오늘이 묘날이니 묘를 중심으로 해亥의 돼지 막창이 택배로 오고 미未인 복숭아가 온다. 미가 복숭아인 이유는 그냥 토이고 열매가 되기도 해서이고 또 황도라서 노란색이어서 이다. 그래서 이렇게 해묘미가 삼합이 되어 묘의 목 기운이 강해진다. 그런데 문제가 생기는데, 나도 그렇고 동생도 그렇고 돼지 막창을 먹지를 못한다. 엄마가 와서, 엄마는 먹을 수 있을 거 같은데 틀니라서 먹기가 불편하다고 한다.

그래서 이 막창을 주인집에 주니 옥수수를 준다. 막창이 옥수수로 변한 것이다. 그러니까 삼합이 방합으로 변한다. 즉 해묘미가 인묘진으로 된다는 것이다. 해가 인으로 된다. 옥수수가 寅인건 옥수수도 나무나 식물이라서 그렇게 생각 된다. 그래서 이날은 묘가 두 번 오는데 나무가 두 번 오고 있다. 나무에 운을 집중하는데 납음의 생을 받고 목이 두 개나 된다.

다음 날은 병진일이 온다. 병진 정사 사중토가 된다. 이날 어떤 분이 땅문제를 상의 한다. 그리고 이날도 글코 다음날인 정사일도 그렇고 난 뉴스를 잘 안 봐서 잘 모르는데, 강남의 싱크홀이 생겼다고 한다.

내가 이 소식을 듣는 날이 이날이다. 그래서 모래중의 토라는 의미가 언뜻 요상하게 다가온다. 이렇게 강남의 지기가 허물어지면 그 곳의 기운이 어디론가 흘러가는 것이 된다. 어디로인지는 그 전 부터 해놓은 일이 있어서 아는데, 암튼 재미있다.

그리고 난 이 날 또 도서관을 가려고 시청으로 가는데 어제 빌린 책 두 권을 다 읽어버렸다. 두꺼운 거였는데도 읽는 것에 그다지 힘들지 않아 다 읽고 다시 빌리러 시청에 가는데 집을 나서자 비가 온다. 이게 먼 일이람, 요즘 비가 내가 나가면 멈출 정도로 운이 좋았는데, 갑자기 이렇게 바뀌는 게 먼일일까 하는 생각에 그냥 맞으면서 갔다. 책 빌리고 나오는데 그동안 비가 멈췄는지 땅이 말랐다. 그런데 내가 나오니 또 비가 오는데, 역시나 비가 오다가 내가 실내에 들어가니 안 온다.

이렇게 난 광화문 근처를 두 번이나 오게 된다. 나무가 두 그루이니 이것도 두 번 한다. 진이라서 인묘진의 힘이 또 이어지고 있었다. 이틀에 걸쳐 나무가 있게 된다. 병진인데 내가 경진이니 진진형이 된다. 엄마가 감기 걸렸다.

그리고 정사일인데, 난 집에서 빌려온 책을 열심히 읽으려고 했지만 왠일인지 읽기가 자꾸 힘들고 정신이 혼미하면서 뭔가 불편함을 느낀다. 정사라서 다 불이니 그런건가 하는데, 난 물이 많아 불이 나쁘지 않아 보이는데도 그런다. 이날 교황이 오는데 난 그것을 모르고 있었다.

그리고 8월 15일, 무오일인데 무오 기미 천상화이다. 하늘위의 불이라는데 뭔일 일까? 했는데 이날이 광복절이고 교황도 왔다는 것이다. 이날 난 이 소식을 들었다. 나무가 두 그루였으니 불도 두 개이다. 해묘미는 교황을 뜻하는데 미가 양이다. 목자를 뜻하니 성경과의 관련으로 그렇다. 인묘진은 광복절인데 인묘진이 방합이니 형제합이다. 우리나라라는 것이다.

그리고 해묘미엔 일본의 히로시마 원폭과도 관련된다고 생각했다. 해가 탄핵이고 해가 핵으로도 되어 보여서이며 광복절이라서.. 그런데 이 글은 블로그에는 쓰지 않았다. 이것이 불행한 일을 예시하는 거라서 쓰고 싶지 않았고 나도 긴가? 민가? 했을 뿐이었다. 이후에 거기에 비로 인해 산사태가 났고 다음 달엔 일본에 화산도 폭발한다. 내가 일본에 있었을 때이다. 물론 교황에게도 슬픈 일이 있었다.

16일 기미일인데, 이날은 왠지 낮부터 졸린다. 날씨는 더운데 왜 조는지 자꾸 졸리고 잠깐 자고 났더니 리듬이 깨져서 두통이 생긴다. 그래도 자꾸 졸린다. 왜 그런지 이때는 몰랐는데 이날 교황이 시복식인가 뭔가를 광화문에서 했는데, 내가 광화문을 갔다 오고 나무 운을 잔뜩 심어놔서 불이 활활 타오르고 있었던가 보다. 그 곳의 기운들이 오는 것이었다고 생각된다. 기미일인데, 기미년 삼일운동이 있는 것과 같은 60갑자이다.

그리고 광화문에서 저러고 있으니 뭔가 생각하게 한다. 우리나라에 카톨릭이 어떻게 들어왔는지 그것은 잘 모르겠지만, 지금 서구의 정신적인 종교적인 수장이 와서 우리나라에 세례를 주는데, 독립해도 된다는 의미가 있어 보인다. 이제 서구에서 벗어나고 스스로 자립해도 된다는 인가를 받는다고 해도 되려나. 그래서 기미일 이날이 절정이었고, 다음날 일요일은 경신일인데 경신 신유 석류목이다.

이 날은 내가 바하을에서 강의하는 날인데 용산역에 가다보니 지갑이 없다. 내가 서울 도서관에 갈 때 핸드폰에 끼워둔 카드를 안가지고 와서 지갑에 있는 카드로 사용했는데 그날 이후에 지갑을 어떻게 했는지 기억이 안 난다. 그래서 집으로 전화해서 동생에게 지갑이 방에 있는지 물어보려고 했다. 그런데 전화가 이상하게 통화가 안 눌러진다. 누르면 눌러지지 않고, 누른 후엔 2~3분 후에나 지 맘대로 전화를 건다.

그리고선 25초 후에 "전화를 받을 수 없어 뭐라고 뭐라고 하고는 삐~~~" 하고 넘어간다. 이게 몇 번을 반복한다. 누르면 안 눌러지고 그래서 두세 번 누르면 몇 분 후에 저 혼자 전화 걸고 안돼서 끊으면 또 지 혼자 전화 걸고 내가 몇 번 누른 걸 한참 후에 혼자서 계속 건다. 아후, 짜증~~~~~

이건, 지갑은 성경이다. 성경과 교황이 사라지는 것이다. 아까 말한 교황의 슬픈 일이고 일본과도 안 좋은 징조이다. 경신일인데 신자진이 되어 신은 형제이고 자는 물이 되어 (난 물과는 안 맞는다), 그리고 진은 지갑이 된다. 진이 인성인데, 인성은 문서나 뭐나 내 환경이고 토대들이다. 그래서 지갑도 인성으로 봐도 될 거 같다.

지갑하고 형제가 물이 되어 사라진다. 물은 도둑이라고도 하는데 사라지고 어둠으로 없어지고 빠져나간다는 것이다. 이렇게 나무에서 불로 진행되던 것이 물로 다시 불을 끄면서 이 나라에 스며들게 하려고 비가 온다. 역시나 난 비를 맞았다. 아침에 집에서 나올 때 우산을 쓸 수 있었는데 안 쓰고 그냥 맞았다. 맞아야 할 거 같았다.

바하을에 갈 때도 왔지만 역시나 그냥 맞고 갔다. 비 맞는 게 중요하진 않다. 맞아야 한다면 맞는다. 난 세례의 의미로 비 맞은 건 두 번이 있었는데, 이번은 내가 받는 세례는 아니지만 이 나라가 받는 것이고 그것이 이후에 어떤 변화를 가져올지 그것을 고민한다. 석류목이라서 오송에 가서 나무로 만든 보호막(옷)을 샀다. 나무로 인해 불러들인 서구에 가기 위해서 이다. 나무는 동양이다.

오늘은 신유일, 금이 되고 서양인데 교황이 돌아간다. 그리고 그전에 묘일에 운을 집중했던 것이 이날 묘유충을 하면서 자기 나라로 돌아가는 것이다. 난 서울 도서관에 책을 돌려주려고 가려다가 월요일은 쉬는 날이어서 못가고 양천도서관으로 가서 책 빌리려고 가니 공사 중이라서 안 된다고 쓰여 있다. 이런 된장.. ㅠㅠ 묘유충이 왜 나한테까지 영향이 있는지 여기 저기 나를 거부한다.

물론 이후에 조금 첨가한 것이 있는데, 사후성이 있어서 일이 터진 이후에 내가 다 알았다고 하는 듯 하기도 하다. 그건 알아서 볼 일이고 이러한 원리가 있다고 생각하고만 있었다고 하면 된다. 유럽과 일본에서 내가 식중독으로 고생하는 그 징조가 되기도 한다. 이렇게 지구에 세 개의 지역이 연결되고 합쳐지면서 국운을 이루고 있다고 생각했을 뿐이다.

유..유럽이라

이번 유럽 여행은 무엇을 위해서 인가... 이런 의문을 품지 않을 수 있겠는가?

그러면서도 유럽 각국에 대한 나름의 공부는 전혀 하지 않았다. 터키에서도 인도에서도 이것을 후회했으면서도 역시나 이번에도 그러한 준비는 없었다. 이번엔 좀 다른데 일부러 하지 않았다. 다른 분들도 현실의 부대낌과 혼란으로 전혀 여유를 가지지 못해, 지식적인 준비를 할 시간이 허락되지 않았고 어떤 감상이나 느낌과 경험을 위해 가는 사치는 아닌 것이었다. 육체적, 정신적 바쁜 일상에서 겨우 빠져나온 듯 전혀 여행 같은 여유로움을 가지고 공항에 온 것도 아니었다.

어쌔서 우린 이렇게 쫓기듯이 살다가 이렇게 또 무언가에 떠밀리듯이 부랴부랴 유럽이라는 너무도 이국적인 나라들을 방문하게 되었는가? 우리의 이 일이 장차 무엇을 위한 것인지, 그런 거창한 마음가짐을 가질 의무감이 있어야 하는 것인가? 또 있다면 그것이 진정으로 우리의 현실에 반향 되어 나올 것인가? 어쩐지 착잡한 마음을 털어버리지 못한다.

난 유럽을 간다면서 그것과는 전혀 다른 사주를 연구하면서 기다렸다. 방문할 나라를 공부하면서 지리적, 역사적, 문학적, 문명적, 정치적, 경제적, 시대적 이해를 했으면 하면서도 사주만 공부했다. 그것도 미친 듯이 했다. 하루 한 두 권의 관련서적을 독파하고, 그것도 지치면 동영상을 보면서 잔뜩 머리에 쑤셔 넣었다. 정리도 안 되고 이거 저거 생각은 많지만 전혀 실전에서는 무용한 것들로 꽉 차있는 것 같고 내 스타일도 없고 통변의 요령도 부족해서 혼란만 가중되고 있어서 답답하지만, 그래도 무조건 읽고 또 읽었다.

내가 사주 공부하면서 유럽 가는 준비를 한 이유는 오직 하나, 내 자신을 되찾기 위해서였다. 남의 나라, 그것도 현시대를 주도하는 모든 문명의 결과물을 만들었고 지배하는 그 나라들을 가면서, 그 나라들을 공부하는 것이 아니라 난 우리 자신을 알아야 했다. 나를 보는 것이지 남을 보면서 내 혼과 정신을 빼앗길 수는 없었다. 더구나 그 나라에서 눈을 빼앗기고 마음을 잃어버리고 욕망을 분출하지 않는 사람이 얼마나 될까? 더욱 더 자신의 주체성을 다잡아야 했다. 내가 준비해야 할 건 그 나라에 대한 지식과 정보가 아니라 내가 견딜 보호 장치였다.

정치, 경제에서 뭐든 원조라고 하는 영국 런던을 거쳐, 강철의 문명을 확신하는 파리의 에펠탑, 정열과 종교를 가진 이탈리아 로마, 그리고 개인적으로 칸트를 생각하면서 여행이나 경험과 견문이 사람을 성장시키는 것이 아니라 자신의 내면의 고원함이 더욱 중요하다고 의지했던 칸트의 하이델베르크 대학에 있는 철학자의 길, 이곳은 정말 나에게 너무도 신선한 경험이었다. 하늘아래 새로울 것이 없는 것이건만 이 철학은 왜 내 마음의 회한을 주는지 모르겠다.

유럽의 광활한 대지, 높고 무거우면서 거대한 하늘과 푸른 초원, 에메랄드 빛 물, 고풍스러운 집과 건물, 우아하고 아름다운 각종 현대적인 물건들 음식들, 이국적이고 기이하며 현란한 유럽의 것들보다 난 이 아무 것도 볼 거 없는 그 옛날 한 철학자가 걸었던 그 동산이 나에겐 추억이 되었다. 그것도 미리 여기를 간다고 알지도 못했고 여기가 거기인가 하는 잊힌 것이어서 나중에 인터넷을 보고서야 확신했었건만 그렇게 정확한 정보 없이 그날 본 달마저도 사색의 달로 보일 정도로 나에겐 남다른 감상을 가질 수 있었다.

이렇듯 우리 일상을 지배하고 사상마저도 제어하는 그런 원류들을 보면서 좌절과 부러움과 질시는 더욱더 힘들게만 했다. 왜, 대체 왜이던가? 왜 여기이고 이 땅이던가? 지금 난 여기서 무엇을 해야 하는가? 이런 것이 나를 너무도 무겁게 짓누르는 압박이 되었다.

즐기고 재미있어야 할 여행은 나 홀로 외롭고 낙담으로 보낼 수밖에 없었다. 유럽 가는 날 아침에 눈을 뜨면서 전혀 흥분과 긴장이 아닌 나른하고 지루한 불편함이 있고 미적대면서 발걸음이 무거웠는데 유럽 여행 내내 흥분이 아닌 담담하고 상실감에 눈을 감아야 했다.

굳이 인솔자는 국민소득을 들먹이며 우리와 비교하면서 유럽의 부럽고 앞서간 문화를 말하는데 단순비교로 말할 게 아니지만 그러한 것이 일상적으로 알고 있는 것들이라 딱히 뭐라 할 수도 없는 것이다. 그러한 열등감은 날이 갈수록 커지기만 하고 무기력하게만 만들었다. 억지로 비판하고 비아냥대면서 이거저거 트집도 잡아보지만 어설픈 제스처일 뿐이다.

이렇듯 우울하고 부정적인 글은 그저 나약하게 말하자는 것은 아니다. 해야 할 것이나 갈 길의 멀고 험함을 걱정하는 것이다. 주저앉고 포기하겠다는 것은 아니다. 그래서 더 오기가 생기는 것이다.

이들의 한계와 구조를 들여다보는 것이다. 그렇지 않았다면 무엇하러 이 먼 곳으로 오겠는가? 이제 이들을 봤으니 갈 길을 정하고 방향을 확신하는 것이다. 확신이다. 답을 찾는 게 아니라 이미 있는 답에 대한 확신이다.

일정들.......

유럽 가는 날 이날은 육십갑자로 기사일이다. 8월 26일 인데 임신월 기사일 이다. 광복절과 교황으로 부터 시작된 하늘의 불은 이렇게 「기」라는 토로서 구현하려는 의미를 가지고 그 나라로 가는 것이다. 갑자일이 21일부터 새로 시작하는데, 기가 아니면 그것을 담을 수 없다. 토는 불을 내 것으로 할 수 있는 광합성이고 구체화 하는 능력을 지닌 것이라서 그렇다. 그래서 갑기합화 하는 토로서 시작하고 난 갑신 일에 돌아온다.

아침에 눈뜨니 6시 58분이다. 7시에 알람을 맞추었는데 왜 2분 먼저 눈이 떠지는가? 다시 눈감기엔 남은 2분이 짧고 그냥 일어나자니 그것도 싫다. 아 짜증!! 몸 상태는 나른하고 무겁다. 긴장으로 벌떡 일어나도 시원찮은데 어째 이리도 무거운 건가? 난 몸이 이렇게 무거우면 오히려 결과가 안 좋은 것이 된다. 긴장하면 별일 없고 나른하면 무슨 일이 일어난다. 첫날부터 이런 징조가 되니 꼭 가야만하나 하는 마음까지 든다.

8시에 집을 나선다. 진시이다. 역시 토이다. 그리고 내 일주가 경진일이니 「진」의 인성의 보호를 받고, 용이니 변화하는 의미로서 가려는 것이다. 하지만 진진형이지 않던가? 그리고 9월 10일 갑신일 신시에 돌아온다. 가지고 오는 게 「신」이니 유럽의 금 기운을 가져오는 것이겠지. 진이 신을 낳는 것이기도 하다. 정말 이번 여행은 보호가 많이 필요했다.

공항에서 백봉이 심벌즈를 주는데 그것을 환도혈에 넣었다. 심벌즈는 철로 만든 것이고 그다지 연주에서 열심히 할 건 아니다. 필요할 때 한 번씩 치기만 하면 된다. 14번 게이트에서 박지원의 열하일기 읽으면서 기다리는데 다시 와서는 이것도 가져가라고 하면서 말을 준다. 안장도 있는데 이걸 보면서 이 말이 무슨 힘으로 유럽까지 갈 수 있을까 하는 답답함이 든다. 보통 말이라서 거기에 가기엔 힘이 없어 보인다.

그때 황룡이 와서 입안에 넣어 간다고 한다. 그러라고 했다. 별 짐 되는 걸 다 주네 했다. 올해가 갑오년인데, 말은 성장한 한 사람의 성인으로서 정신적 육체적인 아름다움이 있는 동물이다. 그리고 사회생활하면서 어느 정도 지위와 성공을 하는 것을 의미한다. 12포태법으론 왕성함을 말하는 듯하다.

이젠 익숙하기까지 한 출국수속을 마치고 비행기를 타고서 북쪽항로로 날아가기 시작한다. 2시간 쯤 날아가는데 차이나 심양을 지나 좀 더 가고 있을 즈음에, 아마 치치하얼 정도 되는 거 같은데 사마중달이 온다.

"우리보다 앞서가는 거 아닌가요?"

'비슷하지 않을까, 응함이 있는데.'

그리고 간다. 이후 비행기가 심하게 흔들려서 승무원이 밥을 나눠주다 말고 돌아가서는 안전벨트 매라고 안내한다. 이렇게 비행기가 심하게 흔들리는 것은 첨이다. 헐, 재미나네. ㅎㅎ

사마중달이 30분 후에 다시 오더니 책 한권을 내민다. 제목이 황포인데 두꺼운 종이로 빳빳한 것을 한 장 한 장 넘기니 이건 추배도와 비슷하다.

'이대로 되진 않을 거 같은데.'

"그리 하려고 하는 건데요."

'너무 일방적이잖아.'

그리고 대답 없이 간다.

뭔가 서로 긴장의 대치를 하는 듯한 살벌함이 있다. 기내식을 먹는데 비행기의 답답함과 꼼짝하지 못하는 불편함이 장의 부담으로 작용해 소화가 힘들고 점점 배가 아파온다.

발트해를 지날 쯤 갈비가 서늘해지는데, 짧은 봉에 끝은 둥근 공 같은 모양을 들고, 모습은 바이킹 같은 자가 오더니,

"그대가 오딘인가?"

'오딘 아닌데.'

"오딘일 것이오."

'아니라니까.'

갈고리 같은 것을 주면서,

"이제부터 그대가 오딘이오." 하고 간다.

난 그걸 이마에 붙였다.

기분이 좋아지더니 비너스가 온다.

"와, 드디어 왔네. 진작 말하지."

'왜이래'

"좋은 일 많을 거야."

어쩐지 이날 따라 이 말이 곧이곧대로 들리지 않는 여운이 있다.

'뭐라는 겨'

"그러니까 즐겨. 준비 했으니까, 차근차근히 하고 좀 있다가 보자."

하고 간다. 기사일인데 뱀처럼 차근히 바닥을 밟고 가나, 더디 기어가나? 가도 가도 기사일이네, 기사 일에 출발해서 12시간을 가는데도 아직도 기사일이다. 참 길다, 뱀처럼.

급 피로가 와서 보니 부기가 있는데,

"여기 어때요?"

'몰라, 이제 왔어. 뭐 기운이 이러냐?'

"이런 곳에 사는 것도 용쵸."

'그래도 세계최강국이었지 않은가, 그건 뭐 때문이래?'

"하하하"

왜 웃는가, 뭔가 뉘앙스가 그러네.

히드로 공항을 보니 좀 촌스럽고 굵네.

공항을 나와 숙소로 가는 버스에서 보니 날씨가 흐리다. 그중에 멀리 한곳만 조금 빛이 새어 들어오는 곳이 있는데 원인이 있어 보인다. 거기에 가서 긴 상하로 기둥을 세우고 위아래로 둥근 것을 걸고, 그 다음 할 게 망설여진다.

순이 옆에서 "뭘 망설여."

'걍, 생경하네.'

"어벙하긴, 하던 대로 해."

그 빛기둥에서 꺼내니 그 바이킹 같은 자들이 가시려고 손을 뻗으니 그들이 튕겨 나간다. 창제들이 들러붙는다. 연 띄울 때 실 감는 얼레 같은 모양을, 그리고 용도 그리고 넣어 놨다.

런던 숙소

경오일 (2014. 8. 27)

4시 넘으니 잠이 깨고 잠자기가 힘들다. 시차 때문인 거 같은데 큰일이네. 아예 그만자고 독서나 할까 말까 하는데, 뭐가 온다.

"이제는 여기 어때요?"

'얼마 안됐어, 몰라. 진행은 다했어?'

"아뇨, 맘대로 하나요?"

'글킨하지. 그래도 빨리해, 빨리하고 빨리 집에 가자.'

씻고 팬티바람으로 있는데 크로노스가 온다.

'늦네?'

"준비할 게 많아 바빠서요."

'응'

"여유 있게 즐기면서 할 일해요. 잘 될 테니."

'벌써 불편해.'

"왜 그러시오. 호위병을 불러 올 거니 기다려요."

'응'

음, 날이 밝아 오며 해가 뜨는 것을 좀 전에 보았는데, 점점 먹구름이 몰려온다. 호위병이 구름이냐. ㅠㅠ

런 던

연암이 쓴 열하일기를 보니, 그때도 차이나의 문물을 구경하며 그보다 못한 우리 것을 비교하면서 따라하고 배워야 한다고 말하는데 지금 우리가 하는 것과 다를 게 없다. 선진 문물을 배우고 따라하면서 비슷하게 되기를 바라며 지금껏 살아왔지만, 그로 인해 얻은 이익이 있다 보니 지금은 약삭빠른 자들이 또 다른 더 큰 이익을 얻기 위해 돈 될 만한 어떤 나라의 문물을 찾으러 다니기도 한다. 그게 물질이든 정치든 경제든 학문이든 그것으로 우리나라에서 행세하고 이득을 가질 수 있다면 뭐든 이용하려고 다닌다.

누군 연암처럼 우리나라가 잘 살고 더 나은 나라가 되라고 하는 것이라고 하지만 이게 더 문제다. 그저 대증처방이고 난삽한 모방이지, 근원적인 해결도 아니고 한계성을 모르는 것이다. 중체서용이고 동도서기라고 나름으로 서구문물을 따라 잡으려고 노력은 했지만 그 결과가 무엇일까? 그다지 나타난 건 없다. 아직까지 동양은 서구의 아류일 뿐이다.

지금도 우린 서구를 모방하는 단계이지, 우리 내면의 발현은 없다. 서구인이나 열하일기의 차이나나 그들의 내적 정합성과 우리의 내적 정합성의 차이를 무시한 부러움과 모방은 우리 내면의 허무와 외면의 기이함만을 낳는다. 어떤 사물이나 행동, 또 신념이나 학문이 그 자신의 내적인 발로이며 진정으로 내실이 있는 욕구가 아닌 외부에서 주어지고 외부를 본 따고 결과만 중시하는 것으론 달라질 게 없다.

내적 변형이 우선이고 변화된 욕구에 의한 필요로 나타나는 것이어야 한다. 지나친 변형도 아닌, 자기가 잘 할 수 있고 해오던 것이며 하고 싶고 만족을 느끼는 것이어야 한다. 내적인 자기 원인으로 하는 것이 아닌 것은 언제나 내 것이 아닌 것으로 남게 된다.

우리와의 차이를 보면 차이가 나게 된 원인부터 따져야지 그게 더 낫다고 그것을 따라한다는 것은 너무 근시안적인 발상이다. 더 낫고 못하고는 중요하지 않다. 그로 인해 우리가 만족하고 그렇게 사는 것에 익숙하면 그게 더 낫다. 우리가 사는 방식을 다른 것과 비교하며 더 낫다거나 못하다고 평가할 게 아닌 것이다. 그냥 우리가 사는 생활방식인 것이다.

먼 미래를 내다보고 또는 좀 더 깊은 안목에 의한 변화와 창조가 아니면 신중하게 접근해야 한다.

어설픈 의사가 병을 고친다고 위를 고치니 간이 망가지는 실수를 해서는 안 된다. 우리나라의 어떤 것이 맘에 안 들고 외국보다 못하다고 그것을 바꾼다고 엄한 다른 것까지 죽이는 짓은 하지 말아야 한다. 자기의 열등감을 나라의 열등으로 투사해선 안 되는 것이다. 우리나라를 비하하고 다른 나라와 비교하면서 못한 부분만을 부각하는 것은 어머니가 자기 자식을 나무라면서 옆집 누구는 어떻다고 하는 식으로 너무도 치졸하고 비겁한 감정이다. 자기의 피해의식을 자식에게 보상하려고 하며 자식을 자기 성취의 도구로 쓰는 것인데 이건 곤란하다. 이런 식으로 나라와 민족을 남의 나라와 민족과 비교하면서 위와 같은 말과 행위를 한다면 그건 본인의 우매함을 드러내는 것이지 전혀 도움 될 게 없다.

그렇다고 우리나라 것이 모두 좋고 잘되고 있다는 것은 아니다. 좀 더 신중해야 하고 좀 더 합리적이어야 하고 좀 더 깊은 연구를 하면서 하라는 것이다. 너무 일차원적으로 접근해서 누구나 하는 비판이나 분석으로 잘난 척 하지 말라는것이다. 어느 나라 뭐하니 우리도 해보자는 식이거나 다른 나라 이런데 우린 왜 못하냐는 식이거나 원인과 같고 다른 점이나 그 내적인 논리도 없이 그저 피상적인 분석은 곤란하다는 것이다.
말이 이상한 곳으로 빠져 나가네. ㅎㅎ

경오일의 일정이 시작되어 버스 타고 런던 시내로 향한다. 하늘을 보니 보드를 타고 날라 다니는 자가 있는데 저게 누구더라?
난 해를 모아 지구 땅속을 연결해 원반에 모은다. 손으로 감싸면서 모으는데 점점 구름이 걷혀가고 해가 나오니 둥글게 많이 모아진다. 어느 정도 커지니 아틀라스가 지구를 들고 있는 것 같은 형상이 보이는데 그것을 보면서 아트라스가 어디 있을 것인데 하는 생각을 하며 찾아 보았다. 공간 틈에서 누군가 나온다. (원래 터키에 있다.)

'뭐 했나?'

"쉬었습니다."

하고는 그걸 들고 땅에 발이 묻히듯이 딛고 선다. 점점 무게 때문인지 땅속으로 빠지는데 둥근 구체가 돔 같은 정도만 남고 묻힌다.

난 영국 국회의사당이나 웨스트민스터 사원이라는 성공회 성당인지 뭔지를 구경하고 감리교 본부인지 거기에 화장실을 쓰고 나오니 아틀라스가 온다.

'다 끝났나?'

"힘든데요."

'힘들지.'

"쉬겠습니다." 하고 간다.

버킹검 궁에 있는데 크로노스가 온다. 종이에 뭔가 적어 보여주는데,

'이게 다 돼?'

"예"

'나야 좋지, 알았다.'

"그럼 그렇게 하지요."

버킹검 궁전이던가 저 깃발이 있으면 여왕이 없다고 하던데..

대영박물관

이궁이 있어서 찍음.

스톤 헨지는 못 갔는데 거기 있는 것과 여기 있는 것과의 연관은 잘 모르겠네. 지역적으로 얼마나 멀고 가까운지도 모르니 낸들 아나.

서구인들이 손자병법으로 차이나를 이해하는 것 같기도 하는데, 차이나가 간사하고 권모술수적이고 휼계에 능하다고 하며 그 근거가 이 손자병법이라고 하는 거 같은데.

논어 인가? 저 양 그림이 있는 것은 한문 공부 하는 것이다.

저 shunga 라고 하는 책은 일본의 민화 같은데 19금이다.

정말 노골적으로 성을 묘사한 것만 모아놓았다.

아시리아 유물이나 아테네 파르테논 신전이나 잉카나 세계 여러나라의 유물들이 있다. 로제타석도 있던데, 이게 여기 있었나 하는 놀람도 있었다. 자세한 건 인터넷이나 전문 서적을 읽어보는 게 차라니 낫다. 내가 설명하기엔 단편적인 지식밖에 없어서 여기 올리기엔 무안하다.

런던을 하루 대충 구경하고 유로스타를 타고 벨기에를 들어갔다. 그러면서 뒷목이 아픈데 왜 그런지 이때는 몰랐다. 다음날 아침에 일어나니 두통이 심해 정신이 없어서 밥 먹기 전에 약부터 먹어야 했다.

유럽은 건조함이 지나쳐서 저기압이 될 정도이다. 그래서 내 경우는 화장실을 덜 가는 효과가 있는 것 같다. 그러면서 혈압도 떨어지는데 문제는 일주일 정도 적응하느라고 두통과 다리가 심하게 아프다는 단점이 있다.

정말 두통과 다리 아픈 게 심해서 화가 날 정도이다. 그런데 창밖은 하늘이 높고 거대하게, 또 무겁게 보이는 것이 참 아름답고 경이로웠다.

신미일 (8월 28일)

벨기에 에서부터 하루 일정이 시작된다.

호텔에서 버스가 떠나다가 누군가 옷을 방에 놓고 왔다하여 다시 돌아갔다가 가는데, 이 날은 은근히 버스가 돌고 돌게 된다.

크로노스가 와서는,

"언제 오세요?"

'어딜?'

"프랑스요."

'거기가 중요한가?'

"예"

'오늘 밤에 간다네.'

벨기에 수도 브뤼셀은 오줌 싸게 동상이 있다는데 별로 구경할 거리는 아니고 그냥 알려지기만 많이 알려진 그런 것이다. 그리고 각종 길드 건물들이 있는데 유럽여행에서 본 것 중에 제일 멋있는 건물들이었다.

그리고 이 브뤼셀이 도로공사가 많아 다음 목적지인 룩셈부르크를 가야 하는데 자꾸 길을 빙빙 돌아야 하고 그러다보니 버스기사가 길을 몰라 한참을 여기 저기 돌아다니다가 나가게 된다. 그래서 본의 아니게 브뤼셀의 다양한 곳들을 구경하게 되었다. 할렘이나 윤락가나 돈 있는 집들에서 가난한 곳들까지 여긴 유럽연합이나 나토군의 본부가 있다고 하는 듯하다.

음, 크로노스가 빨리 오라고 한 게 헤매는 것을 염두에 두고 한 말인 듯 싶다. 그리고 벨기에가 아프리카의 여러 사정을 좌지우지 하는 나라라는 것을 들은 거 같다. 자세한 건 나도 잘 모르겠는데, 지금의 아프리카의 상황조작을 이 나라에서 많이 하는 듯하다. 이걸 들으니 기분이 팍 상했다. 확 망해버려라 하는 생각도 든다. 룩셈브르크 역시 딱히 볼 것이 있는 것은 아니다. 금융을 이용해 부자가 된 것 이외는 볼 게 없다. 그저 남의 사정을 이용하는 기생충으로 밖에 안 보인다. 스위스도 별반 다를 게 없어 보인다. 프랑스는 5시 30분경 들어 왔다. 6시 넘어 몸이 피곤한데 창밖을 보다가 말이 생각난다.

용이 다가와 말을 토해내니 그걸 미끼로 유럽 용, 그러니까 날개 달린 용을 잡으려고 하는데 어떤 드래곤이 물고 간다. 잡으라고 하니 청룡이 가서 잡아온다. 말을 그 드래곤 입에서 꺼내고 돌려보냈다. 조금 있으니 비너스가 와서 무척 반긴다. 부담스럽네.

순이 나와 보라고 한다. 나가서 어디론가 가니 어느 곳에 손잡이가 있는 쇠 봉을 땅에서 쭉 꺼낸다. 그걸 하늘로 세우고 치니 울리는데 다른 유럽 국가로 공명해 간다. 각 국가들 여기저기서 그러한 쇠 봉이 울리며 공명해서 땅속에서 나온다. 잔다르크 고향을 지날 때 오각의 별모양에서 기운이 뻗어가고 다섯 개의 원 구슬이 나타난다. 새를 잡아 피를 뿌리고 그 자리에서 뱀을 끄집어 내어 쭉 당기니 끝없이 이어진다.

프랑스에서의 사진이긴 한데, 뒤쪽에선 내가 땅속에서 봉을 꺼내 울리던 장소에서 채운이 땅으로 내려오고 있었고, 파리쪽에서도 채운이 하늘에 나타났었다. 이건 크로노스가 한 것이라고 생각된다. 사진은 내가 게을러서 안 찍었다.

임신일 (8월 29일)

이날은 납음으로 검봉금인데 당연히 에펠탑을 연상하게 한다. 외곽에서 자고 파리 시내로는 아침에 들어갔는데, 들어가면서 아트라스에게 기운 모으라고 했다. 개선문 위에 아트라스가 모은 기운을 올렸다.

노틀담 대성당에 갔는데 거기에 제로 포인트인가 뭔가 있다는데 역시나 난 사진을 안 찍음. 이 게으름을 우짜노. ㅠㅠ

이걸 밟고 돌면 다시 파리에 온다나 뭐라나 이런 헛소리는 필요 없고, 그 의미가 필요하면 적당히 쓰면 되겠지. 그 성당내부는 무슨 무덤 속 같아 심히 불편하고 괴상망측한 분위기가 있다. 이게 성당은 맞나 싶다. 내가 성당에 대한 오해가 있는건가 하는 생각마저도 들었다.

◀ 제로 포인트

▼ 노틀용 있던 곳

그러다가 나와서 한 쪽에서 드래곤이 맘에 드는 것이 있어 그걸 데려왔다. 이름은 노틀용이다. 노트르가 "우리의" 라는 의미라고 하니까. ㅎㅎ

그러고 있는데 아트라스가 종이에 뭔가 적어온다. 난 그렇게 하라고 했다. 저녁 먹고 혼자 길에 서서 있는데 아트라스가 다른 타이탄들을 데리고 온다. 어떤 분이 사인을 원해서 해주었다. '나야 좋지' 하며 허락했다.

그들이 땅속으로 들어간다. 날개 달고 하늘에 가서 있다가 돌아와 땅속을 보니 거대한 우물 같은 것이 있어 휘저으니 물고기 하나 올라온다. 그걸 하늘에 두니 노틀용이 가져간다. 또 휘저으니 또 한 마리 올라온 건 내가 먹었다. 풍선 같은 기운을 4개 떠올림. 지표면에선 왼쪽으로 돌고, 중간 하늘에서 오른쪽으로 돌고, 그 위 창공에서 왼쪽으로 도는 여러 줄기의 기운들을 만들고 한참 움풀이를 했다.

땅속에서 기운 한 줄기가 솟아나 오르고 끝은 세모의 화살촉 같다.

타이탄들이 지하에서 한 것이 올라온 것이다.

몽마르트 언덕의 성심성당이라고 한다. 이 성당 내부는 그런대로 나쁘지 않았다.

130미터 정도 밖에 안 되는데 파리가 산이 없어서 이정도도 경치가 이렇다.

이렇게 야외에서 앉아서 먹으면 요금이 따따블로 늘어난다. 서서 먹으면 엄청 싼데 가이드는 이걸 커피를 마시고 싶은데 돈이 없는 사람은 서서라도 먹을 수 있게 싸게 한다고 나눔의 의미를 중요시 하는 프랑스의

배려라고 하는데, 내가 마음이 꼬여서인지 가진 자의 동정으로 밖에 안 보인다. 그냥 싸게 팔던가... 일률적으로 좀 싸게 팔아서 평등하게 즐기면 될 거 같은데 이런 것에서 있는 자와 없는 자의 차별을 주는 게 이 나라의 평등 박애 뭐시기 하는 것에 의미인가 하는 요상한 논리로만 들린다.

달팽이 요리를 먹었는데 다슬기만도 못한 이런 맛을 즐기는 게 웃기기만 했고 6개씩 주는데 이것도 나눔이어서 둘이 먹으면 3개씩 나눠먹고 세 사람이 먹으면 2개씩 나눠 먹는다는 의미라고 하는데 지랄하네. 우린 다슬기 수십 개씩 먹고 싶은 만큼 먹어, 이런 이상한 걸 나눠 먹는답시고 유세하지 말고.

▲
화가의 거리?

루브르 박물관

가이드가 그림에 대한 설명을 열심히 하던데, 다 알던 거인데 문제는 다 잊었다는 거. 그림이 많아서 이거 저거 보는데 그다지 대단하다고 느낄 정도는 아니었다. 뭐 대단하기는 하다. 하지만 명성과 수준이 꼭 일치하는 것은 아닌 걸로 보인다.

내가 미술엔 문외한이라서 내 맘대로 평가하는 것이다. 빛을 이용하든 원근법을 쓰든 어떠한 기법을 만들고 이용하든 그런 건 그림 그리는 기법이지, 그림 그리는 자체의 수준과는 다르다고 난 생각한다. 그림 그리는 화가 본인의, 우리식으론 혼을 담아 그리는 능력의 고원함을 추구하는 입장에선 그다지, 대단하지만 극히 대단할 거 까진 없어 보인다.

백봉이 준 심벌즈가 생각나서. ㅎㅎ

계유일 (8월 30일)

아침 8시쯤 창밖을 보니, 하늘이 파란데 악티온이 온다. 지팡이를 주는데 고리를 두개 더 만들어서 되돌려 주었다. 노틀용에게 친구들을 데려오라고 했다. 버스 타고 이동하는데 지신이 호위하지 않는 듯 한데, 버스 위에 올라가 유미에게 물으니 당연하단다. 그래서 노틀용 친구들에게 시켰다. 움풀이도 했다. 이 땅은 뭘 해야 하는지 난감하네. 알페이온으로 느껴지는 자가 있고 누군가 덤비는 자들의 혼명들이 있는데, 뭘까?

크로노스가 온다.

"무슨 일인가요?"

'응, 지신 체계가 없고 아무것도 없어.'

"오래 걸리겠죠."

'덜이라도 해야 하나?'

"여기 자본과 문명의 주축을 줄거니 학문을 주셔야죠."

'학문은 여기가 더 낫다고 할 건데.......'

"모르니 그렇죠."

'우리도 아직 지지부진이야, 없다고. 학문이.'

"그거면 되지 않겠어요?"

'글쎄'

"힘을 내요. 차츰 번영할거니, 그리고 여기걸 주면 훨 낫겠죠."

'뭘'

"외부 틀, 내부 틀요."

'그런가?'

악티온이 와서 가잔다. 같이 아르테미스 신전 근처에서 그 술탄이 긴 두루마리를 주는데, 한 번 보고 '이걸 다 한다고?' 하니 그렇다고 한다.

갑술 을해 산두화 산머리에서 할 게 있지.

갑술일 (8월 31일)

톨게이트 지나서 스위스로 간다. 융프라우를 구경하러 간다는 거 같다.

아직 스위스 국경을 지나기 전에 이궁이 있는 듯한 곳을 발견했는데, 프랑스 꺼 같다. 그런데 힘이 너무 약하다는 생각이 든다. 그래서 땅속을 헤집어 보니 징그러운 촉수가 나온다. 노틀용과 친구들에게 잡아먹으라고 하니 잡아먹는다. 그리고 복원된다.

조금 더 가니 건궁이 있는데, 건궁은 중요하다. 우두머리이고 정신적인 주체가 되서이다. 정상에 뾰족한 게 있어서 손을 대니 피가 난다. 피가 합쳐진다. 우리 집 근처 건궁에서 파이프를 연결 연결해서 힘들게 끌어와서 연결하고 기운을 천천히 우리 집 근처 건궁으로 끌고 오니 피가 되어 흥건히 흐른다.

또 내 몸에 연결해서 독임맥으로 돌고 머리를 돈다. 쇠로 된 삼각 날이 나오고 들어가 운행한다. 우리 집 근처 건궁에서 긴 두루마리에 글 적고 합쳐놓고 6개 작은 기둥을 세우고 마니산 자미원에서 태미원, 천시원과 연결하고 각천과의 의미도 합쳤다. (재미있는 건, 피가 흥건히 땅에 퍼지는 것을 포도주를 떨어뜨려서 이탈리아 베네치아호텔 대리석 바닥에 흐르는 것을 보았고 네덜란드에서 내가 체해서 손에 피를 내는 것도 이후에 한다.)

스위스에 들어가 한참을 가는데 크로노스가 준비되었다고 옴. 비너스, 아테네 그외 신관들이 왔다. 고깔 형식으로 삼중 원 기운을 노틀용에게 물고 날게 함. 날씨가 흐르고 구름이 끼어서 그걸 걷으려고 한 것이다.

프랑스 넘어오기 전에 긴 코브라를 보았는데, 이게 스위스 거기 인터라켄 근처의 무슨 호수이던가? 거기에 사는 놈이었다. 그런데 인솔자하고 버스기사하고 트러블이 있고 현지 여행사와 서로 소통에 문제가 있었는지 장소를 잘못 알아서 곤돌라를 타고 가는 것이 이견이 있는 거 같다.

그래서 한참을 기다리는데 현문의 비행정이 나타나고 그것이 먹구름을 몰고 온다. 헐, 노틀용이 죽것다고 구름을 걷었는데 이래도 되남. 비행접시를 확대해서 촉수를 꺼내고 산에 연결했다. 점심 먹고 나오니 내 주위에 빛기둥이 촘촘히 박히기 시작한다. 암튼 할 수 없이 애초의 계획이 무엇이었는지 몰라도 곤돌라 타고 올라가서 융프라우 산을 멀리서 본다.

저 멀리 보이는 설산이 융프라우라고 하는 듯하다.

남들은 사진 찍느라 분주한데, 나는 한쪽으로 가서 의자에 앉아 저걸 보면서 산봉우리 위의 상공에 있는 도넛 모양의 기운 흐름에 비행정으로 파이프를 연결해서 흡수하고 있었다. 차이나, 인도, 아랍에서 와서 구경하고 있다. 그 중에 차이나에서 손을 대어 흡수해 가려고 해서 내가 막으며 못하게 했다. 능력 껏이지 쉽게 할 생각 말라고 했다. 산속 깊은 곳에서 황금구슬을 꺼내 삼켰다. 이것도 끝나니 그나마 보이던 저 설산도 구름에 가려진다.

스위스에서 이탈리아 밀라노로 갔다.

밀라노가 전쟁 때 폭격으로 완전히 초토화 되었는데, 똑같이 복원한 거라고 한다. 그게 자랑인지는 잘 모르겠다. 똑같아서 어쩌란 건가? 저 성당이름은 나도 모른다. 나름 유명한데 나에겐 별 의미 없다.

숙소를 가는데 하늘엔 마른번개가 쉴 새 없이 번쩍거린다. 천둥소리도 없이 무슨 번개가 그렇게도 치는지 별나다.

그리고 밀라노 들어올 때 검은색의 이탈리아 지도 모양의 구름을 보았는데, 아무래도 이탈리아에서 많은 일이 있을 거 같았다.

을해일 (9월 1일)

버스 안에서 누군가 오는데, 크로노스와 비슷한데 아니다. 그가 보냈나? 쪽지 주는데 '아니 왜?' 암튼 알았다고 했다. 얼굴 상하좌우에 구슬 같은 기운이 생기고 이리 저리 돈다. 뒤로 연결해서 앞으로 하고 온 몸도 돈다. "멋지게 보여라." 이게 쓰여있는 글이다.

내가 멋지게 한다고 멋있것니? 얘들이 뭘 오해하는 거 아닐까?

우린 니스해변과 모나코를 가는 게 오늘 일정이었다. 노틀용보다도 더 큰 용이 덤비길래 집어 던져서 노틀용과 친구들이 뜯어 먹었다.

프리실라가 와서 "어때?"

'힘들어, 생각도 잘 안 돼.'

"그래도 일정은 마무리 해야지." 하면서 알약과 물을 준다.

니스 해변은 태양의 작렬, 파란하늘과 해변, 그리고 외국인들의 일광욕으로 그럴 듯하였다. 제노바 숙소에 오니 크로노스가 온다.

"여기 어떻습니까?"

'글쎄, 에너지 소모가 심해. 몸이 아픈데.'

"그건 적응하면 되잖아요."

이걸 들으니 낼이면 적응되지 않을까 하는 생각이 들었다 그리고 실제로 그랬다. 건조함이 저기압이 되고 그로 인해 난 다리가 심하게 아팠는데, 아래의 에너지가 위로 너무 과하게 오르니까 아프다. 버스가 더 건조해서 버스에 있으면 더 아픈데, 하루에 8시간에서 10시간을 버스에 있으니 이건 죽을 맛이다.

'그렇지, 그전에 돌아가니 문제지. 그리고 그보다 너무 나태한 거 아녀?'

"예, 그게 문제지요."

'나태하믄 전혀 받아들이거나 다른 것을 원하지 않을 건데,

그게 가능하겠어?'
"그래서 걱정인데, 그래도 해야지요."
'진짜 할 생각인가?'
"당연합니다."
내가 생각하기에 유럽은 더 이상 뭘 바라는 건 없어 보인다.
그저 하루하루 사는 거 외엔 다른 욕망이 없다.
문명의 정점에서 안일과 나태는, 이미 바꿀 생각이 없다.

'그래도 「한다.」 라, 음.......'
'나도 우리나라에서 힘겨운데 여긴 어쩌나.'
"그건 다른 이유가 있는 거니 힘내세요. 우선 여기서 가야 할게 있으니, 이걸 보시죠." 몇 가지 사항이 적힌 걸 보여준다.
'이렇게 많이?'
"여기선 그렇게 많은 건 아닙니다."
'그렇지.'

그리고 내일 드디어 로마에 입성한다. 이건 힘주는 무엇이 있다.
병자 정축 간하수 바다는 어제부터 구경했는데.

병자일 (9월 2일)

제노바 호텔 8시 45분
크로노스
"이제 시작할 겁니다."
'시작?'
"너무 걱정마요."

'음, 할 거면 확실히 해야겠지.' (문제는 얼마나 희생을 해야 하는지 겠지)
악티온이 온다.
'바쁘네.'
"예" 하고 간다. 뭔지 부산하다. 로마 입성을 준비하고 있고 이탈리아에서 한 것에 대한 자기 취할 걸 위해서 이겠다.

이탈리아 상공에서 세로로 가른다. 여러 신관들이 갈고리 걸어서 양쪽으로 벌린다. 나도 힘을 보탠다. 그 안에서 촉수 같은 게 나온다. 그걸론 부족한지 내가 직접 그 안으로 들어가서 지퍼 열듯이 연다. 그 안에서 파리지옥 같은 것이 나온다. 나오는 것과 맞물려 닫힌다. 그걸 이탈리아 상공에 접목한다. 그리고 크로노스가 낚시 바늘 같은 갈고리를 주는데 공간을 갈라서 비슷한데 축소형을 꺼내 내 머리에 얹는다. 갈고리를 합하니 금속재료로 변한다.

제우스가 오는데 봉을 빙빙 돌리며 와서는,
"남쪽으로는 안 오나요?"
'갈수가 있나?'
"길은 얼마든지 있을거요. 얘기해 보고 다시 오죠." 하고 간다.
조금 있다가 다시 오더니 "그때 되면 오시오." 하며 웃는다.
헐, 이건 머라는겨.
'시간도 주고 경제력도 주라고, 너무 힘들다고.' 쪽지를 보여준다.
'항상 이렇지, 뭐.'
"할수록 나아지지 않나요?"
'아니던데.'
"하하" 하며 간다.
음........
청룡이 온몸에 힘주고 온다. 온몸에 뿔이 잔뜩 나 있는데, 갈기를 세우듯이 나 있다. 그리고 포효를 하는데 하늘이 울린다. 내가 타서 뿔을 잡고 머리에 손대고 힘을 보태어 다시 포효하니, 지중해가 울리고 유럽이 울린다. 다시 용의 혈을 짚고 기운을 더 보태어 용이 더 크게, 강하고 거칠고 크게 변해서 포효하니 지중해 울림이 지구를 돌고 전 유럽을 울리어 다시 용의 입으로 흡입한다. 그리고 본래 모습으로 돌아간다.

합장해 기운 모아 검을 만들어 정면에 앞을 향해 놓고 돈다. 육방에 모두 분검하고 수직으로 원이 돈다. 그리고 외부에서 기운들이 들어오는데 이것을 거쳐서 들어와서 일차 제어하는 듯하다. 엉덩이, 윗배, 협척, 앞머리에 원반이 생기고, 여기도 외부기운이 제어 흡수하는 거점이 되고, 많은 기운들이 한꺼번에 이것을 거쳐서 들어온다.

아까 하늘을 세로로 가르고 꺼낸 것이 스스로를 프라눔이라고 소개한다.

피사와 연결했다.

점심 먹고 12시 50분경 법계 만듦. 내 힘으로 일일이 세상을 구획하고 체계 만듦. 2시경 대환명에 타이탄들이 빙 둘러서서 흡수된다.

비너스가 온다.

"일 잘되고 있어?"

'하나하나 하는 거지, 뭐.'

"잘해줘."

'왜?'

"잘해주어야지."

'잘하고 있어, 괜히 그래.' 악티온이 가면서 들른다.

"계획대로 진행되면 다시 한 번 오세요."

'흠~~'

"앞으로 많이 다닐 거 아닙니까?"

'몰러'

"방법도 바꾸면서 잘 되겠죠. 그럼 기대하겠습니다."

저녁에 로마 입성하니 하늘이 난리다.

크로노스도 좋아라 하며 세네갈이 오는데, 로마를 탐내는 듯하다.

'오랜만이네, 계제는 형편읍네.'

"조금만 도와주면 할 수 있습니다."

'그러든가.' 아까부터 눈물이 나는데,

로마기운을 땅속으로 해서 우리나라와 통하게 했다.

오늘 한 일이 이렇게도 보여지는구나. 이틀을 이렇게 쌍무지개가 뜨는데 웃기네.

법계를 바둑판처럼 그리는데, 이 구름보고 아까 한 것 (법계)이 생각나서 찍었다.

정축일 (9월 3일)

오늘은 폼페이를 간다고 한다.

아침에 버스에서 오행연기를 거꾸로 하더군. 폼페이를 구경하는데, 어제 제우스가 상의한다며 가는 것이 떠오르는데, 그러면 어디로 가서 상의하는 것일까 하는 의문이 갑자기 든다.

그래서 하늘을 찾아보니 로마 상공에 올림피아 신전 같은 것이 있다.

거기 정면에 가니 크로노스가 옆에 선다. 내가 거대한 번개를 땅에 꽂고 한쪽은 내가 잡고 한쪽은 땅에 대고 선다. 안에 들어가 내가 가운데 앉고 나머지 12개 의자에 다른 부련들이 앉는다.

"어떤가?"

'힘들어.'

힘들다는 말하기도 이젠 지친다.

내가 너무 죽는 소리만 하는 것 같은데 좀 그러지 말아야겠군.

"잘하게."

'니가 해라, 그럼.'

"그래도 참고 해."

'쳇'

"뭘 도와주까?"

'뻔하지.'

"알았다."

전생 분들까지 모두 와서 뒤에 서고 복희가 말하길,

"준비가 되어가니 모두 수고 했고,

이제부턴 더 정밀하게 해야 하니 힘들 내주게."

누군가가 말하길,

"오늘이 기억 될 것이야. 자, 다들 잘해주시게."

기운이 내려가 이탈리아를 거쳐 지구 전체에 퍼지고 내 의식도 돌아왔다.

머리를 뒤로 묶은 부련이 아프리카를 주로 다니는 거 같은데,

"아프리카, 언제 오겠나?"

'가긴 할 거 같나?'

"그러니까 그러지."

'글쎄, 몇 년 기다려야 하지 않겠어? 많이 죽을까나?'

"그러겠지, 쉽진 않겠지. 힘내시게."

'힘은 항상 내내.'

하고 간다.

이게 그 징조이다.

그러는데 다른 한 부련이,

"낼 로마 갈 때 붉은 바지와 웃옷을 입게."

'놀리나, 무슨 수탉도 아니고 놀림당하라고. ㅠㅠ'

이 날도 쌍무지개가 떴다.

유럽은 사암이 나는데 이건 조각하기 쉬워서 정밀하고 현란하게 조각한 건물이 많다. 그리고 이후에 수분이 빠지면서 검고 더러워지는데 그러면서 강도가 올라 단단해지는데 그러면 수백 년이고 수천 년이고 그대로 유지된다. 물은 석회가 섞여서 그냥 먹기는 어렵고 강물이고 바다고 모두 에메랄드빛인 것이 좋은데 역시나 물이 안 좋으니 사람살기는 그렇지만 땅이 비옥하고 일 년에 2모작 이상을 한다고 하니 먹을 거 걱정은 없다.

건조하고 석회물이고 서쪽 방향의 나라들이고, 오행상으로 금기가 지나치게 많은데 그들의 성향에 미친 영향이 지대할거라고 본다. 생각보다 환경이 편중되어 있다. 그들이 보기에 우리나라가 그렇게 보일지도 모르겠다.

폼페이엔 윤락가도 있는데 체위 고르는 벽화도 그려져 있다. 좋은 곳이여. ㅎㅎ 뭐, 이렇게 퇴폐적이고 향락적이어서 폼페이가 망한 거라고 할지 모르는데 남의 삶을 그런 식으로 후려치지 말아야지, 어떤 문명도 지금보다는 순수해. 사람은 앎이 많아질수록 음란해지는 것인데, 지금보다 지식이 대중화되고 자유로운 때가 없으니 지금보다 더 더러운 세상은 없었던 거지. 나폴리가 이탈리아에선 그다지 좋은 인상이 아닌 도시라고 한다. 좋지 않은 정도가 아니라 욕이라고도 한다. 그 정도로 마피아와의 연관이 심한 곳이기도 한 거 같다. 자세한 건 내가 말할 것은 없고 걍 재미있는 곳이고 이럴 수도 있는 건가보다 하면 된다.

무인 기묘 성두토 성을 구경하러 가긴하지.

무인일 (9월 4일)

오늘 로마를 가서 바티칸을 들어 갈건데, 어제 빨간색으로 입으라고 했는데 바지는 그렇다고 치고 웃옷입기는 뭔가 부끄러움이 일기도 하다. 그래서 괜히 밤에 입어보고 거울을 보면서 정말 이걸 입고 가야하나 망설임이 있었다. 다시 가서 상의해볼까 생각도 해보고 무시할까 하기도 하면서 아침까지 결정을 못 내리고 갈등이 심했다.

아침에 로마 가는 버스가 고장 나는데 이것도 걸리는 게 있네. ㅎㅎ

바티칸 가는 중에 본 원통니 중에 구궁으로서 이궁으로 보인다.

음, 역시 이탈리아 그것도 로마에 이런 게 있었다.

바티칸인데 여기는 곤궁으로 보인다.

7월 달에 내가 양쪽 발등에 모기가 물었다. 그래서 거기에 붉은 반점이 생겼는데 이상하게 그것이 아직도 없어지지 않고 남아있다.

이걸 보면서 예수의 성흔을 생각하지 않은 건 아닌데, 이걸 여기서 보게 될 줄은 몰랐다.

바티칸을 구경하고 점심 먹고 벤츠 승합차를 타고 가는 일행과 걸어서 투어하는 일행이 나뉘어 지는데 해가 쨍쨍해서 날이 더워 고생일거 같다. 어쩐 일인지 인솔자가 굳이 나에게 하소연을 하는데 해라도 가려줄까 하는 생각이 든다.

암튼 버스에 타서 내가 모자를 오늘 안 꺼냈는데 그걸 꺼내려다가 귀찮아서 그냥 있는데 크로노스가 와서 모자 쓰지 말고 이걸 쓰라고 하면서 별처럼 뾰족한 것이 나있는 걸 준다. 그래서 그걸 머리에 썼다. 모자 대신 쓴 거니 구름이라도 가려 줄건가? 하는 생각을 했다. 그랬는데 정말 구름이 해를 가리기 시작한다. 왜 이런 걸 해주는 거지. 괜히 불안하네. ㅜㅜ

판테온신전으로, 가이드 말이 우리식으로 만신전이라고 한다.

온갖 신들을 다 모신 것이라고 한다. 거기 삼각형 중앙에 그 별 모자를 걸고 헤라클레스가 준 반달모양에 손잡이가 있는 것도 합쳐서 걸었다. 헤라클레스는 타이탄들과 같이 다니는 거 같다.

헤라클레스가 창을 주기에, '너 계제가 얼마인가?'

"4요."

'여기 지신해야 하지 않나?'

"예"

그 창에 십자가 위에 가로로 하나 더 선을 그은, 일종의 방패간모양 干을 표시해서 줌. 장소는 여기다. 여기를 뭐라고 하던가?

바티칸을 들어가기 위해선 줄을 기다려야 한다.

동쪽 문으로 들어가게 되어 있다.

각종 유명한 조각들과 미켈란젤로 등등의 그림들이 있다. 어디서 이런 걸 훔쳐 온 건지 상납 받은 건지 구입한 건지 빼앗아 온 건지 그런 건 모르겠다. 돈 주고 그리라고 한 것도 있고, 돈 안주고 그리라고도 했을까? 신앙심으로 그리라고. ㅎ

베드로성당 내부?
맞나 모르겠네.
순서가 헷갈려서.

기묘일 (9월 5일)

오늘은 피렌체를 거쳐 베니스로 간다고 한다.

피렌체 도착 전에 마차 타고 오는 자가 있다. 잘 보니 아폴로?

'허~ 너가 있는 건가?'

"왜 그러세요?"

'없는지 알았지.'

"그만 하세요. 서운해집니다. 처음도 아닌데."

'그래? 음, 계제도 괜찮고, 금빛 마차도 좋군.'

"이 나라를 저 주시죠."

'나라만?'

"하하, 그 이상이죠."

'그러게.'

"네" 하고 공중으로 방향 바꾸어 간다.

여기가 단테의 고향이라나 뭐라나..

2시 35분경,

버스 위로

아트라스가 내려온다.

'하는 일은 잘 되는가?'

"제 친구들이 있는데,

일할게 있을까요?"

'데려 와봐.'

좀 후에 세명을 데려 오기에 하늘에 있던 그 궁전을 네 모퉁이에서 지탱하게 하고 여러 움풀이를 했다.

저 동상은

메디치일거 같다.

경진 신사 백랍금

오스트리아로 넘어가려니 산이 흰색이더군.

어제 비너스가 뭔가 음흉한 미소를 짓고 왔다가더니 밤새 뭔가 있었던 거 같다. 어제 밤에 벼락이 치는 걸 구경했는데 동영상도 찍었다.

벼락 치는 게 자주 보는 것은 아니라서. ㅎㅎ

이게 최초의 카페라던가?

오후 4시 25분.

아폴론이 와서,

“이제 가십니까?”

‘응’

“언제 또 오시나요?”

‘몰라’

“예, 그럼.”

하고 둥근 원에 삼각형 뾰족한 것이 둘러져 있는 것을 준다.

가슴에 넣었다.

오스트리아 들어와서 잠깐 조는데, 이 나라 사람으로 보이는 자가 작은 나무판에 날개 달린 사람을 새기어 준다.

멀리 보이는 산들이 아름답다.

신사일 (9월 7일)

백조의 성이라고 하나, 거기에서 보니 혈도 있고 멀리 호수에선 산의 기운들이 집중되어 운기 되는 현상도 있다.
독일에 들어서서 휴게소에 앉아 있는데 아폴론이 마차타고 와서 한쪽 무릎을 굽히고 은으로 만든 쟁반 같은 것을 준다.

그걸 받고 유미를 불러 달라고 하니, 부채를 준다.
내가 보고 이거 말고 다른 거 달라고 하니,
"뭘 줄까요?"
'차라리 도끼를 줘.'
도끼를 받아 주니 가져간다.
유미 "왜 도끼야?"
'세상을 쪼개야지.'
"왜 쪼개?"
'분명하라고.'
비너스가 와서 "나도 줘." 한다. 그래서 노리개를 주었다.

인솔자가 독일 관련 비디오를 보여주는데 그걸 보고서 내가 감정적으로 동요한 게 있었나 보다. 독일제복을 입은 장교로 보이는 자가 온다. 누군지도 모르겠고 말도 없고 일종의 집단혼명으로 보여서 '이런 건 필요없어' 하고 제거했다.

하이델베르크 대학의 동산에서 와인 잔을 꺼내 (위가 밖으로 퍼진 와인잔) 머리에 이고 다리를 건너갔다. 좀 후에 강을 보고 앉았다가 산책하면서 그 산에 잔을 놓고 와인 한 병을 따르는데 잔이 채워지지 않아서 세 병을 따르니 채워져서 마셨다.

아마 철학자의 길이라는, 칸트가 걸어간 길이 저기 어디일거 같다.

독일석양이 천공의 뜻을 가지기에 그럼 무엇을 줄 건가? 하니 기득권이라고 한다. 그럴듯 하다고 생각된다.

임오일 (9월 8일)

임오 계미 양류목

네덜란드가 물가의 버드나무 같은 것일까, 좀 어색하네.

이 날은 독일을 지나 네덜란드로 가는 날이다.

점심을 먹고 버스타고 가는데 두 시간 후에 휴게소에 내릴 쯤 머리가 아프다. 약 먹을 정도는 아니라서 그냥 참고 다시 버스타고 가는데 점점 심해지면서 머리와 등에 한기가 든다. 아무래도 두통이 체해서 그런 거 같다. 그러면서 배가 점점 이상해진다. 그래서 다음 휴게소에서 약을 얻어서 먹었는데 바로 화장실에서 토했다. 위로 토하고 아래로 싸고, 흐미 이런 뭔 일이래. ㅠㅠ

그리고 다시 약 먹고 버스 탔는데 점점 더 배가 이상하다. 자꾸 속이 울렁거리고 토할 거 같아 억지로 누르고 있는데 머리는 깨질듯이 아파서 어지럽고 버스가 흔들릴 때마다 머리도 흔들리고 구토증은 심해진다. 결국 속에서 올라오는데 저 소장에서부터 올라오는지 배에 힘이 너무 들어가서 아플 정도로 힘주고 하는데, 문제는 버스에서 토할 수가 없다. 그래서 입에 올라온 것을 다시 삼켰다. ㅠㅠ 우엑

그랬더니 좀 낫다. 그런데 문제는 2~30분 정도로 주기적으로 이런다는 것이다. 와 와~ 이때 난 미치는지 알았다. 아프고 어찌할 수 없고 어쩌라고. 힝 ㅠㅠ 토하고 삼키기를 반복하다 저녁 먹는 곳에 도착하는데, 우선 화장실로 가서 싸고 또 토하고 하다가 나와서 다시 들어가서 토하고 이러다가 저녁은 못 먹고 호텔 들어가서 그냥 잤다.

그리고 다음날 7시에 일어났다. ㅠㅠ

계미일 (9월 9일)

씻고 준비하고 앉아 있는데 아폴론이 온다.

또 은쟁반을 주는데,

'또 주나.'
"이건 다릅니다."
그걸 뒷머리에 두고 그것에서 나온 것이 팔과 상체를 돌아 심장에 모인다. "힘들지 말고 행복하세요."
'그게 말대로 되나, 이걸로 한고비 넘기는 거겠지.' 하고 간다.

그래서 다음날 프랑크프르트 공항 면세점에서 작은 쟁반모양의 기념품을 샀다. 이거 말고도 작은 종도 오스트리아에서 샀고 따라오라는 것과 기운을 이따가 가방에 모으고 몸에 흡수할 때 종을 쳐서 끝을 표시하기도 했다. 베니스에선 베니스의 상징이라는 날개달린 황금사자도 샀다.

아침으론 우유에 커피한잔으로 때우고 나갈 준비하러 방에 들어오니 누군가 연기 같이 모호한 모습으로 온다.
자기를 율리시즈라고 하는데,
"오랜만 입니다."
모습이 이상해서 '병 있는가? 모습이 왜 그래?'
"아닙니다."
'음, 금제 당했나?'
목을 뜯어 척추에서 단검을 꺼내니, 그 단검이 사람이 된다.
그리고 그전 형상의 흔적을 흡수한다.

'넌 누군가?'
"제가 율리시즈입니다."
'그래.'
"구해주어서 고맙습니다. 이걸 가지세요."
하며 구불구불한 단검을 주는데,
'내 엊그제인가? 이걸 사려다가 말았는데.'

이리저리 살펴보고,

'아직이네, 이건 가져가지 않아.' 하고 돌려주었다.

"예, 몸은 괜찮으세요?"

'살아 있잖은가. 음, 그리고 뭘 하려는 건가?'

"잠시 후에 오겠습니다." 다시 율리시즈가 온다.

"지금 나라를 분배받을 수 있습니까?"

'응'

"그럼 이 나라를 주십시오." (네덜란드)

'지금 하려는 것은 이해했는가?'

"그 정도는 압니다."

'그래.' 하고 간다.

버스 타고 가는데, 이날은 난 맨 뒤에 앉았다. 장식용 작은 가방을 오스트리아에서 샀는데 아침 안 먹은 대신 그 허기로 10개국의 기운을 끌어당겨 가방을 통해 주워 담아서 배로 옮긴다.

옆자리에 우리 일행 말고 다른 일행이 앉아 있는데 명품가방을 산거 같다. 그걸 굳이 내 옆에 두기에 그것을 이용해 또 당겨서 모았다. 작은 가방에 구슬이 맺히어 삼킨다. 가슴은 왼쪽으로 돌고 머리와 아랫배는 오른쪽으로 돌게 운기 했다.

암스테르담에서도 움풀이를 조금 했다. 배에서 아폴론과 율리시즈가 와서 지팡이 가져 오기에 끝에 보석에 현일 이라고 적어 돌려 주었다.

4시 26분.

비너스가 와서, "이제 가?"

'응'

"아쉽네."

'뭐, 진짜?'

“응”

‘근데 그렇게 힘들게 하나.’

“마니 힘들었어?”

‘좋은 일 많을 거라며.’

“이만하면 그렇지.”

‘뭐여.’

“우리가 많이 아쉬워서 그래.”

‘흠’

“보답은 할 게, 그때 기분 풀어.”

공항에선 많은 천신들이 마차타고 와서 보고 간다.

〈 학담 〉

여기선 담고 우리는 배운다. 여기도 배우고 우리도 담는다.

풍차도 이젠 그저 관광용이다.

그런데 아직도 장이 안 좋은데 후유증이 오래가는 건가,

오늘도 이유 없이 설사 하네. ㅜㅜ

음.. 일본

부랴부랴 일본을 가게 된다.

교황의 방문 때 쯤 일본이 같이 움직인다고는 알았다. 삼합으로 해묘미에서 해가 일본이라고 생각했다. 해는 핵이고 오행대의에서도 탄핵이라고 말한다. 미는 양이고 그래서 교황이라고 하면 이렇게 세 장소가 함께 응한다고 생각했다.

그 후에 일본에 히로시마에 산사태가 났고 다른 일도 있는데, 내가 유럽 갔다오고 이렇게 급히 또 일본에 가게 될지는 미처 생각 못한 것이다.

여기 저기 다니기도 했는데, 일본가는 것이 혈맥을 타통 해야 하는 과정이 남아 있었는데 이번에 차를 렌트해서, 여기 저기 알고 가는 길이 아니라 몰라서 여러 곳을 돌아다니고 헤매고 잘 모르는 나라에서 잘 모르는 네비를 이용해 익숙하지 않은 운전으로 그렇게 길을 일일이 누벼가며 혼란한 일정으로 다니게 되었다.

칸사이 공항 착륙하기 바로 전에 찍은 것인데 무지개가 있다. 이것이 이번 일정의 고난을 말한다. 이 무지개는 없다가 난데없이 나타나더니 사진을 찍자마자 홀연히 사라졌다.

그 전에 안 가본 절에 몇 군데를 갔는데 아스카사도 갔다. 이 절은 지금은 딱히 볼만한 것이 있는 것은 아니다. 유홍준의 [나의 문화유산 답사기 일본편] 2권에 나와 있으니 그걸 보는 게 좋다. 우리민족의 입장에선 이 아스카 근처의 유적이나 아스카 박물관들을 보는 것도 재미있겠다.

교토에선 금각사를 가보았는데,

저걸 보러 가는 것이다. 저 건물 삼층엔 부처 진신사리가 있다는데 보니까 진짜이다. 그런데 이들은 봉안하는 법을 모르는지 더럽혀지고 탁한 것들과 함께 있어서 좀 안타까웠다.

은각사도 갔는데, 뭐 딱히 수도와 뭔 상관있는지는 모르겠다.

완물상지가 아닌가 하는 생각도 든다.

광륭사에선,

여기에 미륵보살 반가사유상이 전시 되어 있다.

그리고 비예산 연력사를 갔는데, 이 절이 헤이안 시대 불교에 변화를 이룬 최징의 천태종의 본산인데 이 비예산은 임제종, 조동종, 니치렌종, 정토종, 정토진종 들을 배출한 곳이기도 하다는데, 이 산을 오르는 도로를 요금을 받는데 참, 일본은 웬만하면 도로 요금을 받는다.

이 연력사는 오다 노부나가가 완전히 전소시킨 적도 있다 한다. 근본중당이라고, 우리식으론 대웅전처럼 중심이 되는 전각일 것인데 거기에 불멸의 불이 있다는데 여기 것은 분명 오다 노부나가가 껐을 것이다. 다른 곳에서 다시 가져온 것이것지, 난 들어가지 않았다. 두통도 심해지고 딱히 이유가 없기도 하다.

사진도 찍긴 했는데, 저 금각사의 진신사리 볼 때 눈을 열면서 머리가 아프기 시작했는데 여기 연력사에 오니 머리 아픈 게 심해지고 이후에 지독히도 심한 두통과 식중독인거 같은데 급체로 인해 다시 토하고 설사하는 바람에 아직도 이 절이나 일본을 생각하는 것이 부담스럽다.

그리고 다음날 귀국했다.

유럽과 비슷하게 하루전날 급체해서 고생하고 돌아오는 것이 너무 힘들고 웃기기도 하는데, 난 여행체질은 아녀. ㅠㅠ

일본일정을 하는 동안 크로노스도 와 있다고는 느끼고 있었다. 하지만 딱히 뭘 하면서 같이 일한 건 없다. 난 그저 장막 안에 갇혀 있는 듯이 아무런 생각도 없고 머리도 멍해서 맑지를 않았다. 유럽 이후에 시차 적응하느라 잠 못 자다가 이제 좀 살만하니 감기 들어서 역시 기침으로 잠을 못 자다가 일본을 오는데, 제정신은 아닌 상태였다.

그래서 같이 온 분들에게 그다지 좋은 모습을 보이지는 못했다. 준비한 것도 없고 아스카사나 그 외 다른 유적들의 지식이 있었는데 설명할 머리상태도 아니고 그다지 알차게 보내기 위한 여력이 나에겐 없었다. 네비게이션 때문이기도 하고 일본도로가 익숙하지 않아서도 그런데, 한 번도 제대로 길을 들어서지 못하고 숙소 찾고 목적지를 찾아가는 것이 순탄하지 못했는데 아는 길도 잘 못 들어서고 가던 길도 헤매는 게 이런 것인데, 전혀 모르고 어려운 길이니 당연히 돌고 돌고 도는 게 이번 길이었다. 돌아오는 공항 출국대합실에서 뭘 한 건가 물어보니 할 걸 했다는 말을 들을 뿐이다.

이러한 일이 10월 17일 우리나라의 사건을 마무리로 일단락이 되었다.
참 어렵고도 힘겨운 일이 되었다. 나나 다른 분들이나 여러 나라의, 여러 사람들의 피눈물이 함께한 것이었다.

옥금현부

[한단고기] 를 위주로 하며 임승국 번역 주해로 한다.

안함로 : 천단	범장 휴애거사 : 오단
원동준 : 신단	이맥 일십당 : 무단
백진사 관묵 : 대단	계연수 : 기단
홍행촌 이암 문정공 : 중단	

[전간] 이라고 하는 고대의 계제 나눔을 참고해서 내가 바꾼 것이다.
[온전간] 이라고 하자.

	1 2 3 4 5	6 7 8 9 0
0	기 광 공 영 대	종 천 혼 신 허
1	무 진 장 사 오	유 우 중 군 상
2	언 세 송 용 강	새 절 소 수 호
3	요 전 몬 손 하	주 후 문 고 제
4	임 성 열 구 인	자 산 옹 조 묘
5	융 지 희 골 옥	정 존 운 서 여
6	가 동 순 온 단	설 항 이 저 면
7	함 효 욕 을 경	선 안 쟁 섬 간
8	울 일 술 개 교	궁 계 규 석 해
9	줄 헌 모 민 차	양 거 건 흔 회

(0 단 : 의단)

고대 인물은 유미가 가져온 [옥현전성] 이라는 책을 보고 한 것이다.
나머진(저자) 명부에서 본 것이다.

한 님

안파견 : 온전간에 없음

혁　서 : 오단

고시리 : 상단

주우양 : 진단

석제임 : 사단

구을리 : 신단

지위리 : 무단

반고 : 구단

공공 : 이단

유소 : 대단

유묘 : 영단

유수 : 천단

한 웅

거발한 : 온전간에 없음

거불리 : 허단

우야고 : 대단

모사라 : 영단

태우의 : 군단

다의발 : 사단

거　련 : 중단

안부련 : 강단

양　운 : 우단

갈　고 : 허단

거야발 : 오단

주무신 : 천단

사와라 : 허단

자오지 : 운단

치액특 : 상단

축다리 : 영단

혁다세 : 신단

거불단 : 강단

풍백 : 석제라 : 상단

우사 : 왕금영 : 오단

운사 : 육약비 : 천단

자부선생 : 언단

자허선인 : 사단

소　호　: 영단

공　손　: 영단

공손헌원 : 혼단

전　욱　: 천단

소　전　: 혼단

신　농　: 혼단

여　　　: 영단

창　힐　: 대단

조선

왕 검 : 간단
부 루 : 강단
가 륵 : 상단
오사구 : 허단
구 을 : 대단
달 문 : 천단
한 율 : 대단
우서한 : 혼단
아 술 : 허단
노 을 : 광단
도 해 : 영단
아 한 : 대단
흘 달 : 광단
고 불 : 영단
대 음 : 신단
위 나 : 광단
여 을 : 영단
동 엄 : 대단
구모소 : 천단
고 홀 : 영단
소 태 : 광단
색불루 : 공단
아 홀 : 대단
연 나 : 광단
솔 나 : 의단
추 로 : 의단
두 밀 : 기단
해 모 : 영단
마 휴 : 천단
내 휴 : 광단
등 을 : 영단
추 밀 : 공단
감 물 : 영단
오루문 : 광단
사 벌 : 공단
매 륵 : 천단
마 물 : 대단
다 물 : 천단
두 홀 : 영단
달 음 : 광단
음 차 : 기단
을우지 : 공단
물 리 : 대단
구 물 : 천단
여 루 : 광단
보 을 : 공단
고열가 : 천단

여러 위인들

팽 우 : 신단
성 조 : 대단
고 시 : 영단
신 지 : 혼단
발귀리 : 천단
고 력 : 대단
치 운 : 영단
묵 태 : 광단
왕 문 : 영단
기 성 : 영단
나 을 : 대단
희 : 대단
우 : 영단
하백녀 : 천단
배달신 : 신단
우사공 : 천단
동 무 : 영단
개천령 : 천단
도 라 : 광단
소 련 : 공단
대 련 : 대단
귀 기 : 종단
을보륵 : 상단

고 글 : 대단
색 정 : 공단
여수기 : 영단
소시모리 : 영단
협야노 : 광단
오사달 : 광단
식 달 : 영단
발 리 : 대단
우 지 : 공단
우 율 : 광단
유위자 : 무단
비 신 : 천단
고사침 : 영단
돌 개 : 종단
지리숙 : 개단
숙 제 : 영단
백 이 : 대단
방고씨 : 광단
영고씨 : 광단
포고씨 :의단
조 을 : 신단
구 물 : 광단
말 량 : 영단

우 량 : 기단
우 속 : 천단
대 심 : 영단
공 홀 : 영단
고 등 : 광단
서우여 : 대단
육 우 : 광단
여파달 : 천단
고불가 : 혼단
웅갈손 : 영단
홍운성 : 천단
문 고 : 영단
이문기 : 영단
언파불합 : 천단
배반명 : 영단
우화충 : 광단
묘장춘 : 영단
우문언 : 신단
신불사 : 천단
한 개 : 의단
여홍성 : 영단

북막 추장

이 사 : 영단

아리당부 : 광단

액니거길 : 광단

산지 객륭 : 기단

그 외

강 거 : 영단

우 착 : 광단

신 독 : 광단

한 개 : 의단

하

상 : 광단

결 : 의단

은

탕 : 공단

소 갑 : 공단

소 읕 : 광단

무 정 : 기단

왕검의 계제는 그전에 쓴 것과 많은 차이가 나는데, 내가 전에 확인할 때는 1999년이었고 그때 우주의 주재자가 될 때이었다. 지금은 저만큼 올랐는데 자기보다 위 계제를 다스리기가 힘들었었나 보다. 거긴 기본 묘단부터 장로급이 되고, 호단은 되어야 가볼 수 있다.

북부여

해모수 : 온전간에 없음

모수리 : 천단

고해사 : 영단

고우루 : 의단

고두막 : 온전간에 없음

고무서 : 의단

신하

연타발 : 천단
고 진 : 혼단
아란불 : 종단
최 숭 : 영단
목원등 : 공단

마한세가

웅백다 : 상단
노덕리 : 허단
불여래 : 영단
두라문 : 허단
을불리 : 공단
근우지 : 천단
을우지 : 대단
궁 호 : 천단
막 연 : 광단
아 화 : 영단
사 리 : 공단
아 리 : 광단
갈 지 : 영단
을 아 : 공단
두막해 : 천단
독 로 : 영단
아 루 : 광단
아라사 : 천단
여원홍 : 대단
아 실 : 공단
아 도 : 광단
아화지 : 기단
아사지 : 의단
아리손 : 의단
소 이 : 천단
사 로 : 대단
궁 홀 : 광단
동 기 : 기단
다 도 : 영단
사 라 : 광단
가섭라 : 의단
가 리 : 의단
전 내 : 의단
진을례 : 기단
맹 남 : 의단

번한세가

치두남 : 천단
낭 사 : 대단
물 길 : 영단
애 친 : 의단
도 무 : 기단
호 갑 : 영단
오 라 : 공단
이 조 : 대단
거 세 : 영단
자오사 : 광단
산 신 : 기단
이 전 : 의단
백 전 : 의단
중 전 : 천단
소 전 : 대단
사 엄 : 광단
서 한 : 기단
물 가 : 의단
막 진 : 대단
진 단 : 공단
감 정 : 기단
소 물 : 천단
사두막 : 영단
갑 비 : 광단
오립루 : 천단

서 시 : 공단
안 시 : 광단
해모라 : 영단
소 정 : 대단
서우여 : 대단
아 락 : 광단
솔 귀 : 광단
임 나 : 의단
노 단 : 의단
마 밀 : 기단
모 불 : 기단
을 나 : 광단
마 휴 : 의단
등 나 : 의단
해 수 : 의단
오루문 : 천단
누 사 : 대단
이 벌 : 광단
아 륵 : 기단
마휴(마목) : 광단
다 두 : 의단
내 이 : 천단
차 음 : 영단
불 리 : 광단
여 을 : 기단

엄 루 : 영단
감 위 : 광단
술 리 : 기단
아 갑 : 대단
고 태 : 의단
소태인 : 광단
마 건 : 기단
천 한 : 기단
노 물 : 의단
도 을 : 공단
술 휴 : 광단
사 량 : 의단
지 한 : 의단

인 한 : 기단
서 위 : 천단
가 색 : 광단
해 인 : 공단
수 한 : 광단
기 후 : 의단
기 욱 : 의단
기 석 : 기단
기 윤 : 의단
기 비 : 의단
기 준 : 의단

이후는 [금명비록]에 있는 것이다. 삼국시대부터는 이것을 근거로 한다.

동부여

해부루 : 의단

금 와 : 광단

대 소 : 기단

도 절 : 의단

도두왕 : 의단

해두왕 : 의단

고구려

고 진 : 광단

고모수(불리지) : 대단

유 화 : 영단

고주몽 : 광단

오 이 : 영단

마 리 : 광단

협 보 : 공단

대무신호태열제 : 무휼 : 영단

산상호태열제 : 연우 : 광단

미천호태열제 : 을블 : 광단

소수림호태열제 : 구부 : 광단

광개토경태황 : 담덕 : 제단

장수홍제호태열제 : 거련 : 대단

문자명호태열제 : 나운 : 공단

평강상호태열제 : 양성 : 영단

영양호태열제 : 원 : 공단

괴 유 : 대단

계 수 : 영단

을 소 : 허단

을파소 : 혼단

온 달 : 영단

소서노 : 의단

양만춘 : 천단

곡사정 : 대단

일 인 : 영단

을지문덕: 신단

손대음 : 영단

고연수 : 광단

고혜진 : 영단

고정의 : 광단

을밀선인 : 신단

연타발 : 천단

연 광 : 신단

연자유 : 천단

연태조 : 광단

연개소문 : 신단

백제

온 조 : 의단

비 류 : 광단

마 여 : 광단

오 간 : 의단

신라

파 소 : 의단

박혁거세 : 의단

소벌도리 : 의단

선덕여왕 : 김덕만 : 공단

대진

대중상 : 세조 : 진국열황제 : 중광 : 광단

대조영 : 태조 : 성무고황제 : 천통 : 상단

대무예 : 광종 : 무 황 제 : 인안 : 공단

대흠무 : 세종 : 광성문홍제 : 대흥 : 의단

대원의

대화흥 : 인종 : 성황제 : 중흥 : 의단

대승린 : 목종 : 강황제 : 정력 : 의단

대원유 : 의종 : 정황제 : 영덕 : 의단

대언의 : 강종 : 희황제 : 주작 : 의단

대명충 : 철종 : 간황제 : 태시 : 의단

대인수 : 성종 : 선황제 : 건흥 : 의단

대이진 : 장종 : 화왕제 : 함화 : 의단

대건황 : 순종 : 안황제 : 대정 : 의단

대현석 : 명종 : 경황제 : 천복 : 의단

대인선 : : 애 : 청태 : 의단

적통(한님, 한웅(신시개천), 조선, 북부여, 고구려, 신라, 백제, 대진, 고려, 조선) 이외는 [하선전서] 를 보고 쓴다.

정안국

열만화 : 의단

오현명 : 의단

요

야율아보기 : 의단

동단국

야율 배 : 의단

야율요골 : 의단

야율질자 : 의단

노 상 : 의단

대 소 현 : 의단

야율우지 : 의단

선비족

모용괴 : 기단

그 외

의 려 왕 : 의단

대 연 림 : 의단

걸사비우 : 광단

이 진 영 : 의단

장 문 휴 : 영단

연 충 린 : 천단

이 정 기 : 혼단

후삼국

궁 예 : 공단
견 훤 : 의단
검모잠 : 광단
안 승 : 의단
석 총 : 영단
원 회 : 의단
양 길 : 광단
신 훤 : 기단
왕 륭 : 공단
왕 건 : 의단
홍 유 : 광단
배현경 : 광단
신숭겸 : 기단
복지겸 : 의단

고려

서 희 : 천단
소손녕 : 의단 (거란)
유공권 : 대단
윤 관 : 영단
윤언의 : 대단
오연농 : 광단
임 언 : 영단
정지상 : 천단
묘 청 : 공단
백지상 : 기단
김 안 : 영단
이존비 : 천단
현익수 (회당상인) : 영단
백문보 : 광단
이 음 : 광단
조천주 : 영단
정세운 : 공단
유 숙 : 대단
이순 (희필) : 광단
한방신 : 공단
최 영 : 공단
인 당 : 광단
유인우 : 광단
공천보 : 기단
김원봉 : 광단
문 대 : 기단
이희적 : 광단
정몽주 : 허단

김　의 : 대단
조위총 : 기단
서　언 : 의단
소　억 : 광단
한교여 : 광단
이색 (목은) : 오단

김경직 : 광단
정　휘 : 영단
차포은 : 광단
이　강 : 기단
권　근 : 영단

여진 완안부

영　가 : 의단
오아속 : 의단
요　불 : 의단
사　헌 : 의단

광성자 : 을단
최승우 : 광단
김가기 : 천단
의　상 : 영단

석현준 : 영단
최치원 : 의단
이규보 : 혼단
안　향 : 광단
이승휴 : 천단
백이정 : 영단
우　탁 : 공단
이　청 : 영단
명　법 : 신단

권　청 : 천단
조운흘 : 천단
이제현 : 영단
권　근 : 공단
길　재 : 영단
이숭인 : 공단
설　현 : 영단

조선

정도전 : 신단
하　륜 : 영단
맹사성 : 의단
황　희 : 기단
김숙자 : 영단

복계량 : 대단
정린정 : 천단
한명회 : 영단
서거정 : 천단
성삼문 : 공단

신숙주 : 의단
김종서 : 의단
남　이 : 의단
유자광 : 의단
남효온 : 광단

김종직 : 천단
김굉필 : 공단
홍유손 : 광단
김일손 : 광단
정여창 : 광단
성 현 : 영단
박지화 : 공단
서 기 : 광단
이지함 : 공단
이언적 : 의단
이 황 : 영단
남 곤 : 의단
조광조 : 영단
정 렴 : 대단
정 초 : 광단
이산해 : 영단
정기룡 : 혼단
김덕령 : 영단
김장생 : 공단
이 이 : 기단
곽재우 : 광단
권극중 : 공단
임 재 : 광단
이 귀 : 광단
허 균 : 의단
한무외 : 공단

김린후 : 광단
이호민 : 영단
남궁두 : 천단
정 작 : 공단
임경업 : 광단
이 완 : 영단
송시열 : 공단
정두경 : 영단
임유후 : 광단
홍식기 : 광단
김득신 : 광단
허 목 : 영단
장 유 : 영단
조여적 : 허단
이시태 : 천단
최규서 : 광단
민이승 : 영단
박세당 : 영단
홍만종 : 광단
최석정 : 영단
이 익 : 혼단
안정복 : 영단
서유거 : 공단
정약용 : 대단
이규경 : 영단
하신부 : 영단

곽종석 : 천단
정희량 : 천단
윤군평 : 영단
곽치허 : 광단
정도관 : 영단
한무외 : 공단
류형진 : 의단
허 엽 : 영단
양운객 : 영단
위한조 : 천단
조현지 : 영단
이언휴 : 영단
금선자 : 천단
채하자 : 영단
취굴자 : 천단
아전자 : 영단
계엽자 : 공단
화오자 : 광단
벽락자 : 영단
권진인 : 인단
권목원 : 광단
남사고 : 천단
전우치 : 의단
정 두 : 영단
정경세 : 대단

더 많을 것인데 찾기가 힘들어서, 인물들이 누가 있는지 정리하기가 마땅치 않은데.. ㅠㅠ

또 늙지는 않았지만, 노파심에서 당부 드리는 말을 올립니다.
저러한 계제를 보고서 신중하게 받아들였으면 합니다. 계제가 높다고 사회나 역사에 커다랗게 이바지 하는 것은 아닐지도 모르고, 계제가 낮아도 지적인 성취나 사회와 나라와 역사에 커다란 공적을 남기기도 합니다. 또 이바지 했다고 이름이 남겨진 것도 아닙니다. 그래서 명성과 성취는 다른 것이 됩니다. 또 제가 본 바로는 명성에 맞는 인격이 아닌 경우도 많습니다.

하나의 생각에 따른 의지가 어떤 결과를 야기할지 모르는 것인데, 분명 우린 저들하고 만날 것입니다. 천원계에서 만날 수도 있고 현상계에서 만날 수도 있습니다. 한나라 때 동화제군에 의해 길러진 자들이 송나라를 전후해 나타난 자들이며, 또 그들이 명청 교체기에 나타나고 다시 지금 시대에 나타날 것입니다. 다 나오는 것은 아니지요.

왕현보가 주자가 되고 이후 나오고 있지 않으니 알 수 없는 것이고, 중이었던 덕산 선감이 악비가 되고 지금 대장공을 창시하고 있습니다. 저들이 이런 식으로, 많은 인물이지만 서로 중복되고 주기적으로 나오면서 자기 나라와 사회에 뭔가 의미를 주려고 하고 있는 것이죠. 지금 차이나에 저들이 있을 것입니다. 어떤 곳에서 어떤 모습으로 있을지 모르지만, 지금 차이나에서 우리가 알고 있는 사람들 중에도 있을지 모릅니다.

어디서 보든 우리가 당당하고 해야 할 것을 관철하기 위해선 그만한 지식과 힘을 겸비해야 합니다. 그저 이루어지는 것을 기다리는 것은 여기 있는 분들이 생각할 것은 아니라는 정도는 아시니 더 신중하게 보기를 바랍니다. 나도 시작은 가볍게 했는데 하다 보니 인물이 넘쳐나고 그러다 보니 혹 실수나 잘못된 것이 있을지도 모르겠습니다. 지속적으로 추가해야 할 것이지만 혹여 맘 바뀌면 안할 수도, 나도 날 모르것소.

이건 차이나의 도교 서적들에 나타나는 사람들의 자천 수준임.

그곳에 동화제군의 도움에 의해 형성된 도계체계가 있는데 그중에 과거인들을 기록한 장부가 있어서 그것을 보고 한 것이라 신뢰도는 그런 정도임(상청만 : 유해섬 관리). 여기 쓰여 있는 인물들은 차이나 도교 전통에서 빼놓을 수 없는 중요 인물들일 거라고 보아서 함. 시대 순으로 하려고 했는데 그렇게 정확하지는 않습니다.

전국시대

제나라

추　연 : 우단 : 오행론

관　중 : 천단 : 관자

팽　조 : 천단

왕　교 : 영단

장주(장자) : 천단

용성공 : 혼단 : 방중술

연나라

송무기 : 종단

정백교 : 신단

충　　상 : 종단

선문자고 : 의단

진한

서　불 : 종단 불로초
한　당 : 영단
노　생 : 대단
이소군 : 종단
난　대 : 종단
안기생 : 혼단
적송자 : 공단
장　량 : 공단
마명생 : 사단
음장생 : 우단
위백양 : 영단 : 참동계
왕현보(동화제군 아님) : 천단
왕현보 : (가칭 假稱 동화제군 : 효단) : 혼단
장　릉 : 세단 : 오두미교
장　로 : 신단
장　각 : 공단 : 태평교
우　길 : 종단 : 태평경
좌　자 : 허단
장미자 : 천단
황화(구월자) : 영단
갈월(황려자) : 대단
동중군 : 천단
봉군달 : 종단
왕중도 : 영단
섭　정 : 대단
황　경 : 천단
조　조 : 신단
감　시 : 무단
황보륭 : 천단
갈　현 : 천단
정　은 : 영단
갈　홍 : 종단 : 포박자
위화존 : 종단 : 황정경

북위

구겸지 : 영단

남조

육수정 : 대단

양나라

도홍경 : 천단

수당

청하자(소원랑) : 공단

장　과 : 혼단

손사막 : 대단

사마승정 : 종단

당말오대

최희범 : 사단 : 입약경

오조

동화제군

종 리 권 : 중단

여 동 빈 : 천단

유 해 섬 : 종단

왕 중 양

팔선

여동빈

장　과

철괴리 : 천단

한종리 : 혼단

남채화 : 종단

조국구 : 영단

한상자 : 대단

하선고 : 영단

진　박 : 종단

담　초 : 의단

송

진 단 : 천단 : 진희이 : 무극도

하창일 : 기단

마의도자 : 영단

장무몽 : 영단

진경원 : 의단

충 방 : 영단

허 견 : 광단

범악창 : 의단

범중엄 : 공단

손 복 : 광단

유 목 : 기단

팽 효 : 천단

남종칠진

장백단 : 천단

석 태 : 종단

설도광 : 대단

진 남 : 혼단

백옥섬 : 대단

유영년 : 천단

팽 사 : 영단

금원시기

전진 칠자

마단양 : 공단

구처기 : 천단

담처단 : 종단

유장생 : 영단

왕처일 : 영단

학대통 : 천단

손불이 : 공단

소포진 : 광단 : 태일도

유덕인 : 광단 : 진대도교

왕문경 : 광단 : 신소파

유 염 : 공단

진치허 : 종단

옹보광 : 공단

이도순 : 천단

왕도연 : 영단

명청시기

민일득 : 공단

장삼봉 : 종단 : 무당파

육서성 : 영단 : 동파

이서월 : 공단 : 서파

장진인 : 영단

이허암 : 공단

조환양 : 영단

이니환 : 공단

오수양 : 대단 : 천선정리

유화양 : 공단 : 혜명경

옥곤양 : 광단

유일명 : 영단

윤진인 : 영단

하용양 : 공단

조피진 : 광단

도교에 이어 불교도 할 것인데, 알기 위함이다.

아는 것의 힘과 영향을 안다면 이해할 것이고 모른다면 흥미일 뿐이겠다. 이거 역시 동화제군이 만든 것이고 [태황전]이라고 한다.

책임자는 남악회양이다.

석도안 : 공단 : 본무종

침법사 : 광단 : 본무이종

지 둔 : 공단 : 즉색종

온법사 : 대단 : 심무종

우법개 : 천단 : 식함종

일법사 : 영단 : 환화종

우도수 : 광단 : 연회종

석혜원 : 광단

축도잠 : 기단

축법태 : 광단

석승조 : 영단

축도생 : 광단

혜 예 : 의단

혜 엄 : 공단

승 우 : 광단

도 선 : 기단

현 장 : 대단

천태종

혜 문 : 공단

혜 사 : 천단

지 의 : 종단

담 연 : 공단

화엄종

두 순 : 광단

지 엄 : 영단

법 장 : 천단 (신라인)

현 수 : 대단

징 관 : 영단

종 밀 : 영단

자 선 : 종단

정 원 : 공단

정토종

혜 원 : 공단

담 란 : 광단

도 작 : 기단

선 도 : 공단

가 재 : 기단

선종

보리 달마 : 광단

신광 혜가 : 의단

감지 승찬 : 공단

파두 도신 : 영단

석두 법융 : 천단

무 저 : 영단

황매 홍인 : 공단

북종선

옥천 신수 : 우단

숭산 보적 : 혼단

정주 석장 : 종단

남종선

대감 혜능 : 광단
하택 신회 : 대단
남악 회양 : 공단
청원 행사 : 영단
마조 도일 : 대단
석두 희천 : 공단
남전 보원 : 공단
백장 회해 : 천단
약산 유엄 : 공단
천황 도오 : 천단
황벽 희운 : 중단
임제 의현 : 해단
위산 영우 : 상단
운암 담성 : 공단
용담 숭신 : 영단
조주 종심 : 사단
앙산 혜적 : 용단
동산 양개 : 영단
덕산 선감 : 대단
운거 도응 : 영단
조산 본적 : 대단
설봉 의존 : 종단
석상 초원 : 공단
현사 사비 : 영단
운문 문언 : 대단
황룡 혜남 : 공단
양기 방회 : 종단
나한 계침 : 광단
법안 문익 : 영단
오조 법연 : 공단
투자 의청 : 공단
천태 덕소 : 광단
원오 극근 : 영단
단하 자순 : 광단
영명 연수 : 공단
설두 중현 : 공단
대혜 종고 : 영단
굉지 정각 : 광단
진헐 청료 : 영단

훔, 이들과 경쟁하기 위함이니 우러러 보는 쓸개 빠진 짓은 그만 해야겠지. 이건 명부의 주자가 불러 준 것인데 따로 두루마리가 있더군, 신뢰감이 적어지는 묘한 감이 드네.

이들은 다른 곳과 다르게 따로 마련된 것이 없고 명부에서 하는 듯한데, 벌써 다 정리 되었을까. ㅎㅎ

공　자 : 허단
안　자 : 영단
자　사 : 공단
맹　자 : 대단
혜　시 : 천단
공손룡 : 공단
순　자 : 의단
묵　자 : 의단
한비자 : 대단
손　무 : 종단
오자서 : 혼단
열　자 : 대단
상　앙 : 공단
서문표 : 대단

한

왕　통 : 영단
온대아 : 공단
진숙달 : 광단
방현령 : 공단
두여회 : 광단
저수량 : 공단
양　웅 : 영단
범　진 : 종단
완　첨 : 영단
왕　용 : 공단
엄식지 : 광단
태사숙명 : 영단
복만용 : 대단
공안국 : 영단
왕　충 : 혼단
유　향 : 공단
유　흠 : 대단
완　적 : 영단
혜　강 : 공단
유　령 : 영단
곽　상 : 대단
완　함 : 광단
향　수 : 대단
손　작 : 광단
동중서 : 중단
동방삭 : 종단

사마의 : 혼단
편　작 : 대단
화　타 : 종단
이태백 : 신단
서동파 : 영단
두　보 : 종단
왕희지 : 대단
사마천 : 의단
초연수 : 대단
경　방 : 종단
전　하 : 영단
맹　희 : 기단

송

한　유 : 대단
이　오 : 광단
주렴계 : 신단
정명도 : 혼단
정　이 : 광단
소강절 : 종단
주　희 : 천단
육상산 : 천단
장　재 : 광단
악　비 : 의단
양　간 : 광단
진헌장 : 영단
담약수 : 대단
왕양명 : 천단
왕　기 : 광단
왕　간 : 공단
안　원 : 대단
이　공 : 기단
대　진 : 의단
강유위 : 의단
담사동 : 의단
황종희 : 광단
왕부지 : 의단

기다리던 시절

과거의 기록인데 그렇다고 다 쓰는 것은 아니고 노트에 쓴 것이 있기에 기록해 두려고 씁니다. 그대로 옮기기는 어려워서 가감을 할 것입니다. 그래도 어쩌면 좀 황당할지도 모르는 데 기분 상하지 마시길 바라며 글도 거칠고 이해하기 어려운 것도 있는데 기록을 옮긴 거라서 자세한 설명은 생략합니다.

2005년 10월 7일 금요일

어젯밤에 잠자려고 누워서 현회에서 얘기를 나누던 중에,
'내가 누군가? 나는 왜 남을 속여야 하는가? 왜 말하지 못하나?'
하고 물었는데, '만약 안 된다면 무엇으로 호칭하면 되겠는가?' 하니,
그러면 이름을 지어 주겠단다. 그래서 '그러라고' 대답했다.
그래서 지어준 이름이 " 현형 " 이다.
내가 너무 발음이 어렵고 연예인의 이름과 헷갈리니 다른 것으로 하면 안 되냐고 해도 안 된다고 하여 그냥 하기로 했다.
이름이란다. 그러면 성은 없냐고 하니 없다고 했다.

이렇게 간단히 썼지만 더 많은 말이 오가고 의미가 함축된 것이 많이 있다. 그것은 내가 무엇을 하는 사람인지, 무엇을 하는 것이 좋은지, 정체성, 목적성, 업 이런게 걱정이었다.
"현은 으뜸, 형은 나타난다." 라고 한다.

영이가 그전에 차이나에는 수도법이 없다고 했다. 이상해서 수요일 모임에 내가 현회에 물어 보았더니 역시 그렇게 볼 수 있다고 했다.

어떻게 그러냐고 물으니 오히려 나에게 그러면 무엇을 알고 있냐고 되물어서 도교 남종이나 북종이나 지금 유행하는 오수양이나 유화양식이나 혜명경등 있다고 했더니 그것이 말이나 글로 설명은 할 수 있어도 실제 수도를 했을 경우 결과가 나오지 않는다고 한다.

재접술, 호수 등 다양하게 있는 것은 뭐냐고 했는데, 대강 재접술은 호흡의 일종이고 호수는 그것보다 상위 수도란다. 하지만 차이나에서는 역시 성공자가 나올 수 없다고 말하기에 이유가 뭐냐고 물었고 이유는 우리처럼 스승과 제자간의 일대일 전수가 없다고 하고 또 전해줄 마음이 없다고 했다. 그 이유는 어젯밤 유미에게 물었더니 수혈처럼 스승이 제자에게 나누어 주어야 하는데 수혈과 다른 점은 피처럼 복구가 안 된다고 한다.

우리는 스승의 스승 또 스승의 스승으로 거슬러 올라 부에 이르고 상제에 이르러 복원시켜 주기 때문에 할 수 있는 것이라고 했다. (내가 보기에 이들이 말하는 성공자의 기준이 꽤 높은 거 아닌가 한다. 그리고 지금 생각해보니 암암리에 전승하는 전통의 차이가 있어 보인다. 꼭 확실하게 손실에 대한 보혈을 할 수 있다는 근거를 알지는 못하지만 그럴지 모른다는 감을 가지고 있는 게 아닌가 한다.)

인도의 경우는 불교식, 힌두식 2가지가 있었고 지금은 힌두 식에서 나온 2갈래가 있다고 한다. 그 방법 중에 하나는 스승에게 전적으로 복종하는 방법이다. (박티로 알려진 방법일 것이데, 이것도 일반화된 방법외의 다른 비의가 있을 것이다. 그것이 공개되는지는 모르겠다.)

수도의 방법은 호흡으로 3단까지, 그 후는 호수로 한다. 호흡법은 견성처럼 하는 것이다. (정명도의 천리나 왕수인의 심법이 이런 것이다)

이것이 우리 방법이다. 우리에겐 다양한 방법이 계발되어 있다. 3단까지는 자연에 의지해 할 수도 있다는데 불교가 그렇게 한다. 하지만 성공한 자는 없었다고 한다.

가장 중요하고 첫째로 하는 의식은 세상, 자연, 신 등의 허락이다. 수도는 이 세상과 상호작용의 총화이기 때문에 선불리 하는 것이 아니다. 세상의 허락은 자연, 천연의 원리에 호소해야 하고, 신은 구체적인 대상이 있다. 이는 스승에게 소개받거나 해서 믿을 수 있어야 한다. 하지만 잘못해서 사邪로 빠진 경우가 더 많다.

10월 10일 월요일

6000년 운이 50년 전 부터 시작되었다.
1955년

10월 15일 토요일

웅 35층 높이
사람들의 마음이 연결된 중심 기둥
그 힘의 원동력, 정신의 종합, 정화라고 생명의 원천인 올
배달민족의 순수 혈통은 30만, 안은 남, 외곽은 여자 지킴
32단 서열 361 ... 추
90단 서열 3
쌍선 12위 45 ... 아황, 여영
서열 7위 52 ... 사옴
노고단 여신 지노 8
구천현녀...9 ...그 동생 ...7

배달이 되고 싶은 어떤 여자 ... 지우 ...5
3위는 다른 우주로 갔고 얼마 후에 다시 돌아오는데 분신으로 보임
마고는 40 단 부터 다시 시작

10월 19일 수요일

배달 중 소집 가능한 수는 20 만 명
유위자의 의견을 들어 5위를 불러
(계속 세상을 지켜보고 천부를 만들었음) 복명 (다시 명이 내려짐) 함
부와 황금기둥 결합, 명을 조원시킴

10월 20일 목요일

황금 기둥은 가시나무처럼 가시가 있고 가시 하나에 100만의 사람이 응한다. 이름은 한운(한 : 처음, 운 : 근원)이다. 서열 4위도 왔다.

상제 이전의 그것, 심지, 중심, 근원, 평온, 고향이라는데 나는 그래도 뭔지 모르겠다.

10월 21일 금요일

어제 잠들기 전에 공자가 와서 한운에 참여하기를 바란다고 했다.

그럴 필요 없지 않나! 해서 이유를 물었더니 한운은 약자가 강자에게 핍박 받을 때 지킬 수 있는 힘을 주고, 깨우침, 지식 등 더 나아질 수 있고, 제자에게 나눠준 것을 보충 받을 수 있고, 보통 사람도 스승 없이 깨우칠 수 있고, 영원한 안락 등의 효험이 있기 때문이란다.
(처음은 그럴 듯한데 영원한 안락은 뭐지?)

사옴에게 그렇게 해줘도 되는지 물었는데,

자격이 되는지 보고 결정한다는데 책을 보기에 그것이 뭔지 물었더니 세상 사람의 정보가 있는 것이라고 한다. 언제 그걸 준비했는지 물었다.

유위자가 우리가 다 했다고 한다. 별걸 다한다.

지금 자격 있는 사람들을 찾고 있다기에 몇 명에게 연결시켰나 했더니 아직 없다고 했고 공자가 처음이 된단다. 5위가 줄을 가시에서 끌어와 입에 물게 했는데, 잘 되지 않아 다른 것으로 바꾸었다. 장에까지 침투한다. 처음 것은 뭔지 공자가 묻기에 그는 은줄이라고 하면서 이는 천을 넘나들 수 있단다. 다시 말해 우주의 어느 공간천이든 차원을 달라지는 천들을 모두 다닐 수 있는 것이란다.

공자가 머금은 줄은 동줄로 공자가 원하는 것을 할 수 있다고 한다. 그 외도 여러 줄이 있고 원하는 사람의 수준에 맞게 달라진단다. 2번째는 왕수인, 이후는 모른다. 그들이 알아서 했다. 이제마도 하는 걸 봤다.

10월 26일 수요일

배달에게서 배타성과 두려움을 느낀다. 그들은 단결력과 유대감이 남다른 것 같다. 배신자는 결코 있을 수 없고 신뢰를 무조건으로 하는 것 같다. 그래서 배달민족 이외의 사람들에게는 너무 서운하게 하는 것 같기도 했다. 그런 신뢰의 이유로는 자격요건에 해당하는 10단 이상인 경우와 그 수도를 위해 고통, 어려움을 이겨냈기 때문이고, 그 정도에 이를 때까지 가르치는 수도법에도 있다.

한운을 믿는 이유도 있다. 하지만 이것만으로 그들의 절대적 신뢰를 바탕으로 한 단결을 설명할 수는 없을 것이다. 내가 그들을 신뢰할지는 잘 모르겠다. 나도 배달이지만 그것은 내 과거이지 현재는 아닌데 기억도 없고 또 지금은 내가 그때와는 성격과 명이 다르기 때문에 다 이해도 안 되고 이런 저런 이유로 약간의 갈등이 있었다.

차이나의 왕중양, 왕망 등을 제거 했다.

그곳의 4대신들 황벽, 조주, 앙산, 동중서 등도 배달인 거 같다. 엄자릉 등 역대 10단 이상인 자들의 대부분이 우리나라도 포함해서 해당한다.

인간의 생애에서 결정된 것과 비결정된 것의 비율이 3 : 7이다.

근데 인간의 어디까지를 말하는지 애매해서 이게 알 수 있는 것인가?

10월 28일 금요일

시해는 정보와 다른 존재와의 교류, 운명의 개선을 한다.

새벽 두시쯤 배달은 시작의 환호성을 내었다.

"과거에 못다 이룬 한을 풀기 위해" (뭘 못다 이루었다는 건가?)

광명의 빛을 내놓았다.

그에 따라 나의 새로움도 명의 시발점을 정했다. 수요일 밤에는 우리나라를 세 개의 구역으로 나눈 하늘 대제신들이 물러났다.

종리권, 황천대제, 한명은 잘 모른다. (백색의 머리 옷 형태만 보았다.)

10월 29일 토요일

배달 중에 1만 여명을 수도하러 보냈다.

미국에 새로 허락 없이 옮겨온 다른 세계의 존재들을 내보냈다. 이를 계기로 다른 나라도 확인하고 새로 관계 정립을 했다. 1 주일여의 준비를 점검하고 앞으로의 일을 타진해 보고 부족한 것을 채웠다.

한운을 한개 더 만들었다.

여자, 수동의 의미가 있고 중심의 다변화를 꾀했다.

백두산족 1부 중의 책임 아래 3천명 소집, 10단 이상.
2부 조여적의 책임 아래 3천만 명 소집, 5단 이상.
한운을 하나 더 만들어 이들에게 기르도록 합. 합해서 3개가 된다.
군림하지 않고, 책임과 도덕, 잘못된 욕심과 이기적인 행위를 지양하고 더 나은 자신의 모습을 찾도록 돕는다.
올바름의 모범. (훔 말은 거창하다.)

이 땅, 이 우주, 이 천지 사방에 한이 있음을 배달은 증거 한다.
그들은 한을 모시고 인간과 함께 한을 마음에 모시도록 한다.
그를 따라 살고 살 수 있고 죽을 수 있는 것을 보여준다.
그 뜻을 이어받고 그 마음과 연결되고 그 어떤 것도 벗어나지 않음을 보여준다. 살다가 어느 한 순간 이세상이, 자연이, 내가, 남들이, 산이, 강이, 바다가, 산천초목이 신비롭고 경이롭고 그 어떤 이의 의지를 느낀다면 그것이 마음에 한을 모셔져 있음이다. 나무도 그것을 품어 잎을, 꽃은 꽃을, 태양은 빛을, 산은 산으로 등등처럼 자연이 자연으로 천지가 천지로 나타나도록 충만하도록 하고 있다는 것이다.
신묘함은 [신]이고 신묘함의 신묘함은 [현]이다.

11월 5일 토요일

우리나라 풍수를 관할하는 산천에게 물어본 것이다.
내 아버지가 초등학교 5학년 1982년 10월 14일(음력)에 돌아 가셨다. 그때 묘를 집 뒤에 있는 산에 옆 동네의 지관에 의해 정한 곳에 했다.
안 가 본지가 5년이 되어 가는데 잔디가 별로 없고 삭막하고 어수선하다. 그래서 우리 집에 살림도 없고 어수선하고 가난한 것이 너무 궁색하다. 서로 영향을 받아 그렇게 되었나 싶기도 하는데 기운을 단절하면 좀 나을까 물어본 것이다.

그냥 두면 대체로 30년이면 영향력이 없고 자식을 두어도 없어진다 한다. 자식을 두면 없어지는 이유는 묘 쓸 당시의 집안 환경과 접목되어 있는데 자식이 생기면 상황이 바뀌어 단절이 있게 된다 한다. (이건 물리적인 영향만이 그럴 것 같은데) 결국은 기다리라는 것이다.

일요일 새벽 1시 20분경

백두산족은 타민족도 지원해 오고 있다. 특히 2부는 수가 많아 해모수가 그전에 지구신(하느님)으로 결박시켰던 그리고 얼마 전에 해금 시킨 우상(지구주인), 상천(미래와 풍요), 부장(균형), 공자(환정(현상너머)) 조여적(대외관계) 모두 백두산족 2부의 수장으로 내정 됨.

11월 6일 일요일

부도는 중천무극성의 부도의 글을 볼 수 있는 것이다.

부도장은 기린이고 부도를 볼 수 있으려면 10단 이상이고 소현부의 자격심사를 합격해야 한다. 소현부장은 오잔이다.

지구에는 5명, 그중 을보륵(25)가 포함된다.

수 령 : 상황(사건, 사물) 나에게 명령하고, 내가 상황을 명령한다. 때에 따라 지혜가 생긴다. 다른 우주의 어떤 여인이 알려준 것이다.

만 주 : 사온 (배달 사온이 아닌 다른 분)

웅 상 : 나무를 깎아 사람모양으로 만듦.
한운을 본 따서 마을이나 성에 세운 것들

융 : 정령

간	년	군	귀	세	항
시	운	곤	구	기	장
3시간	2년	6	60	130	600

천중 : 기후조절
운석 : 기후전반을 감시
화연 : 햇빛
우천공 : 비

배달을 주울이라고도 한다. 정신이라는 의미다. 스스로를 주울이라고 하고 밖에서는 배달이라고 했나 보다.

초선에게 들으니 자기가 본 여자 중에 서시가 가장 예쁘단다. 지금 연예인 중에 누구와 닮았냐고 하니 세상엔 관심 없어 잘 모르겠단다. 양귀비는 어떠냐고 하니 귀여운 편이고 그보다 방중술이 좋다고 했다. 예전에 듣기론 청의 서태후가 그의 후신이고 그의 여자로서의 기술과 능력은 차이나 역사상 최고라고 했던 것이 기억난다.

천지에 가득한 기운들이 머리로 들어온다. 그래서 멍멍하고, 답답한 생각만 든다. 사람들이 아무렇게나 생각을 내보내고 기도하고 욕망하고 성을 내고 희망하고 열광한다. 그들의 생각, 욕심, 바람, 행동, 모임 이런 것들이 기운을 만들고 모이고 천지 사이에 돌아다닌다.
이런 것이 어쩌다가 나에게 들어오는데 머리와 팔다리에 습진이 생긴다. 멍도 들어서 없든 것이 생기고 사라지고 한다. 종기는 수시로 나오고 들어가며 신경통, 근육통, 배앓이, 다치고, 역정 나고, 우울 하고, 흥분 하고, 감기 들고 등등.

사람들은 이런 저런 많은 것을 내보내고 만드는데 난 그 쓰레기장이다. 아파서 생긴 기운은 내게도 아픔을 준다. 파키스탄의 지진은 내 다리를 못 쓰게 만들었다. 고환까지도 아프다.

현회

북 쪽 : 한수, 지금은 : 후령 ... 9
남 쪽 : 수연, 지금은 : 강 ... 9
동 쪽 : 양이 ... 26
서 쪽 : 군

시 리 : 경호원(40)
수 : 왼쪽 보좌
산 희 : 양이 언니 : 미래
수 한 : 증산도 책임자, 그 밑에는 수지
피 부 : 부처 제자이고, 이 피부의 제자 술이 화엄경 씀 ... 10
비 사 : 목포 ... 8
곽종석 : 서귀포 ... 7
운 : 능엄경, 능가경, 승만경 씀
비 지 : 차이나 남쪽 하늘 지배
요 : 상천
원경왕후 : 평강공주
옥 지 : 서왕모 딸, 사령과 같이 정치 관할
우 인 : 지구 원형태의 관리
우 : 고구려 장수
난 설 : 천소 부하
단 지 : 호수 관리 수기 줌
우 리 : 태양정령이며, 조선시대 기녀
백 희 : 300년 전 기녀
수 진 : 관리

인　　: 연예 관리
유 운　: 양가 규수, 예쁘고 요절. 인현왕후 밑에 둠
주, 산 : 존의 권속
유용술 : 1000 의 한, 사일 ...4

우리나라 이곳에
내가 있는 이곳에
우리의 시작이
우리의 시종이
여기에 이곳에
세상을 이곳에

부 수　: 남해용왕 (여자임 : 8)
보 선　: 지구정령. 아들 낳았다. 남북 6자 회담에서 희생
한 수　: 그전의 명신(생사주관)

푸 루　: 9 유럽 지배신
아프로디테 : 3
비너스 : 7 프랑스
프리실라 : 4
아테네 : 8 지중해 용왕
무 수　: 의원
태백산 : 정기룡(임시) 8
태백시 : 박문수 5
앙산 권속은 소진 7
조광조, 점필제 100년 후 환생

조 (부) : 우주 정수 모여서 부들 중에 가장 순수하고 강함

2억 7천만년이면 인간의 기억 습관 사라짐

천 마 : 영화, 기 린 : 신성, 천리마 : 권력 힘

공 작 : 남성적 매력 주둥이가 거위면 여러 여자 거느림

봉 황 : 화려, 조자룡 : 권모술책, 관 우 : 근엄, 수 룡 : 수명

사룡(공룡) : 혁명, 인룡(비늘이 돋보인다) : 영토

대 만 ... 한신, 한비자 5 장량 7, 인 도 ... 쭈쭈 18

소련땅 ... 김종직(10년 기약으로 옛 우리 땅 감시) 2004년

해 천 (대만과 그 주위의 바다하늘) ... 손무 6, 오자서 8,

후 령 : 9 ···› 18 초령의 사선녀

백 설 : 7 백제의 궁녀중의 한명, 공주와 일본에 혈을 뿌림

6월 3일 2시 15~20분

우주시계 정함

태 산 : 옥미(벽하선녀) 6~7

음장생 : 양자강, 동정호

불 교 : 보우

대서양 : 판(남)

인도양 : (여)

한라산 : 서왕모 9

지 : 땅속을 지배하는 여자

부 임 : 여자이고 천안

지 제 : 땅의 지배자. 생김새는 눈썹만 얼굴에 보이고 지팡이가 있고 움직임이 흐물거린다.

창 제 : 하늘의 지배자. 뱀의 몸에 털이 복슬복슬하고 맑고 투명한 눈이다.

환 수 : 내 몸이 작은 날개, 털, 긴 눈썹, 손톱 지제와 창제의 서약 후의 변화이고 의미는 움직이는 힘.

주 운 : 7 ⋯▸ 14

지 눌 : 7

의 천 : 유형원으로 환생했었고, 4~5

성 호 : 부산 10

2005년 11월 7일 월요일

일요일에 현회에서 오고 간 내용이다.

경을 차이나에선 주정이나 주일무적으로 말한다. 하지만 그게 무슨 뜻인지 알 수 없다. 고요함을 주로 해서 어쩌라는 건가. 신은 무언가?

저번에 우리는 인간 위에 군림하며 지배하지 않는다고 선언했다. 그러면 우리는 무엇을 하지? 화이트헤드식 신관도 있고 나름으로 신관도 있을 것이며 여러 종교적인 신이나 유교의 경이 있다. 서로 얼마나 같고 다른지 잘 모르겠고 어쨌든 우리식 전래믿음으로 하면 절이다.

마음에 신(한님)을 모시고 경건함을 유지하며 몸짓으로 표현된 것이 절하는 것이다. 아무 때나 아무 이유로나 아무 것에나 절을 하는 것이다.

그것은 상대를 위해서이기도 하지만 자기 자신을 위해 하는 것이기 때문이다. 내가 원할 때 내가 원하는 이유로 내가 정한 대상에 그리고 나에게 절하는 것이다. 이때 내 마음에는 한님이 있게 된다. 한님을 모시는 것이다. 그 한님이 나이고 우리이고 배달이 지키는 것이고 한운이다.

결국 한님은 우리의 마음과 함께 살고 죽는 것이다. 세계는 한님이다.

모든 것이 그의 섭리이고 몸이고 의지이다. 그래서 편재한 한님이다.

이 편재한 한님이 신성이나 신, 창조성, 도, 무, 우주, 세계, 천, 천리, 법 등으로 불린다. 무엇이라 하든 모두 한님인 것이다.

거기에 인격신이 또 하나의 한님이 되어 세 종류의 한님이 있는데,

마음에, 편재한, 인격신 이렇게 말이다. 이 중 아무것 하고 라도 일치되면 또 느끼면 또 깨우치면 마찬가지 아닌가?

왜 굳이 인격신에게 다가가려고 하는지, 얼마나 다가갈 수 있는지? 이런 다가감은 불필요하지 않느냐고 말하니 별로 내 말을 인정하지 않는다. 세 개의 한님이 하나로 같이 있어야 하지 구분하며 사용하면 안 된다는 것인데, 문제는 인격신이 모두와 같이 있기는 어렵다. 그러나 누구나 한님을 생각하며 느낌을 갖는다면 가까이 하는 것이 된다고 한다. 그래서 어쩌라고, 그게 그리 중요하던가? 난 모르겠다.

그 누군가가 신이라면서 속이면 어쩌게, 정신의 크기가 크면 작은 자는 지배될 수밖에 없고 그의 인식도 통제할 수 있다. 지금 현실의 종교들이나 사회인식이나 정치, 경제나 사상, 철학, 과학 모든 게 사실은 제어되고 있는 관념들이지 사실은 아닌데 사실로 알고 있지 않은가?

그들 말로는 그 누가 우릴 속일지라도 또다시 그보다 더 강한 자가 있어 들통 난다고 한다. 그게 생각보다 오랜 시일이 걸리는데 그 시간 안에서의 방황은 어쩌라는 것인지 훔,

사옴은 그 일인자나 강한 자도 자기를 만든 자가 누군지 모르는 것이고 그러면 그 마음에 불안감이 있고 그 불안감은 우리가 느끼게 되고 내 마음의 한님을 향한 마음과 그게 일치하지 못할 수밖에 없는 근원적인 한계가 있고 그래서 그는 안 되게 된다 한다. 불안을 숨기면 어떠냐고 하니 숨기면 증가 한다고 한다.

강 릉 : 수정 5
전 주 : 사명당 7
일본 유구 : 정인홍 8
울 산 : 정기룡 8
평 양 : 허유 18
안 동 : 소강절 6-7
개 성 : 귀곡자 7
광 주 : 서산대사 9
진 주 : 삼신할머니
제주와 그 하늘 : 이제마
한라산의 보좌 : 다산 외 2명

11월 9일

천부경은 평고가 지은 것 같고, 삼일신고는 3대 단군인 가륵이 초안 잡은 것이다. 참전계경을 을파소 후신(7)에게 물으니 20%만 인정하고 나머지는 모른다고 한다. 나철(7)이나 사옴은 그 정도면 괜찮다고 한다.

11월 10일

배달의 기간은 오천년 정도이다.

아내가 스승이고 어머니가 스승이다. 여자가 수도하기 편했다. 한운과 연결되었으니 스스로 깨우쳐 순응하면 되기 때문이다.

배달이 떠난 후론 개척적으로 돌파하는 공부이니 남자가 쉬웠으리라. 개척에는 오해가 있을 수 있다. 통일된 정점도 도통도 없기 때문에 혼란스럽고 모험이 필요하다. 가르쳐 주지도 않고 가르쳐 줄 수도 없기 때문에 자신이 기어코 하겠다는 의지와 자유로운 유동성이 중요하게 되어 안주하고 지키며 새로움보다 재활용에 능한 여자로서는 어려움이 따르고 자연히 남자에게 의지하는 역전현상이 일어나게 되며 정신의 수준보다 강권적인 집요함과 폭력과 욕구와 자만이 득세하게 되고 분수도 모르는 혼란으로 치닫게 되었다.

서서히 사람의 깊이를 보거나 알려고 하며 그 그윽한 넓음으로 따르고 인정하는 것이 아니라 독단과 독선과 겉으로 드러나는 활력이나 힘에, 시각적이고 감각적인 표현력에 사람들은 현혹되어 전도된 가치 역전현상이 일어난 것이리라.

일반적으로 영의 수명은 350년 정도이고 수련하여 연장하는 방법은 1단에 100년을 추가한다.

11월 11일 금요일

구천현녀가 아침부터 나를 즐겁게 해주는데 이영현의 느낌이 있다. 이상해서 물었더니 관계를 가진 적이 있다고 했다. 그리고 얼마 후 예진(차이나 태행산 산신)이 오더니 아버지가 배달이라며 자기를 도와달라고 한다. 뭔가 이상하다.

나에게 접근한 것이나 구천을 소개하는 것이나 그자의 사주가 있는 것이다. 그러다가 얼마 후 아버지란 사람이 왔는데 딸을 내 놓으란다. 예진은 살려달라고 나에게 애원해 나는 너무 박하게 하지 말라고 했다. 잡아갔고 한 번은 봐주기로 했다. 이 여자도 나를 죽일 생각으로 접근 한 것이었다.

또 그녀가 소개해 준 구천현녀도 날 암살할 생각이었나 보다. 결국 구천현녀는 임무 실패를 이유로 처형됐는데 영기의 일부가 내게 온 것 같다. 도망쳐 왔으리라. 그래서 난 모질게 그녀의 나머지 영기를 빨아들여 소멸 시켰다. 예진도 이영현과 관계가 조금 있었단다. 이자는 지금의 차이나를 있게 한 창조신 반고의 적통 후계자로 진시황, 조조, 유방 등의 성공을 후원해 준 자이다. 마고가 반고와 함께 처형했다.

배달은 하늘 배달과 땅의 배달로 나누어서 일한다.

후에 왕검이 하늘을 이었다고 했고 그 후손도 그렇게 했다.

하지만 점점 통치적 개념으로 변해가게 된다.

해모수에 의해 하늘의 신과 땅의 임금으로 나뉘는 현상이 일어났고 땅에서는 왕권강화의 역사로 변해간다. 차이나는 반고의 영향으로 하늘을 거부하는 쪽으로 역사가 진행되어 간다.

11월 12일

돈이 없어서 어제 못산 책을 꿈에서도 못산다. 웃기네 ㅎㅎ

또 다른 우주로 갔던 서열 3위가 왔다. 그쪽에서 우주신을 하라고 보냈는데 분신을 사용해 돌아왔다. 분신이면 다 되나 내가 도와서 모자란 걸 채웠다. 사옴이 되게 좋아한다. 뭐가 그리 좋은가 하니 올 줄 알았다는 것이다. 그가 오니 다들 난리다. 역시 90단의 위력은 대단하다. 밤새 무엇을 하는지 잠자리가 뒤숭숭하다. 늦게 와서 빨빨대며 일하나 보다.

6위 : 부기(떠다니는 자이다.) 60

5위 : 임이 65 한운 관리

4위 : 부진 77

3위 : 펀 90

흐흐, 이 서열이 딱 맞지는 않는다. 이 당시의 배달이 모였을 때의 내가 임의로 정한 것이라서 총아도 90단이고 축융도 70인데 이들은 이 서열에 포함되지 않았다. 이런 식으로 서열은 그 당시의 내가 알려고 정한 것이다. 40단 부터는 자기 생산이 가능해 소멸이 없다.

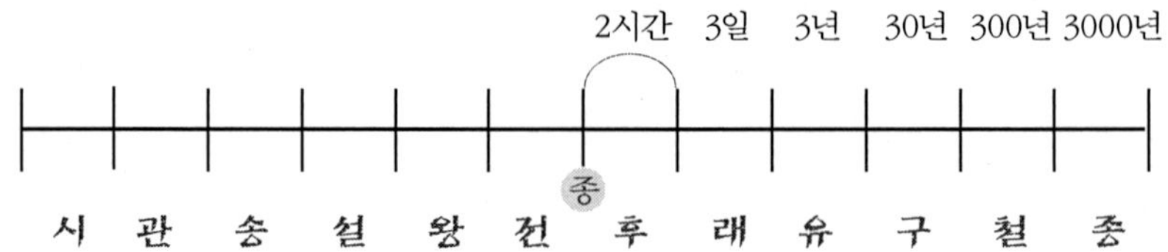

전 후 는 과거 미래가 2시간씩이라는 것이고,

왕 래

설 유

송 구

관 철

시 종 으로 부르는 것이다.

중간의 기준점은 종 이라고 한다. 즉 현재이다.

이건 몸의 분포와 비슷하다. 이런 식으로 몸의 시간적인 전체가 된다. 우리 몸은 이런 시간대에 걸쳐서 광범위하게 있는 것이지 현재 보이는 신체만 몸이 아니다.

종 을 의식이라고 한다.

전 후 라는 것은 단기기억과 계획과 원하는 것이다.

왕 래 는 장기 기억과 바람들이다.

설 유 는 과거와 미래이다.

송 구 는 전생과 소원들이다.

관 철 은 의지이고

시 종 은 의지 아닌 의지이다.

대충 이런 식의 이해이다.

10월 9일에 차이나에서 상원이라는 2단 정도의 여자가 무협소설에서 튀어나온 차림으로 온 적이 있다. 차이나의 자세한 일에는 관여 안하려는 나에게 그러면 안 된다고 훈계한다. 그녀는 권선징악의 일을 했었다고 하며 일을 달라고 한다. 계속 그 일을 하면 어떠냐고 하니 지금은 세상이 험하고 탐욕이 많아 어렵다고 한다. 그래서 마음에 드는 일을 찾아보고 다음에 오라고 돌려보냈는데 능력의 한계가 와서 그런 것 같다.

양이 동생들 영이 5
수미 4 영이는 사람의 마음 흐름관찰
수미는 요즘의 내 주변의 어떤 것
도인 4 수연동생
미실 4
영인 1
미실은 화랑세기의 미실로 내용은 자기와 상관없다 한다.

11월 14일

(음~~생활고와 엄마에 대한 미안함이 쓰여 있는데 안올림,
이거 말고도 생각보다 많은 걸 못 올리겠음)

아침에 우울한 하루인데,
아랍에선 얼마 전 한 일을 돌려받았다.(지진)

사움이 몸에 뭔가를 한다. 척추에서 실 같은 것을 꺼내 넣었다 뺐다 하며 머리, 가슴, 배, 항문 등으로 머리 양쪽에서 빼서 넣고 팔꿈치를 깨물어 흡입하고 앞으로 세상이 변하고 나도 변한단다.
변하는 것이 아니라 흘러가는 것이다.
세상의 흐름에 나도 따라 흐르리라, 나에 따라 세상이 흐르려나.

11월 15일

어제 밤에 라즈니쉬와 그의 스승이 한운을 받았다.

2시 25분 경 한배검과 여럿이, 지금 소집이 안 되는 7만 여명을 제명하는 것을 너무 가혹하니 기회를 주었으면 한다고 했다. 배달 해체 후 그들은 이세상의 사상, 문명, 문화, 삶, 안락, 편리 등의 인간의 생활의 이로움을 위해 4천여 년을 노력해 왔고 그들이 지금 못 오는 것도 그 와중에 부족해진 것이니 기회를 저버리지 말란다.

배달은 나에게 자격을 보여주어야 하고 그 기준이 10단이다. 지금 10단이 아니면 그것은 약속을 어긴 것이니 어쩔 수 없다고 내가 말했다.

편이 와서 중재하여 한 번의 기회를 줄 터이니 마지막이고 더욱 가혹한 방법으로 냉정히 판결하여 행하라고 한다. 그리고 돌아갔다. 내가 허락을 하기 전에 다들 간다.

뭐야 이거!! 난 허수아비야, 암묵적 승인이야? 편의 능력이야?

오늘은 아버지 제사하는 날이다. 음식을 차려놓고 음복이 끝날 무렵, 배달은 이제는 이런 제사는 그만두었으면 한단다. 그리고 설과 추석의 차례도 그만두어야 한다고 했다. 엄마한테 그렇게 하는 이유는 다 설명을 못하고 그만 하자고만 했다.

11월 17일

어제 현회에서 있었던 일이다.

국조신 4명과 배달 5명 모임.

편이 이런 것을 말했다.

1. ○ 중심으로 모든 것이 움직이고 판단해서 행해야 한다.
2. ○ 스스로 하는 것으로 해야 한다.
3. 배달은 각자의 맡은 일을 스스로 책임지고 최선을 다할 것이며 결과도 책임져야 한다. 끝까지 마무리를 완성해야 배달이다. 그렇지 못하면 제명한다.
4. 배달이나 백두산족이 새로 받아들이거나 내칠 때 엄정한 기준으로 하여야 한다.

가장 중요한 것은 ○ 따르는 것이고 이를 거부하면 제명한다.
우리는 ○ 위한 것이며 세상 편함과 안락을 위하여 더 나아가 우주를 위한다.
부진은 모든 일에 철저하게 하고 빈틈이 없다.
기존세력과 협조도 하며 부족한 것은 채운다. (양이가 배우겠다고 함)
배달과 백두산족의 감찰을 부기에게 맡김.
부기는 을보륵과 부루에게 위임하고 돌아올 수련생 만 명을 중심에 배치하기로 함.
변화에 놀라지 말 것,
생각이나 미래의 예측에 조심하여 근심 말 것.
이름은 잘 모르는 항우 후신과 여불위에게 사명을 허락.

26만 년 전 지인이 있었다. 자격은 50단 이상, 최고 260단 숫자 300여명. 그 동안 뒤에서 계속 어려울 때 도와주던 사람들이다.
다시 나와 주루(원형의 파란 구)를 중심으로 지구에서 우주 끝까지 있으면서 없는 듯 한 권역을 형성, 오직 마음으로만 알 수 있는 어떤 것을 이룸.

11월 20일

너무 오래 폐쇄되어 살았다. 사회생활 안한지 참으로 오래다. 외삼촌 외엔 거의 만난 사람도 없고 교류도 없고 집에선 책만 읽었다. 아무 일 없이 있으니 너무 답답하다. 마음이 조용하면 지내기 편하련만 마음은 또 마음대로 너무 어수선하고 심란하다. 욕망을 잠재우고 세상 밖으로 치달리는 마음을 끄기가 쉽지 않다. 득도하면 잡념이나 욕정이 없어져 평온한 마음이나 무심을 이룬다더니 다 거짓이다. 꼭 거짓은 아닐지라도 나와는 상관이 없다.

욕망을 끊어서 그렇게 할 수 있는 방법이 없는 것은 아니지만 이것은 세상을 등지고 인연을 단절하여 완연히 은거할 수 있을 때 가능하다. 욕망은 단순히 감정의 동요가 아니라 사회성이다.

내가 마구를 관두고 세상의 일에 관심을 끊어 일체 간섭 없고 바람 없고 또 사람들의 감정, 원한, 욕구, 바람, 꿈 등에 무심할 수 있다면 그럴 작정이라면 가능하리라.

하지만 우리나라에서는 그런 가르침은 없다. 함께 사는 것이고 의를 행할 것이고, 선을 이루는 공부를 가르칠 뿐 감정을 없애고 자신의 안위만을 위하는 안빈낙도나 도원경을 동경하여 세상과 담쌓고 자신의 몸만 닦는 공부는 없었고 앞으로도 없으리라.

그래도 좀 경제적인 풍요가 있었으면 한다. 부자 되는 것은 아니라도 엄마가 아니라 내가 돈 벌어서 살았으면 하는데, 그게 영 거시기 하다. 내 성향을 봐선 대인관계가 좀 문제가 많은데 것 참 어째야 하는 것인지........

백두산족이 5천만을 넘은 거 같다.

다른 나라에서도 참여하는 듯하다.

12월 5일 월요일

현회에서 그들이 말하길 해야 할 일인지 하지 말아야 할 일인지가 중요하지 할 수 있는지 할 수 없는지가 중요한 게 아니라고 한다. 해야 할 일이면 어떤 것도 가능하다. 지축을 바꾸는 일을 예로 들어 물었더니 해야 할 것에 속하지 않으니 말할 수 없다 한다. 내가 지금 세상사람 중에 증산도나 일부의 정역 등에서 지축이 앞으로 설 것이고 그러면 세상 사람들의 악이 사라져 태평성대를 이룬다고 하니 어찌 해야 할 것에, 논의 대상에 속할 수 없겠는가 하니 그러면 해야 할 일이라고 가정하면 할 수 있다고 했다.

어쩐지 기로 말하면 뒤에서 조작하는 존재가 없어 보이고,

운으로 말하면 조작의 범위가 커 보인다.

산을 옮기고 바다를 없애는 것은 당장 어찌하기 힘들어 보이는데, 이에 대한 그들의 답은 가능 불가능이 아니라 당위 부당위가 중요하다고 한다. 해야 할 것이면 어떠한 일도 하게 된다. 모든 것은 조작하는 자가 있어 세계를 이끈다고 한다. 교묘한 말이다. 어떤 일도 할 수 없다 혹은 할 수 있다고 말하지 않는 것이다. 해야 하는 그 이유가 있으면 어떤 것도 하게 된다는 것이다. 하지만 맞는 말이다. 세상이 이러하다.

12월 6일

내일 여의도 공원에 가라는 양이의 말이 있다.

2002년의 일이 DMB로 되어 다시 할 게 생긴 거 같다.

날씨가 추워서 그 황량한 역에서 공원까지 걸어갈 일이 걱정이다.

요즘 날씨가 어수선하다. 비오고 낮에 하늘이 어두웠던 것은 저번 주 월요일에 안 좋은 징조라고 생각했는데 동대문 시장에 불나고 선박은 충돌하고 열차사고도 났다. 이번 주엔 눈이 많이 내려 전남과 전북지역에

하우스, 축사 등의 피해가 심하다. 바람이 불 거 같은 징조를 보이는데 오늘은 포항에 바람으로 너울이 생겨 피해가 났다. 이번 주 내내 추위가 지속되어 몸도 힘들다. 한기와 열기가 교차하면 마음과 감정이 불쾌하고 의욕도 없어 짜증이 자꾸 나서 걱정이다.

12월 7일

여의도 고원에 갔다. 수미가 맞아 주었다. 무슨 마구가 되는지 나중에 알 것이다. 여의도 공원에 있는 태극기에 연결 했다. 사랑의 뜻이라는데 아마 연예인들과 관련 될 거 같다. 이런 것을 지금 몇 년 째 하고 있는데 우리나라 연예인이 어찌 될지.......

12월 13일

오늘은 강남의 고속버스터미널 건너편의 뉴코아 백화점을 갔다. 어제 수미가 부탁한 일이고 날씨도 너무 추운데 어째든 갔다.

여긴 고등학교 졸업 후에 아르바이트 한 곳이다. 지금은 많이 달라져서 알아보기도 힘들다. 잠깐 들러보고 바로 돌아왔다.

날씨가 2주째 너무 추워 의욕도 없고 몸은 이곳저곳이 아프고 감정도 불쾌해서 하루하루 힘들다. 한기가 뼈 속 깊이 스며들고 너무 아프다. 심장이 열이 식어 눈은 하얗고 손은 차고 그래서인지 추위를 너무 탄다. 해마다 추위의 저항력이 떨어져 간다. 안 입던 내복까지 사 입었는데 그래도 추워 집에서 잠바를 입고 있다.

12월 21일

춥다. 초겨울부터 지금까지 너무 심하다. 시베리아 기단이 내려와 매서운 추위가 계속 이어지고 있다.

4일 부터는 호남 서해안의 지방에서만 계속적으로 폭설이 이어져 피해가 많다. 다른 곳은 안 오는 눈이 어찌 한곳에만 집중적으로 오는지 오늘에야 알 것 같다.

미국에 홍수를 그리고 한중일 지역에 재난이 있을 것 같다는 그전의 생각이 혹시나 우리나라는 빗겨가고 없으려나 했지만 결국은 우리나라도 온 것 같다.

쓰나미 지진해일, 교황죽음, 미국 홍수, 우리나라 눈 이것이 올해 전 지구를 한 바퀴 도는 바다의 재앙이다.

눈이 언제쯤 멈추려는지 내일도 내린다는 예보가 있다. 이 재앙은 다음에 다른 식으로 나올 것이다. 또 다른 식의 사람에게 피해가 올 것이다. 재앙이라지만 세상이 변하는 징조인데 항상 사람의 피해를 동반한다.

요즘은 패션, 옷, 상품의 디자인에 관심이 가는데 아마 그런 욕구가 우리나라에 있어야 하는 것 같다.

12월 26일

현회

수련하러 갔던 1만 여명이 돌아왔다.

최고 수련자는 89단이고 다음은 50, 49 순이다.

12월 27일

요즘 들어 자립성이 흐려진다.

자립성이라는 말은 억지로 쓴 말인데 뜻은 이렇다.

첫째, 정신이 모호하다.

그전부터 모호하고 멍한 상태가 있었지만 정도가 더 심해진다.

둘째, 그래서 내 신변에서의 일이 감각되는 것이 둔하다.

이 말은 신경 쓰이던 집안의 사건들이 덜 쓰이고 그래서 쓸데없는 걱정하던 것이 줄었다. 가을부터 괜히 불안하고 걱정되었다. 집안의 엄마, 동생, 집에 무슨 일이 생기면 어쩌나 하는 불필요한 걱정을 만들어서 했었다. (외부에서 들어오는 걱정을 내 주변의 것으로 전환해서 하는 것이다.)

셋째, 개념, 관념이 생각나지 않는다.

이치가 정리되고 떠오르고 하던 것들이 별로 없다. 그래서 쓸 일이 줄어 이번 달은 몇 자 적지 못했다. 철학적인 사유가 안 되고 책도 읽혀지지 않는다. 이해도 잘 안 되는 듯하다.

넷째, 모호하고 멍한 것은 내 기운이 어디론가 자꾸 나가 퍼져가는 듯해 이곳 여기에 집중이 안 되고 저기 저곳으로 흘러간다. 이와 같은 것이 생긴 이유는 연예인들 때문이기도 하다. 그들과 접촉된 기운에 내가 동요된다.

그전에는 나의 정체성, 내 모습 등이 확연이 느껴지고 개체적인 존재성이 분명하여 나를 돌아보고, 나를 생각하고, 외부와의 경계를 느끼고 나와의 차이나 공통점이 사유를 자극해 개념이 많이 생기고 관념들이 나아갔지만 한편으로 너무 내재적으로 가다보니 우울한 형상까지 있었다.

결국 안으로의 침잠이 다시 밖으로의 확대로 나가니 그에 따라 응함이 있을 거 같다.

12월 29일

수도하고 돌아온 49단을 우주 혹은 은하의 어딘가로 보냈다.

인현왕후가 행복한 사람을 희생하여 불행한 사람을 돕지 말았으면 하는 의견을 말해왔다. 결과적으로 행복한 사람의 수가 더 늘지 않으니 희생만 있고 결과로는 행복한 사람이 줄기만 한다고 한다.

양이는 지금이 문제가 아니라 다음 또 다른 것과의 접목이 있으니 꼭 성급히 생각할 필요는 없다한다. 안타깝지만 참고 기다려 보자고 했다.

나는 나도 불행한 사람이요, 태어나서 지금껏 행복하지 못했다. 더 많은 불행한 사람이 있으니 그 행복을 맛보지 못한 사람도 있는데 행복을 누려본 사람의 불행을 너무 생각할 필요를 못 느낀다고 했다.

내가 너무 이기적이고 잔인한지는 몰라도.

여기까지입니다. 이후에 더 글이 있긴 한데 그저 개인적인 넋두리와 이런 저런 사고의 흔적입니다. 그리고 직장을 얻어서 일하다보니 글쓰기가 안 되어 없습니다.

혼돈시절

과거기록을 더 써달라고 하는데, 기록도 없고 기억이 안 나서 별로 쓸 것이 없다. 그래서 "진짜 일까?" 에서 쓴 것을 이어서 쓰긴 하겠는데, 날짜순으로 기억한 게 아니라서 순서대로 쓸 수는 없고 내용이 기억나는 것을 순서 없이 그냥 이야기 식으로만 쓸까 한다.

1999년인지 2000년인지도 잘 기억 안 난다.

동생을 호흡을 시키려고 했는데 여드름이 남보다 너무 나서 얼굴이 달처럼 분화구가 많아 고민이어서 호흡을 하라고 했다. 상부의 열을 내리면 잦아 질 거라고 생각해서 이다. 그래서 시작을 했는데 세간의 유명한 단체로 나가서 시작 했다.

내가 가르치기엔 그 당시엔 별로 자신이 없고 혹시 그런 곳은 체계적으로 가르치나 해서 나보다는 낫겠지 하고 보냈다. 하지만 얼마 나가다가 나가지 않는다. 물어보니 사범이 좀 그런 거 같았다. 그래서 그냥 집에서 조식 위주로 했는데 효과가 있어서 얼굴의 여드름이 진정 되어 갔다.

그보다는 엄마가 더 오래전부터 호흡을 했는데 엄마나 동생은 한 번 호흡 한다고 앉으면 별로 다리에 쥐나거나 저리지도 않고 한 두 시간을 쉽게 하는 듯했다. 훔~~ 난 그게 참 부러웠다.

저리고 통증이 있는 것을 견디면서 하는 것이나 그로 인해 시간 안배하는 것이나 불필요한 긴장과 신경 씀이나 집중이 흩뜨려지는 것이나 너무 힘들게 해온 것인데 이들은 멍미!!

암튼 그렇게 하다가 동생이 어느 날 머리가 열리는 듯하다. 뭔가 보이고 알아내고 하는데 나에게 우리 집안의 증조할아버지 때부터 있던 원한 가진 여자가 오빠를 괴롭히고 수도한 것을 훔쳐간다고 한다. 지금 몸에 나는 반점들이 그래서 라고 한다.

난 그런가 하고 생각해 보니 요즘 몸에 습기가 있거나 바람을 맞으면 살에 반점이 일어나고 엄청 간지럽다. 동생은 그 때문에 아빠나 작은 아버지나 큰아버지나 할아버지나 그들처럼 40대에 죽을 수 있다고 한다. 그러니 그것을 처리해야 한다고 한다. 어찌하냐? 하니, 고향에 가서 그 여자가 의지하는 나무가 얼마 전에 새로 옮긴 어린 것이니 그것을 가져와야 한다고 한다. 그걸 어찌 알아보고 가져오나 하니 그건 오빠가 알아서 하란다. 그래서 내려갔다.

고향마을에 들어갈 때는 양산에서 택시타고 들어갔는데 오천 원 정도 나온 거 같다. 그리고 살던 집 뒷산으로 올라가서 무작정 헤매었다. 이거 저거 보면서 어떤 나무인지 찾는데 뭔지 알 수가 없었다. 마군을 이용해서 몸의 움직임을 따라 가서 한참을 찾다가 어린 나무 하나를 뽑아서 가방에 넣고 내려왔다. 마을에 내려와서 작은 할머니 집에 가보니 아무도 없어서 그 옆집에 잠깐 가니 아주머니가 포도를 내어 준다. 고향마을은 집성촌이라 다들 알고 지내는 분들이다.

이 아주머니는 엄마하고 나이차이도 별로 안나 친했었다. 그러면서 이리 보니 금색이 방안으로 들어가고 그 안에 할머니가 앉아 계시는데 어릴 때 보았던 분이다. 장례식도 본적 있는 분인데 아직 여기에 계시는 것 같다. 그리고 어떻게 할 수는 없었다. 나도 그 당시는 그런 것에 별로 지식이 없어서 그냥 그러고 말았다.

그리고 양산으로 나오는데 그냥 걸어서 나와야 한다. 나오다가 어느 마을을 지나는데 거기에 어떤 건물들이 공사 중이다.

산을 깎고 동상도 세우면서 어떤 수행단체의 건물들인 거 같은데 그 당시에 보았던 이름은 다른데 지금은 ○○전이라고 되어 있다. 그때 그 근처의 기운이 그 건물들로 몰려가는 것이 느껴졌다. 난 이래도 되나 하는 의구심이 들었는데 역시나 별다른 지식이 없는 나는 그냥 보고 지나쳤다. 그 후에 작년에 잠깐 지나간 적 있는데 그러한 기운 집중현상은 없었던 거 같다. 처음 건물 만들 때 그 사람들의 욕구에 따라 그런 현상이 있었던 거 같다.

그리고 서울로 올라와 동생에게 주니 그걸 태워서 없앴다.

난 공부가 천천히 오르고 나름으로 이해하면서 가려고 하는데 동생은 갑자기 열리는 현상이 있어서 혼란이 너무 심했다. 빙의 들린 것처럼 이말 저말을 횡설수설하고 누가 온다고 하거나 보인다고 하거나 여러 말을 하는데 그 내용의 진위도 파악하기 힘든 것이 있고 때론 맞은 적도 있어서 별난 일이었다. 결국 막아서 그전으로 돌아가야 하는 상황이 된다.

하지만 그 후로도 10여년을 난 동생이 혼자 말하거나 그러는 낌새가 있으면 눈치 보며 살피면서 혹 다시 돌아간 건가하며 놀란 가슴을 쓸어내려야 했다. 동생이 감당할 수 있는 것이 아니었다.

물론 나도 그렇게 되려고 했는데 난 스스로 차단을 해서 별다른 혼란 없이 지나갔는데 이걸 잘 조절을 못하면 크게 당황하거나 충격이거나 혼란함으로 미칠 수도 있다. 재밌는 건 동생의 지적능력도 상승하는 것 같았다. 산수 계산을 암산으로도 하고 여러 예언이나 이치도 설명하거나 징조에 대한 파악도 하는데 평소의 동생의 지능으로 못하는 것을 하는 걸 보면 재밌기도 하다. 다만 그런 것이 옆에서 보면 미친 사람처럼 보이고 귀신들린 것처럼도 보여서 불안하고 감당하기 힘든 것이기도 하다.

그 당시에 내가 느낀 것 중에 이러한 감당하거나 알 수 없거나 물리적으로 또는 상식적으로 또는 일반적으로 대처할 수 없는 힘에 의한 고통에 대해서 도와야 하고 정성껏 해줘야 한다는 생각을 했다. 나에게도 너무도 두렵고 무기력함을 느끼는 경험이었기 때문이다.

이 무력감은 심히 좌절을 느끼게 되어 자신 없다거나 미심쩍다는 이유로 남들의 생각이나 감정을 무시하지 말아야 한다고 생각 했다. 그러한 아무도 이해해주지 않는 것으로 당하는 두려움과 고통에 마음을 닫으면 안 된다고 생각했다.

동생의 눈 색깔이나 행동이나 말을 들으면서 그 당혹감과 두려움과 무력함의 경험은 참담함도 있었다. 엄마는 힘들게 일하고 돌아와서 집안에 이러한 일이 일어나는 것을 보면 그 역시 충격에 무슨 일이 일어날지 몰라 지금 생각하면 참 아슬아슬하고 힘겨운 하루하루였다.

동생에게 다가오거나 들러붙거나 찾아오거나 하는 것이 너무도 많은데 대개는 동생의 환상이지 실재는 아니었다.

그 당시는 난 잘 몰랐다. 그걸 봐야 한다거나 느낀다는 것을 잘 못했고 익숙하지도 않아서 어떻게 해야 하는지도 몰랐다. 그 호흡한다고 갔던 곳의 사범에게 당한 추행이 충격이 되어 이러한 존재들도 자기를 그렇게 한다는 환상에 빠져서 있었던 거 같다.

난 내가 뭘 볼 수 있고 동생이 뭘 보고 뭘 환상을 가지고 이러한 구분이 명확하지 않아서 같이 울고 같이 힘내고 같이 이리저리 방황하면서 엄마에게는 피해가 안 가게 하려고 얼마나 정신 차리거나 억누르고 애썼는지 모른다. 동생이 힘들다고 울 때면 난 같이 울 수가 없었다. 난 혼자 방에 가서 울뿐이었다. 다 나 때문인 거 같아 그 후회와 좌절감은 너무 힘들었다.

그런 것 중엔 재밌는 게 외삼촌에게 사고가 날 거라고 말한 적이 있다. 오빠를 돕기 위해 있는데 외삼촌이 팔을 다쳐서 절단하게 되면 앞으로 같이 있지 못해서 일이 어긋나게 된다고 다른 나라에서 공격할 거라고 말했다. 그래서 그걸 막아야 한다는 것이다.

지금 생각해보면 팔이 절단되면 그 후에 외삼촌의 직장이 달라지고 내가 그로 인해 같이 일하거나 함께 하는 것에 분명 어긋나는 것이 많을 거 같다. 암튼 차사고가 났지만 앞의 트럭의 타이어가 빠져서 그 타이어가 외삼촌차로 날라 왔다. 다행이 범퍼 맞고 지나가서 별다른 피해는 없었다.

다른 얘기는 일본의 무사인 무사시가 조선에 온 적이 있다는 것이다. 조선 무인에게 져서 그것을 배우려고 라고 했던가 뭐 그런 식의 말을 하는데 그게 맞는지 아닌지 몰랐는데 서점에서 보니 그런 설도 있다고 쓴 것을 보았다. 사실인지 아닌지는 지금도 모른다. 다만 설이라도 있다고 확인되니 횡설수설만은 아니기도 하다.

동생이 그때 나에게 오거나 지금 이생에 태어나 있어서 함께 일할 사람의 이름들을 알려주었는데 그중에 지금 나에게 찾아온 사람은 소수이다.

정말 기다리던 사람들은 안 오고 있다. 삼국지의 영웅이나 고구려 장수나 그들은 그때부터 알고 있었다. 그 외에 몇 분이 더 그 당시에 온다는 약속을 했었다. 물론 영으로서 한 약속이다. 왜 그런지 그 당시엔 몰랐는데 그 후에 보니 아직 수도를 안 해서 애라 사용을 할 줄 몰랐었던 것이다. 그 외 다른 분들은 아직 못 만났는데 만날 수 있을지 없을지도 모르겠다. 솔직히 지금은 그다지 기대하는 것은 아닌데, 그래도 그 당시에 온다고 했던 분들 중에 을지문덕이나 백제의 성충을 비롯한 충신들이 온다고는 했는데 안 오네. ㅜㅜ 사실 그래서 처음에 사람을 보면 전생을 뒤져보는 게 그 사람인지 알아보려고 해서이기도 했다. 내가 보기엔 지금 이 시대엔 생각보다 많은 여러 위인들이 와 있다.

그 분들이 모두 같이 일하는 것은 아니지만 뭔가 뜻이 맞아 나름으로 애쓴다면 더 재미있을 거처럼 보이지만 꼭 그렇게 뜻이 맞지는 않을 거 같다. 만나본 분들을 보면 뜻을 공유하기 힘든 분들이 많았다. 그래서 한마디도 못하고 헤어진 분들도 있다.

그런 분들의 문제는 전생에 그다지 수도를 한 건 아니라서 아직 머리가 깨어있지 않다는 것이다. 과거에 수도를 어느 정도 한 분들은 아직 그렇게 보지는 못했다. 그래서 아쉽긴 하지만 다 일에 따른 흐름이니 그렇게 아쉽지는 않다. 또 전생에 수도를 한 분들은 벌써 나름으로 자기 역할을 하고 있는 분도 있는 듯하다. 확실히 전생의 수도 유무는 중요했다.

동생이 힘들어 한 것 중에 많은 건 동생 자신의 심층의 발현 때문이었다. 보이는 모든 것은 자기 심층의 해석을 거치는 것이라 사람 따라서는 곡해의 현상도 많다. 그 진위파악은 지적능력과 연관 된 것이라 쉽게 가르치기가 어렵다. 그래서 이성적이고 깊은 학문적인 노력이 있어야 한다.

자기가 본 것이나 직감한 것을 합리적으로 설명하고 근거를 제시할 수 있을만할 나름의 논리를 말할 수 있을 때까지 공부를 게을리 하면 안 된다. 그렇지 않다면 현실에 구현하거나 접목하는 것에서 맹신이나 교조적인 독단이 되기 쉽거나 환영에 경도 되거나 주위 사람을 힘들게 한다.

이런 것이 있는 반면 다른 것으론 우리가 너무 오래 살다보니 여러 가지 대인관계가 있는데 그 안에 배신과 질시와 원한의 감정적인 갈등이 있었던 것인데 그 저주나 오랜 시간의 앙금이 드러나는 것이 있어서 이다.

수천 년을 따라다니면서 방해하고 못살게 굴고 죽이고 해코지를 반복해 왔던 것이다. 굳이 그러한 것을 처리하거나 대응하지 않은 나도 참 웃기고 그게 이제 와서 대놓고 문제가 발생하면서 혼란을 주는 것도 우습다. 암튼 그로 인해 동생이 힘들게 되는데 왕검이 동생 몸에 들어간 저주의 구슬들을 빼주면서 나보고 뭐하냐고 같이 빼라고 하는데 난 그런 거 못한다고 했더니 한심하다는 듯이 보는 눈길이 아직도 잊히지 않는다. 못하는 것이 아니라 하겠다는 자신이 없어서이다.

하면 되는데 안 해봤고 모른다는 생각에 주저한 것이다. 지금 생각하면 나도 참 바보 같다는 생각을 많이 하고 창피한 것도 많다. (그래서 다른 분들은 이런 실수를 하지 말라는 의미로 모른다 못 한다 안 해봤다, 이런 변명은 무책임하고 이기적이어서 자기의 체면만 생각하는 것이기도 하다는 것이다. 그 작은 머뭇거림과 우유부단함이 다른 사람의 생사의 또 고통의 원인이 된다고 알아야 한다. 물론 고단자에게 하는 말이다.) 그래서 고대부터 있었던 원한관계나 근래까지 따라왔던 원한들을 일일이 처리해야 하는 과정이 있었다.

또 나타나는 현상 중에 우리 주위나 집주위에 다양한 것이 몰려든다는 것이다. 짐승들의 백이나 사람이나 탁기나 여러 사람들의 집단무의식이나 망령이나 혼명들이 꾸역꾸역 몰려드는데 동생은 그 영향으로 정신적인 혼란과 두려움이나 충격에 휩싸이고 일일이 처리하고 치우고 제거하면서 너무 지난하고 힘겨운 나날의 연속이기도 했다.

본주라는 책이나 그래서 개벽이라는 책을 책장에 꽂고서 인정상관님이나 증산님의 도움으로 처리하기도 했다. 그래도 한계가 있고 직접 하지 않으면 안 되는 것들이 점점 늘어 결계라는 것도 쳐봤다. 그랬더니 한동안 조용해서 좋았는데 어느 날부터 다시 시작되는데 왜 그런가 보니 지하로 들어오고 있었다. 그래서 지하까지 해야 하는 것을 그때야 알았다. 이 탁기나 원한이나 신관들이나 귀신이나 사람들의 생각이나 다양한 것들에 의한 두통이나 신체적 정신적인 혼란은 끝이 없는데 오래 하다 보니 이것도 적응을 해가는 게 신기하기도 했다.

차이나 신관중에 우두머리들이 있다. 인도도 있다.

그분들과는 처음에 그다지 충돌이 일어난 건 아니다. 대화하고 이거 저거 말하면서 서로 알아가는 중에 점점 차이가 나고 꿍꿍이와 경쟁을 하기도 하고 양보할 수 없는 선이 있다는 것을 알게 된다. 가만히 있으면 그들끼리 회의 하는 것이 들리기도 하고 내가 엿보거나 훔쳐들으면 눈치채고 쉬쉬하는 것도 보인다. 또 나를 감시하려고 여러 신관들을 보내기도 하고 암살을 하려고 하는 듯도 해서 집밖을 나가지도 않고 다른 결계를 치기도 해서 서로 긴장감이 높아져만 갔다.

그 외 그동안 내가 수십 년을 수도하는 것을 주위에서 훔쳐가고 빨아가던 사람들이나 영수들이 있었는데 그것도 하나하나 처리해야 했다. 이런 게 그렇게 주위에 많았는데도 내 수도가 진행된 게 신기하기도 했다. 어떤 면에서 지지부진한 것도 다 이것 때문인가 하는 화도 치밀기도 했지만 그래도 진행은 됐으니 그렇다. 둔하고 멍청한 내가 잘못이지 남 탓할 게 뭐 있나.

인도의 크리슈나가 엄지발가락을 잘라서 그걸 가지고 우리 집으로 오더니 벽속에 숨어서 이리저리 있다가 보일러 스위치 뒤에 숨겨놓고 가는 것이 느껴진다. 저걸로 뭘 하려고 그러나 해서 그걸 찾아서 몸속에 넣었다. 어떻게 되든 알게 뭐냐 식으로 그냥 그랬다.

몸속이 블랙홀처럼 뭐든 넣으면 흔적이 없어진다. 내 것이 되고 소화되고 무화되고 하는데 마음의 크기에 따른 현상으로 생각된다. 내가 크고 넓으면 나보다 작은 것은 거기에서 그저 나에게 흡수되거나 스스로를 잊어가거나 동화될 것이다. 그렇다고 완전히 소멸되지는 않는다. 어느 때고 다시 꺼내면 다시 원상태로 돌아가기도 하는 듯하다. 그래서 몸속에서 살고 있는 존재들도 있다. 그들이 원하면 나가고 들어오고 맘대로 한다. 이런 존재들은 내가 긍정적으로 생각하는 존재들만 이렇다. 암튼 몸을 쓰레기 치우는 장소이거나 보관하는 창고이거나 뭐나 다용도로 쓰기 시작했다.

지두가 오는 게 느껴진다. 인도에서 바다를 건너며 온다. 차츰 차츰 가까워져 오는데 그 공간의 압축이 느껴지고 위압감과 거대한 무언가의 압박이 서서히 다가오는 것이 느껴지는데 난 긴장하고 한참을 보면서 기다리고 있는데 더디 가는 듯 하면서도 금방 다가온 지두를 보고 있었다.

뭐라고 말 한지는 모른다. 내 황룡이 쫓아내며 인도로 도망가는 것을 끝까지 뒤쫓아 갔지만 황룡이 우려된다. 막상 싸우면 황룡이 질 것인데 그만 돌아오라고 했다.

황룡을 비롯한 다른 영수들이 내가 생을 넘고 수백 년이나 수천 년을 함께 해온 것이다. 내가 이렇게 그들이 있는지 알 때도 있지만 수천 년을 모르거나 관심 없거나 해도 배신하거나 떠나지 않고 황룡은 항상 따라다니며 지키고 보살폈으며 다른 영수들도 때를 기다리듯 어디선가 있다가 내가 부르니 다들 와주었다.

하루는 낮잠을 자는데 어디론가 빨려가는 듯한 느낌이 들어 놀래서 깼는데 깨서도 정신이 어디론가 끌려간다. 그래서 안 딸려가려고 집중하면서 버티는데 식은땀이 나고 그렇게 한동안 줄다리기 하듯 있다가 겨우 정신을 차리는데 너무 당황스러운 경험이었다.

뭐가 이렇게 강한 힘이 있을 수 있나 해서 그것을 찾아보니 차이나가 우리와 전쟁을 하면서 모은 혼들을 이용하는 듯했다. 한 상자에 4천만 정도의 혼이 들어가 있고 그것을 이용해 술법을 쓰는데 그 힘이 대단해 보였다. 그것도 3~4개는 되어서 참 어이없었는데 과거에 내가 이것에 한 번 당한 것 같았다. 암튼 그것을 제거하고 혼들을 풀어주었는데 이를 계기로 차이나 땅속을 뒤져서 그들의 근거지나 숨겨놓은 힘들을 파헤쳐서 없애버렸다.

또 어느 날은 도연명의 글을 읽다가 이들이 아무래도 어딘가에 갇혀 있는 듯해서 찾아보니 차이나 남쪽에 거대한 산들이 있는데 거기에 갇혀 있는 자들이 많았다. 그래서 그들을 풀어주었다. 차이나 신관들에게 저항하다가 그렇게 된 듯하다. 그 중에 정명도나 주렴계도 있는데 그들은 서해 하늘에서 뭔가 하고 싶다고 해서 그러라고 했다. 맹자는 화산의 산신이 되겠다고 해서 그러라고 했다. 그러다가 이 나라는 산신이 없나 하는 생각이 드는데 있는 곳도 없는 곳도 있어서 별나다.

서해는 이미 차이나의 수중으로 들어가서 용왕이 그 나라 사람인데 원래 우리 것인데 어쩌다가 빼앗겼나 하고 다시 다른 사람으로 바꾸었다. 태양은 인도에서 가져갔는데 그것도 쫓아 내었다. 여긴 22단이 있었다.

전종이라는 것이 있다.

그리스나 로마의 신관들이 일종의 열반처럼 세상에 존재하지 않는 것처럼 있는 것인데, 그러면 아무도 찾지 못하고 스스로 그 전종에서 나오기 전엔 알 수 없는 것이다. 그런데 그 신관들이 전종을 풀고 왔다. 그 우두머리는 크로노스인데 뭐했냐고 하니 기다리고 있었다고 한다. 그래서 제우스는 남아프리카 공화국으로 가겠다고 해서 가게 했고 그 외 다른 신관들도 각자가 원하는 곳으로 가도록 했다.

마르크스 아우렐리우스는 와서는 자기 책을 읽어주어서 고맙다고 하면서 티베트가 신관이 필요한데 가겠냐고 하니 좋다고 해서 거기에 가게 했다. 티베트 하늘에 천궁을 짓는데 돔으로 짓고 빛이 나는 것이 아름답다. 티베트는 8단짜리 밀라래빠인지 그 신관이 혼자 분투하느라 고생하고 하늘에 신전 하나도 만들지 못해 산위에서 있는데 그걸 도와주게 되었다.

서양종교의 누구는 아메리카에 사는 것 같은데 4단 밖에 안 되어 쓸데가 없는데 그렇다고 딱히 거기를 보내거나 할 만한 사람도 없다. 그래서 8단으로 승격시키고 미국에 있으라고 하니 남미에 있겠다고 해서 남북미 다 하라고 했다. 그래서 그 하늘 궁전을 만들려는데 어떻게 하지를 못한다. 그래서 크로노스가 자기 권속들을 데리고 가서 다 만들어주었다. 역시 해 본 사람이 하는 것 같다. 같은 계제나 계제가 낮더라도 실력이나 능력은 천차만별이다.

내가 어느 정도 성장이 이루어 졌을 때 다양한 신관들이나 천원계 인물들이 다가오는 게 있었다. 물론 아까 말한 대로 탁기나 집단무의식이나 망령이나 혼백이나 별별 것이 다 왔었다. 정말 상상을 초월하는 다양한 형상이나 다양한 뭐라 말하지 못할 것들이 온다. 생각만 하면 우르르 몰려오는데 정말 미치는지 알았다.

도깨비라는 것을 한 번 생각하면 우리나라 모든 도깨비들이 전국에서 무수하게 일어나서 오는 게 보이는데 오는 게 문제가 아니라 그로 인한 두통으로 머리가 터질 것 같다. 그러면 그날은 잠을 못 잔다. 정말 별별 도깨비들을 다 구경했다. 그 성향이나 하는 짓이 끔찍한 것도 있다. 귀신이나 백이나 짐승이나 다양한 무의식들이나 누군가의 마음이나 마귀나 사람들의 생각이 만들어낸 형상이나 각종 영들 이런 게 생각만 하면 수를 헤아릴 수 없을 정도로 몰려오는데 생각을 닫는 게 익숙하지 않고 쉽지도 않아서 그러면 한참을 고생해야 했다.

그리고 신관들 신선들 그러한 존재들도 수시로 온다.

인사차 오기도 하고 경계하러 오기도 하고 접근해서 뭔지 알아보고 자기 쪽으로 회유하려고 오기도 하고 협박, 사기나 거짓말, 각종 다양한 의도를 가지고 접근해 왔다. 그중에 미국신인 듯한 할머니가 오는데 이런 저런 얘기하다가 자기가 원하는 대로 안 해주니 때리려고 한다. 그래서 때리라고 했다. 그러니까 진짜로 때리는데 이 무신 어설픈 짓인지 암튼 이 할머니나 그 외 미국의 다른 신관들은 지구인이 아니었다.

그래서 전부 치웠다. 우리 문명은 우리 스스로 할 것이니 외부에서 간섭하지 말라고 했다. 그 외에도 지구를 감시하는 존재들은 많다. 수시로 보고 가고 뭔가를 설치하고 가고 별별 짓을 다한다. 나도 그들의 뒤를 밟아 따라가서 그들의 행성을 간적 있는데 과학과 정신과 신체를 융합해서 나름의 뭔가를 하는데, 글쎄 계제적인 성장이 없는 편리함으로 뭔가를 하는 것은 별로 신통치 않아 보였다.

우주의 중심도 가서 이거 저거 보는데 마고가 주인이었는데 마고와의 사이가 틀어지고 서로 원수지간이 되면서 거기도 다른 안배를 위해 왕검으로 교체가 되었다.

마고가 나름의 실험을 위해 이거저거 많이 시도 했는데 그것 중에 반고나 이영현이나 그런 자들은 마고가 직접 만들어 낸 자들이다. 인성을 어케 한 건지, 왜들 그러나 했지만 자기와 비슷한 자를 만드는 거겠지.

홀로 나를 찾아오는 자들은 그나마 수준이 좀 있는 자들이고 10단 이하나 그 밑은 떼로 몰려오고 무리를 지어서 온다. 혼자 올만큼 당당하지 못한 것인지 뭔지는 모르겠다. 그래서 하루하루 자꾸 오는 자들로 인해 귀찮은 날들이었다.

그리고 집에만 있고 경제적이거나 사회적으론 별다른 것이 없는데 이런 식으로 천원계에서만 살다보니 내가 귀신이 되고 있나 하는 회의와 짜증이 몰려왔다. 내 성격엔 이러한 현실적이지 못하고 구체적인 나타남이 없는 것은 별로였다. 내가 관념적이고 공상을 주로 하고 생각을 많이 하면서 살지만 사실은 비현실적인 것은 못 참는다. 그래도 참아야 하는 내 심정은 악다구니만 는다. 울화가 치밀어도 마땅히 풀 곳도 없고 혼자 미친 지랄하는 것이라서 더욱 처참한 나날이다.

그래서 같이 미치자고 블로그를 만든 거니까. ㅎㅎ

처음에 블로그를 쓸 때 얼마나 두려웠는지 모른다. 이런 얘기를 하면 비웃고 태클이나 인신공격이나 다양한 마음 상할 것이 생길 거 같아 많이 망설이다가 한 것이다. 다음을 안 하고 네이버를 한 것도 다음보다는 네이버가 좀 덜 그렇지 않을까 하는 아무 근거 없는 생각 때문이었다.

검색을 해보니 그래도 다음보다는 네이버에 이런 글들이 좀 더 있어서 엮혀가려는 것이었다. 내가 보고 경험한 것이 보편성이 있는 것인지 그 증거를 보고 싶었고 다른 분들이나 현실에서 적용 가능한 것인지도 알고 싶었다.

암튼 그 중에 종리권도 기억나는데 갑자기 뒷머리가 쭈뼛하고 충격이 온다. 그리고 종리권이 오는데 왜 그렇게 강한 자극을 주는가? 했더니 마음이 영 불편한 상태로 오래 참고 있어서였다. 아마 차이나와의 충돌에서 항상 지기만 하고 당하기만 해온 것이 화가 나서 일 것이다.

그리고 같은 현실에서 수도하는 다른 사람의 마애나 애라도 오고 가기도 했다. 그 중에 한명은 나를 해코지 하려고 하는데 힘으로 싸우다가 몸으로 흡수를 하니 한참을 손이 떨려서 당황하기도 했다. 그 후에도 몇 차례 와서 덤비었는데 처음보다는 힘들지 않게 처리 했다. 그 다음엔 안 되겠는지 아침에 비몽사몽에 와서는 내가 깨어서 저항하려고 하니 괜찮아 괜찮아 하면서 귀 뒤에다가 뭔가를 집어넣고 갔다. 나중에 정신 차리고 이게 뭔가 하고 꺼내서 보니 내 감시를 위해 해놓은 거 같은데 그냥 흡수 했다.

잠자는 중에 와서는 몸속으로 들어와 뭔가 하려는 자도 있었다. 들어오면 못 나가는데.. 라고 말하면서 그냥 잤다. 이런 악의를 가진 자도 있지만 그렇지 않은 자들도 있다. 자기들의 일이나 조직이나 그것을 인정해 달라고 하는 자들도 있었다.

서울 근처의 산이나 서울에서 잠깐 씩 나갔던 것은 마구를 준비하는 정도이다. 대개는 일 년 내내 집에서 나가지 않았다. 나갈 곳도 없고 만날 사람도 없어서 집에서 나갈 방법이 거의 없었다. 그저 신관들이나 각종 운기들의 흐름이나 보고 있었다. 그리고 책을 읽는 게 다였다.

책을 읽은 것은 나중에 나를 설명하고 도를 설명하고 뭔가 남들에게 원리를 가르치거나 말하는 때가 올 거라는 막연한 바람 때문이었다. 이게 이루어질 거 같진 않았다. 딱히 방법을 강구할 수가 없었다. 그래도 했다. 그거라도 하지 않으면 내가 미칠 거 같아서이다.

그 당시에 숨은 일이나 남모르는 것을 많이 했지만 다 말하기는 좀 그렇다. 상식적이지 않은 것도 있고 딱히 말하기 곤란한 것들도 있다. 암튼 그러한 것은 그저 일단계적인 예비 정도이고 그걸 또 난 알고는 있었다. 이런 건 일종의 혼돈이고 무극이나 진이라는 것이다. 시작하기 전의 암흑이나 내적인 요동일 뿐이다. 알면서도 진행의 답답함이나 더딤이 오랜 기다림으로 힘겨움도 있었다.

어느 날인가 2000년 정도인가, 자려고 눕는데 내 주위에 하나 둘씩 누군가가 와서 앉는다. 네 명인데 빙 둘러서 동서남북식으로 앉는다. 난 누워서 일어나야 하나 말아야 하나 하고 있다가 앉아서 '누구요?' 했다.

천부에서 왔다고 한다. 왜 왔나 하니 이제부터 이렇게 밤마다 오는 거라고 한다. 헐 왜?

천부는 달 뒤편에 아무나 출입이 안 되는 곳에 있는 것이다. 해모수가 금제시킨 자들인데 지금껏 우리나라의 하늘나라로서 영향을 주고 있었던 분들이다. 나중에 내가 국조신들 이라고 부르는 분들이다.

사람들이 불교의 영향으로 천국과 지옥을 바라서 그러한 것도 만들어주고, 백두산은 그전부터 산신이 있었는데 나머지 산신이나 천신들이나 지신들을 배정하고 관리하면서 티베트의 사자의 서와는 다른, 우린 이들이 오래전에 만들어 놓은 것이 있는데 이러한 모든 사후와 하늘과 인간세계의 것을 좌우하고 있던 분들이었다.

그래서 이후에 이들과의 동거가 시작되었다. 매일 하다가 몇 년 후엔 일주일에 한 번 그 다음엔 안하게 되었다. 가끔 다시 하다가도 운이 끝나면 안하는 그런 일이 반복된다. 그리고 천부가 너무 멀리 있어서 그걸 끌어내려서 땅에 있게 하고 나랑 같이 회의 하니 현회라고 하고 천부도 현부라고 바꾸어서 불렀다. 내 맘이니까 아님 말구.

2000년 12월 31일, 첫 집 밖으로 나가는 마구를 했다.

엄마와 동생은 티비를 사러 갔고 나는 남한산성으로 가서 한강이 보이는 곳에서 마음이 윤택해져라 마음이 윤택해져라 마음이 윤택해져라 하고 돌아왔다. 집에만 있다가 가니 남한산성을 정상까지도 오르지 못했다. 그때의 내 체력은 너무도 안 좋아서 이걸 못 올라갈 정도였다. 집에만 있다 보니 근육이나 심폐기능이 떨어져 있었다.

이러면 우리나라 사람들의 마음이 윤택해지나?

한두 해에 될 일은 아니겠지. 그땐 몰랐지만 그 후로 우리나라는 급변하는 것도 있고, 미리 경고이기도 하고, 마음을 달래는 것이기도 하고, 희망을 주려는 것이기도 하다. 그리고 한강에 따라 하니 사람들에게 변화를 주려는 것일 거 같다.

그 후로 동생과 관악산, 북한산, 도봉산을 수시로 오르면서 언제 동생 이외에 타인이라고 해야 하나 다른 분들이나 여자 친구와 다니면서 이런 걸 할까 하는 희망도 품어 보았다. 타인이라고 좀 거리 두는 듯한 표현을 한 건 솔직히 다른 분들이 나와 함께 도 닦거나 뭔가 뜻을 나눌 거라는 희망은 가지기가 힘들었다. 희망고문이기도 하고 내겐 그런 일을 추진할 만한 추진력이 없었기 때문에 포기하는 심정이 컸었기 때문이었다. 그러면서도 저런 마음이 드는 게 그것도 나를 힘들게 하는 것이었다. 자꾸 뭔가 하고 싶고 이런 저런 것을 했으면 하는 욕구가 올라오니 심난하기만 했다.

일 년, 이 년, 삼 년, 사 년, 한참을 지나도 전혀 내 주위는 달라지는 것도 없고 난 뭔가 한다면서 여기저기 다니거나 국조신들과 대화하고 이런 저런 의도를 계획하고 미래를 얘기하고 다양한 준비를 한다지만 이런 게 공상과 다른 게 없다 보니 그게 항상 내가 힘든 것이었다.

세상일이 뉴스로 보면 내가 미리 알거나 우리의 대화에서 나온 것이 일어나고 벌어지고 한 것이 많았다. 하지만 그게 해석 나름이기도 하다. 그렇게 해석하면 그렇기도 하지만 아니라고 하면 또 아닌 것으로 그 의미의 다각성이나 해석의 다양함이 너무 갈피를 잡기가 힘들었다.

전국의 산을 다니는 것도 해야 할 것이었다. 다만 지금은 차비나 숙박료나 다른 것이 없었다. 내 수중엔 동전하나 없는 상황인데 그게 가능하지 않았다. 경제력이나 내 성향을 보면 미래는 암울하다. 그래서 희망이나 욕구가 생길 때마다 견디기 힘들었다.

남산, 시청, 종로, 광화문, 이런 곳들을 다닌다. 가기도 편하고 차비도 얼마 안 드니까. 그리고 매일 현회를 하면서 이런 저런 다양한 존재들의 발길이 이어지는데 그들과 타협하고 협조를 구하고 앞으로의 세상의 변화에 도와 달라고 하고 같이 하자고도 하고 별별 일을 다 했다.

그렇게 현회를 하고 있으면 타국의 염탐자들이 온다. 때론 잡아서 협박도 하는데 별로 두려워하지도 않는다. 그게 더 기분이 상한다. 정보를 얻기 위해 목숨을 걸고 하는 것이 비장하다. 다른 나라에서 그 나라의 미인들을 보내오기도 한다. 역사적인 미인들을 보내는데 나로선 별로 감흥이 없다. 별로 자세히 보이지도 않아서 난 왜 그러는지 좀 의아했다. 내가 눈이 어둡다는 것을 그들이 잘 몰랐었나 보다.

일본에선 사무라이가 오는데 저기 근처 신호등에서 기다리고 있는 모습이 보이는데 왜 신호등을 기다리는지 몰라서 그냥 가서 처리 했다. 어디를 갈 때면 이란에서 온 자들도 하늘에서 보고 가는 것이 느껴지고 각종 다양한 곳에서 다양한 사람들이 오고 갔다.

현회에서 다양한 주제로 여러 대화를 나누었는데 지금은 거의 기억이 안 난다. 뭘 어쨌는지 잘 모르겠다. 처음엔 많은 대화를 했지만 서서히 별로 대화 없이 침묵으로 일관한다. 그다지 할 말도 없고 그렇게 한두 시간을 앉아만 있다가 가는 것이 더 많다.

2006년 아르바이트 하려고 들어갔다가 며칠 못하고 그만두었다. 그곳의 상사나 회사를 눈치 보면서 전전하는 아르바이트생이나 하루를 기계처럼 일하는 방식이 나에겐 충격이었고 그보다는 집에만 있고 그리고 수도로 인해 변한 지금의 나로선 그들의 눈이나 생각이나 마음을 여과할 만한 준비가 안 되었다. 그 당혹감으로 그만둘 수밖에 없었다. 그래도 거기서 며칠 일한 돈으로 얼른 서점으로 달려가 책을 샀다. 그래도 뿌듯했다.

그러다가 동생이랑 관악산을 갔는데 정말 쫄딱 비를 맞고 말았다. 피하고 뭐하고도 없이 그냥 비를 맞을 수밖에 없었는데, 그날 비 맞으며 하는 생각은 이건 세례 같았다. 종교식 세례는 아니고 앞으로 다른 상황이 벌어질 것인데 그 전조로서 하는 통과의례 같았다.

그리고선 그해 6월 달에 외삼촌이 불러서 일하러 독천에 가게 된다. 너무도 오랜만에 신체를 쓰고 일하려다 보니 적응 하는 것만 몇 개월이 걸렸는지 모른다. 잠깐의 휴식만 있어도 난 좋았다. 주위가 아무리 시끄럽고 덥고 불편해도 난 좋았다. 그래서 남들에게 비웃음도 샀다. 그들이 보기에 내가 별나 보였으니까. 이렇게 일하는 것도 또 다른 마구이지만 역시 이것도 본격적인 것이라기보다 겨우 집을 나온 정도이고 예비적인 것이지 본격적인 것은 아직도 아니었다. 발파라는 직업인데 바위를 깨면서 뭘 그렇게 깨고 부수어야 하는 것이 많은지 세상의 막히고 쌓인 것을 뚫고 열어서 가야 하는 것인가 보다.

그것도 2007년 겨울쯤 목포에서 목표 없이 사는 것이나 목표와 상관없는 일은 견디기 힘들다고 결정을 하고 같이 일하는 분과의 갈등을 핑계로 그만두게 되었다. 이것이 이제 본격적인 마구와 내 사업을 위한 결단이 된다. 그리고 그해 대통령의 당선을 보고 데모나 할까 하는데 저절로 그러한 분위기가 조성되어 나라는 데모의 열풍에 휩싸이는데 난 내가 할일을 어떻게든 찾아야 했다. 그러다가 한 게 블로그이고 이때부터 본격적인 마구의 길을 가게 된다고 생각한다.

사회적인 접촉이나 사람과의 만남이 일어나고 내가 하고 싶은 것을 할 수 있는 일이 조금씩 기회가 되어 처음엔 무조건 다 퍼주고 다 해주고 그저 열심히 하기만 했다. 지금은 좀 영리해져서 약아빠지게 되어 그렇게는 안하지만 그땐 그랬다. 이것이 2008년 여름이었다.

이거 전에 6월 달에 엄마의 소개로 빌딩 공사장에서 일하게 되었는데 내가 고혈압이라서 받아 주지 않으려는 것을 어떻게 겨우 들어가서 일하는데 역시나 난 체력의 약함이나 익숙하지 않은 일에 힘겨웠고 그로 인해 같이 일하는 사람들의 눈총을 견디는 것도 힘들었으며 노골적인 적대행위가 결국 얼마 못하고 그만두는 것이 되었고 결국 그 낙담도 한 몫하면서 난 블로그를 쓰기 시작한다.

처음 쪽지가 오는 날, 나는 구토증으로 몸이 감지하고 있었다. 블로그 방문수가 500이 넘는 게 목표였는데 하루하루 지나면서 어쩌다 방문하는 사람이 있으면 너무도 신기하고 놀라웠다. 그러다 쪽지가 오는 것이 있고 만남을 하게 되고, 이런 하나하나가 꿈만 같았다.

그리고 난 컴퓨터를 사야 할 거 같아 다시 일을 해야 했다. 그래서 그전에 그만 둔 발파회사에서 다시 오라고 해서 나가기 시작했다. 그래서 간 곳이 남원이고 거기 건궁 근처 숙소에서 지내게 된다.

더 얘기하면 내 하소연 같이 보이기도 하는데 여기서 마무리 한다.

지나온 길을 보는 것은 재밌기도 하고 아련하기도 해서 좋은 기분도 들고 아쉬움도 있는 것이지만 미래를 생각하면 다시 어둡고 긴 터널을 지나야 할 거 같은 암울함이 있기도 하다. 그래서 두렵고, 싫다고 하진 않는다. 상반된 시간에 대한 마음의 버릇이다.

가슴에 손을 얹고, 내가 바라는 사회적인 것과 개인적인 것과 하늘적인 것이 정말 의미 있는 것이라는 검증을 통과할 수 있는가? 항상 이것이 내가 걱정하는 것이다. 언제나 난 이걸 고민한다.

이 말이 거짓이라면 난 거짓 선지자이다.

읽어 주어서 고맙습니다. 언제 또 다시 만날지 모르지만 그동안 성장하고 눈 깊음을 이루길 바랍니다.

현일이 씁니다.

말찾기

ㄴ

ㄷ

ㅂ

ㅅ

ㅇ

ㅈ

ㅊ

ㅋ

ㅌ

ㅍ

ㅎ

숫자

로마자

· 색인작업에 도움을 주신 차성환님께 감사드립니다.

우리나라 28숙(서경덕)

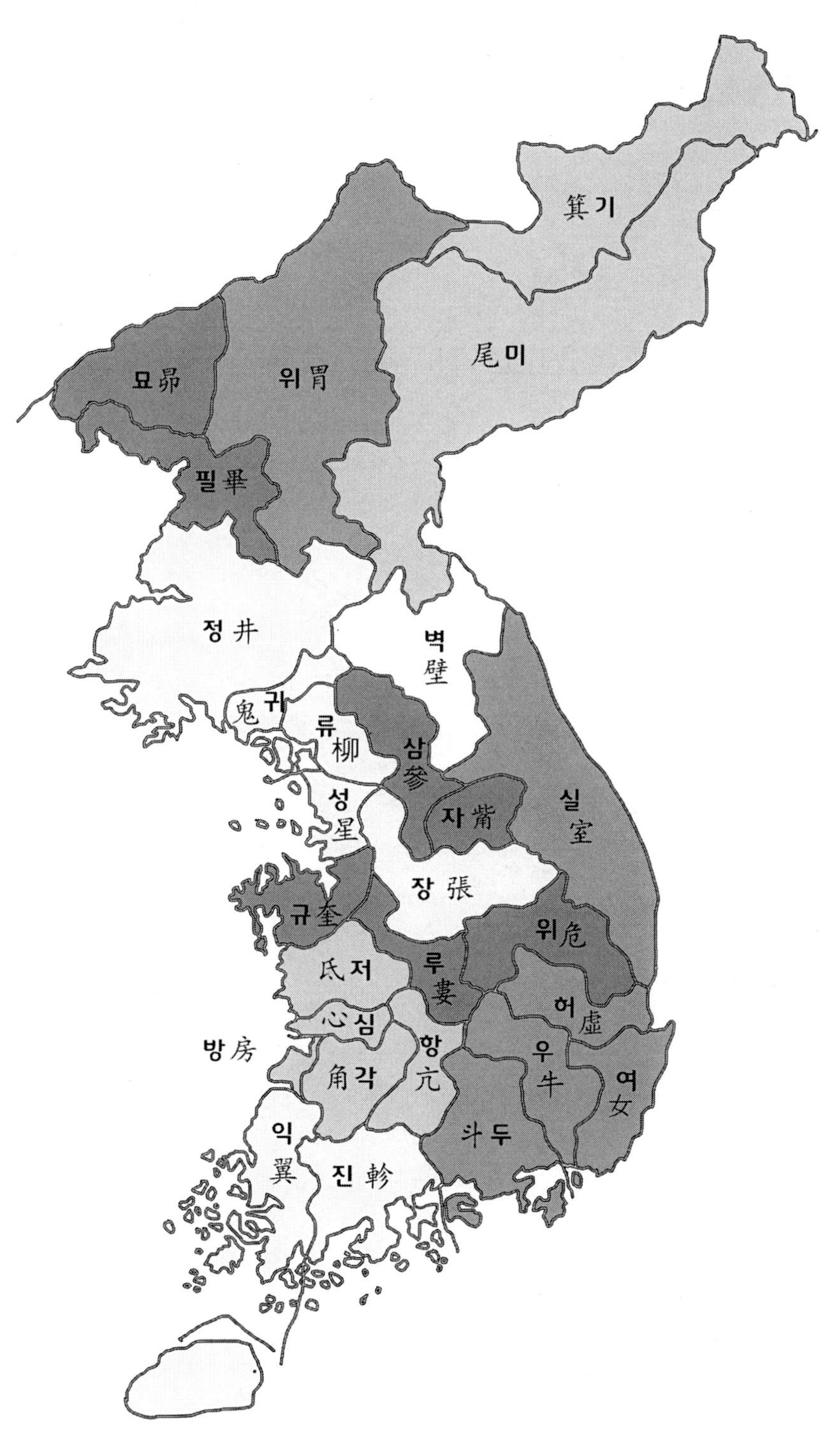

箕기
尾미
묘昴
위胃
필畢
정井
벽 壁
귀 鬼
류 柳
삼 參
성 星
자 觜
실 室
장 張
규 奎
위危
氐저
루 婁
허 虛
心심
방 房
항 亢
우 牛
角각
여 女
익 翼
斗두
진 軫